大连近代史研究

（第16卷）

大连市近代史研究所
旅顺日俄监狱旧址博物馆 编

辽宁人民出版社

图书在版编目（CIP）数据

大连近代史研究．第16卷／大连市近代史研究所，旅顺日俄监狱旧址博物馆编．—沈阳：辽宁人民出版社，2019.12

ISBN 978-7-205-09842-1

Ⅰ．①大…　Ⅱ．①大…　②旅…　Ⅲ．①大连—地方史—研究—近代　Ⅳ．①K293.13

中国版本图书馆CIP数据核字(2019)第283753号

出版发行：辽宁人民出版社
地址：沈阳市和平区十一纬路25号　邮编：110003
电话：024-23284321（邮　购）　024-23284324（发行部）
传真：024-23284191（发行部）　024-23284304（办公室）
http://www.lnpph.com.cn
印　　刷：辽宁鼎籍数码科技有限公司
幅面尺寸：146mm×208mm
印　　张：17.75
字　　数：500千字
出版时间：2019年12月第1版
印刷时间：2019年12月第1次印刷
责任编辑：赵维宁
封面设计：白　咏
版式设计：辽宁新华印务
责任校对：刘再升
书　　号：ISBN 978-7-205-09842-1

定　　价：68.00元

《大连近代史研究》
编辑委员会

卷首语

全国解放 大连贡献

——庆祝中华人民共和国成立70周年

周爱民

摘 要：2019年是中华人民共和国成立70周年，在这样一个具有重大历史意义的年份，抚今追昔，每一个中国人心中都充满由衷的感动和无比的自豪。为了讴歌英雄事迹，弘扬革命精神；传承红色基因，牢记初心使命，我们穿越历史的长廊，走进1945年至1955年的大连，共同回顾在那个激情燃烧的岁月里，大连作为特殊解放区，在中国共产党的领导下，大连人民众志成城，攻坚克难，为全国解放以及新中国建设作出的重要贡献。

关键词：全国解放 新中国建设 大连 贡献

2019年是中华人民共和国成立70周年，中共中央、国务院印发《关于隆重庆祝中华人民共和国成立70周年广泛组织开展“我和我的祖国”群众性主题宣传教育活动的通知》，强调要紧紧围绕隆重庆祝中华人民共和国成立70周年，大力弘扬以爱国主义为核心的伟大民族精神，广泛开展形式多样、内容丰富的群众性主题宣传教育活动，讲好中国故事，讲好中国共产党故事，讲好新时代中国特色社会主义故事。

为了充分挖掘大连历史文化资源，讲好大连故事，旅顺日俄监狱旧址博物馆结合馆内业务工作，组织专业研究人员先后到中共大连市委党史研究室、大连市档案馆、大连市公安局、大连市总工会、旅顺口区收藏协会等单位查找人物档案、历史图片、文献资料，组织策划了《全国解放　大连贡献》专题展览。该展览通过大量珍贵史料，准确、生动、客观、翔实地记录和讲述了在抗战胜利后，大连作为特殊解放区，在中国共产党领导下，大连人民为全国解放作出的重要贡献。

2019年8月20日，《全国解放　大连贡献》专题展览对外展出，引起了社会各界广泛关注，许多市民慕名而来，大家通过展览全面了解了大连为全国解放以及新中国建设所作出的贡献，城市自豪感迸发，很多观众说，之前知道大连生产了大炮弹，现在知道大连还作出了这么多重要贡献。

一、苏联红军出兵东北，大连地区获得解放

1945年2月4日至11日，美国、英国、苏联三国首脑在克里米亚半岛的雅尔塔皇宫内举行了关于制定战后世界新秩序和列强利益分配问题的一次关键性的秘密会议，并签订了《苏美英三国关于日本的协定》（又称《雅尔塔协定》）。此次会议召开之际，正值世界反法西斯战争即将取得胜利之时，会议决定的内容对第二次世界大战以后世界历史的发展产生了极其深远的影响，甚至决定了许多国家战后的命运和发展方向。

1945年8月8日，苏联根据《雅尔塔协定》正式对日本宣战。8月9日凌晨，苏联远东军出动陆海空军158万人，在中国东北黑龙江边界总长5000公里的战线上，兵分三路向盘踞在中国东北的70万日本关东军发动全面进攻，不到两周的时间，就粉碎了号称日军精锐部队的关东军的抵抗，加速了日本法西斯的

灭亡和抗日战争胜利的到来。

1945 年 8 月 15 日，日本战败投降，中国人民抗日战争暨世界反法西斯战争取得胜利。8 月 22 日，苏联后贝加尔方面军副司令伊凡诺夫中将率 250 名空降兵在旅顺土城子机场着陆，并就任旅顺苏军警备司令官。同日，苏军方面军军委会全权代表雅曼诺夫少将率 250 名空降兵在大连周水子机场着陆，并就任大连苏军警备司令官。苏联红军进驻大连地区，大连获得解放。苏军根据苏联政府同国民党政府签订的《中苏友好同盟条约》等相关规定，对大连地区实行军事管制。

二、八路军挺进东北，大连成为交通要道

抗日战争胜利后，中国的命运和前途令国人十分关注，是走向和平，还是走向内战；是建立一个新型的民主国家，还是重走蒋介石专制主义制度的老路，这是摆在中国人民面前的两种命运和两种前途。

在两种命运和两种前途的大决战中，“东北地区以其优越的经济条件、重要的地理位置，以及突出的军事、政治价值，成为美、苏两国十分关注的热点中的热点和国共两党极力争夺的战略区域。”①

（一）东北对中国共产党特别重要

早在抗日战争艰难阶段，中国共产党就已经开始考虑从日本侵略者手中收复东北的问题，并为此预做组织准备工作。1944 年 11 月 23 日，毛泽东在中共中央六届七中全会主席团会议上说：中国的国土蒋介石丢到哪里，我们就到哪里。还要准备几千干部到满洲去。12 月 18 日，毛泽东根据晋察冀军区毗邻辽宁、热河的地理位置，电示该军区代理司令员兼政委程子华，要努力向“察哈尔、热河及冀东敌占区发展，扩大解放区”。

1945 年 4 月 23 日至 6 月 11 日，中国共产党第七次全国代表

① 田玄：《解放战争全纪录》卷一《和战之间》，四川人民出版社 1999 年版，第 99 页。

大会在延安召开，这是在抗战历史转折关头中国共产党召开的重要会议，确定了“争取东北”的战略方针。

6月9日，在七大选举中央委员会时，毛泽东指出：“东北是很重要的，从我们党的发展，从中国革命的最近将来的前途看，东北是特别重要的。只要我们有了东北，中国革命就有了巩固的基础。现在我们的基础是不巩固的，因为我们根据地在经济上还是手工业的，没有大工业，没有重工业，在地域上也没有连成一片。”

6月10日，在大会进行中央候补委员选举时，毛泽东代表主席团郑重建议：“关于东北问题，我觉得这次要有东北地区的同志当选好。”同时进一步强调：“东北是很重要的，从我们党，从中国革命的最近及将来的前途看，东北是特别重要的。如果我们把现有的一切根据地都丢了，只要我们有了东北，中国革命就有了巩固的基础。当然，其他根据地没有丢，我们又有了东北，中国革命的基础就更好更巩固了。”依此精神，七大选举了东北籍的万毅（时任山东滨海军区副司令员兼滨海支队长）、吕正操（时任晋绥军区司令员）为中央候补委员。抗战结束伊始，万毅、吕正操即奉命率领所属部队抢先进入东北。

1945年8月11日，苏联出兵东北第三天，朱德总司令发出七号命令，其中与东北直接有关的第二号命令指出：为了配合苏联红军进入中国境内作战，并准备接受日伪军投降，我命令：原东北军吕正操所部由山西、绥远现地，向察哈尔、热河进发；原东北军张学思所部由河北、察哈尔现地，向热河、辽宁进发；原东北军万毅所部由山东、河北现地，向辽宁进发；现在河北、热河、辽宁边境之李运昌所部，即日向辽宁、吉林进发。

1945年8月14日，苏联与国民党政府签署了《中苏友好同盟条约》，以及《关于大连之协定》《关于旅顺口之协定》《关于中国长春铁路之协定》，两国政府互换了关于中国政府承认蒙古人民共和国独立的照会。这些条约和协定，保证了苏联在中国东北的特殊权益。作为交换条件，苏联政府承认国民党政府是中国唯一合法政府，并确认在东北“一俟收复区任何地方停止为直接军事行动之地带时，中华民国国民政府好担负管理公务之全权”。

《中苏友好同盟条约》的签署对中国共产党“争取东北”的战略方针十分不利。但是，久经腥风血雨斗争考验的中共领袖们很快对形势作出进一步判断，动员了全党和全国各个解放区的力量，大胆地向东北派遣部队。

（二）八路军挺进东北海上先遣支队

1945 年 6 月，山东胶东区委组织部长吕其恩与中共山东胶东区委统战部长柳运光作为中共山东团的正式代表参加了党的七大会议并参加了敌占城市工作训练班。训练班结束后，吕其恩和柳运光受组织委托向胶东区党委书记林浩做了简要汇报，明确当前急需办理两件事，一是将回胶东情况电告中央城工部并请示赴东北开展工作；二是即刻组建渡海小分队，等待命令，随时出发。

1945 年 8 月 26 日，中共胶东区党委根据党中央关于“争分夺秒”经海路进驻辽宁赴东北开辟工作的战略部署，组建“八路军挺进东北海上先遣支队”，司令员吕其恩、政委邹大鹏、副司令员于克、政治部主任柳运光，成员从东海军分区独立团抽调一个连的兵力和数名地方干部组成。

1945 年 9 月 1 日，先遣支队派吕赛带一个排，先行到大连探路，约定 5 天内回音。因吕赛等到大连后被苏军扣留，至第四天没有音讯，先遣支队决定不去大连，直奔庄河王家岛。9 月 5 日，先遣支队乘 2 艘机帆船从山东烟台渡海北上，6 日到达王家岛，当晚奇袭伪王家岛警察分局，解放该岛。9 月 8 日晚，先遣支队在打拉腰港口岸登陆，9 月 9 日清晨智取庄河，庄河获得第一次解放。先遣支队在庄河伪县公署办公楼西侧一所平房架设电台，政委邹大鹏向延安中共中央社会部和胶东区党委系统、详细地报告了“大连地区沿海一带的敌情，包括苏军控制大连海岸区域范围以及‘海上通路’的情况”①，并建议中央派部队和干部

① 刘志民：《1945—1949：“特殊解放区”时期的大连》，《党史纵横》2016 年第 9 期，第 30 页。

从海上速来东北。这封电文是延安方面最早收到的来自东北的情况通报，这些重要的情况和建议引起中央的特别重视，经过慎重研究，中央对原先的部署进行了调整，制定了“向北发展，向南防御”的重要战略方针，决定抓紧这千载难逢之机，以疾雷闪电之势挺进东北，要建立背靠苏联、连接蒙古的强大根据地。

先遣支队在庄河建立政权后，贯彻中央“相应向外扩张，接应渡海大军”的指示，成功开辟了庄河、大孤山、皮口等沿海一线和向北纵深发展要地，为后续部队登陆创造条件。

（三）八路军主力部队跨海北上

1945年9月11日，中共中央发出了进军东北的第一份命令：“抽调4个师12个团，共25000人至3万人分散经海道进入东北活动，并派肖华前去统一指挥。我军进入东北一律不事声张，不用八路军名义，而用东北义勇军及东北其他地方军队名义，首先进驻乡村、小城市及红军尚未占领之中等城市和交通线，发动群众壮大力量，建立地方政权。”同时，为东北配备三个省的省级干部和抽调大批干部到东北工作，一场由中国共产党领导的人民军队的“闯关东”之旅拉开了大幕。

1945年9月14日，中共中央决定成立东北中央局（简称东北局），统一领导筹划东北地区的工作，由彭真、陈云、程子华、林枫、伍修权5人组成，彭真任书记。9月18日，彭真、陈云、伍修权等人到达沈阳，并定下了通过陆路和海路两条路线到达东北的方针。

中共胶东区委和胶东军区全力以赴开展往东北运送部队的工作，在龙口成立了海运指挥部，山东军区司令员罗荣桓、胶东军区司令员许世友负责指挥渡海北上工作。1945年9月24日上午，万毅率领“东北挺进纵队”一个连，首批在山东黄县栾家口码头登船，一路乘汽艇搜索前进，第二天上午到达葫芦岛。9月底，全纵队3500人到达东北。

1945年9月22日至12月2日，历时2个月零10天，海运行动共运送部队39347人，干部（含少数家眷及勤务人员）7177

人，合计46524人；通过陆路到达东北的有2万多人，共计6万余人，占到达东北的正规部队人数的一半以上。东北野战军36个师的编制序列中，有15个师是全部由原山东部队或以山东部队为主组建完成。山东军区成为中国共产党迅速抢占东北，建立东北革命根据地的绝对主力。

（四）韩光来大连与苏军交涉登陆事宜

1945年10月8日，中共中央东北局书记彭真派中共中央东北工作委员会常务副书记韩光秘密来大连，与苏军交涉中共山东部队乘船到东北在大连登陆事宜。苏联红军大连警备司令高兹罗夫中将的态度很明确："这个事情好办。你们若是白天来，穿军衣，拿武器，我还得给你缴械，收起来。晚上，我一个人不剩的、一支枪不留的、一颗子弹不少的都送去石河驿（指苏军管辖旅大地区北部境界线）还给你们。"

办理完部队渡海事宜后，双方又谈起中共接管大连问题。高兹罗夫问韩光："你们要不要大连？"韩光一愣，马上说："怎么不要，我们还要全东北、全中国呢！"[①] 高兹罗夫希望中共尽快派个市委书记来，把市委成立起来，市政府也要成立。在苏军安排下，韩光见到了大连总工会筹备委员会的唐韵超、张洛书、朱秀春，会见了胶东区党委大连党支部的左友文和大连抗盟分会的张寿山，还会见了白全武等几十名思想进步的知识青年。

10月12日，韩光回到沈阳，向东北局汇报了大连之行的具体情况，使东北局清楚地了解到苏联对于中共力量在大连发展的基本态度，决定派韩光带一批干部重返大连，并任命韩光为大连市委书记。

三、建立政权机构，大连成为稳固后方

在苏军的支持和帮助下，中国共产党在大连"抢形势、搭架子"，先后成立中共大连市委、大连民主政府、大连公安总局、

① 韩光：《征途漫漫》，中央文献出版社2000年版，第150页。

法院等组织机构，奠定了中国共产党在大连地区的政治合法性。

(一) 中共大连市委员会建立

1945年10月中旬，根据东北局的指示，韩光、张致远、沈涛、郎玉林等人来到大连，立即着手组建大连市委，以“中共大连工委”名义开展工作。11月初，正式使用“中共大连市委员会”名称。韩光为书记，市委委员有吕赛、陈云涛、赵杰、左友文、张致远、王西萍、于会川、唐韵超（后增补）。市委下设组织部、宣传部、民运部、社会部。

东北局指示：“旅大地区的战略地位是重要的，即使将来形势恶化，我们也要借《中苏友好同盟条约》，尽力把旅大控制在我们手里。一定要争这个天地，要把它作为支援解放战争的人力、物力、财力的基地，为全国的最后解放出大力。”

(二) 大连市政府建立

1945年10月27日，苏军驻大连警备司令官主持召开大连市中国人各公共团体代表会议，协商成立大连市政府事宜。10月28日，苏军发表公告，任命大连市市长和副市长。

1945年11月8日，大连市政府举行成立大会，标志着中国共产党领导下的关东解放区民主政权正式成立，这是中国共产党在大城市中建立的第一个民主政权。

(三) 大连市公安总局建立

1945年11月7日，大连市警察总局正式成立，为区别旧警察署，11月25日更名为大连市公安总局，并对公安、侦察、武装部队实行了统一的指挥和领导。

由于当时的形势需要，刚刚成立的中共大连市委暂不对外公开。市委机关与公安总局在一处办公，对外称为公安总局训练处。韩光对外以公安总局训练处主任的身份开展工作，而在组织内部则是中共大连市委书记。同时，按照当时各解放区通常由书记兼任武装部队政委的做法，韩光兼任大连市公安总局政委。公安总局局长由八路军山东军区滨海三分区司令员赵东斌（原名赵杰）担任。大连市公安总局创建之初，在领导配置上都是采用行伍出身人员，在机构设置上也是按照八路军的组织形式，具备了一支正规作战部队的规模与气魄。大连市公安总局是全国最早的城市人民公安机关。

（四）大连市法院建立

1945 年 11 月 7 日，大连市警察总局成立后，其内设的司法科负责主管大连地区的司法工作。同年 12 月 18 日，大连市政府附设“地方法院接收委员会”，对日本殖民时期的关东地方法院进行接收。

为了适应大连形势和对敌斗争的需要，1946 年 1 月 30 日，大连市临时参议会决议成立大连地方法院，内设检察庭，实行审检合署体制。于会川担任院长，并兼任首席检察官。法院与公安机关密切配合，重点打击惩办国民党反动势力和敌伪残余势力。

大连地方法院所设立的检察机关，是中国共产党进入城市后建立的第一个人民检察机关，首次确立了检察机关与审判机关在司法工作中的同等地位，开创了检察机关由国家权力机关产生的先河。

1947 年 4 月 3 日，关东地区各界人民代表大会召开，决议成立关东高等法院，周旭东担任院长，乔理清为首席检察官。关东高等法院下设大连监狱和旅顺监狱，探索建立了监所检察制度，还建立了在首席检察官直接领导下的犯人劳动改造委员会。这标志着包括检察机关在内的关东解放区司法机关进入了一个新的历史阶段，开始一步步走向完善和规范。

1946 年至 1949 年底，法院“共审结反革命案件 600 余件，刑事案件 5400 余件，民事案件 2100 余件。”① 经过对敌人的不断镇压和对民事纠纷的及时处理，震慑了敌人，巩固了人民民主政权，保障和促进了生产的恢复和发展。

（五）大连市总工会成立

① 辽宁省大连市中山区人民法院院志领导小组办公室编：《大连法院志资料选编 1946—1986》，第 2 页。

在社会变革的重要关头，共产党员唐韵超、张洛书等人积极行动，决定重新把工人组织起来。1945年9月2日，召集全市52家大型厂矿企业200多名职工代表开会，成立了大连市总工会，唐韵超担任总工会主席。总工会号召全市工人组织起来，同反动派展开斗争。在不到一个月时间，组织工会369个，发展会员近13万人，为日后党组织开展工作奠定了坚实的基础。

为了充分发挥大连特殊解放区的重要作用，大连市委、市政府团结人民，发展经济，安定民生，粉碎国民党的接收和封锁；发展文化，培养干部，为解放战争胜利和新中国建设培养了大批人才；发展军工，支援前线，为全国解放贡献重要力量。

四、建立军工基地，大连支援解放战争

抗战胜利后，八路军挺进东北时正赶上冬季，12万大军来不及换上冬装就奔赴东北。1945年底，为解决部队御寒问题，东北民主联军副司令员萧劲光专程来大连找韩光支援。大连市委当即决定将市公安总局所掌握的布匹和金州纺织厂、大连纺织厂库存的布匹全部拨出支援前线，公安总局被服厂由此承担了生产任务。在解放战争期间，公安总局被服厂共制作30万套军装运往前线。

1945年末，根据大连市委指示，新华公司成立，承担供应市场、活跃经济的任务，同时对华东和东北各军区给予财力、物力支援。大连在解放战争期间，对前线的物资支援是无法计量的，是名符其实的后方供应基地。

（一）建新公司——我党和我军第一个大型兵工联合企业

1946年9月，中共中央东北局委员、东北民主联军副司令员萧劲光来大连筹划后勤工作，指示当时胶东军区后勤部调查在大连生产炮弹的可行性。日本投降后，大连工业受到不同程度的破坏，但钢铁、机械、化工等行业基础未被摧毁，具备整修后恢复生产的条件。同时，海上交通运输方便，尽管国民党军舰极力封锁，但海上活动范围辽阔，总有办法支援华东解放战争。据

此，萧劲光向中央提出在大连进行兵工生产的重要建议。

1946年11月，中共中央军委指示，利用大连近代工业基础和海上运输的便利条件，进行兵工生产，支援解放战争。1947年3月，华东军区司令员陈毅指示华东局组织部长兼财委主任曾山派华东局财委副主任朱毅率领一批干部奔赴大连，筹建弹药生产基地。朱毅携带资金，率领60余名干部到达大连后，经华东局批准和旅大地委同意，成立了华东局财委驻大连工作委员会，统一领导华东各个地区在大连设立的机构，朱毅担任书记。

当时，大连的大型企业几乎都由苏军接管，经中共中央东北局和大连地委与苏军交涉，得到苏军的默许和支持。1947年7月，苏军将化学厂、钢铁厂等企业移交中方，我党和我军历史上第一个大型兵工联合企业——建新公司正式成立，主要包括大连化学工厂、大连钢铁工厂、大连机械工厂、大连制罐工厂、裕华工厂、宏昌工厂。

从1947年至1950年，建新公司共生产日式三八、九四、一二四和美式七五山炮弹54万余发；药筒26万余个；自配M式野山加引信9.5万个。改产掷弹引信556万个，修理旧引信16.2万个；生产美式、白式底火60.9万个，雷管24万只，六〇迫击炮1430门，苏式冲锋枪1563支；生产弹体钢3000多吨，各种型号无烟药450吨。其中，除为辽沈战役提供百余吨炸药外，绝大部分经海路越过国民党军队的封锁，送到山东半岛东端俚岛的我军物资接送站，再由山东支前大军用成千上万辆小推车运往华东前线。华东野战军副司令员粟裕说："华东地区的解放，特别是淮海战役的胜利，离不开山东的小推车和大连的大炮弹。"

（二）为全国工业发展培养大批人才

建新公司在支援解放战争的同时，向全国各地输送干部和技术骨干千余人，如沈阳兵工厂、大冶特殊钢厂、辽阳火药厂等一系列工厂都是由建新公司派出的干部和技术骨干帮助恢复和建设，为新中国的经济恢复和社会主义建设作出了贡献，也为我国现代化工业发展探索了经验。

1949年，建新公司开始进行民品生产，自行设计制造了包括200吨水压机、千吨油压机等成套的设备，生产出高压水泵、矿山设备、蒸汽压路机、水泥搅拌机、锅炉、高速钢、硬质合金、弹簧钢、镀锌铁丝、硫酸、硝酸、盐酸、耐酸泵、耐火砖等一大批经济建设所急需的设备和产品，为新中国的发展壮大作出了贡献。

作为大规模、现代化、拥有上千工人的企业，大连建新公司在学习苏联工业管理经验的基础上，依靠留用的部分日本技术人员，通过学中管、管中学，摸索出了一套科学的管理制度，成为全国现代化工业管理的成功模式。

（三）岗边根据地建立

苏军进驻大连，使国民党抢占大连的企图破灭。在苏军当局的暗中支持下，中国共产党在普兰店区、朝阳区、唐家房区、杨树房区的22个行政村建立起特殊根据地，辽南军区的党政军机关、辽南独立师、四纵队十二师、一地委、五地委、一专署、五专署医院、粮库、兵工厂、被服厂和印刷厂等重要部门和单位都被安置在这里，有15000多人。根据地南部背靠苏联红军石河驿防线的28处岗哨，形成了一道坚固的屏障，对东北民主联军起到了很好的保护作用，因此又称“岗边根据地”，陈云同志称这里为“屋檐下的根据地”。

1946年6月，国民党政府撕毁停战协定，向解放区发动大规模进攻，妄图在短时间内消灭中国共产党和人民武装。同年冬天，国民党军队向辽南进犯，疯狂进攻东北民主联军。辽南独立师和四纵队十二师以岗边根据地为依托，与国民党军队在袁屯、双塔、马家店等地进行浴血奋战，牵制国民党三个师的兵力，从而有力配合了临江战役。

岗边根据地因与大连特殊解放区相连，解放战争中，在牵制和打击敌军、保存有生力量、后勤补给保障等方面作出重要贡献。

五、联合各方力量 大连文教成果斐然

1945 年市委、市政府成立后，针对大连长期处于日本帝国主义殖民统治下，民族文化几乎与人民隔绝，国民党又先期进入大连，搞了大量反动宣传的实际情况，确定文化工作要把扫除日本殖民地文化思想遗毒，破除盲目正统观念，普及新民主主义文化，宣传马列主义、毛泽东思想，作为迫切的任务。

(一) 出版革命和科学文化书刊

1945 年 8 月 28 日，大众书店成立。大连市委成立后，认为这是一个很好的书店，大力扶持，使其成为宣传马列主义、毛泽东思想，争取教育广大青年的有力阵地。

1946 年 2 月，作家柳青从解放区来到大连，市委派他到大众书店担任党支部书记兼任总编辑。同年 4 月，柳青依照原晋察冀日报社 1944 年 5 月出版的《毛泽东选集》五卷本，又增加 3 篇著作，编辑出版了东北地区最早的一部《毛泽东选集》五卷本，收集毛泽东抗日战争以来的著作、讲演和言论共 31 篇文章，近 50 万字。同年 8 月，又出版了《毛泽东选集》精装五卷本，红布皮装帧，封面正中印有烫金的《毛泽东选集》5 个字。

精装《毛泽东选集》出版后，大众书店托人为毛主席送去样书。由于战乱，毛主席第二年才收到，并于 1947 年 11 月 23 日，给大众书店和印刷厂写了回信："大连大众书店、大众书店同人自治会、大众印刷厂全体职工同志们：你们送来的书及钢笔、表均收到，谢谢你们的好意，并致同志的敬礼！"

大连先后开办大众书店、光华书店、友谊书店等 10 多家专业书店。这些书店负责编辑、印刷、出版、发行、销售革命书刊和科学文化书刊，宣传党的路线、方针、政策，普及科学文化知识，丰富人民群众的文化生活。解放战争时期，大连各书店共出版图书 5000 余种，运往各个解放区。

（二）东北文工团演出《黄河大合唱》

大连解放初期，由于日本帝国主义的长期殖民统治，殖民主义文化充斥城乡，民族文化几乎被摧残殆尽，一部分知识青年和学生看不起八路军、共产党，认为都是“土包子”。如何建立革命的新文艺，以革命文艺为武器，转变人民群众特别是知识青年的思想，打开工作局面，成为我党管好城市面临的一项艰巨任务。

1946年春，大连市委请来了东北文工团，半年时间里，东北文工团演出《黄河大合唱》，演话剧《日出》，演歌剧《血泪仇》，到电台教唱革命歌曲，使滨城到处充满了革命的歌声。东北文工团不仅用革命文艺教育了一大批青年，而且把大连地区的文艺事业推向一个全新的阶段，使许多青年成为大连和全国文艺团体的专业骨干。韩光书记说：“一台好的文艺节目，胜过一场政治报告。”

（三）培养和输送各类人才

1946年，中共旅大地委克服种种困难，先后创办了旅大建国学院、大连工业专门学校、关东电气工程专门学校、关东医学院、关东文法专门学校、关东俄语专门学校、大连大学等多所高等院校，至1949年，各类高等院校为党和国家输送干部和各类人才2600余名，为支援解放战争、为接收接管城市以及各解放区、为新中国建设事业作出了不可磨灭的贡献。

1946年9月5日，旅大建国学院成立，这是旅大地委创办的第一所培养干部的学校，以“为建设和平民主繁荣的旅大，培养为人民服务的各种建设人才”为办学宗旨，培训具有革命觉悟的知识青年和机关干部1600余名，其中有200余名参加东北民主联军，其余分配到市级党群机关工作，成为革命和建设事业的骨干力量。

1946年末，中共旅大地委提出“发展生产，改善民生，发展文化，培养干部，克服困难，支援前线”的工作方针。为适应这一方针的需要，亟待培养本地区的干部，1947年5月1日，中共旅大地委党校正式成立。由于当时旅大地区的特殊历史环境，一切活动不以党的名义公开出现，因此，党校对外是以“关东公安总局训练处生产研究班”的名义办学。最初党校工作人员不到10人，后增至30人。其间共举办了4期短期培训班，学制3至4个月，主要开展政治形势教育、阶级教育和党的基本知识教育，共培训干部476人，为基层党员干部学习、掌握马克思主义基本理论打下了基础。到1948年末，党校为巩固人民政权，建设新旅大，培训党员领导干部作出了贡献，并为以后的办学积累了经验。

1948年，东北即将全部解放，党中央批准东北局创办一所正规大学，培养高级技术人才，以迎接新中国成立后经济建设与文化建设高潮的到来。1949年3月15日，大连大学成立，将大连工业专门学校、关东电气工程学校、关东医学院和关东俄语专门学校合并，下设工学院、医学院、俄语专修科，并将原“满铁中央试验所”划归大连大学，成为大连大学的科学研究机构。1950年，大连大学撤销建制，大连工学院成立（1988年更名为大连理工大学）。

大连大学从创办之日起，就在国内招聘优秀教师，招收基础好的学生，重视实验室建设，培养学生理论联系实际的好学风，为学校的后续发展奠定了良好的基础，使这所大学在为国家培养高素质的德、智、体全面发展的合格人才上作出了很大的贡献。同时，大连大学又继承延安和老解放区办学的光荣传统，吸收中外大学办学的好经验，成为我国培养高级技术人才的摇篮，为新中国建设输送了大批有用之才，在我国高等教育历史上有着不可磨灭的贡献。

六、新中国经济建设，大连作出重要贡献

从1945年大连解放到1949年中华人民共和国成立，在中国共产党的领导下，大连人民团结一心、积极努力，使大连的经济恢复和建设为全国解放作出了积极贡献。1949年，大连地区的GDP在国内排名仅低于上海，市面繁荣，人心稳定，并形成辐

射东北、支援全国的经济架构。

（一）大连是中国合理化建议活动的发源地

1947年，旅大特等劳模刘立富、袁明朝、安玉山、王智富等职工共提出合理化建议300多件，成为全国最早的一批合理化建议，使大连成为全国合理化建议活动的发源地。1948年开始，广大职工以新的劳动态度积极生产，提高技术，使发明创造不断出现。1948年，大连职工合理化建议达1426件，创造价值达6亿多元（关东币）。

1949年，大连职工的合理化建议积极性空前高涨，不仅老技术工人、技师踊跃参加，广大青年工人和女工也积极投身其中。1949年，大连职工的合理化建议为828件，创造价值21亿多元（关东币）。1949年五一国际劳动节之后，中共中央东北局逐步把大连职工开展合理化建议活动的经验推广到东北各城市。

1950年8月16日，中华人民共和国政务院颁布实施《关于奖励有关生产发明、技术改进及合理化建议的决定》，使合理化建议活动在全国范围蓬勃开展。

（二）新中国最早举办的工业展览会——大连工业展览会

1949年9月18日至11月31日，大连举办工业展览会，参展单位102个，共设铁路交通、机械、造船、纺织等17个展区，数百件机械和模型、数千件展品参展，集中展现了大连解放后工业生产恢复和发展的成就以及合理化建议的成果。展览会深得各界重视与好评，全国各地纷纷组织参观团，仔细参观各个展馆，并深入大连各大工厂考察合理化建议等工业生产和企业管理的具体做法。据展览会登记，观众总计达31万多人，其中来自全国各地的参观团181个，共4000余人，大连工业展览会成为当时轰动一时的盛事。

大连工业展览会的成功举办在当时有着非比寻常的历史意义，其建设城市、管理城市、发展城市的成就，为许多刚刚获得解放的城市提供了借鉴和经验，是大连人民献给共和国的第一份厚礼。大连工业展览会也是新中国举办的第一个展览会，在新中国的展览业发展史上留下光彩夺目的记录。可以说，大连工业展览会像一颗璀璨的明珠，连接起两个时代，成为大连历史上的光辉篇章。

（三）大连海关建设为新中国海关事业的发展奠定基础

1945 年 11 月 25 日，大连市政府发布公告："来往大连的各种商船必须在黑嘴子和老虎滩两码头停泊装卸货物，其它海口一律不准。货物出口须经政府检查，始准放行。"同时，大连黑嘴子码头海口检查所成立，对进出大连的贸易货物一律按 5%征捐。1946 年 10 月 23 日，大连海口管理处成立，统一管理各海口检查所及路境税卡、征捐、缉私制度等工作，成为人民海关机构。1951 年 2 月 10 日，改称大连海关。

自 1946 年 1 月至 1949 年 3 月，大连海口管理处等大连地区具有海关职能的机构，共监管进出口货物总值达 659 亿元，其中出口总值为 320 亿元，进口总值为 339 亿元。对苏出口货物总值 221 亿元，进口货物总值 85 亿元；对朝鲜出口货物总值 74 亿元，进口货物总值 176 亿元；对香港出口货物总值 0. 5 亿元，进口货物总值 7. 3 亿元。

大连海关成立于中华人民共和国诞生之前，经过 4 年的艰苦努力，海关工作促进了地方发展，扩大了对外贸易，保证了人民需要，支援了解放战争。同时，还培养了一支新型的海关干部队伍，积累了海关工作的经验，为全国其他新解放和接收的海关输送了一批干部，为新中国诞生后海关事业的发展壮大创造了有利条件。

（四）大连党组织在人民群众中公开

1948 年 7 月，中共中央东北局派欧阳钦到大连担任地委书记。随着辽沈战役的胜利，东北全境解放。1948 年 11 月 23 日，中共中央东北局作出了《关于全东北解放后的形势与任务的决议》，指示东北各级党组织今后必须把经济建设的任务放在压倒一切的地位，为支援全国解放战争作贡献。

1949 年 2 月 21 日，中共中央东北局决定，中共旅大地委改为中共旅大区党委。3 月 1 日，区党委召开紧急执委会，认为旅大党组织公开的时机已经成熟，并上报中共中央东北局得到批准。

1949年4月1日至3日，旅大区党委召开全区党的活动分子大会。区党委书记欧阳钦向大会作《在目前形势下旅大党的任务》的重要报告，指出今后两大中心任务“发展生产，改善民生；发展文化，培养干部”，为旅大地区的发展提出了进一步努力的方向。旅大全区所有的基层党组织全部公开，为迎接全国解放做好各项准备工作。

（五）为抗美援朝贡献大连力量

1950年6月，朝鲜战争爆发。在朝鲜民主主义人民共和国处境危急，我国领土安全受到严重威胁的情况下，应朝鲜方面请求，中共中央作出“抗美援朝、保家卫国”的战略决策，决定组成中国人民志愿军开赴朝鲜。10月19日，志愿军跨过鸭绿江，与朝鲜人民军并肩反击美国侵略者。大连地区作为东北的海防前沿和支援战争的重要基地，立即投身到伟大的抗美援朝、保家卫国的运动中。

1950年11月，中共旅大市委向全市人民发出《关于全力动员抗美援朝、保家卫国的工作指示》，号召全市各阶层人民团结起来，响应党中央的伟大号召，开展一场广泛的抗美援朝、保家卫国运动。大连建新公司在完成支援解放战争的弹药生产任务后，已经奉命转为民需生产，在接到命令后，立即组织恢复军工生产。在“后方多流汗，前方少流血”的口号下，全厂3000余名干部、工人团结奋战，忘我劳动，1951年第一季度就生产了75毫米反坦克破甲炮弹2万余发、70毫米反坦克破甲炮弹3万余发，超额完成东北兵工局下达的一季度生产任务。

在历时3年多的时间里，大连人民在党的领导下，发扬爱国主义和国际主义精神，为支援朝鲜人民的反侵略战争，保卫祖国安全，作出了重要贡献。

（六）苏联红军撤离大连地区

1950年2月14日，中国政府同苏联政府签订了《中苏友好同盟互助条约》，同时签订了《关于中国长春铁路、旅顺口及大连的协定》。根据《协定》规定，苏军解除对旅顺的军事管制，除军事事务外，一切由旅大地方政府管辖。

朝鲜战争爆发后，1952 年 9 月 16 日，中苏双方发表公报，公布了《中苏关于中国长春铁路移交中华人民共和国政府的公报》和《关于延长共同使用中国旅顺口海军根据地期限的换文》。《换文》指出，为了保障远东和世界和平，苏联军队自共同使用中国旅顺口海军根据地撤退的期限予以延长。

1955 年 4 月 15 日，中苏双方在驻旅顺苏军司令部举行交接防务签字仪式。4 月 16 日零时起，辽东半岛南部的一切防务由中方负责。同日，驻防旅顺的苏军起程回国。在此期间，党和国家领导人周恩来、朱德、宋庆龄、贺龙等前来旅顺进行考察。

（七）辽东半岛大演习——新中国成立后全军首次大规模多兵种联合军事演习

1955 年 11 月 3 日至 14 日，一场大规模的抗登陆作战演习在辽东半岛的大连地区展开，这是我军第一次在模拟使用原子武器和化学武器条件下，方面军抗登陆战役中集团军海岸防御的军事演习，也是新中国成立后我军首次组织的大规模多兵种联合军事演习。演习总指挥由叶剑英元帅担任，参加演习的海陆空三军将士 4.8 万余人，飞机 262 架，舰艇 65 艘，坦克和自行火炮 1000 余辆。

演习预设代表入侵敌军的为“蓝军”，代表我军反侵略力量的为“红军”，主要演练快速战役准备、组织兵力火力，抗击“蓝军”抢滩登陆，并实施反突击。在打击敌人最佳时机上，采取敌人航渡中途进行强大火力打击的“半渡击”和在敌人刚刚登陆时的“背水击”。演习结束后，这一抗登陆战法被确定为我军抗登陆战役集训的指导战法，在相当长的时间里影响着我军抗登陆作战的训练、演习模式。

演习过程中，刘少奇、周恩来、邓小平、彭德怀、贺龙、陈毅等党和国家、军队领导在现场观看，并检阅了参演部队。苏联、朝鲜、越南、蒙古四国的军事代表团应邀观看了演习。全军高中级干部 809 人随演习部队一起作业和参观学习。在全体参演官兵共同努力下，演习取得了圆满成功。

此次大演习丰富了我军在当时条件下抗登陆作战的军事理论体系建设，使全军在联合协同模式下的实际作战能力有一定的提高。

七、大连劳模 壮美篇章

1945年大连解放后，在中国共产党的领导下，大连工人肩负起支援全国解放和开展城市建设的光荣历史使命，各级工会积极发挥作用，组织职工恢复生产、支援前线、创模争先、重建家园，涌现出许多劳动模范和支前英雄，他们在发挥示范和带头作用的同时，为大连的城市发展谱写了壮美篇章。

1946—1947年，大连工会组织的创模运动共涌现出834名大连市第一批劳动模范，他们成为引领广大职工恢复生产，粉碎经济封锁的先锋。

1948年五一国际劳动节，大连工会评选出2404名生产立功者，1403名模范。工人发明创造项目307件，节约项目1594件，价值2.6亿元（关东币）。1948年，大连的工业产量比1947年提高了3倍。

1950年7月至1952年末，在抗美援朝爱国主义生产竞赛运动中，劳动模范为推动经济发展，巩固国防，支援抗美援朝作出突出贡献。

透过历史的镜头，翻阅珍贵的资料，我们在这里看到：有大连解放的欢欣鼓舞，有特殊解放区的惊心动魄，有前线战场的烽火硝烟，有大连人民的无私奉献，更有共产党人的忠诚与担当。

“功成不必在我，功成必定有我。”历史不会忘记，大连人民在新中国成立的史册上曾留下浓墨重彩的一笔。大连贡献，这是属于大连人民的集体荣耀。

【责任编辑：关国磊】

[作者：周爱民　旅顺日俄监狱旧址博物馆　研究馆员　116041　大连]

目 录

·卷首语·

甲午、日俄战争史研究

殖民统治史研究

抗日战争史研究

中共大连地方组织史研究

监狱史研究

历史方志文化研究

甲午、日俄战争史研究

大连近代史研究 第16卷

广受赞扬的北洋海军爱国将领杨用霖

戚俊杰

摘　要：杨用霖是北洋海军爱国将领之一。他胸怀大志，热爱海军，勤学苦练航海诸艺和枪炮之学，成为文武兼备之难得将才。他为人正直坦诚，爱护官兵，使所在舰船的官弁水勇均“倚之为父兄”。他治军严厉，尽职尽责，抗敌鏖战，奋勇争先。在弹尽援绝之际，他坚决拒绝投降，衔枪自尽，其殉国情节，异常悲壮惨烈；其大义凛然，令朝野上下、中外官弁，大受感动。

关键词：北洋海军　杨用霖　爱国将领

杨用霖在北洋海军中职务不是最高，资历不是最深，年龄也不是最大，但他平时的言行举止和战争时期的所作所为，却受到广大北洋海军官弁水勇和外聘专业技术官弁的高度赞扬。

一、少有大志 以身报国

杨用霖，字雨臣，1854年出生于福建省福州市闽县。[①] 他幼

① 关于杨用霖的出生时间，说法不一。福建闽侯人池仲祐在《海军实记》《杨镇军雨臣事略》中称“死时年四十”；在《闽侯县志》卷八五《杨用霖传》中记载为“时年四十”，与池仲祐所称相同。而杨用霖之子杨梦骐邀请林纾撰写的《清建威将军提督衔补用副将闽县杨公墓志铭》中称：“时年四十有二。”据此，戚其章先生认为，杨梦骐与林纾不会搞错，他们所称杨用霖的出生年龄应该是属实的。故本文采用杨用霖一八五四年出生说，即生于清咸丰四年。

年失去父亲，依靠“伯兄腾宵以居”，因此“自少及长，事伯兄维谨”。他平时沉默寡言，善于动脑思考问题，“性喜任侠，尚气节，重然诺”“好饮酒，酒酣则侃侃谈天下事”，而且慷慨激昂，“旁若无人”①。

1872年，18岁的杨用霖投考福建水师并被录取为“艺新”军舰的水勇，正式成为中国近代海军的一名水兵。参军之后，杨用霖曾有幸跟随“艺新”舰管带许寿山学习“英国语言文字及驾驶、枪炮之学”②。杨用霖在许寿山的潜移默化影响下，既懂得了军人忠于国家、勇于献身的责任担当，又学会了海军官弁所需要掌握的诸多技艺。由于他“日夕勤劬，寒暑不辍，而颖悟锐进，于航海诸艺，日益精熟”③。时间不长，杨用霖就被任命为“振威”舰的管炮官。由于其任劳任怨，不怕吃苦，工作出色，风华正茂的杨用霖很快就从“振威”舰的管炮官迁任为“艺新”军舰的二副。

1879年（清光绪五年），许寿山的老同学林泰曾从英国皇家海军学成归国，奉命由福建管带“飞霆”炮艇北上执行任务。与此同时，杨用霖奉命调至“飞霆”船出任二副，于12月7日随同林泰曾开赴江苏，由沈葆桢调动差遣。此后，杨用霖又奉命担任“镇西”炮船二副。

二、尽职尽责 有口皆碑

杨用霖酷爱读书学习，喜欢研究海军训练和舰船管理的相关知识。在训练中，他始终坚持身先士卒、一丝不苟的示范精神。

① 张侠、杨志本等合编：《清末海军史料》（上），海洋出版社1982年版，第374页。

② 张侠、杨志本等合编：《清末海军史料》（上），海洋出版社1982年版，第374页。

③ 张侠、杨志本等合编：《清末海军史料》（上），海洋出版社1982年版，第374页。

管理部队，他始终坚持认真负责、一丝不苟的作风。因而，杨用霖深得北洋海军官兵和所聘外国专业技术人员的广泛称赞。

（一）狠抓操演训练，治军严明有威。1880年12月，为了加快培养中国新式海军人才，也为了节约有限的海防经费，直隶总督兼北洋通商大臣李鸿章决定派北洋海防督操丁汝昌、总教习葛雷森、管带林泰曾、副管带邓世昌率带北洋水师官弁水勇赴英国接带新订购的“超勇”和“扬威”两舰。27岁的杨用霖以其过人的能力和水平，被任命为“超勇”舰二副之职务，一起前往英国接带新的军舰回国。

杨用霖十分清楚自己没有进入正规海军学校学习，此前也没有机会前往欧美考察学习，因此特别珍惜此次赴英国接带新式军舰的机会。他决心抓住难得的机遇，好好向英国等欧洲海军强国学习，全面提升自己的军事素质和管理能力。他时刻告诫自己：机不可失，时不再来。

1881年2月27日（正月二十九日），杨用霖与200多名接舰官兵乘“海琛”轮起锚开航。1881年4月23日，历时56天，顺利到达英国的工业重地纽克所（Newcastle）。在英国期间，杨用霖眼界大开，精神振奋。英国发达的军工企业及其先进的武器装备，就像巨大的磁铁一样吸引着杨用霖。他好学勤问多记，“颖悟锐进”。“超勇”舰完成试航和交接之后，为确保接带“超勇”舰安全顺利，杨用霖全力以赴投入到驾舰返航的准备工作中。由于水土不服，水勇袁培福和顾世忠先后病逝。5月26日和5月27日清晨，杨用霖及全体官弁水勇随林泰曾前往纽克所官山为两位逝者送葬，还为两位葬于异国他乡的年轻水勇立了墓碑。送葬仪式结束后，杨用霖强忍失去战友的悲痛，又全身心地投入到返航前的准备活动中。8月3日，纽克所港彩旗飘扬，呈现出一片节日的欢乐景象。中国驻英国公使曾纪泽在这里举行“超勇”“扬威”巡洋舰升旗仪式。兴奋异常的杨用霖与全体官兵在丁汝昌、林泰曾的率领下，与英国官员、制造商及当地的部分市民参加了振奋人心的升旗仪式。8月17日，“超勇”“扬威”

两舰启航回国。离开英国海域之后，杨用霖与官弁“水勇人等按日操作如常”①。经过两个多月的艰难航行，两舰于 11 月 18 日到达天津大沽港。由于此次接带“超勇”舰表现优秀，杨用霖被任命为“超勇”舰大副。

（二）救危抢险，关爱兵勇。杨用霖刚入伍所在的“艺新”船，是由福州船政工程人员自行设计建造的第十七号轮船，该船因排水量小颠簸而不能远洋航行，所以专备风后出巡，拯救失事的船民。在抢险救难的过程中，杨用霖不怕吃苦，总在惊涛骇浪的颠簸中冲在前面，搭救遇险船只和难民，展现出了他的善良和英勇。

1881 年夏季，中国海军第一次驾驶以蒸汽机做动力的巡洋舰返回祖国。其间，气象恶劣，暴风骤雨、酷热天气约占三分之一。在 74 天的航行过程中，途经大西洋—地中海—苏伊士运河—红海—印度洋—西太平洋返回中国。身为“超勇”舰二副的杨用霖，恪尽职守，全力配合管带林泰曾，与全舰官兵战胜了一次又一次的惊涛骇浪，不但救助“扬威”舰不断出现的突发险情，圆满完成了接舰任务，还搭救了 10 名遇险船民，得到广泛好评。

杨用霖平时凡有弁兵水勇“疾苦劳顿，必亲临慰问”。在等级观念极为森严的封建社会里，杨用霖能放下身段，情真意切地关心官弁和兵勇，确实展现出以人为本、与人为善、关心弱势群体的宽广胸怀和高尚情操，所以“士兵感戴，亦倚之如父兄也”②。

（三）圆满完成军事任务。1882 年 7 月 23 日，朝鲜发生了“壬午兵变”，朝鲜政局危急。清政府在 10 天之后才得到消息，急忙命令张树声派水陆两军迅速开赴朝鲜救援。这是杨用霖第一

---

① 池仲祐：《西行日记》（《西行日记》卷下，第 12 页）。

② 张侠、杨志本等合编：《清末海军史料》（上），海洋出版社 1982 年版，第 374 页。

次协助林泰曾管带“超勇”军舰参加援助朝鲜、稳定局势的军事行动。驻守仁川期间，杨用霖不但细致地安排好站岗放哨之人员，而且还仔细观察并费心打探日本海军的活动情况。8月13日，杨用霖与部分人员又跟随林泰曾和邓世昌乘小艇开赴南阳测量水道，详探在朝鲜的日军动向。在此期间，日军在10天时间内向朝鲜仁川增派了7艘军舰和1营陆军，致使朝鲜的局势日益紧张。为了把握主动，以防发生意外不测，杨用霖积极配合林泰曾将“超勇”舰迅速移泊南阳浦口，全天升火待命，随时听候调遣，直至将兵变事件平息。

1884年11月13日，杨用霖帮带“超勇”舰起航南下赴上海，准备进行救援台湾的新任务。12月中旬，因日本在朝鲜挑起“甲申事变”，杨用霖又奉命迅速前往旅顺港。到达旅顺口后，杨用霖带领官弁水勇检查舰船，添加煤水，补给粮食，以最短的时间完成补给任务。

12月20日夜，装备充足的“超勇”舰从旅顺口驶往朝鲜。12月22日，“超勇”舰抵达朝鲜马山浦。此次赴朝鲜处理“甲申事变”，杨用霖帮带的“超勇”舰在朝鲜共驻扎了44天。其间，他恪尽职守，事无巨细，帮助主官林泰曾管带全舰官兵圆满完成了国家交给的重要任务，再次受到朝廷及李鸿章的通令嘉奖。

1885年11月17日，从德国购买的“镇远”舰到达天津验收后，交由林泰曾管带。与此同时，杨用霖也被调到“镇远”舰出任大副。杨用霖非常感激朝廷及北洋大臣的信任，废寝忘食地努力学习，迅速全面掌握“镇远”舰的性能和管理要求。不久，又因其表现突出，升任“镇远”舰的“帮带大副，奉奖花翎，以守备用”[①]。1888年10月，北洋海军正式成军，直隶总督兼北洋通商大臣李鸿章奏请圣上批准，杨用霖升署北洋海军右翼

---

① 张侠、杨志本等合编：《清末海军史料》（上），海洋出版社1982年版，第374页。

中营游击。

杨用霖奉命帮带世界一流的“镇远”铁甲舰，身感自己责任重大，需要学习和掌握的专业技术很多。他抓紧工作之余的时间，“肆力于书籍，手不释卷，才识遂日以增进”①。他的优秀表现，得到北洋海军官弁水勇的一致好评。尤其是总教习英国人琅威理赞赏杨用霖意志顽强，热爱海军，勤奋好学，治军严明，爱抚士兵，威信极高。他认为杨用霖日后在海军之成就，“可为亚洲之纳尔逊也”②。1891 年，因其业绩突出，被“赏加副将衔，升用参将”③。

三、奋勇抗敌 宁死不降

1894 年 7 月 25 日，日本海军在朝鲜牙山附近的丰岛海面突然开炮袭击北洋海军的运兵船，挑起中日甲午战争。杨用霖发誓“将以死报国”。战争中，他率带官兵英勇抵抗，屡挫强敌。在刘公岛保卫战的最后关头，北洋海军弹药将尽，援兵无望，他拒绝洋员和一些人主持投降的请求，衔枪自杀，宁死不屈，实现了他崇尚中国军人传统气节的承诺。

(一) 积极投身巡阅海防事宜。丰岛海战后，7 月 26 日，杨用霖帮带的“镇远”舰与北洋海军其他各舰，随北洋海军提督丁汝昌“前往汉江洋面游巡迎剿”④。7 月 28 日，北洋舰队在汉江口外搜索敌船不遇，“后因风浪险恶”，致使一些小型舰船、

---

① 张侠、杨志本等合编：《清末海军史料》（上），海洋出版社 1982 年版，第 374 页。

② 张侠、杨志本等合编：《清末海军史料》（上），海洋出版社 1982 年版，第 374 页。

③ 张侠、杨志本等合编：《清末海军史料》（上），海洋出版社 1982 年版，第 374 页。

④ 顾廷龙、叶亚廉主编：《李鸿章全集》（二），上海人民出版社 1986 年版，第 812 页。

特别是鱼雷艇等航海十分艰难。无奈情况下，他们只得于7月29日返回威海湾军港。回到刘公岛之后，杨用霖顾不上休息，立即组织官弁水勇装煤添水，请领所需料件，补充弹药，更换小的部件，以备军舰随时起航。

在此后近40天的时间里，杨用霖帮带的“镇远”舰又出海巡剿敌舰4次，海上航行巡游时间近30天。在这段时间里，因为军情紧急，往往需要“各船连夜赶添煤炭”①。身为帮带大副的杨用霖时时处处身先士卒，认真履行“帮同管带官管理全船之责”②，因而深得林泰曾倚重。

（二）黄海海战中率带官兵奋勇杀敌。1894年9月17日上午，完成了护航任务的北洋舰队开始返航。杨用霖“与船员们精神饱满，热切地期盼着以一场战斗来为‘广乙’和‘高升’报仇雪恨”。根据北洋海军的训练章程，上午9时15分许，杨用霖协助林泰曾指挥“镇远”舰官兵“开始全体战斗操练，炮手练习射击1个小时”③。结束训练后，就在大家准备吃午饭时，高居在“镇远”舰大桅杆盘中的瞭望哨突然发现了敌舰的煤烟。得知遇到日本海军主力舰队的消息，“镇远”舰上的情况“就能感受到热烈气氛下的腾腾杀气，一群群肤色黝黑的水兵将发辫盘在头上，将袖子挽上手肘，一群群地聚在甲板上火炮旁，迫不及待地准备决一死战”④。神色凝重的杨用霖“奋然谓其属曰：时至矣，吾将以死报国，愿从者从，不愿从者吾弗强也”⑤。其部属“皆泣下曰：

---

① 戚俊杰编著：《丁汝昌年谱》，山东大学出版社2016年版，第219页。

② 张侠、杨志本等合编：《清末海军史料》（上），海洋出版社1982年版，第499页。

③ ［美］李·马吉芬（Lee McGiffin）著、张黎源译：《他选择了中国——大东沟海战亲历者、北洋海军洋员马吉芬传》，山东画报出版社2013年版，第105页。

④ ［美］李·马吉芬（Lee McGiffin）著、张黎源译：《他选择了中国——大东沟海战亲历者、北洋海军洋员马吉芬传》，山东画报出版社2013年版，第109页。

⑤ 张侠、杨志本等合编：《清末海军史料》（上），海洋出版社1982年版，第374页。

杨公死，吾辈何以生？为赴汤蹈火，惟公所命”①。杨用霖以身许国的誓言，极大地鼓舞了“镇远”舰上的官兵，大家摩拳擦掌，精神抖擞地做好了与日军拼战的一切准备。

12 时 50 分许，中日两军相距 5300 米时，北洋海军的旗舰“定远”号首先开炮，打响了黄海大战的第一炮。“镇远”舰接着发射口径为 30. 5 厘米的巨弹射向敌人舰队。海战中，杨用霖协助林泰曾“指挥各员勇奋力鏖战，弹火飞腾，血肉狼藉，神色不动，而攻御愈力。敌为之却”。在近 5 个小时的大海战中，“镇远”舰始终与“定远”保持着一定的距离和角度，它在战斗中一直在努力这样做。连日本人也不得不证明两艘铁甲舰确实保持着它们的阵位。黄海大战结束后，杨用霖因奋勇击敌有功，“得奖补用副将，并给捷勇巴图鲁勇号”②。

（三）临危受命，率全舰官兵全力查修“镇远”舰受伤部位。黄海大战结束后，北洋海军的参战军舰在旅顺船坞进行抢修。经旅顺船坞工匠勘查发现，“镇远”铁甲舰在海战中受伤 220 多处，是受伤较为严重的军舰之一。抢修的时间紧急，维修的任务特别繁重。杨用霖积极协助林泰曾尽职尽责地进行督修。至 10 月 18 日傍晚，“镇远”舰除起锚机没有装配外，其他主要受伤部位已基本修竣。疲惫不堪的杨用霖协助林泰曾管带“镇远”舰起航开行，前往威海卫北洋海军基地补充弹药。

11 月 14 日凌晨 3 时许，北洋海军六艘舰船驶抵威海湾口。“镇远”为避雷标而误擦海底暗礁。“镇远”舰弹药舱、帆舱、煤舱、锅炉舱，以及水力机舱下部位等被水下暗礁划破数道裂缝，进水甚急。林泰曾下令抢救，杨用霖急忙率人设法堵住漏水，将“镇远”舰驶抵刘公岛的近岸处。

① 张侠、杨志本等合编：《清末海军史料》（上），海洋出版社 1982 年版，第 374 页。

② 张侠、杨志本等合编：《清末海军史料》（上），海洋出版社 1982 年版，第 374 页。

“镇远”舰受伤，管带林泰曾于16日上午以“时局方棘，巨船受伤”，“辜负国恩”，自杀身亡。北洋海军提督丁汝昌奏请“派副管驾杨用霖暂行护理，赶速抽水补塞，以便出海”①。杨用霖强忍失去林泰曾这位管带加兄长的巨大悲痛，率带官兵协助潜水人员全力“寻觅左帮伤处，连日未得”准确伤情数据。鉴于该舰底固有夹层，杨用霖指挥工匠与官兵于19日把夹层中积水抽干，“设法用木撑百余根，分撑夹底各门”。由于“镇远”舰体庞大，夹层中施工极为不便，直至“二十一日方竣，当驶深处抛锚”②。通过紧张的探查，杨用霖终于摸清“镇远”舰受伤的具体情况：在弹子舱下觅出伤三处：一宽八寸，长六尺半；一宽十寸，长三尺半；一宽一尺八寸，长九尺。二十三日，觅出帆舱下伤一处，首宽十寸，尾渐尖小，长十七尺。二十四日在煤舱锅炉下，觅出伤三处：一宽二尺四寸，长十一尺，近伤前后左右，有数小孔；一宽二尺四寸，长五寸；一宽四寸，长一尺八寸。又在水力机舱下，觅出伤一处，宽二尺六寸，长三尺九寸。

在艰难异常的觅伤堵塞施工中，杨用霖率带官兵全力配合雇请的“下水机匠两人及本军下水人，设法赶修”。“惟风浪颇大，水底不能施工”。杨用霖报告给丁汝昌称“甚为焦急”，请示丁汝昌与马格禄，“拟再加木撑，先就夹底用三五日办竣，出口试炮，如震力不动木撑，则临时尚可济急”③。丁汝昌于12月18日将这一情况电报李鸿章。至1895年1月4日，“镇远”舰的伤痕“尚有三处未修，共长三十英尺，宽自二尺至六寸不等”④。此时

---

① 顾廷龙、叶亚廉主编：《李鸿章全集》（三），上海人民出版社1986年版，第176页。

② 顾廷龙、叶亚廉主编：《李鸿章全集》（三），上海人民出版社1986年版，第207页。

③ 顾廷龙、叶亚廉主编：《李鸿章全集》（三），上海人民出版社1986年版，第280页。

④ 顾廷龙、叶亚廉主编：《李鸿章全集》（三），上海人民出版社1986年版，第328页。

因天气寒冷，风雪交加，水下船底难以施工。上海雇请来的两位洋工匠执意要请假回去过冬，待天气稍微转暖再来维修。

1月5日，杨用霖管驾“镇远”舰冒着寒风出海试航、试炮。其航行的结果是“镇远”舰的航速仅达7海里；试炮的结果是在齐发两炮后，所有木撑没有出现摇动。虽然“叠经两炮齐发，木撑尚无摇动”，但“若风浪过大，与敌炮击坏木撑，并击船震力太大，有无险急，未能悬揣”①。杨用霖将上述试验结果资料，呈交北洋海军提督丁汝昌并向李鸿章作了汇报。

在甲午战争的局势日趋危急，威海卫及刘公岛上的海、陆守军人数不敷部署、部队的精气神远远不足的关键时刻，杨用霖毫不犹豫地承担起“镇远”舰护理管带之职，并在战场形势越来越糟的情况下，不计较个人之得失，完全不顾朝廷重臣的奏劾与不信任，一门心思抢修战舰，全力备战。杨用霖的家国情怀和军人的奉献精神，令人敬佩，也获得了北洋海军全体官弁水勇、包括所有在北洋海军服务之外国洋员的高度赞扬。

（四）坚决拒绝投降，衔枪自尽，殉国情节悲壮惨烈。1895年1月30日凌晨3时，日本陆战军开始进攻威海卫南岸炮台；日本海军联合舰队在威海湾南北两口对北洋海军进行封锁和炮击，威海卫及刘公岛保卫战正式打响。2月2日晨，他遵照丁汝昌命令选派“镇远”舰30名水兵，乘“宝筏”船去威海卫北岸，将北岸炮台的大炮全部毁坏，“将屯药库燃爆”，以免为敌所用。2月3日，杨用霖管带“镇远”舰在丁汝昌的指挥下，与刘公岛、日岛炮台守军奋力抵抗日本海军联合舰队的海上进攻及南岸日本陆军的炮击。

杨用霖深知保护好“镇远”舰免被敌人炸毁责任重大。他废寝忘食、夜以继日地坚守在铁甲舰上，致使日本鱼雷艇队的

① 顾廷龙、叶亚廉主编：《李鸿章全集》（三），上海人民出版社1986年版，第333页。

“十三号艇欲击镇远舰，频搜索之不得”[①]。2月11日，刘公岛保卫战进行到第13天，北洋海军能战之舰船进一步减少。岛上弹药将尽，陆地援军无望。上午11时15分许，杨用霖奉丁汝昌之命，率带“镇远”舰与“平远”和“广丙”等舰驶往威海湾近南岸的海面上，发炮轰击占领南岸炮台的日军。最终因日本海陆两军从威海湾南岸及海军舰队在海上的轮番炮轰，“镇远”等舰只得收兵，全部集中在港湾西避弹。

2月11日晚间，水陆兵勇及岛上百姓聚集到海军公所前，万余人哀求活命。丁汝昌见事无转机，决定自杀，以身报国，遂吞饮鸦片，至2月12日晨7时停止呼吸。此时，悲痛欲绝的杨用霖知“大势已无可为”，“慨然思所以自处”[②] 之方法，以展现大丈夫视死如归的英雄气概。

北洋海军提督丁汝昌自杀殉国后，洋员及诸将齐集威海营务处道台牛昶昞家商议投降事宜。他们公推护理左翼总兵署“镇远”舰管带杨用霖出面主持投降事宜。杨用霖严词拒绝，回到“镇远”舰上口诵文天祥“人生自古谁无死，留取丹心照汗青”的诗句，遂“持长枪用足蹬扳机”[③]，“引枪衔口，发弹自击，脑浆自鼻窍垂注如箸，犹端坐不仆”[④]。

四、朝廷及社会各界对杨用霖的评价

1895年2月17日下午3时许，威海卫阴冷的天空竟然下起凄凉的雪雨。杨用霖与丁汝昌、刘步蟾、林泰曾、沈寿昌、黄祖

---

① ［日］桥本海关：《清日战争实记》第12卷，第405页。

② 张侠、杨志本等合编：《清末海军史料》（上），海洋出版社1982年版，第375页。

③ 戚海莹：《甲午战争在威海》附《北洋海军“来远”舰炮手谷玉霖口述》，天津古籍出版社2004年版，第203页。

④ 张侠、杨志本等合编：《清末海军史料》（上），海洋出版社1982年版，第375页。

莲等人的灵柩，被卸下大炮的北洋海军练舰“康济”号载着，在低沉揪心的汽笛声中，缓慢地离开刘公岛铁码头，驶出威海湾北口开往芝罘（即烟台）港。日本海军联合舰队“对丁提督和以下各军官尸体施以适当之礼节，鸣放礼炮送回芝罘”①。

杨用霖悲壮殉国的惨烈情状传到京师，“朝廷嘉其忠烈，予优恤赏银治丧，赠提督衔，给骑都尉兼一云骑尉世职”②。3月28日（三月初三日），山东巡抚李秉衡在详细审察北洋海军爱国将领殉国死事情形之奏折中写道：“杨用霖力任战事，腿足弹伤，犹坚立不退。其见危受命，亦当可信。”③

池仲祐在《海军实记》中这样记述：杨用霖得知丁汝昌与刘步蟾已经自杀殉国，“心为奇痛，慨然思所以自处，因诵文信国‘人生自古谁无死，留取丹心照汗青’之句。引枪衔口，发弹自击，脑浆自鼻窍垂注如箸，犹端坐不仆，观者惊以为神”④。

刘公岛水师学堂洋教习、美国人马吉芬（甲午黄海大战时，他在“镇远”舰上任大副）对杨用霖的评价是：“‘镇远’舰由我的同事杨用霖指挥，他是一名英勇豪侠的军官。后来海军投降，正当日军要来接管他的军舰时，他以手枪自杀殉国了。”⑤

“广甲”舰管轮卢毓英在《卢氏甲午前后杂记》中记述道：“‘镇远’管带、护理北洋左翼总兵杨用霖”，“便假回船，不动声色。将其侍人遣出，端坐于官舱，自饮手枪，灌脑而卒。其船诸将忽闻官舱有声如雷，急入视之，见其独坐椅上，垂首至胸”。

---

① 戚其章主编：《中国近代史资料丛刊续编·中日战争》（七），中华书局1996年版，第371页。

② 张侠、杨志本等合编：《清末海军史料》（上），海洋出版社1982年版，第375页。

③ 戚其章辑校：《李秉衡集》，齐鲁书社1993年版，第219—220页。

④ 张侠、杨志本等合编：《清末海军史料》（上），海洋出版社1982年版，第375页。

⑤ ［美］李·马吉芬（Lee McGiffin）著、张黎源译：《他选择了中国——大东沟海战亲历者、北洋海军洋员马吉芬传》，山东画报出版社2013年版，第125—126页。

官兵们急忙跑过去“视之，已亡矣”。只见他的鲜血穿鼻孔而涌出，“滴落胸襟”，其“手内手枪犹栓而不释。勇哉！杨公；伟哉！杨公。可以千古矣！”①

1941年，原北洋海军“康济”舰管带、民国海军上将萨镇冰在接受田汉采访时仍赞扬杨用霖：“这个人很了不起。”

杨用霖悲壮殉国之后，其视死如归、敢于牺牲的英雄行为迅速传到其家乡福建省。其灵柩运回福州闽县时，远近乡邻都惊传其壮烈殉国之事。“丧归之日，道旁观者冲塞，有叹息泣下者”②甚多。

【责任编辑：关国磊】

［作者：戚俊杰　中国甲午战争博物馆　研究馆员　威海　264200］

① 卢毓英著、孙建军整理校注：《卢毓英海军生涯忆旧》，载陈悦主编《中国海军稀见史料——北洋海军官兵回忆辑录》，山东画报出版社2017年版，第39页。

② 张侠、杨志本等合编：《清末海军史料》（上），海洋出版社1982年版，第375页。

陈兆锵早年生涯几个需要澄清的问题

孙建军

摘 要：陈兆锵早年生涯，有在福州船政学堂学习八年四个月，并有后来曾任“定远”舰总管轮的说法。但经笔者查阅史料，认为前一说法缺少依据，不应如此武断；后一说法则完全有误，陈兆锵从未担任过“定远”舰总管轮。

关键词：陈兆锵 福州船政学堂 海军

晚清的福建船政学堂，是中国近代教育的发轫，培养了大量中国近代化急需的人才。其主干专业有制造、驾驶、轮机等，其制造、驾驶专业均人才辈出，星光闪耀，相较之下，轮机专业则知名人士较少。这并不是说，轮机专业不重要，而主要是受到其专业性质、岗位特点的限制。陈兆锵（1862—1953年）①，是福建船政学堂管轮班第二届学生，也是管轮专业唯一一个出头的人物，他的生平事迹，述者绝大多数都集中在后半期，对早期则大多语焉不详，这主要是因为，轮机专业的舰员的工作岗位主要在机舱之中，即使参加了战斗，也难得有引人注目的事迹；而后

① 陈兆锵的生年，有不同的说法，有人称其生于1861年，此处采陈兆锵儿子陈大磬的说法。

期，陈兆锵登上管理岗位后，事迹彰彰在目，留下的史料多，今人的描述也就变得翔实生动起来。本文专对其早期生涯的几个问题作一探究，甲午之后，不在讨论范围。

一、陈兆锵在福建船政学堂管轮班是否学习了8年4个月

关于陈兆锵在福建船政学堂学习的经历，今人有作如下描述的："1873年，陈兆锵……就近投考福建船政学堂，被录入后学堂第二届管轮班肄业。1883年结业后，被分派到扬武练习舰以管轮练习生见习。随舰作近海和远洋航行，历经我国沿海各埠和南洋各岛、日本等地。1884年，见习期满毕业，以其考列优等，被遴选到当时中国最大的战列舰定远号上历任机管、管轮等职。"①

这段文字，实难经得起推敲。"考列优等"之说，证据何来？"战列舰定远号"，是常识性错误；"机管"，是外行人自造的词语。上述这些问题，且不去管它，我们单看陈兆锵的学习期间，1873年入学，1883年结业，1884年见习期满毕业。如此算起来，陈兆锵在福建船政学堂管轮班，共计足足学习了10周年。这，是个惊人的数字，今天的学生可以从本科读完博士后了！

关于陈兆锵的学习时间，还有一段文字："陈兆锵……14岁考进马尾后学堂第二届管轮班，完成八年四个月学业，每试辄列前茅。复受练习厂课一年，正式成为练习生。先后分发各军舰服役，历任机管、管轮等职达20年之久。1886年，在扬武舰上见习期满，以考列优等，被选派任定远军舰管轮。"②

---

① 陈道章主编：《纪念陈兆锵将军文选》，福建省音像出版社2007年版，第21—22页。

② 陈道章主编：《纪念陈兆锵将军文选》，福建省音像出版社2007年版，第45页。

这段文字比之前文，更为渐远！但尽管如此，陈兆锵在福建船政学堂学习了“八年四个月”的说法，获得了部分学者的支持，如：“陈兆锵……1875年，他考入福建船政学堂后学堂第二届管轮专业班，学习了八年零四个月，于1883年毕业。随后，他被分派到扬武练习舰以管轮练习生见习，历经南洋各岛与日本等地。1886年见习期满，以其考列优等，被选派在当时中国最大最新的主力舰定远号上历任机管、管轮等职。”[①]

关于“八年四个月”的说法，重要的，也是关键的，还获得了陈兆锵子女的认可，如其长子陈大磬说：“我的父亲陈兆锵……14岁考进马尾船政后学堂第二届轮机班，完成了八年零四个月学业，毕业后随舰见习一年，先后分发在各军舰服务。”[②]

但“凡事须得研究，才能明白”。当我们推敲这个貌似准确的“八年零四个月”的时候，我们会很容易发现，所有的说者包括陈兆锵的后代都在人云亦云，完全没有为这个说法给出依据，而且我们也很难找到史料的记载。

目前通行的关于晚清培养海军学生的记录，主要来自于一份《海军各学校历届毕业生名册》[③]。这份名册，虽然对部分学校部分届别的学生，给出了学生入学和毕业时间，但是，对于福建船政学堂第二届管轮班，却没有给出年限。也就是说，从这份名单，我们完全看不出陈兆锵的学历区间。是福建船政学堂管轮班有如此的学制规定吗？很遗憾，我们查找不到这样的一份“章程”，也就是说，我们看不到关于“管轮班”学制的规定。没有规定或者看不到规定，并不等于今人就可以信口开河。比如，《船政学堂》一书中，将福建船政学堂第二届管轮班的学习区间界定为1876—1882年，但在陈兆锵小传中，却又说陈兆锵

① 陈道章主编：《纪念陈兆锵将军文选》，福建省音像出版社2007年版，第59页。

② 陈道章主编：《纪念陈兆锵将军文选》，福建省音像出版社2007年版，第77页。

③ 张侠等编：《清末海军史料》，海洋出版社1982年版，第434—460页。

"1875年考入船政后学堂"[①]，显然作者完全没有意识到这个问题。没有成章可做依据，解决的办法，就是寻找参照。我们可以看福建船政学堂第一届学生，这是一种办法。

其实，自左宗棠创办福建船政伊始，即在其拟订的《求是堂艺局章程》中申明："子弟入局肄习，总以五年为限。"[②] 沈葆桢出任总理船政大臣后，按照左宗棠《船政章程》和《艺局章程》，也强调"学堂以铁厂开工之日起限五年"[③]；在同治十二年(1873年）十月，沈葆桢向朝廷报告"船政教导成功"，其中，"管轮学生凡新造之轮船机器，皆所经手合拢。分派各船管车者已十四名"[④]。这里需要指出的是，相较于制造、驾驶班，管轮班招生要晚一些，根据船政与洋员日意格等人签订的"五年"合同，管轮学生的学习时间，明显不足五年。

我们还可以再看一下天津水师学堂《管轮学堂章程》对学制的规定，因为天津水师学堂基本上是参照福建船政学堂的办法而制定的；光绪八年（1882年）四月初三日，天津水师学堂总办吴仲祥向李鸿章汇报拟订的《管轮学堂章程》，首先说明，"招选幼童，先派中国洋文教习课以语言文字及浅近算学，两年后再延洋师教以数学、重学、格致、化学并绘图等事，年馀便可与驾驶学生同上练船"。在"章程"里，对管轮学堂学生的学制又做了详细分解："学生在堂以五年为期"，"管轮学生第一年所习西学以语言文字为大宗，兼习浅近算学；第二年则以算学为要领，如几何、代数、三焦之类，均应指授，与水师学生功课略同，所异者水师学生兼习海道、星辰部位，而管轮学生则只兼习地球。届两年后再延洋事教以重学、微积、熟学、验煤之法即轮机理要、绘图诸法，理法既明，由学堂购置各种新式紧要轮机缩

---

① 沈岩：《船政学堂》，科学出版社2007年版，第106、202页。

② 陈悦编纂：《船政规章文件汇编》，山东画报出版社2017年版，第92页。

③ 陈悦编纂：《船政规章文件汇编》，山东画报出版社2017年版，第94页。

④ 张作兴主编：《船政奏议汇编点校辑》，海潮摄影艺术出版社2006年版，第77—78页。

样，令洋师指授拆合之法，然后带上轮船练习一切，讲求开车停车窾要，统计亦约五年学成，堪以器使。”①

观察福建船政学堂管轮班第一届的学习情况，再观察天津水师学堂管轮班章程，都是一种参考，而更为直接，也是较为实际的办法是，看陈兆锵同班同学的学习经历。

陈兆锵同班同学，按照《海军各学校历届毕业生名册》的说法，是31名，他们中间的部分人进入到北洋海军序列。光绪十八年三月三十日（1892年4月26日），李鸿章为北洋海军方伯谦等63位署副、参、游、都、守各人三年期满奏请正式补授。其中：左翼中营都司充“镇远”船大管轮王齐辰，中军中营都司充“致远”船总管轮刘应霖，中军左营都司充“济远”船总管轮梁祖全，左翼中营守备充“镇远”船二管轮刘冠南，右翼中营守备充“定远”船二管轮陈兆锵，中军中营守备充“致远”船大管轮郑守恒，中军右营守备充“靖远”船二管轮张玉明。②

以上摘录出来的，都是《海军各学校历届毕业生名册》开列的福建船政学堂管轮班第二届的学生。我们可以看出，在同班同学中，王齐辰、刘应霖、梁祖全等都司为一组，陈兆锵则属于落后的一组，守备。在福建船政学堂管轮班第二届的学生，许多人参加了甲午海战。其中，郑守恒（“致远”舰大管轮）、刘昭亮（“经远”舰二管轮）在大东沟之役中壮烈牺牲。池仲祐，作为北洋海军的一员，光绪六年、七年间，曾与丁汝昌、林泰曾、邓世昌等人一道前往英国接带“超勇”“扬威”二舰回华。甲午战争之后，池仲祐为部分死难的海军将士作传，但他没有为上述的陈兆锵同班同学留下“传略”，也就是说，我们找不到直接的参照了。

所幸，池仲祐在《死难群公事略》中给一位烈士留下了“小传”。郑文恒，“致远”舰二管轮，大东沟之役同邓世昌一起牺牲。池仲祐记录了郑文恒的生平，其中：“郑参戎讳文恒，字

① 《李鸿章全集》（37），安徽教育出版社2007年版，第191页。

② 张侠等编：《清末海军史料》，海洋出版社1982年版，第570—572页。

翔孙，福建长乐人。少有大志，习举子业未成，去而学贾，又不称意……遂投效龙骧兵轮船，考究轮机……未几……去之。考充船政管轮学堂学生，时清光绪四年，参戎年二十有三矣。……四阅岁而艺成，北上充扬威快兵船三管轮……”[①] 郑文恒的名字，不见于《海军各学校历届毕业生名册》。船政学堂第二届管轮班入学时间，大体上是在光绪二年（1876年）[②]。根据“广甲”管轮卢毓英的自述，他是光绪九年（1883年）考入福建船政学堂的[③]，卢毓英是管轮班第四届的学生。由此可以推定，“光绪四年”入学的郑文恒，是管轮班第三届的学生。“四阅岁而艺成”，就是说，郑文恒作为在福建船政学堂管轮班第三届学生，学习了4年就“毕业”了。需要指出的是，池仲祐的所谓“四阅岁而艺成”，应该是指“堂课”和“厂艺”的时间，并不包括“兵船练习”的时间。这个“四阅岁”，还有一个极大的可能是“周年”，如“益堂年谱”记录，方伯谦于同治六年（1867年）五月考入船政驾驶班第一届，同治十年（1871年）五月大考、派上“建威”练船[④]，在校时间正是4周年。

由上，在不能出示确凿的史料证据的情况下，我们就没必要再传播陈兆锵在福建船政学堂第二届管轮班学习了“八年零四个月”（甚至10年）的说法了。

二、陈兆锵曾任“定远”舰总管轮？

目前有很多陈兆锵曾经担任过“定远”舰总管轮的说法，如：“陈兆锵……光绪二十年（1894年）升授北洋海军右翼中营

① 张侠等编：《清末海军史料》，海洋出版社1982年版，第361—362页。

② 张作兴主编：《船政奏议汇编点校辑》，海潮摄影艺术出版社2006年版，第118、122、125页。

③ 孙建军整理校注：《北洋海军官兵回忆辑录·卢毓英海军生涯忆旧》，山东画报出版社2017年版，第1页。

④ 《方伯谦问题研讨集》，科学出版社1993年版，第533页。

游击，任定远舰总管轮。”① 又如：“1894 年 1 月，定远舰总管轮、北洋海军右翼中营游击余贞顺升调他任，不久，陈兆锵以其洞悉机务、忠勤职守、劳绩卓著，被升任北洋海军右翼中营游击递补定远舰总管轮。”② 再如：“陈兆锵在船政学堂攻读 8 年，以优异成绩毕业后，即上扬武号练船实习。两年后航海历练，考列优等，遂被选拔入职北洋海军旗舰定远号……1892 年升任二管轮，并授署右翼中营守备。1894 年 1 月总管轮余贞顺因公他调，陈兆锵……替补升任总管轮，年方 32 岁。”③

虽然这些说法不曾有人给出史料依据，但同样也得到了陈兆锵后代的认同，比如：“先祖父陈公兆锵……以福建船政后学堂第二届管轮班毕业生出身，历任北洋水师旗舰定远号机管、管轮、二管轮、总管轮……”④

陈兆锵担任过“定远”舰总管轮，而且是直接跳过了大管轮，果真如此吗？

根据光绪十四年（1888 年）颁布的《北洋海军章程》，“定远”舰机舱部设总管轮 1 员、游击衔，大管轮 2 员、都司衔，二等管轮 2 员、守备衔，三等管轮 3 员、千总衔，舱面管轮 3 员、把总衔。光绪十五年（1889 年）正月，李鸿章将北洋海军军官配备情况奏报朝廷，其中“定远”舰轮机部门配备情况是：“右翼中营游击充定远船总管轮事，请以花翎补用都司余贞顺升署；右翼中营都司充定远船大管轮事，请以六品军功补用把总陈楠升署；右翼中营守备充定远船二管轮事，请以五品军功拔补把总陈兆锵升署；右翼中营守备充定远船二管轮事，请以拔补把总林敬先升署。”⑤ 同年九月，因再次请补北洋海军副将至守备各缺，

① 陈道章主编：《纪念陈兆锵将军文选》，福建省音像出版社 2007 年版，第 50 页。

② 陈道章主编：《纪念陈兆锵将军文选》，福建省音像出版社 2007 年版，第 59 页。

③ 林樱尧：《船政史谭》，福建省马尾造船股份有限公司 2016 年印行，第 246 页。

④ 陈道章主编：《纪念陈兆锵将军文选》，福建省音像出版社 2007 年版，第 80 页。

⑤《海军要缺拣员补署折》（光绪十五年正月初二十一日），《李鸿章全集》（13），安徽教育出版社 2007 年版，第 4 页。

李鸿章再奏："右翼中营都司充定远船大管轮事，请以五品军功补用把总孙辉垣升署。"①

《北洋海军章程·升擢》规定："凡管轮人员，由学生出身者，在学堂学习几何、算法、代数、三角、轮机理法，考列优等，派入机器厂学习拆卸、合拢，修理锅炉汽机等件，由管带战官会同全军总管轮官考试厂艺，如能深明管轮应办之事并机舱内一切器具用法，准上兵船练习，保以管轮把总候补。准其挑补。""凡管轮把总，计资五年，遇有管轮千总缺出，经考试合格，即准其升补。""管轮千总、管轮守备、管轮都司升擢管轮守备、管轮都司、管轮游击，没有任何年限限制，遇有上级职务缺出，考列优等者，即准其升补。管轮游击任职五年期满，遇有管轮参将缺出，不经考试，准其升补。管轮参将晋升管轮副将，由北洋大臣保奏升补。"②

余贞顺，系福建船政学堂管轮班第一届学生，比陈兆锵高了一级。余贞顺以管轮都司升署管轮游击任"定远"舰总管轮，属自然晋升；陈兆锵、林敬先以管轮把总升署管轮守备，任定远舰二管轮，由管轮把总跳过管轮千总而升署管轮守备，可谓"跳升"。这种升擢，与《北洋海军章程》规定不符，但在管轮人才缺乏的情况下，属破格提拔。李鸿章在奏折中也奏明："该员等多由水师学堂学生出身，虽官阶较小，而原派管驾、管轮、大、二副各差皆系副（将）、参（将）、游（击）、都（司）、守（备）应办之事，今已在水师效力十年内外，久历艰苦，实属资深劳多，自应按照奏定新章，既无合例应补之员，即以官小者通融升署。"并特例规定"应以现有官阶较员缺小至三级为断……守备、千总、把总准升署都司缺……不准小至四级，以示限制"③。

① 《续行拣员升署海军各缺片》（光绪十五年九月初二十五日），《李鸿章全集》（13），安徽教育出版社2007年版，第180页。

② 张侠等编：《清末海军史料》，海洋出版社，1982年5月版，第484页。

③ 《续行拣员升署海军各缺片》（光绪十五年九月初二十五日），《李鸿章全集》（13），安徽教育出版社2007年版，第180页。

光绪十八年（1892年）三月三十日，定远舰轮机系统升署各缺人员三年期满照章均请改授实缺。其后，光绪十八年（1892年）八月十八日，“镇远”舰总管轮陆麟清获得提拔，出任北洋海军提标管轮参将。不幸的是，次年正月十四日，陆麟清由“镇远”铁甲船前往各船查验锅炉，乘坐小船失足落水，赶救不及，漂没身亡，尸身无获……[①]陆麟清意外漂没身亡后，北洋海军提标管轮参将这一职位空缺将近一年时间，直至次年即光绪二十年（1894年）五月十七日，李鸿章奏请由余贞顺升补。余贞顺与陆麟清同为船政后学堂管轮专业第1届的同班同学，资历相当，接任陆麟清之职顺理成章。“定远”舰轮机部门的其他人也依次递升，陈楠成为“定远”舰总管轮，管轮都司升管轮游击；陈兆锵接替陈楠遗缺由二管轮升至大管轮，管轮守备升署管轮都司。[②]

此时已是光绪二十年（1894年）夏初之际，中日甲午战争即将爆发，定远舰轮机系统军官再无任何缺员请补等人员变动情况出现。光绪二十一年正月二十日（1895年2月14日），北洋舰队向日本联合舰队投降，幸存北洋海、陆军官签字宣誓不再参战，此时，日方记载的“定远”舰轮机系统军官名单（部分）[③] 如下：

总管轮　陈楠（游击）

大管轮　陈兆锵（都司）　孙辉垣（都司）

---

① 《为陆麟清请恤片》（光绪十九年二月十九日），《李鸿章全集》（15），安徽教育出版社2007年版，第40页。

② “北洋海军右翼中营游击充‘定远’船总管轮事余贞顺，升补提标管轮参将，所遗游击员缺紧要，未便久悬。查有升用游击右翼中营都司充‘定远’船大管轮陈楠，资深劳多，堪以署理。所遗都司员缺，查有该营守备充‘定远’船二管轮陈兆锵，洞识机汽，堪以署理。递遗守备员缺，查有该营千总充‘定远’船三管轮陈日升，堪以署理。据北洋海军提督丁汝昌呈请具奏前来。臣核与奏定海军章程相符，仰恳天恩，俯准分别署理，俾专责成。”《北洋海军递补员缺片》（光绪二十年五月十七日），《李鸿章全集》（15），安徽教育出版社2007年版，第353页。

③ 《海報第五六号 威海衛軍港明度関係書類 第七号 在劉公島清國陸軍將校以上及捕獲軍艦乘組海軍將校以上宣誓書》，档案号C06061769500；《宣誓放還在劉公島清國海陸軍職員表》，档案号C08040533600；（日本）防衛省防衛研究所。

二管轮 陈日升（守备） 林敬先（守备）

三管轮 任如壮（千总） 岑锦昌（千总） 孙灼堂（千总）

……

除三管轮人员名单外，总、大、二管轮军官与光绪二十年（1894年）春李鸿章奏《北洋海军递补员缺片》中“定远”舰管轮军官名单完全一致。也就是说，至北洋舰队投降，陈楠仍然为“定远”舰总管轮、管轮游击衔，而陈兆锵也依然是“定远”舰大管轮、管轮都司衔。

由上可知，陈兆锵并未担任过“定远”舰总管轮。

陈兆锵的事迹是值得我们传颂的，但树立一个正面人物，不是一定要将人物塑造得十全十美，我们要的是真实的陈兆锵，不是文学形象。如果为人物添加一些子虚乌有的事迹，效果适得其反。比如，“陈兆锵借鉴自己在英国留学三年，又到美国学习制舰技术的经验”[①] 云云，完全是凭空臆造，徒增笑柄罢了。再比如，描写陈兆锵在大东沟海战中的表现，显然是把陆战或者军舰甲板上的战斗场面强行植入机舱。其实，机舱里，只要尽忠职守、认真负责，不弃职而逃，就是好样的，我们完全没有必要夸大其词，为之脑补出来一些虚有的情节。还原历史真相，并不会有损于陈兆锵的光辉形象！

【责任编辑：关国磊】

［作者：孙建军 中日甲午战争博物馆 客座研究员 威海 264200］

① 陈道章主编：《纪念陈兆锵将军文选》，福建省音像出版社2007年版，第113页。

清季的海防大筹议与“南款北让”

于孝东

摘　要：1874 年日军犯台后，清政府展开海防大筹议，最终决断，南北两洋近代海军在李鸿章、沈葆桢的“悉心经理”下正式筹建发展。由于近代海军筹建“用度浩繁”，大清朝又民贫国虚，为移缓救急，沈葆桢把南洋海防款让与北洋三年。“南款北让”之发生原因复杂，虽没给北洋带来经费上的实质性帮助，但其奠定的北洋优先原则，为北洋海军日后一支独大、一骑绝尘的发展局面奠定了基础。

关键词：海防大筹议　南款北让　李鸿章　沈葆桢

两次鸦片战争后，晚清出现了“采西学”“师夷技”的思潮。在这一思潮的引领下，以“求强”“求富”为目的的“洋务运动”轰轰烈烈开展起来。19 世纪 70 年代，在俄国的暗中支持下，西北发生阿古柏之乱，“蚕食”新疆；岛国日本也寻找借口欲“鲸吞”台湾。中国东南西北同时出现海防、塞防危机，为应对危机，洋务派发起了海防大筹议，南北两洋近代海军自此正式筹建。

一、海防大筹议的缘起

1874年5月10日，日本借口两年多前琉球船民被台湾原住民杀害事件，派军舰5艘、运输船13艘、士兵3000多人，攻打台湾土著牡丹社、高士佛社、女奶社，是为“牡丹社事件”。清政府武备空虚，对日本的公然侵台竟然束手无策，被迫与日本签订了《北京专约》，承认日本此举是“保民义举”，放弃与琉球的宗藩关系，承认日本是琉球的宗主国，赔偿日本白银50万两，以求花钱免灾，息事宁人。

蕞尔岛国日本的侵台事件，使大清颜面尽失，引起朝野上下的极大震动。总理衙门在《北京专约》签订后的第五天，即11月5日拟定奏折《拟筹海防应办事宜折》①，指出当时的中国虽然“人人有自强之心，亦人人为自强之言，而迄今仍并无自强之实”的状况，指出第二次鸦片战争的“创钜痛深”并没有使国人知耻后勇，奋发有为，而是“日久相忘”。为此“现在日本之寻衅生番，其患之已见者也，以一小国之不驯，而备御已苦无策。西洋各国之观变而动，患之濒见而未见者也，倘遇一朝之猝发，而弭救更所何凭?”为今之计，必须“上下一心，内外一心，局中局外一心”，未雨绸缪，亟图振作，算是补苴之计，否则再蹉跎岁月，虚于准备，中国将永远没有振兴的机会。在振兴的措施上，总理衙门奕䜣等提出“练兵、简器、造船、筹饷、用人、持久”六条整顿海防的意见，得到朝廷的重视。同治皇帝责成军机处将总理衙门奕䜣等奏折抄录，下发至沿海沿江督抚将军讨论，以求“广益集思，务臻有济”。为提高效率，军机处还限定参与讨论的疆臣在一个月内回复意见且“不得以空言塞责”。直隶总督李鸿章、两江总督兼江苏巡抚李宗羲、钦差办理台湾等处海防大臣沈葆桢、盛京将军都兴阿、闽浙总督李鹤年、湖广总

① 张侠等合编：《清末海军史料》，海军出版社2001年版，第5—9页。

督李瀚章、两广总督英翰、广东巡抚张兆栋、漕运总督署山东巡抚文彬、江苏巡抚吴元炳、安徽巡抚裕禄、浙江巡抚杨昌濬、江西巡抚刘坤一、福建巡抚王凯泰、湖南巡抚王文韶、陕甘总督左宗棠①参与了这次大讨论，由此引发了对晚清历史影响深远的海防大筹议。

二、海防筹议之“海塞之争”

同治末年的海防大筹议波及范围很广，几乎所有的沿海沿江督抚将军都参与了讨论，面对大清王朝19世纪70年代同时出现的海防、塞防危机②，参与筹议的封疆大吏各持己见，意见纷争，其争论的焦点是海防、塞防孰先孰后、孰重孰轻的问题，是为“海塞之争”。

海防论的发起，首推丁日昌，他说：“以理与势揆之，凡外国陆地之与我毗连者，不过得步进步，志在蚕食，而不在鲸吞；其水路之实逼处此者，则动辄制我要害，志在鲸吞，而不在蚕食。”③ 从“蚕食”与“鲸吞”的危害来看，海防重于塞防，应及时筹建外海水师。至于水师的建设，丁日昌拟定了“海洋水师章程”六条，④ 强调“外海水师以火轮船为第一利器，尤以大兵轮为第一利器”，这一利器的获得，限于中国的技术条件，主张“初则（国外）购买，继则由（国内）厂自制”，在有大兵轮的情况下，沿海沿江的老式艇船尽可废弃不用。另外，丁日昌还建议“设北、东、南三洋提督，以山东益直隶，而建阃于天津，为

---

① 左宗棠时任陕甘总督，虽非沿海沿江督抚，但其曾经出任浙江巡抚、闽浙总督，留心军务，熟悉洋务，被清廷要求参与海防筹议。

② 日军侵台的同时，西北的新疆发生了“阿古柏之乱”，浩罕汗国的阿古柏在俄国、英国的暗中支持下，在新疆成立哲德沙尔国，“蚕食”西北边疆。

③ 戚其章：《晚清海军兴衰史》，人民出版社1998年版，第198页。

④ 李书源整理：《筹办夷务始末（同治朝）十》，中华书局2008年版，第3955—3958页。

北洋提督。以浙江益江苏，而建阃于吴淞，为东洋提督。以广东益福建，而建阃于南澳，为南洋提督”，“三洋分防”之说由此发端。浙江巡抚杨昌濬、福建巡抚王凯泰等也积极支持海防建设，其核心观点与丁日昌的海防筹建意见相雷同。

丁日昌虽然极力鼓吹海防筹备与海防建设，但他的主张在势力地位显赫的廷臣疆吏要员之中，还显得人微言轻，海防派的真正代表、海防建设的真正推动者还是疆吏之首的直隶总督兼北洋通商大臣李鸿章。李鸿章在这次海防大筹议期间上奏《详议海防折》①，指出：中国历代备边多在西北，而“今则东南海疆万余里，各国通商、传教来往自如，群集京师及各省腹地，阳托和好之名，阴怀吞噬之计，一国生事，诸国构煽，实为数千年未有之变局”，“轮船电报之速，瞬息千里；军械机器之精，工力百倍；炮弹所到，无坚不摧，水路关隘，无足限制，又实为数千年来未有之强敌”。面对这种“变局”，针对这种“强敌”，李鸿章除了支持总理衙门并丁日昌的海军建设意见外，还分析指出直隶沿岸一带“系京畿门户”“为天下根本”，为“最要”之地；吴淞一带“系长江门户”，为“财富奥区”，为“次要”之地。在战略布置上，只要能守住这“最要”“次要”地方，其他各省略为布置，“即有挫失，于大局尚无甚碍”。李鸿章指出了中国海防建设的关键所在，也直接影响了后来清朝南北两洋海军的建设发展方向。在海军基地的选址上，李鸿章提出北洋海军分驻烟台、旅顺口，东洋海军分驻长江外口，南洋海军分驻厦门、虎门的意见，显然支持丁日昌的“三洋分防”意见，只是在基地的具体选址上，丁、李之间稍有差异，“旅顺口”也首次被提及为北洋海军的战略要地。

李鸿章在这次海防大筹议期间对东南海疆的危机认识不可谓不深刻，对晚清海军建设的意见不可谓不高明，但对于同时期发生于西北边疆的塞防危机认识却明显有失偏颇。李鸿章以为：西

---

① 李书源整理：《筹办夷务始末（同治朝）十》，第3986—4000页。

北的边疆不收复，“于肢体之元气无伤”，而“海疆不防，则心腹之大患愈棘”。因此，李鸿章建议朝廷，停止西征，“密谕西路各统帅，但严守现有边界，且屯且耕，不必急图进取”，对西征陆兵“可撤则撤，可停则停。其停撤之饷，即匀作海防之饷”①。李鸿章企图以牺牲塞防的办法来补强海防建设，在他看来，此时的清政府财力困窘，没有能力同时兼顾东南沿海、西北内陆同时出现的海疆、边塞危机，权衡轻重，应以海防建设为先、为重。

与李鸿章、丁日昌的海防主张相反，山东巡抚丁宝桢认为俄国是中国的心腹大患，防俄国重于防日本，塞防重于海防。丁宝桢在奏折中说：“外洋各国，与中国水路虽通，而陆路不通，且均远在数万里外……日本洋面虽近，而陆路尚阻”，唯独俄罗斯水陆皆通中国，其“意存窥伺，乘机观变”“形势在在可虞”。由于中国北方为京畿重地，若俄国“拊我之背，后路之防尤为紧切”，若各国互相勾结，“日本窥我之东南，俄国扰我之西北，尤难彼此兼顾”。据此，丁宝桢以为：“私忧窃虑，寝食不安者，则尤在俄罗斯，而日本其次焉者也。”② 塞防论者此时已经预见到俄、日对中国未来的威胁。

左宗棠虽不是塞防论者，但其对李鸿章提出的核减、停撤征西陆兵之饷，以匀作海防之饷的主张则坚决反对，他指出：“若此时即拟停兵节饷，自撤藩篱，则我退寸而寇进尺，不独陇右堪虞，即北路科布多、乌里雅苏台等处恐亦未能晏然。是停兵节饷于海防未必有益，于边塞则大有所妨”，因而主张“东则海防，西则塞防，二者并重”③。湖南巡抚王文韶持相近观点，他在认同“江海两防，亟宜筹备”的同时，也强调西征的重要。在他看来：“海疆之患，不能无因而至。其所视成败以为动静者，则

① 李书源整理：《筹办夷务始末（同治朝）十》，第 3994 页。
② 李书源整理：《筹办夷务始末（同治朝）十》，第 4057 页。
③ 戚其章：《晚清海军兴衰史》，第 201 页。

西陲军务也”，西北边疆危机，是“我师迟一步，则俄人进一步；我师迟一日，则俄人进一日。事机之急，莫此为甚!”因而国防的备御不应“顾此失彼”，应海防塞防并重，否则中外大局将不堪设想①。

左宗棠的“海塞并重”主张最终得到了军机大臣文祥的积极支持，最后清政府任命左宗棠为钦差大臣督办新疆军务，左宗棠也确实不辱使命，“速筹进兵，节节扫荡”，平定了叛乱，收复了新疆失地。

三、“分洋分任”与两洋并举

海防大筹议历时七个多月，封疆大吏广泛参与，一时议论纷纷、众说纷纭。截至光绪元年正月末，共收到地方督抚将军的奏折和清单五十多份。最后朝廷召开王大臣会议，做出最终决断，于光绪元年四月二十六日（1875年5月30日）颁发上谕——《著李鸿章沈葆桢分别督办南北洋海防谕》②，其核心意旨如下：

1. 强调“海防关系紧要，既为目前当务之急，又属国家久远之图”，不可“空言了事”，“因循废弛”，“亟宜未雨绸缪，以为自强之计”。

2. 海防的兴办，“惟事属创始，必须通盘筹画，计出完全”，必须“逐渐举行，持之以久，讲求实际，力戒虚縻，择其最重要者，不动声色，先行试办，实见成效然后推广行之”。

3. “南北洋地面过宽，界连数省，必须分段督办，以专责成”“著派李鸿章督办北洋海防事宜，沈葆桢督办南洋海防事宜，所有分洋、分任练军、设局及招致海岛华人诸议，统归该大臣等择要筹办”，其余如巡历海口、海防布置、经费提拨、人员

① 李书源整理：《筹办夷务始末（同治朝）十》，第4023—4024页。

② 张侠等合编：《清末海军史料》，第12—13页。

帮办需求等均授权南北洋大臣“悉心经理”。此外，朝廷还要求南北洋大臣并沿海七省督抚将军在海防建设上要精诚团结，“事事和衷共济，不得稍分畛域”。

4. 江防与海防互为表里，长江水师应“勤加操练”，“俟海防船炮购成，应择要添设兵轮若干只，配兵练习”。

5. “至铁甲船需费过钜，购买甚难，著李鸿章、沈葆桢酌度情形，如实利于用，即先购一二只，再行续办。”

6. 由于海防经费“用度浩繁”，因而朝廷饬令内务府、户部、工部“量入为出，裁汰浮费”，各省督抚也应该“实力撙节”，以求开源节流，满足海防建设用款之需。

7. 至于海防建设用款，“著户部、总理各国事务衙门妥议具奏”。最后，朝廷批准了总理衙门的筹款奏请①，决定在关税项目下，自“粤海、潮州、闽海、浙海、山海等五关并沪尾、打狗二口，应提四成洋税暨江海关四成内二成洋税”，合计白银200万两；在厘金项下，提取江苏、浙江各四十万两，江西、福建、湖北、广东各三十万两，合计白银200万两。这每年400万两白银分两个批次交付南北洋大臣李鸿章、沈葆桢兑收应用，且规定“不准迟延短欠”，此为海防建设专款。

8. 西北以及防范俄国入侵新疆事务，由陕甘总督左宗棠“通盘筹画，以固塞防”。

经过这次全国范围的海防建设大筹议，廷臣疆吏统一了认识，达成了海防建设必要性、紧迫性的共识，制定了大清海军在制船、造炮、人才培养、练兵、筹饷、两洋发展等各个方面的规划方案，这是近代中国海防建设与海军发展的大政方针，具有划时代的进步意义，也是自此以后，中国的海防海军建设步入了有计划、有重点的发展时期。

---

① 《奕䜣等奏请由洋税厘金项下拨南北洋海防经费折》，张侠等合编：《清末海军史料》，第615—617页。

四、"南款北让"及其历史成因

海防大筹议结束之时，近代海防筹建即正式开始。海防建设工程浩大，需要庞大的资金保障与支持。为此，清廷批准了总理衙门的奏议，以每年200万两海关税、200万两厘金税作为海防建设专用之款。只是这一专款不是划拨于国库，而是取自于地方，还仰赖于地方督抚大员的配合与支持。

中央经过海防筹议，虽然最终规定了每年400万两的海防建设专用之款，但自1875年海防建设伊始至1894年北洋海军全军覆没，近二十年间，从来就没有海防经费如数"拨解"的现象。据台湾学者王家俭研究①，仅北洋海军筹集的经费，前六年(1875年至1880年)获得的实际数额仅为应拨解经费总额的30%左右。中法战争后，海军衙门成立，在朝廷王大臣的主持下，海防款的筹集情况有所改观，北洋海军连续两年（1885—1886年）收到高达71.5%应解款的海防建设专款。但随后的两年，光绪皇帝生父，也是海军大臣的醇亲王奕譞为讨好慈禧，借拨或挪用海防款于三海工程、颐和园工程，北洋海军的筹建经费又归于捉襟见肘的状态。通观整个清末海防建设的二十年，北洋海军实收海防款仅占应收海防款的51.3%，刚刚及半。

这种海防建设经费短缺的状况，固然有其客观的原因，即清末中国在长期的内忧外患压迫下确已江河日下、民贫国虚，非但中央财政状况窘迫，即便地方，也由于练兵、办防、赈灾、河工、兵饷等繁杂"内需"而自顾不暇，无处拨解多余之款以为海防之需。另外，我们也得承认，海防建设经费的短绌状况也有其主观原因，即一些地方督抚大员秉持畛域之见，根本不支持海防建设，总是想方设法截留、挪用朝廷摊派下来的海防专款，甚

① 王家俭：《李鸿章与北洋舰队》，生活·读书·新知三联书店2008年版，第372—383页。

至于有的省份连续多年分毫未解。①

总理衙门作为朝廷的中枢部门，当然深明国家财力维艰，海防建设经纬万端、靡费浩繁的状况，因而也积极出谋划策，想办法解决经费短缺问题。只是基于民贫国虚、一贫如洗的国家财政实际，也实在是计无所出，为此只能开源节流，要求内外各衙门“实力撙节”，要求内务府、户部、工部“裁汰浮费”。此外，总理衙门基于实际，还违心地把海防筹议期间大多数廷臣疆吏都属意的“三洋分防”宏伟蓝图改为南北两洋“分洋分任”的计划，即便如此，经费仍然拮据短绌，海防筹建仍然举步维艰。最后迫不得已，不得不再次奏请缩小海防筹建规模，“拟先就北洋创设水师一军，俟力渐充，就一化三”②。决意集中精力先打造北洋一军，迂回实现洋务派“富国”“强兵”的目标。为实现这一目标，总理衙门还言辞恳切地要求南北洋大臣“和衷商拨应用，合力统筹，勿存畛域”，要求海防承办人员念及国家财用的艰难，不得“铺张局面，冒滥支销，虚糜帑项”等。③

总理衙门的吁请得到了公忠体国、顾全大局的南洋大臣沈葆桢的响应。沈葆桢“以外海水师宜先尽北洋创办，分之则为力薄而成功缓，咨明各省（海防经费）统解北洋兑收应用”。此后三年（1875—1877年），南洋海军名下的海防专款悉数拨给了北洋使用，北洋也优先购买了船械，这就是“南款北让”。

“南款北让”之所以发生，不但由于朝廷枢臣奕䜣、文祥等更重视京畿一带的防务，主张优先建设北洋的关系，而且也由于李鸿章和沈葆桢政见一致、意气相投、私交甚笃的关系。

1874年，日本侵犯台湾时，沈葆桢以钦差大臣身份办理台湾事务，李鸿章密切关注，曾连续发了十八份公牍给总理衙门，

---

① 王家俭：《李鸿章与北洋舰队》，第376—377页。自光绪元年至光绪五年，江苏、广东、福建三省厘金自奉拨以来，分毫未解。

② 张侠等合编：《清末海军史料》，第617页。

③ 张侠等合编：《清末海军史料》，第617页。

连续致信十二封给同年进士沈葆桢，连续发函百余份给各地疆臣将帅，呼吁对日本的重视，声援沈葆桢的对日谈判，积极为沈葆桢出谋划策。为增加对日谈判的筹码，以求有备无患，李鸿章还在沈葆桢处理台湾事务期间及时抽调了淮系唐定奎所部铭军、武毅军马步十三营6500人驰援台湾，驻扎凤山，与侵台日军形成对峙。为调兵驰援一事，李鸿章致信沈葆桢说："窃念执事单骑赴台，若事机龃龉，岂能徒手吓贼。……台地仅两营，尤嫌单薄，……查现驻徐州之记名提督唐定奎，朴干能战，所部有铭军武毅军马步十六营，均系枪队，……号称劲旅，似可移缓救急，酌调唐提督统带马步十三营，由徐移至瓜州，派轮径至该口，分批航海前去，……有此六七千人，或者稍壮声援。"① 此外，李鸿章还预备调遣另一支铭军劲旅刘胜藻部应援，以为沈葆桢对日谈判的武力后盾。可见李鸿章对沈葆桢的支持是不遗余力、情至意尽。

另一件让沈葆桢感激的事情是李鸿章对其出任水师统帅的极力推荐。海防筹议期间，李鸿章上奏《筹议海防折》，在该奏折所附的《议复条陈》里，李鸿章毫不隐讳地推荐"前江西巡抚沈葆桢、前江苏巡抚丁日昌，皆究心此事，熟悉洋情，似堪胜任"②。随后，李鸿章专门致信朝廷重臣文祥，推戴沈葆桢，李鸿章说："左相（左宗棠）坐镇西陲，似难兼营海澨，幼丹（沈葆桢，字'幼丹'）于船务颇知梗概，而于不顺手之事肝气褊急，或有议其不能和衷者，究不失为光明俊伟之君子也。"③ 1875年初，同治皇帝驾崩，李鸿章入京吊唁期间还曾多次向慈禧、文祥、李鸿藻等力荐沈葆桢出任两江总督兼南洋大臣。李鸿章对沈葆桢的推戴缘于他们之间政见一致、意气相投、私交甚笃的关系。

---

① 《李鸿章全集》第（31）册，信函三，第49页，"致沈幼丹节帅"。

② 李书源整理：《筹办夷务始末（同治朝）十》第3998页。

③ 《李鸿章全集》第（31）册，信函三，第141页，"复文中堂"。

沈葆桢应该是感激李鸿章雨夜派兵驰援台湾并力荐其出任两江总督兼南洋通商大臣的至诚用心。因而在总理衙门吁请南北洋大臣“合衷商拨（海防款）应用”“先就北洋创设水师一军”的情况下，沈葆桢力排众议，积极支持，慨然应允。当然历史不能推定假设，“南款北让”的最终发生也与沈葆桢的公忠体国、顾全大局有很大的关系，与李鸿章、丁日昌“以南洋之财办北洋之事”的积极运作有很大关系。

五、“南款北让”之评议

“南款北让”奠定了两洋海军中北洋优先发展的地位，经费方面并没有实质性的帮助，李鸿章也并没有获得每年400万两的两洋海防专用之款。据台湾学者王家俭研究：计自光绪元年（1875年）七月至光绪三年（1877年）九月，统解北洋的海防专款只有区区200万两白银，远远低于应解的1200万两标准。浙江、江西、湖北等省虽然不同额度拨解了海防专款，但亏欠严重。广东、福建、江苏等省则以各种理由搪塞，截留挪用应拨解的海防专款，三年来根本是分毫未给。①

1878年3月6日，沈葆桢鉴于三年来海军经费统解北洋，北洋的海军兴办已经“略有端绪”，而南洋则“税课日绌”的状况，认为若再把南洋海防经费悉数让给北洋，似乎有博取“推让之美名”、忘掉“筹防之要务”的嫌疑，因而力请朝廷，终止“南款北让”，仍按原来议定均分海防专款，② 得到了朝廷的批准。

“南款北让”终止后，北洋海军筹建的经费短缺更为严重，在随后的两年里（1878—1879年），“除广东、江苏、福建三省厘金自奉拨以来分毫未解之外，而浙海关洋税亦因另立招商局名

① 王家俭：《李鸿章与北洋舰队》，第376页。

② 《沈文肃公政书》卷七，第52—53页。

目完全停解。其他浙江、江西、湖北三省厘金，及各海关四成洋税，实解北洋者，分年均计，仅不过三十万两之多，视每年额拨二百万两，尚不及十成之二”①。为此，李鸿章甚是苦恼，在听闻日本从西方订购五十艘蚊船之后慨叹：“小国尚有如此财力，堂堂大邦窘乏至此。备日本不逮，遑论备俄耶!”②

“南款北让”的结果，也使南洋海军失去了与北洋海军并驾齐驱、比翼齐飞的发展机会。因为海防款的“谦让”，南洋海军筹建之初的三年少有作为，更重要的是三年之久的“南款北让”，已经使人们从观念上接受了北洋优先的原则。虽然后经沈葆桢力请，南北两洋仍按原议均分海防专款，但不久沈葆桢即病死于两江总督任所，后继之刘坤一、左宗棠、曾国荃虽曾努力，但终究也没能赶上北洋的发展速度。中法战争后，在廷臣疆吏的一致吁请下，海军衙门成立，李鸿章以会办大臣身份进入海防建设中枢，成为清末海军建设的实际掌控者，在李鸿章的积极运筹下，北洋海军发展的优势地位更加明显，直至形成北洋海军一支独大、一骑绝尘的发展局面，而同期的南洋海军、福建海军、广东海军则日渐式微，在一个低层次上徘徊不前。北洋海军也自“南款北让”开始，迅速发展，直至成长为清政府的国家舰队。

【责任编辑：关国磊】

［**作者**：于孝东　大连博物馆　馆员　大连　116021］

① 王家俭：《李鸿章与北洋舰队》，第377页

② 王家俭：《李鸿章与北洋舰队》，第377页。

甲午战争析木城之战所涉地名考

李 刚 魏 多

摘 要：1894 年 12 月 9 日，日军第三师团兵分三路，向析木城进攻。中日双方对这次交战均有记载，但由于地名的变化、道路的改建和新建，及译音的误差等原因，交战中所涉的一些地名和线路已模糊不清。本文从析木城之战的有关史料入手，通过实地调查，对所涉地名进行考证，绘制清军布防和双方交战图、日军三路行军路线图，再现当时的战况。为防止地名再有变化，日后难以寻找，笔者对所涉地名标注出 GPS 点。

关键词：甲午战争 析木城 地名

析（sī）木城，现为海城析木镇政府所在地，地处海城东南约 25 公里，为海城通往岫岩、丹东的交通要道。其名始见于辽，金代王寂在《鸭江行部志》中，用较多篇幅记载了析木的人文、地理，及其父与析木的渊源。析木以东为高山险岭，以西渐入平原，战略位置十分重要。在析木城之战中，清军和日军都精心备战，投入重兵。

一、析木城之战的历史背景

1894年9月17日，清军在黄海海战中失败。日军组成第一军，由陆军大将山县有朋任军长，陆军少将黑田久孝任野战炮兵监，陆军少将小川又次任参谋长，各师团还配有若干骑兵、炮兵、工兵、辎重兵等。10月24日，日军第一军渡鸭绿江。26日，攻克九连城。31日，攻克凤凰城。11月18日，占领岫岩。由于山县有朋提出的《征清三策》与日军大本营想法不一致，日本天皇睦仁召山县回国“养病”。第五师团长陆军中将野津道贯接任第一军司令官职务，第五师团长则由中将的奥保巩接任。野津道贯立即部署第五师团在东边草河口和连山关一带与清军对峙，同时命令第三师团进攻海城。

二、清军的防御部署

析木城处于岫岩通往海城的要道，也是清军山区防卫的最后屏障，一旦失守，日军将进入平坦开阔之地。清政府充分认识到析木城之战关系到海城和辽阳的安危。12月5日，军机处电令前方各军统领四川提督宋庆：“整顿全军，或分或合，相机雕剿，齐心力战，得能乘此寒令，南船冻阻，北贼亦畏冷怯战，获一大捷，则大局转机即在指顾……挫其一股，余贼胆裂。”[①] 宋庆在析木城东南、东及西南严加设防，以退敌军。当时驻守析木城附近的清军共有四支：

（一）奉军。由总兵聂桂林统率13个营，包括步队8个营、马队4个营、炮队1个营，承担析木城东南的防御。分别驻守达道峪（40°39′34″北，122°57′38″东）、英沟岭（40°39′39″北，122°59′20″东）、龙凤岭（40°39′02″北，122°57′27″东）及山城子

① 关捷、关伟：《东方论坛》2007年第4期，107页。

（40°39′10″北，122°55′50″东）一线。并派马队一哨在南边的二道河子一带担任警戒。他又布置2营兵力在析木城东面东大岭、潘家堡子（今接文镇东大岭村）组成阻击阵地。

（二）盛字练军。由传卫丰升阿统率4个营，驻扎于奉军的背后，作为奉军的接应部队，在姑嫂石（40°40′55″北，122°56′55″东）、朱现屯（40°41′01″北，122°57′18″东）一带组成阵地。

（三）仁字军。由总兵马金叙统率步队2个营，驻扎析木城的外围，为析木城的第三道防线。

（四）希字军（即大同军）。由总兵蒋希夷统率8个营，包括步队7营、马队1营，驻守析木城西南八岔沟东的平顶山（即小井子西高地）（麦地沟北山40°38′22″北，122°52′16″东）。

以上清军总兵力计27营，除步兵营外，有马队5营、炮队1营，约8000人。[①]

三、日军的进攻部署

日军兵分三路向析木城进发，中路主力师团为正面进攻，左、右两翼负责为主力师团侦察和阻击清军援军，并完成侧翼包抄。

（一）主力师团。由岫岩通往析木城的大道行进。

1. 队伍构成。包括前卫、主力、辎重第一梯队、辎重第二梯队。

前卫司令官为大岛上将，包括步兵第七联队（缺一个大队）、骑兵第三大队本部及第二中队（缺一个小队）、工兵第三大队（缺第二中队及大小架桥纵队）和卫生队之一半。

主力由第三师团长桂太郎中将亲自统率，包括骑兵第二中队之一个小队、步兵第十九联队（缺一个大队）、野战炮兵第三联队本部及两个中队（包括大队本部）、步兵第十九联队之一个大

① 关捷、关伟：《东方论坛》2007年第4期，107页。

队和步兵第六联队之一个中队。

辎重第一梯队：由梯队长冈田陆军少佐统率，包括第二粮食纵队、第三粮食纵队、第一兵站粮食纵队、第二兵站粮食纵队（后来进入部队区分）和第二野战医院。

辎重第二梯队：由梯队长木村炮兵少佐统率，包括步兵弹药一个纵队、炮兵弹药两个纵队（一个纵队十日到岫岩）、马场之二分之一和第三野战电信队。①

2. 行军路线

12月10日早8点，日军从岫岩县城出发，沿大洋河谷地（今在312省道）前行。下午5点，到大偏岭（今在大岭至大岭沟312省道，即40°26′53″北，123°10′21″东一线），沿途跨大洋河七次。大偏岭有两条路，一条向西通向析木城方向，另一条路向北（右翼支队已于前一天沿此路北上）通辽阳和析木城东部。大偏岭的东北为王家堡子（今偏岭镇政府所在地，40°28′27″北，123°09′25″东）。师团司令部和主力在王家堡子设营，前卫在王家堡子前方约一里的瓦房店（40° 30′ 00″北，123° 07′ 22″东）设营。

11日：骑兵早8时出发，行至海城小孤山（孤山镇政府40° 35′06″北，122°57′56″东）后，离开现在的312省道，改为现析瓦公路，沿海城河前行。搜索至三间房（今接文镇鄄家沟40°40′ 51″北，123°04′20″东）附近。10时，日军行至二道河（40°38′ 09″北，122°57′26″东），前方即为聂桂林的防御阵地。清军骑兵前哨对日骑兵进行射击，日军前卫的两个中队前来增援。前哨后撤，在樱树沟（今白沙沟北山40°38′09″，122°55′58″）、二道河子山的清军也加入战斗。中午，日军前卫部队攻占了二道河子。聂桂林迅速调1000余名士兵，数门火炮，在日军左翼支队前进的必经之处白草凹沟（今白沙沟西侧，板子屯东侧高地，40°38′ 58″北，122°37′07″东）布置防线。日军前卫司令官大岛久直派所

① 戚其章：《中日战争》，中华书局1994年版，第332页。

属第七联队两个大队的兵力，自二道河子取小道，与左侧高地与清军展开激战。桂太郎率领日军主力前来增援，盛字练军统领丰升阿也派兵支援聂桂林，双方激战至下午3时30分，盛军不支，后撤。此时，日军主力已越过小孤山，来到跨沟附近。跨沟即为现岔沟镇，又叫八岔子，因其八岔三沟九面坡、五条山脉四道河而得名。师团决定前卫宿营于二道河子，主力宿营于跨沟，12日总攻析木城。

12日拂晓，清军从樱树沟退至析木城，此举丢失了守卫析木城的最好屏障。日军前卫及主力沿大道向析木城前进。第十九联队长粟饭原大佐率一支部队，自蟒沟，经樱树沟向析木城方向前进。师团各部队进入析木城，清军向海城撤退。

《光绪政要》对此有记载："分道西犯，一支由大道来，一支由旁道进，十五日，我军由二道沟、白草湾诸处御自大道来日兵，屡战皆败，而由旁道来之日兵，我军分兵以御，同日败退。"① 这里的白草湾即在白沙沟附近。

3. 路线小结。日军主力师团行军路线在现在地图上的表现为：从岫岩满族自治县的岫岩镇出发，过北洋河桥，走312省道，经兴隆、夏家店、小王家堡子、袁家沟、金家堡子、滚马岭，进入偏岭镇的南沟、新房子、荒沟村、东果林、岭后、偏岭、大甸子、河南堡、瓦房店、小偏岭村、三间房、岭上，进入海城孤山镇的大房身、东腰岭，到孤山镇政府后，离开现在的312省道，向北过海城河，走析瓦线，经下甸、西羊峪村，进入析木镇的二道河、龙凤峪村、达道峪村、东沟、姑嫂石村、魏家堡村、小峪，到达析木镇政府。

（二）*右翼支队*。大迫少将为支队长，石田少佐为前卫司令官。从岫岩出发，经大偏岭、牛心山，为主力部队右翼向析木城进发，并警戒辽阳清军对析木城的增援。

---

① 王树楠等：《奉天通志》第四十七卷，东北文史丛书编辑委员会1983年版，第990页。

1. 队伍构成。包括步兵第六联队（缺一个大队和一个中队）、步兵第十八联队（缺一个大队）、骑兵第一中队（缺一个小队和大孤山、岫岩间的骑兵接力通信哨）、野战炮兵第三大队（缺一个中队）、工兵第二中队（缺一个小队）和第一粮食纵队之一半。①

2. 行军路线。九日，支队前卫宿营于大偏岭的王家堡子（次日师团主力部队也宿营于此）。支队主力宿营于秋各林子和头道河（今头道河村40°25′05″北，123°13′23″东）。

10日，前卫经高家堡子（40°33′43″北，123°13′39″东），向牛心山（在凤凰城至析木城的通路的三岔路口上，40°39′09″北，123°10′10″东）前进。午后三时，日军前卫到达牛心山以南约一里，遭清军阻击。日军突破阻击，继续向潘家堡子前进。午后3时35分，清军占领了牛心山西北约1200米的高地，击退日骑兵。此夜，支队宿营于南马路（南马峪村，40°38′37″北，123°10′16″东）和高家堡子，前卫宿营于牛心山，并对析木城和龙家堡子（40°40′19″北，123°15′53″东）实行警戒。晚7时50分，清兵袭击日军哨所。

11日，步兵第六联队第二大队担任前卫，小野寺大队长为前卫司令官。从牛心山交叉路口出发。午前11时30分，第六联队第八中队从岫岩追来。午后2时，支队主力之先头部队到达云风岭（今云峰岭40°42′00″北，123°08′30″东）。聂桂成的奉军在潘家堡子（今东大岭村40°41′31″北，123°5′56″东）西北高地，及该高地以西高地布防，阻击日军进攻。清军不支，向西北方撤退。

午后2时30分，清军在花红峪聊阻击日军（今花红峪40°40′30″北，123°03′30″东），仍不支，后撤。午后4时，日军骑兵到达黑烙（即黑峪40°40′57″北，123°01′28″东），宿营，对析木城实行警戒。7时半，日骑兵至大房琛（即大房身，40°40′58″

① 戚其章：《中日战争》，中华书局1994年版，第331页。

北，122°58′19″东）。

此时，只有驻守在八岔沟的总兵蒋希夷所部的希字军在平顶山与日军对峙。当蒋希夷得知聂桂林所部奉军、丰升阿所部盛字练军已陆续撤出阵地退向析木城和海城。认为仅靠自己两个营的兵力，无法抵抗日军，因而放弃防御，经牌楼屯、钟家屯等地向坡厂、八里河一带撤退。①

12 日，日军右翼支队向析木城进发，以第十八联队的一个大队为前卫，以塚本大佐为司令官。8 时 15 分到达析木城，第十八联队第一大队留于析木城，对盖平方向实行警戒，当夜在析木城西红窑岭宿营。

3. 路线小结。右翼支队行军路线在现在地图上的表现为：从岫岩满族自治县出发至偏岭与主力师路线相同。至偏岭后，向北经马道口，走龙王线，过坟沟、明子峪、四大家、腰岭前、小王家堡子。进入岫岩县大房身镇的小道岔沟、道岔沟、龙眼沟、太阳村，由此转入大韩线，经庞家堡子、映门沟、小河南、坎树沟。进入岫岩县牧牛镇的梁家堡子、牛角沟、侯家堡子、南马峪村，由此转入析青线，经房身、益临店村、王家店。由此向西继续走析青线，进入海城市接文镇，经上王家店、东大岭村，转向西南，经徐家庄、柳子峪、山咀子、九龙川、花红峪村，出析青线向西，经房身、黑峪村、夺獐峪村、大房身，进入析木镇的珠现屯，到达析木镇政府。

（三）左翼支队。佐藤大佐为支队长，其自岫岩，经盖平大道上的石灰窑子、胡儿沟，到千马河子（今大清河）附近，掩护自正面向析木城和海城前进的师团主力的右后方。同时，负责侦察析木城西南方向清军动向。支队如遇小股清军可不战，如遇优势清军进攻，尽力阻击，并逐步向岫岩方向撤退，及时报告师团。

1. 队伍构成。包括步兵第十八联队的一个大队、骑兵第一

① 关捷、关伟：《东方论坛》2007 年第 4 期，108 页。

中队、第一粮食纵队（一半）。①

2. 行军路线。九日从岫岩出发，经石灰窝（即石灰窑 40°18′52″北，123°05′45″东），当夜宿营于三道河子（今三道河 40°18′37″北，123°05′06″东）。10日宿营于刘家堡子（今刘家堡子 40°16′26″北，122°54′43″东）。11日，走七盘岭（今大七盘岭村，40°19′50″北，122°47′47″东），夜宿于石门岭（石门水库南，40°23′01″北，122°44′14″东）。因清军设防于杉马岭（今牵马岭村 40°25′55″北，122°33′43″东），而千马河子距杉马岭清军太近，日军决定暂留石门岭。13日，日军侦察军官前进到财神庙（今财神庙 40°26′11″北，122°34′06″东），见大杉马岭（40°25′19″北，122°31′52″东）东山有清军嵩武、广武、福字等营旗帜（十月下旬由营口而来）。两军接火，都未发起进攻。18日午后7时半，佐藤接到师团命令，速到析木城，担任警戒。19日，佐藤支队撤至金家屯。20日，到小孤山附近。22日，支队进析木城。23日，把第十八联队第二大队留于析木城，联队本部向海城进发。

3. 路线小结。左翼支队行军路线在现在地图上的表现为：从岫岩满族自治县岫岩镇出发，沿309省道桓盖线，汤池河向西，进入石灰窑镇的回龙沟、沙岗、石灰窑镇政府、徐家堡子、刘家堡子、于家限子、碾子沟，进入盖州市卧龙泉镇的道上堡子镇、榜式堡镇的上刘店、大庙沟、石门水库，到此与清军对峙，后离开309省道，转而向东北方向撤退，经大石桥市黄土岭镇的伏家村、建一镇的官屯村、厢房村，进入海城孤山镇的后沟、孙家街、哈达堡子岭、黑金寨村（或叶家限村），到孤山镇政府。

四、结语

12日10时，日军第三师团占领析木城。日军进城前，先以

① 戚其章：《中日战争》，中华书局1994年版，第331页。

炮火猛轰，致使“析木城左右均被炮火轰毁，居民物业无一瓦全者，事后，8000 多人无家可归”①。析木城之战在甲午战争陆战中十分重要，此役清军占据地利优势，如果阻击日军成功，或是将其打回岫岩，将大涨气势，收复鸭绿江失地有望。而今失利，日军从地形复杂的山区挺入平原，对于重武器先进的外来侵略军，大清丧失了天然的地利优势，朝廷中也逐渐出现了众多求和谈判的声音。其后海城、牛庄等战的失利，更是把李鸿章送到了《马关条约》的谈判桌上。

考察析木城之战地名，日方资料中所记载的地名和道路，由于时间久远已部分发生变化，公路的维修、新建等原因，使原来的路线模糊不清。此次，笔者根据现场实地调查，寻找知情人，将其复原。为防止地名再有所变化，难以寻找，标注出 GPS 点，及路线在现在地图的表现。

析木城之战的几个战场遗迹和两军行军路线，是中日甲午战争陆战场重要的历史见证，适时申报成为文物保护单位和爱国主义教育基地，有利于激发人们的强国之心、爱国之情。

【责任编辑：关国磊】

［**作者**：李　刚　鞍山市博物馆　副研究馆员　鞍山
魏　多　鞍山市博物馆 馆员　鞍山　114001］

① 关捷、关伟：《东方论坛》2007 年第 4 期，第 108 页。

考古视角下的“经远”舰炮械武备谈

隋东升

摘　要：对原北洋海军“经远”号装甲巡洋舰的舰炮配设情况进行梳理，并对大连庄河“经远”沉舰水下考古中发现的德国格鲁森厂小口径速射炮弹壳、江南制造局制中口径速射炮弹壳底火的来源进行考证，通过上述两种兵器的出水情况表明黄海海战前“经远”舰加装上述两种炮械的可能性。

关键词：经远　舰炮　格鲁森　阿姆斯特朗

2018年9月28日，国家文物局对大连庄河北洋海军“经远”沉舰身份正式确认并对外公布，这是继2016年大连、丹东北洋海军“致远”沉舰被发现之后，甲午北洋海军沉舰水下考古的又一重大发现。在此之前，庄河“经远”沉舰的身份在北洋海军研究圈内业已定性，但水下考古历来讲求严谨，只有在得到确切证据的情况下才能正式认定。

一

“经远”沉舰在水下呈倒扣状态，即舰底朝上，面向海面，舱室及甲板部分向下，这种状态对于沉舰文物保存而言是十分有利的。虽然一百多年间，历经多次盗捞破坏，舰底轮机舱等部位由于翻转在沉舰上方已基本被盗捞破坏殆尽。但舰尾鱼雷舱、部分军官舱室和舱面甲板位置则因深埋于海底淤泥之下，破坏相对较轻，这些位置可能会有重要的文物被发现，尤其是“经远”舰甲板之上安装的大小舰炮极有可能会保存下来。

与北洋海军各舰情况相似，“经远”舰的舰炮武备情况在各种书籍资料的记载中有多个版本。主副炮装备情况较为清晰，问题主要集中在小口径速射炮的装备情况上。根据姊妹舰“来远”的航海日志记载推测，“经远”舰炮械装备应为舰首双联装克虏伯 210 毫米 35 倍径舰炮一座、左右两舷耳台单装克虏伯 150 毫米 35 倍径舰炮各一座、哈乞开斯 37 毫米五管速射炮 5 座、哈乞开斯 47 毫米五管速射炮 2 座、不明型号 47 毫米（也有资料记载为克虏伯 40 毫米）单管速射炮 1 座。“经远”舰被诟病的最大的问题是舰尾位置未安装大中口径舰炮，以致舰尾火力薄弱，仅靠数门小口径速射炮来支撑。

舰艏双联装克虏伯 210 毫米 35 倍径舰炮的生产时间约为 1886 年，编号可能为“28”“29”；左右两舷耳台单装克虏伯 150 毫米 35 倍径舰炮的生产时间约为 1887 年，编号可能为“114”“115”。克虏伯火炮标识、生产日期和编号的铭文通常会凿刻在火炮炮闩入弹口上方。但因凿刻位置为钢质，在海水中浸泡百年，海盐腐蚀之下，标识铭文通常极难保存。以“济远”舰舰尾炮为例，从沉没至打捞（1904—1982），① 沉没水下仅 74 年，其舰炮标识铭文位置的钢质已完全腐蚀以致无法辨认。“经远”舰舰体由于倒扣在水下，舰体各舰炮位置已被淤泥覆盖，这种保存状态也许会减缓海水对舰炮钢质的腐蚀程度。

与之前德国伏尔铿船厂建造的定、镇、济三舰一样，“经

① “济远”舰甲午战败后被俘编入日本海军，于日俄战争中 1904 年 11 月 30 日在旅顺羊头洼海域触雷沉没。1982 年春，舰尾 150 毫米克虏伯舰炮被驻旅顺海军某部打捞出水，现存旅顺万忠墓。

远”舰出厂时装备的小口径速射炮是北洋海军的标准配置——哈乞开斯37、47毫米五管速射炮。根据“经远”舰原始图纸设计[①]以及老照片辨识，哈乞开斯37毫米五管速射炮5座，分别置于司令塔两侧（2座）、舰尾左右两舷（2座）、桅盘（1座）；哈乞开斯47毫米五管速射炮2座，置于舰尾左右两舷（2座）与哈乞开斯37炮相邻；不明型号47毫米（也有资料记载为克虏伯40毫米）单管速射炮1座可能安装于舰尾正中近舰尾旗杆处。

很多有关北洋海军舰船的资料书籍都将哈乞开斯47毫米单管速射炮列为北洋海军各舰的“标配”，似乎北洋海军各舰都有所装备，实则恰恰相反，哈乞开斯47毫米单管速射炮在北洋海军各舰之中实属孤品，仅购买“致远”“靖远”两舰时各有二门随舰装备，合计也不过四门而已。哈乞开斯47毫米单管速射炮实为日本海军小口径速射炮的“标配”，甲午战前已基本换装完毕。“济远”舰打捞出水的哈乞开斯47毫米单管速射炮为甲午战败被俘后由日军换装，并非北洋海军时代的原装炮械。北洋海军之中各舰大量装备的小口径速射炮主力还是哈乞开斯37（部分47）毫米五管速射炮，该型火炮虽然在射速上较单管速射炮有优势，但是在射程上却不及前者。“经远”舰装备的哈乞开斯37、47毫米五管速射炮的弹头及弹壳等件已在此次水下考古调查中被大量发现并打捞出水。

此次水下考古调查还打捞出水了一部分“经远”舰未见记载的弹药装备，德国格鲁森厂造53毫米速射炮所用的炮弹及弹壳、江南制造局仿造英国阿姆斯特朗120毫米（40磅）速射炮的铜质弹壳底火。这两类弹药的发现虽属意外，但在史料中也并非无迹可寻。

1892年6月，盛宣怀为胶州湾炮台工程和礼合洋行签订了

---

① “经远”级原厂图纸见 Verhandlungen des VereinszurBerfrderung des Gewerbefleies 1896，艾克哈德·辛格尔（EckharSchinkel）先生提供。

新的购炮合同[①]，计：订购德国克虏伯厂二十一生（21厘米）的35倍口径长后膛炮台钢炮4尊，二十四生的35倍口径长后膛炮台钢炮3尊，十五生40倍口径长后膛炮台钢快炮5尊；德国格鲁森（也有译为克鲁索）厂五十三密里（53毫米）40倍口径长后膛炮台钢快炮10尊，四十密里30倍口径长后膛车轮钢快炮10尊，大小火炮共计30尊，炮价及水脚（运费）合计25209759.29马克。其中，格鲁森五十三密里钢快炮订单情况如下：

五十三密里40倍口径长后膛炮台钢快炮，炮身长二千一百二十密里，炮身重二百七十五启罗（275千克、0.275吨），炮架重六百八十启罗，另配钢罩千斤柱零件俱全。配新式钢弹1500颗，配新式生铁开花弹1500颗，配新式葡萄子（葡萄弹，其原理近似霰弹）1000颗，配铜管（铜制弹壳，内装无烟发射药，发射后弹壳可重复使用）2000个，配无烟火药2000出，配装子家伙一副，配旧壳装新机器一副，配口径模子一副。

由于胶州湾炮台工程进展缓慢，所订购的台炮军械到华之时，炮台土木工程尚未完工，只得暂将新购台炮封存，以待土木工程完工后再行安装。此时，甲午战事在即，北洋海军各舰炮械亟待更新的问题已极为突出，外购在时间上已来不及，而且一经宣战，各国即行停止对交战国的军售运输并封存所购军火，此种情况下想要更新炮械唯有在国内解决。六月十五日（1894年7月17日）盛宣怀致电丁汝昌："胶州现有格鲁森五十三密里40倍长快炮10尊，三十七密里（应为四十密里）30倍长车轮快炮8尊，连弹子、无烟药均到齐。相谕知会尊处，可派船赴胶运来配水师用。"[②] 同时致电登莱青道章高元："章军门，奉相谕，快炮大小十八尊，连弹子、无烟药，胶州现无用处，可移缓就急。

① 《上海信义洋行与盛宣怀合同》，盛档033312，上海图书馆藏。

② 盛宣怀档案资料选辑之三，《甲午中日战争（上）》，上海人民出版社1980年版，第1页。

如丁军门派船来运，望全行点交详报。”①

丁汝昌收到盛宣怀电报后，立即派“康济”舰前往胶州湾运炮，并于六月十六日（1894年7月18日），致信章高元：“前随校节过胶，雄谈快抱，至慰渴怀……昨杏荪电相谕，尊处有格鲁森五十三密里快炮10尊，又三十七密里（应为四十密里）车轮快炮8尊，弹子、无烟药均到齐，可派船赴胶运配水师用等因。当将康济往运时日电达尊处，恳饬先行拨候。该船到后，所有随船炮应用各件以及弹药等项，务乞悉数点付，开一清单交该管带，以凭验收，回缴存案……”② 六月十七日（1894年7月19日）早晨5点半，“康济”舰抵达。炮械弹药全靠驳船转运，因风大和候潮等原因，至十九日（1894年7月21日）早晨才全部装运完毕，中午启程返威。③

运威后的10尊格鲁森53毫米、8尊格鲁森40毫米小口径速射炮的具体布设用途至今未见中方史料记载。根据战后日方的相关档案资料分析，10尊格鲁森53毫米速射炮被分配于各主力舰改作舰炮，8尊格鲁森40毫米速射炮可能被布设于刘公岛各炮台。

在北洋海军主力舰当中，“致远”“靖远”两舰为英国阿姆斯特朗公司所建造，以当时的建造标准来看，单舰火力配置实属优异，除主副炮和鱼雷兵器之外，2300吨的舰体上还装备了哈乞开斯（英国阿姆斯特朗公司制造）57毫米（6磅）单管速射炮八尊、47毫米（3磅）单管速射炮二尊、37毫米（1磅）单管速射炮8尊，三型小口径速射炮共计18尊④（0. 45英寸十管

---

① 盛宣怀档案资料选辑之三，《甲午中日战争（上）》，上海人民出版社1980年版，第1页。

② 戚俊杰编著，《丁汝昌年谱》，山东大学出版社2016年版，第203页。

③ 盛宣怀档案资料选辑之三，《甲午中日战争（上）》，上海人民出版社1980年版，第13页。

④ 详见张黎源、刘煊赫，《北洋海军“致远”级巡洋舰结构初探》，《甲午战争研究》，2015年第四期（总第59期），第8页。

格林机关炮六尊未计入)，舰上小口径速射炮装备基本饱和，已再无加装的必要。战后，日军在刘公岛俘获“镇远”“济远”两舰，镇远舰装备格鲁森53毫米速射炮2尊，编号为1112和1116；“济远”舰装备格鲁森53毫米速射炮2尊，编号为1115和1118，4尊速射炮生产时间均为1893年。[①] 由“镇远”舰装备情况推测，“定远”舰也应装备有格鲁森53毫米速射炮两尊，安装位置应与“镇远”舰相同，即安装在舰尾楼甲板之上，与马克沁—诺登飞3磅（47毫米）速射炮相邻，此种推测已在“定远”舰战后拍摄的照片中得到印证。

与“致远”“靖远”同期建造的“经远”“来远”两舰为德国伏尔铿船厂建造的装甲巡洋舰，也是德国自行设计的第一型装甲巡洋舰，技术储备不足。虽为装甲巡洋舰，但受制于2900吨的舰体，即使有铁甲堡的设计，实际防护面积还是有限，根据后来的黄海、威海卫海战实际情况来看，舰体防护性能一般。因侧重于装甲防护，在火力配置上也远不及英造“致远”级穹甲巡洋舰，主炮尚比“致远”级少1尊（无210毫米舰尾主炮)，小口径速射炮更是数量不足，仅装备哈乞开斯37毫米等小口径速射炮8尊。胶炮运威的格鲁森53毫米速射炮似乎正好可以派上用场，各配置2尊于“经远”“来远”舰尾位置，以加强两舰薄弱的舰尾火力。

对于“经远”“来远”两舰加装格鲁森53毫米速射炮的资料至今未见文字记载，但通过“来远”舰黄海海战之后在旅顺维修时拍摄于舰尾的照片，可以看到2尊格鲁森53毫米速射炮的安装位置：其与舰尾哈乞开斯37毫米五管速射炮相邻，左右两舷各装配1尊。此前对于这张照片的解读，通常认定此炮为哈乞开斯47毫米单管速射炮。从照片中可以看出，格鲁森53毫米

① 《横須賀鎮守府武庫 鎮遠 鎮東 鎮北 搭載兵器処分報告》，档案号：C06060127900；《軍艦済遠兵器取調表（1）》，档案号C06060114200；（日本）防衛省防衛研究所。

速射炮与哈乞开斯47毫米单管速射炮确有相似之处，但也能看出2种火炮在肩托和炮盾两处位置设计有明显区别。由此，胶炮运威的10尊格鲁森53毫米速射炮在北洋海军五条主战军舰上都有了各自的位置。7月25日丰岛海战爆发（此战“济远”舰尚未加装该炮）；8月1日，清日双方正式宣战；9月17日，10尊格鲁森53毫米速射炮两尊为一组，分别装备于“定远”“镇远”“济远”“经远”“来远”五舰，参加了黄海海战。是役，“经远”战沉，2尊格鲁森53毫米速射炮随舰沉入海底。随着甲午北洋海军“经远”沉舰的水下考古发掘，希望格鲁森53毫米速射炮可以重见天日。

二

与格鲁森53毫米速射炮弹壳的发现相比，更加出乎意料的是江南制造局仿造英国阿姆斯特朗120毫米（40磅）速射炮的铜质弹壳底火被发现。这种弹壳底火不仅“经远”舰已知炮械弹药无法使用，甚至于整个北洋海军各舰炮械也全都无法使用。此型中口径速射炮，是当时英造新式海军舰炮，约于1886年问世，在甲午战前日本新购新建军舰中已大量装备。该型舰炮炮架安装有弹簧式复进机，在射击时被压缩而存储能量，射击后释放能量使炮管快速复进回位，理论射速可以达到每分钟10发，实战射速约为每分钟3发左右，与旧式同口径架退舰炮相比，射速大幅提高。

该型中口径速射炮性能优异，一经问世，便引起了国内各制造局的关注。1890年，江南制造局购买了1尊阿式速射炮开始仿制。1892年首批仿阿姆斯特朗120毫米（40磅）速射炮10尊制造完成。至1894年甲午战事之年，共计制造完工12尊。[①] 作

① 魏允恭编：《江南制造局记》，文海出版社印行，光绪三十一年九月编印，第374页、第385页。

为国产火炮之中技术含量最高的型号，江南制造局于1892年将1尊该型火炮，附带相应数目的弹药击火调拨给北洋海防军械所，并于同年9月在天津进行了试射，“准头极好……与外洋最新之式一律精利”[①]。该炮试射之后配属情况不明，可能置设于大沽炮台。

面对新式中口径速射舰炮的出现和日本海军的大量换装，北洋海军将领也意识到了舰炮代差带来的危机利害，但舰炮更新问题却久拖不决。直至光绪二十年二月二十五日（1894年3月31日），李鸿章上奏，要求购买德国克虏伯新式十二生（12厘米）速射炮给北洋海军各舰添装：定、镇两舰各添克虏伯新式十二生特快炮6尊；济、经、来三舰各添克虏伯新式十二生特快炮2尊，合计18尊。其中定、镇两舰12尊先行订购。[②]无奈，甲午战事在即，一切都已来不及。同年五月二十九日（1894年7月2日），李鸿章给上海江南制造局去电，要求将已调拨的4尊仿阿式120毫米速射炮连同江南局余下的6尊同型炮全部拨付威海。[③]半月之后，又调拨前文提到的胶州湾格鲁森陆炮运威。

根据资料记载江南制造局1894年仅向北洋海防军械局调拨了4尊仿阿式120毫米速射炮，分置于威海卫日岛、东泓稍（现刘公岛南嘴炮台址）2炮台（各配置2尊）。此前有书籍认为江南制造局调拨的这4尊仿阿式速射炮装备了“广乙”“广丙”2舰，但两舰装备的实为120毫米克虏伯速射炮。4尊仿阿式速射炮配置于威海卫2炮台的情况和两舰装备的克式速射炮的资料及

---

① 《中国近代兵器工业档案史料》编委会编，《中国近代兵器工业档案史料（一）》，兵器工业出版社1993年版，第1113页。

② 《海军拟购新式快炮折》（光绪二十年二月二十五日），李鸿章著，顾廷龙、戴逸主编，国家清史编纂委员会文献丛刊，《李鸿章全集——奏议十五》，安徽教育出版社2007年版，第15册，第304页。

③ 《寄上海制造局刘道》（光绪二十年五月二十九日辰刻），李鸿章著，顾廷龙、戴逸主编，国家清史编纂委员会文献丛刊，《李鸿章全集——电报四》，安徽教育出版社2007年版，第24册，第99页。

照片都十分明确。

此次“经远”沉舰考古出水了多枚江南制造局造阿式速射炮铜质弹壳底火，引发了“经远”舰战前可能加装了该型速射炮的猜想。与加装格鲁森53毫米速射炮相比，仿阿式120毫米速射炮重量较大，上舰安装，需对安装部位的舰体进行加固改造。如果是陆路炮架，还需要对炮架进行相应的舰炮架改造，该炮在舰上的具体置设位置也无法确定。在没有相关资料记载的情况下，不排除该炮加装的可能性，一切只能以考古发现为准。

到目前为止，由于舰体舱面甲板深埋海底淤泥之下，除了部分弹壳弹药被打捞，尚无任何一种型号的舰炮被发现。今后无论哪型舰炮被打捞出水，都将是非常珍贵的文物。除了炮械兵器之外，以“经远”舰目前的沉没状态来看，舰钟（舰船装备）也有可能保存下来。舰尾鱼雷舱也较为完整，或许会有完整的鱼雷兵器实物出水。各军官舱室是重中之重，“经远”舰关防更是首屈一指的国宝。北洋海军成军至今已经130年，国内各大博物馆所收藏的有关北洋海军的实质性珍贵文物并不多见。北洋海军沉舰虽不止“经远”，但唯有“经远”是一座潜在的北洋海军文物宝库，其内在的文物价值和史料价值是无法预估的，一切都寄希望于未来“经远”舰水下考古的后续发现。

【责任编辑：关国磊】

[作者：隋东升　威海市政协文史研究会　威海　264200]

舰艏始终对敌是黄海海战中北洋舰队阵型的正确选择

丁昌明 汤晓嵋

摘 要：关于中日甲午战争黄海海战中北洋舰队的阵型问题，国内史学界长期流行的观点认为：丁汝昌指挥失误，错误的战斗队形导致了失败。但结合当时中日舰队实际情况和战场实际条件来看，黄海海战中，北洋舰队阵型的选择是当时条件下正确的选择。

关键词：舰艏对敌 北洋舰队 黄海海战 丁汝昌

关于北洋舰队黄海大战中的"阵型"问题，一直受到史界的关注并伴以激烈的争论，且"大多给予否定的看法"①。而这些"看法"多数并非来自对那场战斗的实事求是的分析，而是"执果为因"，以那场战斗的"失利"乃至整个甲午战争和洋务运动的失败以及后果的"糜烂"，来"倒证"所有前因的失误。

不去研究19世纪海军和海战战法，不去了解研究黄海大战

① 郭毅生、汤池安：《论甲午黄海大战与中国北洋海军》。载张海鹏等主编：《甲午战争120周年学术论文选编——甲午战争的百年回顾》，中国社会科学出版社2014年版，第60页。原文载于《文史哲》1957年第6期。

的具体过程和海战技术细节，就先主观地认定北洋舰队败了。然后为了“求证”这个“先验”的结论，就罔顾事实和海战规律，来逐一证明北洋舰队的每一步都是错误的。除了以上已被证明是臆想和揣测的几点外，更严重的是指责，北洋舰队一开始所采用的阵法就是错误的，果真是这样吗？本文的观点是：在黄海大战中，北洋舰队采用的“舰艏主炮始终对敌”的阵法，是他们的正确选择。

一、北洋舰队究竟采用的是个什么阵型

首先，我们来了解一下什么叫“阵型”或“阵法”。“阵”的概念并不神秘，它的最原始最朴素的哲学基础就是“一个好汉三个帮”或者叫“组织起来”。就是在作战时将两个或两个以上分散的、孤立的作战单位（人和武器）以某种结构有机地联系起来共同作战，以达到 1 +1 >2 的效果。如人民解放军的“三三制”“四队一组”① 等。我国的辞书对“阵”的解释就是：“古代战术用语，指作战队伍的行列和组合方式。”②

而近代海军作战的阵型是指“将若干单艘的军舰编组到一起的编队形式，可以发挥集群作战的力量，以取得战斗力、生存力的倍增”③。

近代以来由西方发轫的海军作战，很自然地引入了“阵”的战术。北洋舰队这一由西方嫁接过来的海上武装，不可能不引进它们已有过的种种“阵法”。譬如，在天津水师学堂编译的《船政图说》中就有上百种阵型。④ 北洋水师从 1877 年开始组建，到 1888 年正式成军，再到这次黄海海战，走过了 17 年的风雨路程，对西洋海军作战的种种阵法焉能不参透在胸，操熟在手？

---

① 解放战争时期林彪创立的陆军作战的阵法。来自百度百科词条：三三制战术。
② 《现代汉语词典》，商务图书馆 1996 年 7 月第 3 版，第 1066 页。
③ 陈悦：《沉没的甲午》，凤凰出版社 2011 年版，第 165 页。
④ 陈悦：《甲午海战》，中信出版社 2014 年版，第 111 页。

那么，在黄海大战中，北洋舰队到底采用的是什么阵型？

“我队阵型，恰似楔子，……实为鳞次横阵。”——马吉芬：《黄海海战评述》①；

“丁汝昌见其来势凶猛，……他毅然下令，改犄角鱼贯小队阵为犄角雁行小队阵。”——戚其章：《甲午战争史》②；

“丁汝昌见日舰以单纵队向己方驶来，便根据战前预定方案，命令舰队改变队形，……第二列军舰与第一列军舰夹缝排列，而前后交错的各队姊妹舰彼此结为小队。”——姜鸣：《龙旗飘扬的舰队》③；

“中国海军则亦利用其‘巨舰重炮’的优点，用‘定远’及‘镇远’二铁甲作为中坚，形成一个雁行阵式与之对抗。”——王家俭：《李鸿章与北洋舰队》④；

“丁汝昌……下令舰队立刻由犄角鱼贯阵开始向犄角雁行阵即横阵……接敌。”——陈悦：《甲午海战》⑤；

“丁汝昌……为发挥各舰首重炮的威力，他毅然下令将犄角鱼贯小队阵改成犄角雁行小队阵，即似成‘人’字形。这样，北洋舰队恰似一把锋利的尖刀，直插日本联合舰队。”——刘玉明、戚俊杰：《甲午风云》⑥；

最后，丁汝昌自己说：“……我舰以夹缝雁行阵向前急驶……”⑦

看来，黄海大战中，北洋舰队采用的是“犄角”或“夹缝”

---

① 马吉芬：《黄海海战评述》，《海事》第10卷第3期，1936年9月1日出版。转引自郭毅生、汤池安：《论甲午黄海大战与中国北洋海军》。载张海鹏等主编：《甲午战争120周年学术论文选编——甲午战争的百年回顾》，中国社会科学出版社2014年版，第63页。

② 戚其章：《甲午战争史》，上海人民出版社2014年第2版，第125页。

③ 姜鸣：《龙旗飘扬的舰队》，三联书店2002年第1版，第368页。

④ 王家俭：《李鸿章与北洋舰队》，三联书店2008年第1版，第457—458页。

⑤ 陈悦：《甲午海战》，中信出版社，2014年版，第109页。

⑥ 刘玉明、戚俊杰：《甲午风云》，中国大百科全书出版社1998年第1版，第18页。

⑦ 《中国近代史资料丛刊》：《中日战争》3，上海人民出版社1957年版，第134页。转引自陈悦：《沉没的甲午》，凤凰出版社2011年版，第166页。

的雁行阵。

那么，什么叫作“犄角”或“夹缝”的雁行阵呢？这是一个军舰横向排列为两排，后排军舰错落在前排侧后45度角位置的阵型。[①]

“错落”两字，似乎很好地解释了为什么该阵叫“犄角”“夹缝”的雁行阵。即彼此“弥缝互承”，前后“皆可轰击敌船，不至为本军船只所蔽也”[②]。

而“小队”是指：不以整个舰队为一个作战单位，而是两两结合，将“前后交错的各队姊妹舰彼此结为小队”。这样，全舰队就分成为数个战术分队，犹如空军的长机僚机的组合一样。北洋舰队的五个战术小队即按此组合。[③]

黄海大战中，北洋舰队摆的就是这么个阵法。这是个被北洋舰队“预定为作战的基本阵型”，也是上文提到的《船政图说》中的第八十八号阵型。[④] 这种阵型，一旦接敌，各战术分队可以立即散开，“从多点上同时切入突破，冲击搅乱敌舰队阵型（即北洋水师所称‘开队分击’）”[⑤]。可见，北洋舰队采用这一阵型，是经过反复考量、深思熟虑的结果。而不是像有的影片中借日本人之口所说的“奇怪的阵法”，更不是为了“求证”北洋舰队的浑噩，而无端指责它是犯了“致命的错误”——却又举不出“致命错误”的理由。[⑥]

---

① 陈悦：《沉没的甲午》，凤凰出版社2011年版，第166页。

② 天津机器局印：《船政图说》。转引自戚其章：《甲午战争史》，上海人民出版社2014年版，第126页。

③ 郭毅生、汤池安：《论甲午黄海大战与中国北洋海军》。载张海鹏等主编：《甲午战争120周年学术论文选编——甲午战争的百年回顾》，中国社会科学出版社2014年版，第68页。

④ 陈悦：《甲午海战》，中信出版社2014年版，第112页。

⑤ 陈悦：《甲午海战》，中信出版社2014年版，第112页。

⑥ 陈悦：《甲午海战》，中信出版社2014年版，第113页。

二、北洋舰队为什么要采用这样的阵型

作战时将自己作战资源（武器和人）按照一定的方式组合、编织起来，以追求己方资源运用的最大化，这种经组织和编织后的态势就叫作“阵法”。交战双方一定会根据己身的条件来选择阵法，以求扬长避短。在黄海大战中，日方根据自家舰队的航速、火力的差异按航速将整个舰队分成“本队”和“第一游击队”两支战术分队的阵法，① 也是对本舰队的一种扬长避短。因此，不存在孰优孰劣的问题。因为无论何种阵型，都有其优劣之处，并非绝对完善。因此，在“布阵”的考量中，没有“更好”，只有双方追求的己身的“最好”。

北洋舰队自 1877 年到 1888 年，经过了 11 年艰难创业的阶段。到它正式成军的时候，已达到了它的顶峰，之后再未添一船一舰。而自 1888 年到 1894 年，正是世界上海军突飞猛进的时期，而日本尤甚。尤其在“快船”（航速）、“快炮”（射速）和“药猛”（爆燃）上全面盖过北洋。北洋舰队唯重炮、厚甲矣。而诸舰之重炮皆列于舰艏而非侧舷。因此，北洋舰队的阵法、战术等必须皆服从于“舰艏始终对敌”，以发挥己身最大优势的原则。而同时，“日本舰队侧舷炮多，速射炮又为其独有”②，故北洋舰队只能像“楔子”和“尖刀”一样，垂直地插入日本的横阵，以避免和日舰平行而驶，从而遭受到日舰侧舷炮的打击。

再来看日本舰队，日舰按航速较低编队的“本队”，在北洋舰队第一波的攻击中被迫与“第一游击队”割裂，载有海军军令部长桦山资纪的西京丸号、赤城号和比叡号皆被北洋舰队击中

---

① 许华：《从近代海军作战的阵法和战法评中日甲午黄海海战》，载戚俊杰、刘玉明主编《北洋海军研究》，天津古籍出版社 1999 年第 1 版，第 136 页。

② 郭毅生、汤池安：《论甲午黄海大战与中国北洋海军》。载张海鹏等主编：《甲午战争 120 周年学术论文选编——甲午战争的百年回顾》，中国社会科学出版社 2014 年版，第 64 页。

起火，“已起火灾，喷出浓烟，甚高甚烈”①。战后，日吉野舰长在向日皇报告中也承认：“西京丸舵已轰断，舟中有观战之某大吏，几被华军连船擒去……”② 此时，西京丸也不得不揭起“赤城、比叡危险”③ 的信号，乃至在烟雾笼罩下，我方将士发出“谓比叡、赤城已被我击沉而定远复击沉西京丸”④ 的欢呼。在日军的主力第一游击队部分，北洋海军也用巨炮重创日舰吉野、松岛。至战场尾声时，“倭船多受重伤，……当即向西南一带飞驶遁去，我军尾追数里……”⑤

判断阵型效果的还有一个“硬指标”：命中率。战后统计，“日军之命中率在百分之十二，而中国之命中率在百分之二十”⑥。可见，北洋舰队采用此一阵型的战斗效果是明显的。

另外，北洋舰队采用此阵型，多少有些无奈：因为日本联合舰队的火力是北洋舰队的4—6倍（射速及弹药爆燃力），⑦ 日本舰

---

① 郭毅生、汤池安：《论甲午黄海大战与中国北洋海军》。载张海鹏等主编：《甲午战争120周年学术论文选编——甲午战争的百年回顾》，中国社会科学出版社2014年版，第70页。

② 《伊藤向日皇报告》，载王炳耀：《中日战辑》卷3《朝鲜记乱》4，转引自郭毅生、汤池安：《论甲午黄海大战与中国北洋海军》。载张海鹏等主编：《甲午战争120周年学术论文选编——甲午战争的百年回顾》，中国社会科学出版社，2014年版，第74页。

③ 见《中日战争》1，第24页。转引自郭毅生、汤池安：《论甲午黄海大战与中国北洋海军》。载张海鹏等主编：《甲午战争120周年学术论文选编——甲午战争的百年回顾》，中国社会科学出版社2014年版，第70页。

④ 《东方兵事记略》海军篇。转引自郭毅生、汤池安：《论甲午黄海大战与中国北洋海军》。载张海鹏等主编：《甲午战争120周年学术论文选编——甲午战争的百年回顾》，中国社会科学出版社2014年版，第70页。

⑤ 郭毅生、汤池安：《论甲午黄海大战与中国北洋海军》。载张海鹏等主编：《甲午战争120周年学术论文选编——甲午战争的百年回顾》，中国社会科学出版社2014年版，第73页。

⑥ 马吉芬：《黄海海战评述》，转引自郭毅生、汤池安：《论甲午黄海大战与中国北洋海军》。载张海鹏等主编：《甲午战争120周年学术论文选编——甲午战争的百年回顾》，中国社会科学出版社2014年版，第78页。

⑦ 倪乐雄：《海权与中国的发展》，载郭树勇主编：《战略演讲录》，北京大学出版社2006年第1版，第109页。

队以横队迎战，“是以军舰的最大受弹面积为代价，来换取侧舷火力的最大发挥和侧舷火炮的最大射角”①。北洋舰队侧舷火力弱，只能以“一字雁行阵”舰艏始终对敌迎战。这种阵型是以放弃尾炮火力和减少侧舷火炮射角为代价，换取军舰的最小受弹面积。②

黄海海战的失败，固然是北洋舰队的遗憾，但也是双方技术力量差距的反映，虽然这个差距是它的朝廷的短视和故步自封而导致的。战果的“窝囊”不是北洋海军的将士们想要的局面，也不是凭着猜想而给出的“心慌意乱开出的首炮将自家主帅震落、又未指定代理人”所致，更不是北洋舰队采用了“错误的阵型”所致。

为了更好地说明这一问题，我们将丁汝昌在战前给舰队下达的三条命令照录于后。对照此命令，很多疑问将迎刃而解。

一、舰型同一诸舰，须协同动作，互相援助；

二、始终以舰艏向敌，借保持其位置而为基本战术；

三、诸舰务于可能范围之内，随同旗舰运动之。③

这三条命令简单明了，好理解，易执行。而明快易行正是军令所需要的“文风”。仅从这点看，丁汝昌就不愧是个“老行伍”。

即使在今天，我们将这三条命令组合起来分析，都是无可挑剔的。

1. 同一型号（性能）舰协同作战，互相援助。在整个战斗中，北洋舰队的“诸舰”分成了5个战术小队，各小队各自为战，同时互相照看，看似“乱战”，实为“乱中有序”。乃为“采用整体编队阵型接近敌舰后，再化为分散的战术分队，多点突破敌方舰船编队，进行混战”④，以达“乱中取胜”的目的。北洋舰队的大部分舰船（除济远逃跑）也是这样协同作战的。

---

① 倪乐雄：《海权与中国的发展》，载郭树勇主编：《战略演讲录》，北京大学出版社2006年第1版，第113页。

② 倪乐雄：《海权与中国的发展》，载郭树勇主编：《战略演讲录》，北京大学出版社2006年第1版，第113页。

③ 《汉纳根给北洋大臣的报告》，《海事》第8卷，第5期，第63页。转引自戚其章：《甲午战争史》，上海人民出版社2014年第2版，第125页。

④ 陈悦：《甲午海战》，中信出版社2014年版，第115页。

2. “始终以舰艏向敌”，其理由与优势如前所述。说明自丁汝昌起至全体军官，对本舰队的特点、优点、短处早已了然于胸，并用这条命令固定下来。

3. 始终“随旗舰运动之”，这条命令最重要。它解决了在突发情况下，如“指挥员突然缺位”“信号不畅”等在任何战斗中，对交战双方来说都可能发生的情况下，部队后续运作的问题。不幸的是，这些“突发情况”北洋舰队都遇到了；但同时幸运的是，丁汝昌及北洋舰队早就将这些情况考虑在胸，并全部预设了应对措施。——那么，“丁汝昌事先未指定代理人”等负面之词，也就不能成立了。

综上，纵观整场黄海大战，北洋舰队虽然失败，但阵型选择是正确的。那些事先就带有了“价值的偏向”，以最后的结果来“求证”一切过程的“错误”，同时，又以原谅乃至美化的心情来塑造胜利方的做法，是研究历史的大忌，实不可取。

下面，本文愿意引用一位“不在历史领域里”的学者倪乐雄先生对黄海大战中北洋舰队所采阵型的评价，来作为本文的结语：

“黄海大战中北洋舰队采用的阵型是当时条件下的最佳选择，那种认为丁汝昌指挥失误、错误的战斗队形导致了失败云云，都属不谙军事的外行话，不足为训。”①

【责任编辑：关国磊】

［**作者**：丁昌明（现名汤建伟）　安徽省蚌埠一中原校长　高级教师
汤晓嵋　解放军装甲兵学院（蚌埠）　副教授　蚌埠　233000］

① 倪乐雄：《海权与中国的发展》，载郭树勇主编：《战略演讲录》，北京大学出版社2006年版，第114页。

哀甲午耻而鉴之

陈明福

摘　要：百余年来甲午史料和研究成果达数千万字，对失败原因在各个层面上进行了探讨与总结，方方面面都很周详，但对读者来说，也有头绪繁杂、众说纷纭，难以把握全局而“多则惑”的问题。笔者试图从宏观着眼，从最根本入手，从深层面上研究“历史告诫”，将其总的概括为政治落后腐败、战略消极防御、军事孱弱无能、后勤保障乏力、国民意识滞惰、外交孤立无援六大方面，有利于以史为鉴，把握总体，知耻后勇，强国强军，实现中华民族伟大复兴之梦。

关键词：甲午战争　国殇　历史告诫　知耻后勇　强国强军

每个正常的人，每个自立于世界民族之林的国家，都有自己的记忆。以中华民族近代历史而论，记忆犹新、永志不忘有两起，一是鸦片战争，二是甲午战争，尤以后者为永恒国殇，最刻骨铭心，痛定思痛，伤口至今仍在滴血！鸦片战争虽打碎了清王朝统治者固步自封、夜郎自大的迷梦，但民众仍未彻底醒来，浑浑噩噩还在继续，只有少数先知先觉者“睁眼看世界”。甲午战争则不然，割地赔巨款、血汗被榨干、屈辱到极点，让中国跌入了半封建半殖民地的苦难深渊，丧权辱国之痛震撼了整个知识阶层、爱国人士和稍有良知的中国人。正如梁启超所说，吾国四千年“大梦之唤醒”，实自甲午战败割台湾、偿二百兆始。

光阴流逝悄无声。当年大东沟上空的浓重战云，黄海海面的滚滚硝烟早已消散，而黄海海底，折戟沉沙铁未销；昆明湖畔，石舫玉砌今犹在。透过苍茫时空，往昔峥嵘岁月留下的痕迹依稀可辨。忆及甲午之耻，我们在激愤和悲痛之余需要冷静和深思，应该找找主客观必然性。输要输得明白，要牢记历史教训，找出一个成为共识的“说法”。

关于中日甲午战争的历史资料、专著及相关的文艺作品，多次的甲午战争研讨会论文汇集，谓“汗牛充栋”亦不过分。各种观点百家争鸣，各见仁智自有其理，对失败原因在各个层面上进行探讨与总结，但对一般读者来说，也有头绪繁杂、众说纷纭，难以把握全局而“多则惑”的问题。笔者不揣冒昧，试图从宏观着眼，从最根本入手，按形式逻辑加以层层分析和梳理，将其总的概括为六大方面，作为一家之言抛砖引玉，以便求教于大方。

一、政治落后腐败

从政治制度来看，日本明治维新的成功与中国洋务运动的失败决定了两国的前途命运。

19世纪中叶，东亚两个邻国，皆受现实的强烈刺激与警示，几乎在同时都以西方为师，两个学生谁学得好，德国俾斯麦宰相有评论，大意是：日本到欧洲来的人，讨论各种学术，讲究政治原理，谋回国做根本改造；而中国人到欧洲来，只问某厂的船炮造得如何，价值如何，买回去就算了。两个国家都学习西方文明，日本从政治体制革新，开始励精图治，富国强兵；中国则继续因循守旧，停滞不前，学点皮毛，止于外形，洋务夭折，腐败透顶，病入膏肓，不可救药！

关于晚清王朝的政治腐败，无需多论，且举中日两国怎样筹措和使用国家财政的例子：1886 年，日本明治天皇谕令以六年为期，每年从宫廷经费拨出 30 万日元，再从文武百官的薪金中抽出十分之一，补充造舰费用；而清廷光绪婚礼就耗银 500 万两，慈禧又多次挪用旅顺建港坞的经费近一半（约一百万两）大规模整修颐和园。所以在甲午之战以前的七年，中国海军未添过一艘新舰。有个不可忽视的历史细节：击沉“致远”号的“吉野”，厂家曾先找老主顾洽谈，因中国不要才另找买家。在日军大举入侵、领土沦陷、生民涂炭的时刻，正好是慈禧六十寿辰，为不败她的雅兴照样欢庆。恰好 11 月 7 日寿庆那天，大连湾陷落，而此时的慈禧却正和王公贵族们兴致犹酣地“入座听戏”。延续数千年的封建王朝腐朽黑暗到此程度，可谓“气数已尽”，国运坏到了极点。

战争既是两国军力的较量，也是国家经济力量和综合国力的比拼。特别是以现代军舰为基础的海上政治暴力，正是取决于经济力量。战争是对每个民族全面经济力量和组织能力的考验。德国军事理论家克劳塞维茨曾把战争看作两个人“扩大了的搏斗”。以腐朽落后、奄奄一息的清政府与厉兵秣马、生气蓬勃的日本决战，如章太炎谓“以病夫搏壮汉”，岂有一幸？而国力衰弱又与改革失败、政治落后有直接的因果关系。正如著名学者蒋廷黻先生所指出的：一切国家能接受近代文化者必致富强，不能者必遭失败，毫无例外。中古的政府，中古的军队，中古的人民，怎能打得过近代维新后的日本？

二、战略消极防御

战略是“指导战争全局的方略”，“一着不慎，全盘皆输”，其重要性和决定性不言而喻。著名军事战略家、海权理论的首创者马汉认为：“海上战略确实因此得以奠定、支撑、提升一个国度的海上力量。战争时期如此，和平时期也如此。”① 他还进一步指出，如果战略错了，那么，将军在战场上的才能、士兵的勇敢、辉煌的胜利，都将失去它的作用。

战略消极防御在海上斗争中集中体现在“并不算败”的一战之后便一蹶不振，轻易放弃战争全局胜败的关键——制海权。川崎三郎在《日清战史》中沾沾自喜地说，海军政略之要，在于占有制海权。而占有制海权，则在于能否采取攻势运动。清国舰队在作战伊始，就未采取攻势运动，而采取绝对的守势运动，此乃清国之失算。日本制定的是寻找战机决胜、夺取制海权的进攻战略，而清廷始终是消极防御，避战保船，被动挨打。

这个重大的战略问题，李鸿章根本没有认识到，他在战争爆发前既未能有效地控制制海权，丰岛海战后，又主动放弃了黄海东域和朝鲜海峡的制海权，致使朝鲜战事失去海上支援和配合，在朝鲜进剿的计划破灭，日军占领朝鲜。黄海海战以后，黄海制海权全部丧失，使日本无所顾忌，长驱直入辽东。后期，本可以在海岸要塞炮火掩护下，游弋近海，协助陆军做海岸防御的，可是，他命北洋舰队龟缩港内，蛰居威海卫，从而进一步放弃了渤海和近海海湾的制海权，导制旅顺口陷落，威海卫丧失，北洋舰队全军覆灭。

还有，李鸿章“保船制敌”方针，完全不同于“保存自己，消灭敌人”的战争基本原则。“保存自己”是人与武器的结合，其目的是消灭敌人；而“消灭敌人”又是保存自己的最有效手段。“船”仅是海战的一种武器装备而已，不包括人和地；“制敌”不同于“消灭敌人”。将“保船”放在首位了，还怎么“制敌”？反之，要“保船”就要“避战”，不“避”就难“保”。把“保船”放在首位，压根儿不用，最后“保”下来的船不是用来“制敌”，而是全部“资敌”。正因为实施这个错误的战略方针，日军在花园口长达14天的登陆活动中，清军竟“无过问

① ［美］马汉：《海权论》，中国言实出版社1997年版，第23页。

者”，眼睁睁地看着日军从容不迫地登陆、休整，丧失了最佳的歼敌时机。

三、军事孱弱无能

政治制度衍生的是军事制度与军事力量，政治体制改革的失败自然使强军之梦半途夭折。鉴于两次鸦片战争挨西方“坚船利炮”痛打的教训，自19世纪60年代开始，晚清政府启动了以自强为宗旨、以引进西方先进技术为核心的军事改革，不到二十年建立起一支称雄东亚的舰队。然而，这支舰队并不是国家在危急时刻抵御外敌的铁骑，而被当作个人“舍不得一掷”的政治资本和私产。在不触动封建专制制度的情况下，军事改革必然流于表面，收效甚微。短暂的战略机遇彻底失去，一时的辉煌迅速凋谢成“蝶也愁”的明日黄花。

从军事制度看，清廷指导战争的是形同虚设的军机处中军务处，日本有策划和指挥战争全局的大本营；清廷调集临时拼凑的部分偏师，怎敌举全国之力进行“国民战争”的日本？

战争的胜负，主要决定于双方的军事、政治、经济、自然诸条件，还决定于作战双方的主观指导能力。从战阵布局指挥能力看，日军将帅经过再三遴选，有深谋远虑、通盘运筹能力，而清廷某些最高指挥者颟顸无能，才干低劣，优柔寡断，对近代战争一无所知，在信息不通达的时代远在千里之外遥控，战场实情毫无头绪；自己没有能力，又不任用得力干将，竟有在“群龙无首”时“民主选举”临时统领诸军者。还有，不在日军十几天艰难的滩头登陆时出击，不在有险可扼之地派重兵阻击，多次关键性战事都是“备多力分”“地广人单”，以少打多，分兵把口，让敌人一一个别击破。

从战争准备看，日军统帅部蓄谋已久，精心策划，长期准备，而清廷是拼凑抵御，准备不足。从日军是优势并有充分准备，清军是劣势而仓促应战这一条看，胜负已见端倪。

从战术运用和情报掌握看，日军多年前便定下了“谍报谋略”，对中国地形地貌到军事设施都了如指掌，而中国闭目塞听，如蒙鼓里。在军事谍报战线上，日本人大大得力于德国梅克尔少校的帮助。此后，日本谋略谍报工作发生了转折性的变化，即从以往谋略谍报工作单纯或主要为军事作战服务，提升到服从于国家政略或战略需要的高度。日本“孜孜侦探，其遣间谍至我国者，或察政务之设施，或考江山之形胜，无不了如指掌”。1895年石印本《普天忠愤录》中说：“况敌散布奸谍于中国不知凡几，偶或漏泄，则尽知我军情，先发以制我，致倭人着着争先，而我则处处落后。”更令人不可思议的是，日本间谍山崎羔三郎竟然能一人混入中国的运兵船一起去朝鲜牙山，而后，始终在中国驻牙山兵营一带活动，给日军提供大量重要的军事情报。

从官兵的精神素质和勇怯表现看，日军将士视死如归，勇往直前，而清军为数不少官兵贪生怕死，临阵脱逃，怯懦得“令人难以置信”。李鸿章派往朝鲜之陆军，主将叶志超弃守牙山，逃奔平壤；聂士成在成欢接战后便迅速后撤，最终都是一溃千里。当旅顺口保卫战打响后不久，卫汝成、赵怀业、黄仕林等人就率先逃跑，被称为“卫己成”“赵不打”“黄鼠狼”，使防守在白玉山、黄金山一带清军因无人指挥，不战自溃。用徐邦道在临终前的话说，便是“主帅无严明划一之合，将领无忠勇刚果之心，士卒无团结亲上之义”。一位目睹旅顺之战的外国军官说：“清国人如此怯懦，实在达到令人难以置信的程度。……大体上清兵不等日兵冲过来，都在日兵到达之前早就离开守备地点逃去。”美国记者克里曼说：“日本人的勇敢是不容置疑的。我与非武装的人夫一块儿行进在枪林弹雨之中；使我吃惊的是他们都意气高昂，常常是边发出笑声边前进。”战争是人与武器相结合，由于人的决定性因素太差，所以任何武器装备都发挥不了应有的作用。当然也应持论公允，清军并非“一团漆黑”，陆军中有主动请缨的依克唐阿，有在朝鲜战场英勇作战而阵亡的回族左宝贵和满族永山，还有在石门子、土城子阻击战中痛歼日军的徐邦道、姜桂题，调动优势兵力屡次向海城日军进攻的宋庆等爱国将领。

北洋海军中也拥有一批到欧洲培训过的优秀军官。在参加甲午海战的总兵、副将、参将共九名主要将领中，除方伯谦逃跑被正法外，四人壮烈牺牲，一个拒降自尽，幸存三人也表现不俗。尤其是“致远”管带邓世昌“首先陷阵，奋不顾身，与船俱没，忠勇为全军之冠”。“经远”管带林永升参战时，就去掉船舱木梯，将舰旗悬于桅顶“以示誓死奋勇督战”。“超勇”管带林履中在舰中弹起火后还督率官兵“放炮击敌”。黄海海战中，在丁汝昌受伤后，“定远”管带刘步蟾接替指挥达四小时，在威海保卫战中弹药打光，下令炸沉座舰，自杀殉国。“镇远”管带林泰曾与刘步蟾共同写出《西洋兵船炮台操法大略》，时人评道：盖其忧国之深，忠性激昂，流露于言词之间而不自觉也。黄海大战，指挥巍巍铁甲与敌鏖战功勋卓著，因进威海港口时落大潮“镇远”触礁受损，自责忧伤而自杀，何“胆小”之有？值得指出的是提督丁汝昌百余年来多受责难和诟病，罪责大多不实，有的不懂军舰受创后修理实情，凭史料的片言只语下结论。总的来看丁汝昌御将统兵是称职的，与洋教练关系融洽，多次请缨要求出战，在威海卫陷落前，面对日军迫降和部分官兵哗变，始终不屈，最后以身殉国。必须指出，北洋海军中确有一批逃跑、投降的官兵，特别是在威海卫受包围期间，一些下级军官率艇潜逃，影响恶劣，加速了舰队的覆灭。

从军队成员的战斗能力上看，日军派遣精粹之师，清兵多是临时拉夫充数，新兵极大多数人没有见过枪炮，“未得空操过一日”，老兵也未受过严格的军事训练。从1884年6月起，李鸿章曾四次陪同醇亲王奕譞等人巡阅北洋海防，观看鱼雷艇操阵。在大连湾于夜间观看鱼雷艇“试演泰西袭营阵法”，白天调集七艘战舰和六艘大鱼雷艇演放鱼雷，结果“均能中靶”。在威海卫铁码头雷桥试验鱼雷，“娴熟有准”。北洋七舰和广东二舰在青泥洼演放鱼雷，亦“均能命中破的”。北洋海军军官于甲午战后披露：“我军无事之秋，多尚虚文，未尝讲求战事。在防操练，不过故事虚行……平日操演炮靶、雷靶，惟船动而靶不动，兵勇练惯，及临敌时命中自难。”黄海大战中，北洋舰队出动了多艘鱼雷艇，且施放了23条鱼雷，结果呢？一条未中！“福龙”离“西京丸”四五十米放雷，乘坐该舰的日本海军军令部长桦山资纪惊呼：“我事毕矣！”紧闭双目，睁眼再看，鱼雷穿舰底而过，让其死里逃生。

北洋官兵军纪败坏，李鸿章却以“武人不拘绳墨”纵容之。在全军覆没后，他才说了一段实话：“我办了一辈子的事，练兵也，海军也，都是纸糊的老虎，何尝能实在放手办理？不过勉强涂饰，虚有其表，不揭破或可敷衍一时。”手握重兵，号令三军，主宰国家和民族的前途命运，一直以“糊纸虎”骗人诳己，虽有出于“无奈”的成分，岂可推卸历史罪责？

四、后勤保障乏力

“兵马未动，粮草先行。”不能说清廷指挥陆战、海战没有后勤保障。租借“高升”号等船只向朝鲜运兵和武器弹药，皆属此性质，只是在保障、支撑前方作战方面太乏力了！

清军陆战的武器装备差于日军。因清军从朝鲜到辽东，多数战斗是未接仗便溃逃，手持“法宝”也白搭，故论武器装备已无意义。黄遵宪诗作《东沟行》记述了大东沟海战的全过程，深刻地揭露了清王朝腐败与落后。此诗的结尾“人言船坚不如疾，有器无人终委敌”二句，从人与武器两个方面都不如敌，来总结战败的重要原因，呼唤改革，立足甚高。

海军的武器装备总的来看逊于日军，参加黄海大战的北洋舰队与日本联合舰队装备性能主要十项指标，日方占有优势的有主力舰只数量、总排水量、鱼雷发射管、速射炮、主机总功率、平均实际航速、平均舰龄七项，北洋舰队占有优势的有大口径炮、机关炮和装甲三项。怪不得，英国远东舰队司令斐利曼特中将评论说：“是役也，无论吨位、员兵、舰速，或速射炮、新式舰，实以日本舰队为优。”一些并不知海军实情者硬说中方“装备不差”请慎言！

最可恨的是腐败渗透到军队的弹药假冒伪劣，直接导致了战斗的失利。黄海海战中，北洋舰队有好几发重型炮弹穿入日本旗舰“松岛”和“西京丸”号，竟是不会爆炸的哑弹！怪不得日舰一艘未沉。陆战中哑弹更比比皆是。据《日清陆战史》记载：旅顺口保卫战打响后，馒头山、黄金山海岸炮台所发射的炮弹，多是教练弹，“虽其响轰轰，但我兵因之死伤极少，之所以如此，无他，海岸诸炮台所发射敌之大口径炮弹，其弹中大半填装以大豆或泥沙故也”。

李鸿章安插他的外甥张士珩为天津军械局总办，负责军火调拨。结果，有的炮“有药无弹”，有的炮“有弹无药”。更令人气愤的是，供应舰队的炮弹，或被偷工减料，或被以假充真，“药线铁管仅实煤灰，故弹中敌船而不能裂”。美国人约翰·罗林森，也引用资料说明黄海海战失败原因：“外国对李鸿章的‘后勤’或供应机构的批评并没有错。”

五、国民意识滞惰

日本多年来鼓吹和灌输军国主义和征服亚洲，煽动国民狂热支持侵略战争，而中国的封建王朝统治者，长期实行愚民政策，正如鲁迅先生所说，“中国人好像一盘散沙”，愚暗昏迷，“是被统治阶级‘治’成功的”。因而素质低劣，做了不少为虎作伥的蠢事。

在中日早已开战，且敌在花园口登陆之后，日军派遣的间谍向野坚一执行侦察任务，他在《从军日记》中多次写到“进入山间一家乞食，一老妇给我一碗小米粥和一块玉米饼子”等。更有一次经历，他遇到大雨，浑身湿透，无处求宿，冷得发抖，只好倚庙门而眠。一老者看见，恐其受病，请到家中，不仅烧炕让他取暖烘衣，还招待饭菜并为他准备了第二天上路的干粮。中国竟然有比伊索寓言《农夫与蛇》深刻一万倍的事！须知，在中日已经开战的特定时期，竟毫无敌情观念和警惕性，此种愚昧已不等同“善良”了。

六、外交孤立无援

甲午之役是日本蓄意发动的赤裸裸的侵略战争，但日本用各种手法狡辩，蒙混视听，而中国虽也寄希望于西方列强调停，却处处碰壁。日本联合舰队公然违背国际公法与海战法，悍然击沉挂着英国旗的“高升”号，并对成百上千落水之人疯狂射杀，野蛮虐待、残忍杀害中国战俘更是不计其数，更有骇人听闻的旅顺大屠杀。日本犯下滔天罪行后百般掩饰，还无耻地歪曲事实，借助国际法诬蔑中国。清廷由于对国际法的无知，应对既不得法又迟缓，反而被贴上“野蛮”标签，日本贼喊捉贼的伎俩玩弄得无以复加。

李鸿章也进行过一系列外交活动，依靠俄国“调停”的希望破灭后，又请求英国出面斡旋，也求救于德、法、美三国，但西方列强都各为其利，心怀鬼胎，暗中助日，结果是四处碰壁。

历史的辩证法是奇妙的，祸福相倚，事物坏到了极点，便发生转化。甲午战争既是中国之莫大哀痛和不幸，又是中国觉醒和寻找民族新生之路的开端。甲午战争的主战场在辽东与黄海，日军以击败北洋舰队和攻克旅顺口为获胜的标志。紧接着，为忌恨日本得暴利太多而有“三国干涉还辽”，十年后又发生了日俄战争。这两次给中国人民带来深重灾难的战争的主要承载体是旅顺口。它经历了六次易手、七个时期：日本侵占，中国赎回，沙俄强租，日俄争掠，日本再占、中苏共用、接收回归，它的惨痛历史被称为“半部中国近代史”，极具典型性。为了不忘国耻，知耻而后勇，警示后人，还历史本来面目，从深层面上研究历史告诫。今天，我们正在从事中华民族伟大复兴，实现强国强军的梦想之际，为防止噩梦不再搅碎好梦，我愿将《沧桑旅顺口》书中的一段话抄录于后：

当流泪的河流上荡起情歌，当流血的土地上开满鲜花，当燃烧的沿海炮台渐渐成为斜阳衰草中的废墟，人们似乎有了遗忘昨天、遗忘苦难的理由，特别是沐浴在灿烂阳光下的年青一代，不乏有人这样认为。

但是严肃的历史老人谆谆告诫我们：忘记昨天的人，必将虚度今天，失去明天。牢记昨天的苦难，抚摸身上的伤疤，才能珍惜今天的幸福，为更加美好的明天去奋斗。昨天，这部历史教科书绝对忘不得，更丢不得。

【责任编辑：关国磊】

［**作者：**陈明福　原大连舰艇学院政治系　教授　大连　116001］

日俄战争期间英美战地记者眼中的大连

张建威

摘 要：日俄战争期间，尽管英美战地记者的关注重点是战场，但在随军采访的同时，出于职业习惯和未泯良知，他们也对主战场之一的大连地区的市井生活、战时生存状态、战争对当地中国人的加害等进行了直观的描述。纵然笔墨不多，但对研究日俄战争和开埠建市之初的大连来讲，却是不可多得的一手史料，值得我们去梳理、审读。

关键词：日俄战争 战地记者 大连

日俄战争是20世纪第一次大规模国际战争，一时间成为全球焦点和新闻热点。不过，直到1903年末，大多数英美报刊编辑们还坚信不会爆发战争，因此也就忽视了及时派出战地记者。直到1904年1月的最后一个星期，外国记者们才陆续抵达东京，而这时日本和中国东北地区以及朝鲜半岛之间已经停航。4月初，第一批跟随日军第一军的外国记者才被放行离开日本开赴战场，跟随第二军的直到辽阳会战时才赶到前线，而跟随围攻旅顺口的第三军的外国记者等待的时间更长，及至进入当年冬季才允许向外发稿。

战争期间，英美媒体纷纷派出数十名记者，分别随同交战双方进行随军采访和报道。其中，就有著名的《哈珀杂志（Harper's Magazine）》记者杰克·伦敦（Jack London，美国现实主义作家）、《纽约先驱报》记者、澳大利亚人端纳（William Henry Donald）、《泰晤士报》驻华首席记者莫里循（George Ernest Morrison）等一批资深名记。①

一、日俄两国的战地新闻检查

在日俄战争期间，日俄两军都对随军记者实行了新闻检查制度。最初，随俄军的英美记者饱受猜忌，不允许拍发电报，但书信往来没有限制。1904 年 7 月，路透社一名记者因无法发送电讯新闻而拟电报告知报社（注：当时拍发的电讯稿“每个单词费用 50 美分”）②，遭到俄军断然拒绝。当日军占领辽阳时，他故意落到日本人手里，但最终发现日军的新闻检查比俄国人的要严苛得多。在战争的第一阶段，俄军不准随军记者早退，但随着战争的推进，如记者们愿意，可以提前离开，只要途经俄国回国即可。③

日本则继承了自江户时代以来的“新闻检阅”衣钵，从日本本土电报中继站转发的新闻必须要经过政府的检查。“许多新闻被检查官扣了下来，即便侥幸过关的许多也都是歪曲事实，误导受众。”④ 英国《每日邮报（Daily Mail）》知名记者弗雷德里

① Unger, Frederic William. *Russian and Japan and A Complete History of the War in the Far East*. Philadelphia, 1904.

② *War between Japan and Russia*, *Richard Linthicum*, Chicago, 1904, P242.

③ *The Russo-Japanese War*: *Reports from British Officers Attached to the Japanese and Russian Forces in the Field*, General Staff, War Office, Great Britain, Vol. III, July 1907, London: Eyre and Spottiswoode, P141-142.

④ War between Japan and Russia, Richard Linthicum, Chicago, 1904, 第 244 页。

克·麦肯锡（Frederick Arthur McKenzie）称："日本人在和外国战地记者打交道时，口是心非、十分伪善。"①

二、英美随军记者眼中的大连

（一）理查德·戴维斯（Richard Harding Davis, 1864. 4. 18—1916. 4. 11）：美国著名战地记者和小说剧作家。先后进行过美西战争（1898）、第二次布尔战争（1899—1902）、日俄战争（1904—1905）和第一次世界大战（1914—1918）等前线报道。在多年好友、《科利尔周刊（Collier's Weekly）》主编科利尔（Robert J. Collier）的鼓动下，戴维斯随日军第二军采访日俄战争。在辽宁期间，因未能赶上一场战斗而大失所望，提前回国。与其同行的记者约翰·福克斯（John Fox）所著《跟着太阳旗白走一遭：（Following the Sun-Flag: A Vain Pursuit through Manchuria）》一书的书名，也道出了他的心声。戴维斯在给母亲的家书中写道：

三天前，我们乘坐1500吨的小船"平壤丸（Heijo Maru）"离开了下关，旅途非常愉快。……我们刚到达里尼（注：大连市旧称），才听到第一声枪声——能送我回家的枪声。大家都纷纷过来开玩笑地同我和约翰道别，后来才弄明白是大炮的声音。不过，离我们还有20英里远呢，等到靠近些再看吧。……眼下我们已置身达里尼。它和照片上的一点都不一样，或许是那些照片是冬天拍摄的缘故吧。这是一座用上好的砖建起来的兵营般崭新的城市。……

1904年7月27日于达里尼②

① From Tokyo to Tiflis, London: Hurst and Blackett Ltd., 1905, 第269页。

② *Adventures and Letters of Richard Harding Davis*, *Charles Belmont Davis*, New York: Charles Scribner' s Sons, 1917, P298-311.

我们陷入极度的失望之中。我们所有人都要继续北进，即使抵达那里只需18个小时。旅顺口的枪炮声不绝于耳。他们答应旅顺口被攻陷时一定让我们看到。今晚，我们住宿在一座俄国军营里，明天动身，先骑马走，后转乘火车，恐怕得花上一周时间才能接近指挥部。接下来谁也不能保证能看到打仗。这对我来说就是在耗费时间。……今天上午我们骑马走了6英里去金州，然后坐火车前进了30英里。到“指挥部”还得走上5天。告诉查斯我带的东西很全。有几样东西落在波士顿了，我可以在金州买。……

1904年7月31日

1904年10月，戴维斯带着错过采访战争机会的极端失望和对日军的满腔愤懑，返回了美国。他说：

得到奥保巩（注：日军第二军司令官）给记者们的说法后，我们离开了日军。大多数记者也于10天后陆续告辞。半年的时间和开销以及沉闷的等待，还有每天在疑神疑鬼的日本人手中所蒙受的羞辱，实际上都可以用亲历一场大仗来加以摆平，可是在我们离开三天后那场持续了一个星期的激烈战斗却和我们失之交臂。我们倒霉就倒霉在以往和其他军队相处的经验让我们相信，军官们都说真话，像将军、少将这样的人更不会撒谎。可是，这次我们错了。①

（二）弗雷德里克·维利尔斯（Frederic Villiers，1851. 4. 23—1922. 4. 5）：英国著名战地记者和画家。曾采访过俄土战争（1877）、英埃战争（1882）、塞保战争（1886）、甲午战争（1894—1895）等。日俄战争期间是《伦敦新闻画报（Illus-

① *Adventures and Letters of Richard Harding Davis*, Charles Belmont Davis, New York: Charles Scribner' s Sons, 1917, P311.

trated London News)》的特派记者。他在《旅顺口：攻城三月》一书中写道：

(1904年) 8月4日，闷热的午后。许多个月以来，我们这帮剩在后面的充满好奇心的狗仔队，没少让东京的官方和军方犯愁。如今总算和行李一起，终于卸在了大连码头的栈桥上。

……

达里尼兵站总部的英语翻译松村前来栈桥迎接并照料我们。我们把全部较轻的行李都背在肩上，跟着他一路穿过俄国这座新城市的街道，来到达里尼旅馆。

显而易见，俄国人是要常驻满洲的，达里尼就是一个明证，尽管他们对此矢口否认。在整个远东，就达里尼这样体量的城市而言，还没有哪一个出乎其右的，至少是在她遇到麻烦之前。仅港口工程一项投资额就会不下数百万卢布。在她宽阔的码头两侧，各能系泊三艘日本运输船只；船坞和仓库样样俱全；马路平坦宽敞，许多路边都种着树木；用红砖和石材建成的民居别致典雅，设计精美；还有歌剧院、音乐厅和教堂。市长官邸似宫殿般宏伟，是少数没被大火毁掉的公共建筑之一。我们入住的达里尼旅馆也是毫发无损。但在俄国人撤走、日本人涌入的间隙，匪君子们占领了这座城市，把达里尼旅馆里的舒适之感剥夺得荡然无存。这些盗匪之所以能够"乘虚而入"，原因在于，当(金州)南山陷落后，达里尼其实已经无险可守。俄国居民被迫飞也似的逃往旅顺口，可市长还在告诉人们还有24小时的时间准备撤离，因为敌人在此之前不会到来。

眼见俄国人的这些动向，潜伏在市内和偏远村庄里的红胡子忙不迭地冲进城里开始洗劫并焚烧俄国人的房舍。为了这个可能出现的情况，这些人已经等上了数周，现在时机总算到了。从旅馆院子里的空瓶子数量判断，他们一定是喝得很嗨。他们把旅馆当成据点，在城里劫掠了30多个小时，把所有的床、沙发和椅子都打砸一遍，寻找藏起来的财宝。留下的只是光秃秃的铁床架和为了养精蓄锐而睡过的脏兮兮的床垫。因此，我们这些倒霉的记者不得不在空荡的客房里“野营”，马上忙着收拾起来，好让这个地方能住得了人。

……因为还没有仆人或厨师，我马上在城里到处寻找能用我们的配给食品做饭的饭店。在俄国人居住区里没有这样的饭店，在当地人居住区里倒是有几家。我走进主干道上的一家碰运气。这条街几周前还是俄国名①，但如今却改称以内务大臣儿玉源太郎命名的“儿玉町”。这是一幢古雅的小平房，两边的房间是店铺，柜台上摞着新出炉的面包。四周墙壁货架上各国各种商标的白酒、红酒和啤酒琳琅满目。这一定是匪徒们在日本佬到来之前抢来又没法喝光的东西，因为中国店主不知道该收多少钱。顶级品牌的香槟要的是威士忌的价儿，达里尼商贩们对它们的价值早有耳闻；上好的红葡萄酒两先令就能买一瓶。从浓艳的壁纸和天棚上吊着的煤油灯样式来看，在日本人到来之前，这里一定是不尚讲究的俄国人茶馆。现在经营它的中国人在房间一端摆上了一个小佛龛，可能是为了满月或其他什么事情，上面的花瓶插着纸花，还点着彩色蜡烛。精制的屏风上面用金线在蓝色和红色丝绸底儿上绣着狂暴的龙，把一张张餐桌临时隔开，好让坐在里面的食客能够多少有点私密空间。

……这里的负责人在竭尽全力打破可怕单调的等待模式，带着我们穿越著名的南山战场来到了金州城。……

我们在四面城墙的金州老城过夜，次日一早对战场进行了详尽的踏查。它像是巨大的猪背，脊柱倒转着，从平原上突兀出来。猪背的底部和起伏地段战壕很深，布设着铁丝网。没有哪个地方可能会比这里还要坚固了，如果达里尼港仍然操控在俄国人手里的话，然而，达里尼港危在旦夕，南山存在的理由也就烟消云散了。

……

8 月 19 日，根据昨天深夜我们得到的消息，今天我们将在柳树房村第三军司令部和乃木希典将军会面，然后我们就可以认

① 今大连西岗区团结街，俄国殖民统治时期叫“工程师大街”。

为实际上是身临前线了。……约上午9点我们刚一抵达，就立即被带去见乃木希典。他在自己和下属临时住所的院子里非常热情地接待了我们。那是一处当地有钱的中国商人的房子。

我发现这个闻名遐迩的斗士年近花甲，比他的同胞平均身高略高，长得方正挺直，行动敏捷。他惹人注意的脸庞上留着铁灰色短茬络腮胡子。当我们半圆形围在他面前的时候，他快速、搜寻的眼神似乎一刹那就把我们这几个人尽收眼底。

"先生们，"他说，"承蒙各位不远万里来采访日本军队在战场上的行动。你们的勇气和冒险精神令人羡慕。遗憾的是，为了军部允许前进的这一刻，你们被迫等上了好几个月。现在终于成行了，我向你们表示欢迎并保证毫无保留地让你们看到我军在亚瑟港面前的全部备战。小心危险，注意身体，周围疾病很多。如果有谁任何时候感到不舒服，立刻向司令部医院报告。我的医生会悉心照料。"随后将军和大家一一握手告辞，称由于军情紧急，未来三天他不会再和我们见面。

在我所处的位置上看到的景象，无疑弥补了我遭受的所有的罪：亚瑟港全景和海口内外绵延10英里的外围防御工事呈现在我的眼前。起初，这一景色美得令人眼花缭乱。苍翠欲滴的群山，金黄灿灿的山谷，到处都是快要成熟的谷物和玉米，绝色柔美，温婉至极。在泛黄田地的褶皱里，依偎着一个个小村庄；庄严的垂柳用紫色的倒影点缀着银色的溪流；在群山的豁口之间能够窥见钴蓝色的海洋。要是地平线上没有东乡平八郎闭塞队的深灰色战舰趴成狰狞、僵硬的一排，那么这个场景会让人记起和平与富足，而不是恼人的饥饿和残酷的战争。从山峦中的一个缺口涌入的正午的热浪，在亚瑟港街市的屋顶上熠熠地闪着光；港口水域边缘，一处处房子静谧祥和，仿佛没有声音，甚至是家门口火炮的炸响能够打扰到家家户户的午睡。城市后面，是一座座胡乱堆挤在一起的或灰或紫的山峰，老铁山岬角从中凸显出来，再往远处又是海天相连。

然而，如果仔细观察，我们面前看上去平静的山坡却发生了变化。杂草丛生的起伏坡地上用刚翻出来的红土画上了线；山顶被矩形的围墙、堑壕和壕坑弄得四分五裂。接下来我很快意识到，这些披着绿色、紫色外衣的山峦里，是一条条死亡战壕，里面藏满了荷枪实弹的士兵。目睹这一切，平和荣光的场景随风飘逝，大炮沉闷的声响开始把微笑的天堂变成阴森的地狱。

在我们的面前，从海那边到海这边，环绕山谷的山顶都筑有永久堡垒。所有这些堡垒之间都楔入了较小的多面堡，算来一共大约有50个，大多数由廊道相连：整体构成了固若金汤的双重工事防线。倘若由强大的卫戍部队坚守，即便补给不足，也能拒围攻之敌与海湾之外达数月之久；假设补给充足，坚守数年也或未可知。在这些强大的防线背后，在蓝色海水和金色阳光的映衬下，耸立着著名的黄金山海防要塞。①

（三）艾利斯·巴特莱特（Ellis Ashmead - Bartlett，1881.2.11—1931.5.4）：英国著名战地记者。通过其对第一次世界大战中加里波利战役（1915）的报道，催生出了至今仍为澳大利亚和新西兰军队所崇尚的澳新军团精神。他在《旅顺口：围攻与投降》一书中写道：

旅顺口港不够大，泊不下太多的船。随着南满铁路的竣工，满洲和西伯利亚全面开放，另外寻找一处更为合适的地方来建设商港以及供沙俄军人和定居者生活的居住地已十分必要。最终的地点选在了大连湾海滨。五年前，那里还是荒芜一片，如今一座欣欣向荣的港城已浮出水面。从达里尼到南关岭有一条铁路支线，把这座新城与旅顺口联系起来。

达里尼的建筑师一定对自己的作品引以为豪。风景如画，环境优美，凭海临风，群山环抱。优良的港口可以接纳任何吨位的船舶挂靠。极佳的码头和防波堤即使是对世界上最大的船只来讲也能在这里安然避风。包揽了全部现代奢华的豪宅随处可见。红

① *Port Arthur: Three Months with the Besiegers*, *Frederic Villiers*, London: Longmans Green and Co., 1905, P1-17.

砖立面、精心铺就的人行步道，令这里看上去俨然是座英国海滨休闲小城。海边有一座大剧院在建，还有教堂、医院和市政厅，也都在施工之中。有座公园已雏形初现：网球场、保龄球道、游泳池等不一而足。市区边缘的动物园，是达官显贵和家人夏季午后常常光顾的地方。随着这一地区的突然繁华，数以千计的中国人涌入了达里尼。他们纷纷开店，和沙俄水兵们做起了生意来。达里尼的主街长约两英里。日落时分，这里经常行人如织，俄国人、法国人、英国人、美国人、德国人、中国人、日本人、朝鲜人摩肩接踵，好不热闹。

……

在俄国人撤走、日本军队开进达里尼正式占领公共设施之前这段空隙，达里尼落到了中国土匪的手里有好几天的时间。[①] 他们急不可耐地抓取这天上掉下来的馅饼。他们洗劫了店铺和民宅，闯进宾馆里过夜，还有意无意地放火烧毁了许多建筑。日本人进城后，他们又摇身一变成了安分守己的商人，把抢劫来的东西卖给征服者。旅顺口围城期间，许多中国人开的店铺里都在卖俄国人的东西。起初，上好的香槟酒都当汽水来卖，一瓶才卖一角钱，直到后来这些酒非常抢手，商贩们才开始警觉，把价钱给抬了起来。[②]

（四）班尼特·伯利（Bennet Burleigh，1840—1914）：英国著名记者，日俄战争期间是《伦敦电讯报（London Telegraph）》的特派

---

① 据《两栖战争记事（Letters on Amphibious Wars）》G. G. Aston，London：John Murray，1911，第302—303页：日军于5月27日占领了大连湾，并将其作为在北方作战的日军的基地；5月30日占领了大连，并将其作为陆上围攻旅顺口的基地；另据《日俄战争概览（Epitome of the Russo-Japanese War）》War Department，Office of the Chief of Staff，General Staff，No. 11，Washington D. C.：Washington Government Printing Office，1907年7月1日，第22页：5月30日，日本人占领俄国人已经撤走了的达里尼，缴获敞篷车300辆、厢式车120辆、驳船50艘、煤炭2000吨、铁路轨枕20000根；周边规模较小的铁路桥全部被毁；长突堤部分被毁；港区入口处有三艘沉船；海湾里密布水雷；码头和较短的突堤没有被毁。

② *Port Arthur*：*The Siege and Capitulation*，Ellis Ashmead-Bartlett，Edinburgh：William Blackwood and Sons，1906，P8-15.

记者。他在《东方帝国：日俄战争1904—1905》一书中写道：

（日俄战争前夕）我乘“阿尔贡号（Argun）”抵达达里尼。抵达的前一天，护照和船票都被收了上去。一名官员带着几个人重新查验了我们的护照；背着带三棱刺刀的步枪的俄国哨兵也走上了船，看有没有人未经允许就偷渡上岸。我手持护照上了岸，乘坐四轮马车前往市内唯一的一家旅馆。第二天我坐火车前往40英里之外的旅顺口。五英尺宽轨距的西伯利亚-满洲铁路起伏不平，但路基还是不错。火车车厢状况比许多在英国铁路上跑的还要好。最快车速也没有超过25英里的时候。站数很多，每个车站都有用青砖盖的守卫室和营房，车一停就要等上很久。差不多花了四个小时才最终到达旅顺口。这里名义上有几家宾馆，一家上好的餐馆，仅此而已。

中国当局离开旅顺口后，在港区扩建方面俄国人没有什么建树，但却征募了万余名中国苦力在忙着构筑工事。包括把靠近内港池的原有的淡水湖填平；新建三个700英尺长的船坞，供改装战舰使用；把由中国人和欧洲人聚居的老城区整体迁移至沿着山谷继续往上的两英里处，以及修建铁路专用线、码头、路基和桥梁等。除此之外，还拨款数百万卢布切削山体修筑防御工事；为首任关东州州长、海军中将阿列克谢耶夫修建一座大宫殿，还有一座俄罗斯大教堂。同时，一排排街道、房屋、商店，以及公园、广场和带乐池、假山的公共庭院也都在建设之中，只不过树木少得可怜，连灌木丛和草坪都十分罕见。达里尼和旅顺口之间的巨大防御工事有数十座。任何人只消在旅顺口待上一天，还不算和俄罗斯人交谈，就分明能感受到沙俄把满洲紧紧地攫住，绝不会松手。①

（五）理查德·巴里（Richard Barry）：美国战地记者。日俄战争期间为《旧金山纪事报（San Francisco Chronicle）》工作。他在《魔鬼英雄》一书中写道：

---

① *Empire of the East or Japan and Russia at War* 1904-5, Burleigh, Bennet. London: Chapman & Hall, Ld., 1905, P42-47.

(1904年) 8月3日。达里尼……

达里尼这座城市很美，也很静，到处都悄无声息。接着传来了“轰”。安静。“轰轰轰!”我们开始意识到耳畔响起的是能把城市的魂儿都敲出来的攻城炮。船长挥手指了指用望远镜才能模糊看到的一小点陆地。朝着那个方向走上半天，远处东南方向就是旅顺口。

……

在更远处的湾里，像是弹弓中的一粒石子，便是达里尼了。“看上去像希腊，像在马拉松比赛中跑远了的比雷埃夫斯。”弗雷德里克·维利尔斯说道。而我，则是想到了另外一个地方——圣迭戈湾的诺马角，在太平洋中弯出了一轮新月。

俄国人是要在这儿常驻，这是明摆着的。我们能够看到连绵数英里长的砖制建筑，有些有五层楼那么高；电厂高大的砖烟囱在城市中矗立着；公共建筑物、医院、学校和火车站可以和洛杉矶的相媲美；山坡上的豪华别墅庭院非常宽敞，由苦力打理着；左侧能够看到占地数十英亩的动物园；有数英里长用混凝土和石料建成的码头，两个400码长的砌石突堤伸向港区；半英里长的防波堤在我们船尾方向伸展着。

……

(六) 威廉·格林纳 (William Oliver Greener, 笔名 Wirt Gerrare, 1862—1935)：英国《泰晤士报》记者、作家和武器专家。他在《旅顺口谍影》一书中写道：

众所周知，亚瑟港是以亚瑟亲王①的名字命名的。日俄战争开始的时候，旅顺口新城连五分之一都还没有建成，数以百计的建筑正在施工当中。能称作旅馆的建筑都像西伯利亚客栈那样原始。新城的尼克巴杰 (Nikobadze) 旅馆是由一排六间平房组成的，有小套间供旅行者入住。这里也是新城的主要饭店，菜肴精美，价格适中，家具、装修都很整洁；而在老城的耶非莫夫

① Arthur William Patrick Albert, 1850—1942, 英国维多利亚女王的第三子, 1874年被授予康诺特和斯特拉森公爵以及苏萨克斯伯爵的称号, 担任过加拿大总督。

(Efimoff) 旅馆，则是四边形的平房，有24间客房，其中一半朝向院子。每个房间面积约10×8英尺，家具有矮床或称露营床架，没有床上用品；一张小牌桌，上面铺着脏兮兮的桌布，还有一把曲木椅子。房间一端有只老旧的储物箱，盖子带折页的那种，当作脸盆架来用。有个搪瓷盆，有时还备有一壶水，还有一只当作污水桶的旧石油桶。没有镜子，也没有挂画，偶尔在某个角落摆个神龛，粉刷的白墙上钉上几个钉子，就当是衣挂和帽钩了。门用搭扣锁在外面锁上。多花些钱还可以租来枕头、被单和床罩。客人如果有什么需要，就朝走廊里喊上一嗓子，中国苦力很快就会操着一口洋泾浜俄语答应着，叫着房间号给上热水或看茶。每天房租3卢布。即便如此，由于房源紧张，想要住进去也得凭运气。欧洲的游客通常不会在旅顺口逗留太久，而生意人经常是住在亲友家里。

在老城堤岸上，海军军官们经常光顾的商业饭店是萨拉托夫(Saratov)，虽然看上去粗糙但上菜快，典型的俄国风格，独此一家，别无分店。旅顺口没有咖啡馆，唯一的一家酒品专营店只有当兵的、水手和码头工人。

娱乐的地方倒是不少，但大多没有意思。常演不衰的马戏就算是主要的娱乐了。在中国剧场里偶尔还有俄语表演。音乐厅和水手酒馆总是开着，大多数夏夜都有乐队在表演；冬季里还有溜冰场，但主要是供外国人享用的。

……

(1904年) 2月7日 (星期日)，是港口司令夫人和女儿的命名日，大发请柬，大摆筵席。各级军官纷纷离开要塞和舰船云集官邸；当天战备值班人员大多也都在夜间去了娱乐场所。港口的社交活动没有一刻停歇。直到午夜时分日军袭击时，众人还没有意识到危险的降临。岸上的一些海军军官甚至说 (他们也这么认为)，锚地的枪炮声来自“海军演习”①。

① *A Secret Agent in Port Arthur*, London: Archibald Constable & Co., 1905, P39-57.

（七）奥利弗·伍德（Oliver Ellsworth Wood，美国武官、军事观察员）：他在《从鸭绿江到旅顺口》一书“旅顺口的末日”部分中写道：

下面这封有趣的信是《伦敦标准报（London Standard）》记者威廉·麦克斯韦尔（William Maxwell）先生从旅顺口写来的，对交战双方就投降事宜安排所举行的历史性会议做了详尽叙述。

……

会议定于1月2日正午在水师营村举行。它曾经是坐落在堡垒群和北面群山之间的一个富裕兴旺的村庄。经过日俄两军的摧残，它已经沦为一堆石头，上面孤零零地盖起了一片草舍，山墙黑黢黢的。日俄两军的谈判地点就是这么个已被摧毁废弃的小村庄。他们穿过一个上面用日语写着“和平之路”的宽敞大门。这个房东称其为“李树房”的所在是个草房，有两个房间，几天前还用作野战医院。

赖斯带着三名上校在一小队哥萨克的陪同下，从旅顺口骑马赶来。双方握手寒暄后通过翻译进行交流。

13：20，伊地知将受降条件递给了赖斯，并给俄方一个小时自行研读。在日方退到隔壁房间之前，俄方问这是否是最终条件。伊地知称是，并说如有修改建议，可以提出来。

14：30，会议重新开始。……

16：30，谈判结束。双方各自向指挥官报信，请求停止敌对行为。1月2日16时35分，停战开始。五个小时后，电报发给了沙皇。双方谈判代表共进晚餐。受降书清样用英文和日文写成。谈判用英语进行，随同赖斯前来谈判的准尉做俄军的翻译。

21：45，赖斯和伊地知在受降书上签字。旅顺口脱离了俄国人的控制。①

① *From the Yalu to Port Arthur*，Kansas：Franklin Hudson Publishing Co.，1905，P223-226.

三、结语

透过战地记者们字里行间的流露，我们可以看出日、俄两军特别是日军在正面战场背后所密谋的没有硝烟的“新闻大战”。虽然“嵌入式（embedded）”报道为战地记者提供了便利，但同时却有新闻封锁和新闻检查两副枷锁如影随形。战争中，日军对外国战地记者软拖硬诱，软硬兼施，通过“送酒”“欢宴”“会见”等手段对记者的观点和立场施加影响，并利用战地通讯不畅、信息来源单一、记者缺乏全局把控等因素，企图混淆“历史的眼睛”①。

如何因势利导地进行有效、有利的战时新闻管控也应成为和平年代的“备战”课题。防止战地新闻无序传播，力避信息真空为敌所用，制定务实的媒体策略，重视“第三方报道”，充分发挥媒体报道的正效应，顺应未来信息化战争的变化和需要，采取软控制来消除新闻管控的盲点从而提高战时新闻舆论管理的有效性，都应当未雨绸缪地加以系统研究。

【责任编辑：关国磊】

［**作者**：张建威　大连市外事办公室　大连　116012］

① *Palmer, Frederick. The Russo-Japanese War: A Photographic and Descriptive Review of the Great Conflict in the Far East*. New York: P. F. Collier & Son, 1904.

日俄战争时期日军凤凰城军政署始末

郭铁椿　王　健

摘　要： 凤凰城军政署是日俄战争期间日军在辽宁设立的20个军政署中的一个。日军之所以要在凤凰城设立军政署目的就为了保护日军占领 的铁路、通信和仓库的安全，并保障能及时、迅速地向前线为日军输送军火和给养。凤凰城军政署成立后，对管区内的中国人民进行严密管控，为日军征用车辆运送军火给养。凤凰城军政署的做法，大大损害了中国人民的利益，给中国人民带来很大灾难。

关键词： 凤凰城军政署　军政委员　仓辻明俊

日俄战争时期日军曾在凤凰城设立军政署，有关凤凰城军政署的情况，相关著述大都语焉不详。今据有关史料，将其设立始末叙述如下。

一

凤凰城军政署是在1904年5月12日设立的。是年5月10日，日本满洲军政委员仓辻明俊从日军第一军司令官处接到在凤凰城设立军政署的命令。5月12日，仓辻明俊率领陆军通译大贯次郎、市川徽弥和步兵曹长大隅永次郎来到凤凰城并在城内已故尤统领邸宅设立军政署，5月26日宪兵大尉堀越顺三郎率25名职员来到军政署，于是军政署各级机构相继建成。凤凰城军政署自1904年5月12日设立至1905年7月8日撤销，一共存在近1年零2个月的时间。其人员构成先后发生3次变化。①

1904年5月，军政委员由工兵中佐1人负责，宪兵长1人，通译3人（奏任2人、判任1人），宪兵下士4人，步兵下士2人，宪兵上等兵20人，此外还有代替马卒工作的雇员2人。

1904年12月末，军政委员由工兵中佐1人负责，宪兵长1人，通译4人（奏任4人），宪兵下士4人，步兵下士2人，宪兵上等兵20人，马卒2人。

1905年3月末，军政委员由工兵中佐1人负责，宪兵长1人，通译4人（奏任4人），宪兵下士4人，步兵下士1人，宪兵上等兵20人，马卒2人。

1905年6月，军政委员由工兵中佐1人负责，宪兵长1人，通译2人（奏任2人），宪兵下士6人，下士2人，宪兵上等兵28人，马卒2人。

凤凰城军政署成立以来，其职员和隶属关系前后曾多次发生变化。与此同时，凤凰城军政署还先后派出宪兵在金家堡子、汤山城、雪里店、赛马集、宽甸建立宪兵派遣所。其中金家堡子上等兵2名，汤山城、雪里店、赛马集和宽甸各下士1名上等兵2名。

二

诱骗管区内中国居民加入日本红十字会是凤凰城军政署成立

① ［日］陆军省：《明治三十七八年战役满洲军政史》第2卷下，小林又七印刷所大正五（1916）年版，第6—7页。

后所做的一件十分重要的工作。为此军政委员仓辻明俊于1904年12月特发告示说："谕知事：照得日本赤十字社现遵向章，于凤凰城开办多日，各乡约牌内商民虽亦有陆续来署情愿乐捐，而遂即照办者究属不知此社之章程者为多，不免互相观望。本委员长拟派宪兵同书记前往四乡劝办，预开明详细章程列后。为此谕仰旗民乡保头项务宜于谕文到日先将各情传知商民，俟宪兵书记到时即为合力劝募，共襄善举。其不及到之处，各自来署报名可也。本委员长有厚望焉。切切此谕。"告示后附加了《大日本赤十字社大概情形》20条，主要内容有："日本赤十字社系与万国同盟，所有入社人员得受万国之保护"；"每名捐银贰百圆以上名特别社员，捐银贰拾伍圆以上名正社员，捐银不足贰拾伍圆者名慈惠员"；"赤十字社乃系莫大之善事，万国同盟虽两敌国正战时见此佩十字者亦决各不相伤"；"特别社员所给之大木牌上书特别社员某人，正社员所给之木牌同上书正社员某人，慈惠员则给小木牌上书慈惠员某人"；"如有未曾入社而敢私造木牌悬之门首者，一经查出，定行从重治罪不贷"。[①] 从1905年12月11日，凤凰城军政署开始诱骗居民加入日本红十字会到1905年4月16日，先后共有10名日本人90名中国人加入，到6月10日，累计共379人加入，共诱骗到款项"壹万五拾五圆八拾七钱"[②]。

与此同时，凤凰城军政署还对管内居民状况进行调查。[③] 调查区域有碱厂、小甸子附近（1905年3月8日调查），三龙峪附近（3月15日调查），五百牛录、马家堡子、松树沟、大房堡子附近（3月19日调查），马群丹附近（3月23日调查），唐尔屯

① ［日］陆军省：《明治三十七八年战役满洲军政史》第2卷下，第18—19页。

② ［日］陆军省：《明治三十七八年战役满洲军政史》第2卷下，第17页。

③ 据日军凤凰城军政署调查，军政时期凤凰城共有"户数千三百六十五户，人口八千百三十人"。［日］陆军省：《明治三十七八年战役满洲军政史》第2卷下，第1页。

附近（3月25日调查），凤凰城附近（5月4日调查）。调查发现，日俄两军在凤凰城的激战给当地人民带来极大灾难。例如，马群丹附近有居民70余户，为躲避战乱，只有7户人家有人留守；五百牛录、马家堡子、松树沟、大房堡子附近居民物资为俄兵征掠一空，居民生活极感痛苦；碱厂、小甸子附近居民因日俄两军争夺激烈，其中青河镇居民百余户房屋多被焚毁，有21人因持有日军“军禀（票?）”竟被俄军枪杀。①

其实日军成立凤凰城军政署的主要目的，不是上述的设立红十字会和对居民进行调查，而是要在占领地内保护日军铁路（凤凰城有日军铺设的轻便铁道）、通讯和仓库的安全，并为前线日军及时输送弹药和给养。为了做到上述几点，凤凰城军政署着重做了以下几方面工作。

一是大力维护地方治安。因为凤凰城军政署认识到地方治安越好，秩序越安宁，越稳定，日军的铁路、通讯和仓库也就越安全。故为了解决军政署日本宪兵过少的问题，军政署与清地方官员达成协议，由当地地方政府组成巡警队协助凤凰城军政署维护地方治安。8月巡警队组成，其中巡警卒19人（缺2人），队长、副队长各一人。10月25日，又与清地方官员协议制定《凤凰城巡警队应办事宜约束章程》。《章程》4章17条，其中第一章是纲领，第二章是巡警长应办事宜，第三章是班长应办事宜，第四章是巡警应办事宜。

二是捉拿俄探与俄军败兵。这是凤凰城军政署的另一项重要任务。为此凤凰城军政署军政委员仓辻明俊特地照会署理凤凰直隶厅同知王安仲，要求他配合凤凰城军政署捉拿俄探与俄军败兵。1904年5月下旬和1905年2月中旬，日军在赛马集和叆阳边门、朴家堡子先后捉拿4名中国人，其中两人系“妨害”日军行动，两人系俄探。“妨害”日军行动的两人被交由中国地方政

① ［日］陆军省：《明治三十七八年战役满洲军政史》第2卷下，第21—23页。

府监禁10年，两名“俄探”被处死。①

三是保护电线和铁路。在这方面军政委员仓辻明俊曾先后出过多个告示。保护电线方面的告示于1904年5月18日发出。告示说：“剀切出告示谕事：查得现有不法之徒截断军路兵站电线，妨害我军行动者在在续出，实属不合。曩有清国大皇帝上谕大日本和好如常。而原举兵之故专为援助韩国独立，保护满洲，以保东亚平和之基起见。万不得有截断电线以妨我军行动之理。为此示仰军民等，咸宜懔遵左开各条。勿忽特示。”②

8月17日，军政委员仓辻明俊和凤凰厅守尉端岳联合发布有关保护铁路的告示。告示说：“会同晓谕事：照得日军驻境运粮浩繁，本地车辆无多，恐误军需，是以修造大小铁路，藉资搬运捷便，惟恐无知乡民将牛马车辆任意践踏，致有损坏。除派差随时巡查外，合亟出示晓谕，为此示仰过往车户人等一体知悉，自示之后，务宜恪遵示谕，不得任意妄行致将铁路轧毁干咎。切切。特示。”③

11月中旬，在与中国地方官交涉后，日军又以日军第一军兵站监部支部长藤田、凤凰城军政官仓辻和清署理凤凰直隶抚民府刘的名义联合发出告示。告示说：“照得火车来往非常迅速，此处人民僻居山隅，未经习见。难免有无知之辈，无论是否通衢及火车往来径行渡越，倘一迟慢，即伤性命。本官政尚仁慈，随时派兵稽查，如非道衢不准渡越，纵系通衢一见火车亦不准渡，无论人马车辆，一概停止。让过火车方许通行。其轨路中间不准私填木石有碍火车行动。倘有不法之徒故意毁坏，当此战争之际，一经查出定按军法处死。本官言出法随，无谓言之不早也。

---

① ［日］陆军省：《明治三十七八年战役满洲军政史》第2卷下，第41—43、44页。两名“妨害”日军行动者系怀仁县大雅河商人于庚辰（33岁）和农民林长太（28岁），两名俄探一是山东登州府蓬莱县城内华俄护卫军卒李奎五（26岁），一是盛京辽阳人刘福玉（23岁）。

② ［日］陆军省：《明治三十七八年战役满洲军政史》第2卷下，第46页。

③ ［日］陆军省：《明治三十七八年战役满洲军政史》第2卷下，第30页。

各宜凛遵勿违。切切。特示。”①

1905年4月20日，军政官仓辻明俊转发日军鸭绿江军司令官川村景明的告示。告示说：“出示晓谕事：照得现遵大日本帝国鸭绿江军司令官陆军大将勋一等男爵川村发来告示一张，诚恐未易周知，谨录全文如左。为出示晓谕事：照得凡系军用建设，电线、电杆、铁路、堡垒、城壕、营房、仓廪、军桥，以及军需一切物件，战时之重物即国家之重物，务必要慎重视之。诚恐无知愚民毁坏，放火损伤，砍断或致碍军需一切物件，除查拿外，合行出示晓谕，为此示仰沿途各村屯庄，农商民人等知悉。自示之后，如有毁坏、放火损伤、砍断凡系军用建设电线、电杆、铁路、堡垒、城壕、营房、仓廪等一切物件，一经查出，照军律重办，如有拿送该犯或指名密告均行格外赏给。本官言出法随，决不宽贷。各宜凛遵勿违。切切。特示。”②

四是加强行政管理。在这方面，军政署先后制定出台了一系列地方法规。这些法规计有：《凤凰城寄留（寄留：日语“寄宿”之意）者取缔（取缔：日语“管理”之意。下同）规则》《凤凰城经商营业取缔规则》《凤凰城日本宿屋（宿屋：日语“旅店、客栈”之意）取缔规则》《凤凰城日本居留民会规约》；此外还有《商人取缔》《外国人取缔》《街路取缔》《露店闭锁命令（日语即露天摊贩取缔之意）》《无赖汉取缔》等。这里面不论是针对日本人的还是针对中国人的法规，规定得都很细。

1905年3月25日，军政官仓辻明俊还出示禁止管区内“市廛城镇”市民初更后自由出行。告示说：“剀切出示晓谕事：照得市廛城镇本不容匪人溷迹，而近来街巷之中，每至夜半更深行人不断，除官衙洋行佣丁因公夜出不计外，尚有令人可疑而又难为分辨者恒多。倘不设法禁止，深恐匪人潜踪得心昌炽其志。是

① ［日］陆军省：《明治三十七八年战役满洲军政史》第2卷下，第50—51页。

② ［日］陆军省：《明治三十七八年战役满洲军政史》第2卷下，第51页。

以酌定初更以后即断行人，商铺有事而必须出者，宜持字号灯笼备验，无者即带来署讯诘。除派兵通夜巡查外，合行出示晓谕，为此示仰商工军民人等知悉，自示之后，务宜恪遵，不得再行夜出。切切。特示。”①

1904年6月，军政署还曾对凤凰城商品进行限价销售（军政署称“公平物价”），限价目的是防止“奸商”谋利（战争年代物资短缺），限价商品包括高粱、小豆、青豆、粟、玉米、白砂糖、赤砂糖、冰糖、豆油、牛肉、鸡蛋、鸡等等，基本囊括了所有的生活必需品。

五是为前线日军运送军火和给养，保证前线供应。这是日军成立凤凰城军政署的重要目的。为了能够做好这一点，军政署成立不久即对凤凰城附近马车数量进行调查。调查结果，凤凰城附近共有马车1469辆。1904年6月29日，日军第一军兵站监制定《征用牛马车特别规程》。《规程》规定：被征用的牛马在最初七天的头一天每头（匹）给玉米一升豆饼一斤（第一项）；今后一周内每头（匹）牛马稻草每日供应限10斤以内(第二项)；稻草收购价每百斤银4元，山草每百斤银3.5元(第三项)；从事搬运的被征用的牛马车数量的十分之一，以饲料费形式每车每日支给十银元，第二天归程亦如此。如一百辆搬运车辆，对其十分之一即十辆车支付一日十银元，即共支付一百银元（第四项）；从事搬运的牛马车回程第二天，根据路途难易程度，每辆支付两银元以内的费用（第五项）；这个规程适用于凤凰城以北被征用搬运军需品的牛马车，叆阳边门以西被征用搬运军需品的牛马车只适用于第四项第五项。② 1905年4月2日，日军鸭绿江军兵站监古谷安民与清东边道张锡銮为车马征用“敏速起见”，签订《规约》8条。主要内容就是：张锡銮同意日军因军事需要在东边道征用车辆，被征用的车辆日军

① ［日］陆军省：《明治三十七八年战役满洲军政史》第2卷下，第75页。
② ［日］陆军省：《明治三十七八年战役满洲军政史》第2卷下，第128页。

应付适当的报酬。4 月 30 日，日军还成立专管征用车辆的车政总局。车政总局设总办、副总办、提调、稽查长各一人，稽查若干人等。自 4 月 30 日车政总局成立至 5 月 25 日，车政总局即征用民间车辆 1864 车次，其中赛马集 170 车次、通远堡 193 车次、草河口 195 车次、石门子 313 车次、永陵 933 车次、顾家屯和三家子各 30 车次。①

三

卫生方面，也是军政署管理的一个重要方面。日军对卫生进行管理，首先考虑的并不是为了中国人的身体健康，而是日军驻军的身体健康，这在日军的行动中和发布的一系列命令中可以看出。

1904 年 5 月下旬，为了日军驻军的身体健康，军政署与第一军军医部长协议设立调查委员，开始对食品市场进行检查。6 月 2 日，日军开始对牲畜屠宰场进行管理。

1904 年 6 月，日军发布《凤凰城传染病取缔（管理）规则》，规定了对传染病人和传染物的处理方法。但规定特别强调所有这些处理都是在保障日军安全基础上进行的（如处理应在距日军营房“清国一里”以外的地方进行）。

1905 年 1 月，凤凰城军政署军政官仓辻明俊发布有关卫生管理的告示。告示内容 16 条，主要内容有：“本署所定各项章程，俱宜遵守，不可玩懈。如有俟催促而仍虚应故事，不肯认真以除故习者拟罚”；“所有保护健康之新法及预防传染之定规，有一不遵即行拟罚”；“凡有污秽之物，堆积院内及屋内者并投掷于官定之地以外者皆拟罚”；“凡有工商各业，各宜遵行向定规则，毋得稍有违背，任意自便，违者拟罚”；“所有货床地摊，

① ［日］陆军省：《明治三十七八年战役满洲军政史》第 2 卷下，第 171—173 页。

无论何项营生，惟经官准之地，始得陈列，不得随意置放，违者拟罚”；“凡街巷所燃之灯及各处所设之便厕尿坑等，如有伤损或污之者拟罚，故意加害者从重治罪”；“牛马车辆往来于街道者，无论装载何物，不得装之过宽，有关行人及开车之碍，违者罚”等。①

同年5月25日，日军第一军司令官发布《凤凰城市街清洁法》命令。命令规定：市街清洁法的实施由凤凰城军营司令官管辖区域内宿营部队组织的卫生委员负责；卫生委员由委员长、委员组成。5月28日，日军还与当地官员共同组织一场大清扫。清扫内容包括在道路旁修建排水沟，将市街垃圾搬走，为防污水进入饮水井对饮水井安装井桁，对军营周围厕所进行清扫，设立公共厕所等。②

与此同时，清凤凰厅同知王安中也发布一个《市街清洁法》规定：市街道路修筑后，居住民门前不得有粪土污水等不洁物堆积；首次违犯罚劳动一日，再次违犯罚劳动三日；此事由警察局巡勇负责巡查，若该巡勇营私舞弊不负责任，轻则棍责，重则免职；污物由污物运搬车运走，运搬车三辆，一辆用于城内，两辆用于城外，每日搬运两次；城内东南二大街设立洒水车等。③

6月26日，日军第一军兵站监发布命令，命令共二条。第一条是6月22日日军第一军发布的有关在凤凰城及其附近实行清洁法、传染病预防法及必要的检疫活动的命令应予以执行。第二条是有关卫生委员的组成，命令说委员长由仓辻工兵中佐担任，委员由兵站监部中军医、主计、宪兵士官各一人，守备队士官、军医各一人，兵站司令部中副官一人及军政署宪兵士官一人

① ［日］陆军省：《明治三十七八年战役满洲军政史》第2卷下，第88页。

② ［日］陆军省：《明治三十七八年战役满洲军政史》第2卷下，第77—78页。

③ ［日］陆军省：《明治三十七八年战役满洲军政史》第2卷下，第78—79页。

组成，军政署中的宪兵下士卒是卫生委员的助手。7 月 1 日，第一军兵站监制定并发布了《凤凰城卫生委员服务规程》。规程由三部分组成，第一部分《健康诊断所及隔离所之件》，第二部分《牲畜屠宰取缔（管理）之件》，第三部分《街路及邸内外清洁及卖品饮食物取缔（管理）之件》。《健康诊断所及隔离所之件》的内容主要是：凤凰城南端线香所的健康诊疗所和隔离所的业务还要继续进行下去；隔离所的隔离人数一般为 50 人，必要时可以增加。《牲畜屠宰取缔之件》的主要内容是：规定牛、羊和山羊的屠宰地点，屠宰地点有两处，一在东头住（凤凰城东端）韩景顺敷地内，一在羊卷子（凤凰城东南端）回元义敷地内；猪的屠宰地点由各部队自行决定；牲畜屠宰都要经由卫生委员兽医官先行检疫；当地人民宰杀牲畜贩卖也要检疫。《街路及邸内外清洁及卖品饮食物取缔之件》的内容较多，其中有关食品的规定是贩卖饮食物品的必须将饮食物品盖好，防止苍蝇灰尘进入，等等。

1905 年 6 月 18 日，日军还在凤凰城正蓝旗衙门处开设同仁医院一处。医院自开设之日至 6 月 30 日，共接诊患者 164 人；至 7 月 10 日，入院患者 7 人。①

1904 年 7 月 31 日，为了整顿凤凰城的风纪和秩序，仓辻明俊与清东边兵备道张锡銮达成协议，从巡警营内挑选约 30 名伶俐且有一定文化基础的巡警由日军陆军宪兵大尉堀越顺三郎进行培训。8 月 2 日，培训开始。培训内容包括：巡警纪律、巡警专业训练、巡警礼节、巡警风纪、巡警报告、巡警对轻微违警之人的教育等。在《巡逻守卡之时用心事宜》中还列举了 36 项巡警巡逻时应该注意的事项，主要内容有：巡警巡逻时应“衣帽整齐，容仪端正，慎其举措”；“无论别人与同僚不得私谈戏语”；“不得吃食吃烟”；“非有应办之外，进入民家玩弄

① ［日］陆军省：《明治三十七八年战役满洲军政史》第 2 卷下，第 99—100 页。

柜上之货偷窥房内等弊总不可有”；“巡逻街市，昼街上中道，夜行檐下”；“遇有民人请求查办，迅速办理，并不得疏忽办事”；“群集热闹之处，每有小盗喧哗等处，常川查看，预防其累”；“夜间看出可疑之货物携带或搬运者，小心看其行为，如果可疑，与其货物押送该署”；“门户等应出入处，外跳越墙出入物品时押送该署”；“凡有无赖无产闲手之徒同居务必申报”等等。

凤凰城军政署自成立至撤销，存在时间并不长，仅有近1年零2个月的时间，但做的“事”并不少。从表面来看，这些事大都属于行政管理方面的事情，其他方面的事情并不多。尽管如此，这些举措还是给当地人民带来很大灾难。例如凤凰城军政署军政委员仓辻明俊在凤凰城组织中国车辆为日军前线运送物资，署理凤凰厅同知王安中因不肯配合，解散了集合好的车辆，结果激怒了仓辻明俊，仓辻明俊遂向凤凰城道台提出交涉，要求罢免王安中，清政府被迫同意日本方面的要求。日本方面征用中国农民车辆为日本前线运送军用物资时正值春耕农忙时节，为了不误春耕，不少农民被迫牵马逃走，1905年5月29和30日仅仅两天时间，从石门子和赛马集方面就有332匹马从为日军运送军用物资的行列中逃走。① 凤凰城军政署给当地人民带来的危害由此可见一斑。

【责任编辑：关国磊】

[作者：郭铁椿　辽宁师范大学历史文化旅游管理学院　退休教授
王　健　辽宁师范大学历史文化旅游管理学院　讲师　大连　116029]

① ［日］陆军省：《明治三十七八年战役满洲军政史》第2卷下，第168页。

日俄战争时期的旅顺俄国公墓

张大贤

摘　要：旅顺苏军烈士陵园是中国最大的外籍公墓，其起源为俄国侵占旅大时期，后经日俄战争、抗日战争及至朝鲜战争，扩建至如今规模。日俄战争结束后为陵园第一次较大的扩建，主要安葬的也是日俄战争时期阵亡的俄军士兵。

关键词：日俄战争　旅顺口　俄军公墓

根据俄罗斯国防部公开数据表示，至少有 49 个国家都存在有俄罗斯帝国及苏维埃社会主义共和国联盟时期的军人公墓。[①] 而和中国有关的日俄战争、第二次世界大战以及朝鲜战争等战争，使得中国的许多城市也有俄、苏时代的军人公墓或合葬墓。旅顺苏军烈士陵园是中国最大的外籍公墓，而其第一次扩建时为日俄战争结束，笔者现以手中的资料进行阐述。

① Kirill P. Elizarov：*Project PORT ARTHUR（China）and Other Military Memorials Overseas as an Instrument for the advancement of Russia's international reputation*，Silver Archer award's production，P13.

一、旅顺俄国公墓的修建

根据2011年俄罗斯出版的《旅顺俄罗斯军人纪念碑、阵亡将士纪念册》一书介绍，1898年3月俄国占领者开始修建公墓。公墓位于旅顺龙河右岸的三里桥附近，占地4.71公顷，墓区内划分31个地段。公墓用于安葬俄国军人及其家属、军事部门的职员。而旅顺口的俄国居民比如修船厂的工人、商业阶层的人士、中学教师及其他人员死后葬在另外一个地方——鹌鹑山（即白玉山）西坡的山脚下。在俄国公墓中安葬着1900年保卫中东铁路（1945年后改称中长铁路）时期阵亡的25人；1904—1905年日俄战争中阵亡的15048人。

根据圣彼得堡俄罗斯国家历史档案馆保存的大约在1908—1912年绘制的旅顺俄国公墓平面图中写着：当时有1539座墓穴。而平面图的一角写着"日本墓地"，可见当时日本人也葬在此地，大约有30余座墓穴（后来迁出）。

第一位安葬在旅顺俄国公墓的人是俄国军队的炮手阿列克谢·诺斯科夫，最后一位是列普秋科娃·娜塔利亚·彼得罗夫娜，死于1955年3月5日。

1904—1905年日俄战事中，俄国战败，日本占领了旅顺，1906年8月7日，日俄两国为处理战后事宜成立了"将卒遗骸委员会"，将在战争中牺牲的俄国官兵遗骸迁葬于公墓。①

据俄罗斯学者伊利扎沃夫（Elizarov）考证，战后"将卒遗

① 据日本外务省外交史料馆记载，"1905年日本将俄军遗骸收容处理后，盗墓情况严重，'关东总督'大岛义昌因此提出《俄兵阵亡者遗骸收容及墓地保存》规定。1906年8月，旅顺要塞司令官税所笃文任委员长，成立'旅顺阵亡俄兵遗骸处理委员会'负责俄军墓地事宜，1908年3月'旅顺阵亡俄军将卒之碑'完成，同年6月10日，日俄两国代表参加了公墓完成的揭幕仪式。日本外务省保存有《旅顺俄国战死者纪念碑揭幕式》的关系记录文件。"详见：http://crd.ndl.go.jp/reference/modules/d3ndlcrdentry/index.php?page=ref_view&id=1000075615

骸委员会”为俄罗斯阵亡军人修建了各种类型的墓地。如普通士兵的墓多为铁柱十字架及墓碑的群葬墓，碑文有牺牲 1785 人、牺牲 749 人、牺牲 1490 人等数据字样。至于军官的坟墓由白色大理石筑成，数字较前文的群葬墓为少，如东西伯利亚军第 14 师兵步团 41 人的荣誉之碑、东西伯利亚军第 28 师兵步团 28 人的荣誉之碑、东西伯利亚军第 14 师兵步团的荣誉之碑等字样。日俄战争中阵亡的俄罗斯指挥官有自己独立的墓，这些人有少将采尔皮茨基、上校约尔申等。①

1907 年 8 月—1908 年 6 月，日本政府在俄国公墓中修建了一座日本式的“旅顺阵殁露兵将士之碑”，碑的正面用俄文刻着“这里安葬着旅顺口阵亡的英勇的俄罗斯军人遗骸”。圆柱下用俄文刻着：此碑由日本政府 1907 年修建。碑的南侧用日文刻着：保卫旅顺口阵亡的俄国官兵纪念碑。碑的北侧用日文刻着：明治四十年十月日本政府修建。

此碑建成时，日本军阀乃木希典和东乡平八郎代表日本政府出席，俄国方面出席的代表是奇恰戈夫将军、赫尔恩格罗斯将军及海军上将马图谢维奇。

关于此事，在日本的一份报告中写道：

在战争中不幸而阵亡的敌国军人的遗骸应该埋葬，这样做是为了鼓励忠于国家和传播博爱准则。因此大日本政府命令寻找为信仰、沙皇和祖国而阵亡的俄国军人遗骸，敬重地安葬他们，并为俄国军人建纪念碑。

二、旅顺俄国公墓碑文考

1904—1905 年日俄战争中阵亡的官兵合葬在 12 座立着“露

① Kirill P. Elizarov：*Project PORT ARTHUR（China）and Other Military Memorials Overseas as an Instrument for the advancement of Russia's international reputation*, Silver Archer award's production，P19. 作者在后文碑文考将详细列出这部分的名单。

兵之墓”石碑的墓穴中。1912年，日本当局允许俄国在墓地中央由多布龙拉沃夫将军领导下修建了一座带有东正教标志的纪念碑，高6米，由大理石砌成。在原陵园的入口处还修建了一座小型俄罗斯教堂，安葬这场战争的遗骸工作继续到1913年。

关于这块碑的具体信息如下：

东正教大理石十字形纪念碑

1912年根据俄国画家瓦西里·德米特里耶维奇·波列诺夫设计的草图，在墓地建造了一座高6米由白色大理石筑成的东正教祭祀十字形纪念碑。

纪念碑正面写着：为信仰、沙皇和祖国而英勇献身的旅顺口保卫者永垂不朽。

纪念碑的背面刻着：1904—1905年参战的俄国军队番号：

旅顺口保卫者

步兵：

东西伯利亚第5、13、14、15、16、18、25、27、28守备团，第3、4、7预备营，边防军连队，东西伯利亚第10守备团骑兵志愿队，东西伯利亚第3守备师分队，舟桥分队，旅顺口要塞宪兵队和义勇兵团。

炮兵：

关东要塞炮兵，东西伯利亚守备第4炮兵旅第1、2、3营，后贝加尔炮兵营的第1、2大队，东西伯利亚第2炮兵旅第1营，东西伯利亚第7守备炮兵营的第1、2、3突击队和口径57毫米编外炮兵连，东西伯利亚炮兵营分队。

工程兵：

关东工兵连，旅顺口要塞水雷连，旅顺口要塞军事电报局，乌苏里斯克铁路第1营第4连。

骑兵：后贝加尔哥萨克军上乌金第1团第4哥萨克骑兵连。

1945年前俄国合葬墓安葬了15131人，绝大部分是在日俄战争中阵亡的官兵。

关于旅顺俄国合葬墓到底安葬了多少日俄战争阵亡的官兵数

字，作者亚力山大·科瓦利有这样的看法：

根据资料，战前俄国官兵，包括水兵共53780人，投降时有32400人弃城，两个数字相减，可能有21380人阵亡，其中1403人安葬在金州南山俄国公墓（因为战争开始的战斗在金州附近进行），在大连青云街俄国公墓中安葬了11人，战争中俄国海军舰队损失900人，因此在旅顺的俄国公墓中的许多无名墓中安葬着4018人。

这样看来，从1898—1945年前，旅顺俄国公墓安葬约19000人，其中包括9名外国人——德国商行职员。

值得一提的是，1913年日本潜水员在旅顺港外海域调查战争中沉没的俄国海军“彼得罗巴甫洛夫斯克号”铁甲舰时，打捞出6具遗骸，也安葬在旅顺俄国公墓，于是就产生了一种说法，认为当时在舰上的俄国太平洋分舰队司令斯捷潘·马卡洛夫海军中将和著名的战争画家瓦西里·瓦西里耶维奇·韦列夏金就在其中，到底有没有上述二人，由于当时匆匆埋葬，已成无法考据的悬案。

另外，在俄国公墓中有90座墓碑有名字，其中60座既有名字，又有头衔，包括了2位少将、1位上校、3位中校、4位大尉、7位上尉、9位中尉、5位少尉、4位准尉，以及1位下士及13位士兵等。

少将　采尔皮茨基（？—1904）

少将　瓦西里耶夫（1879—1935）

上校　约尔申（1869—1904）

中校　布图索夫（？—1904）

中校　奥尔加诺夫

海军中校　加夫里洛夫（1857—1898）

大尉　韦谢洛夫斯基（？—1904）

大尉　坎金尼克（？—1904）

大尉　科瓦列夫斯基（1860—1909）

大尉　舍梅季劳（？—1904）

上尉　阿斯塔菲耶夫（？—1904）
上尉　别洛泽洛夫（？—1904）
骑兵上尉　比留利金
上尉　万尼科夫斯基（？—1904）
上尉　考门丹托维（？—1900）
上尉　科尔尼洛维奇（？—1904）
上尉　斯特拉霍夫（？—1904）
中尉　安东诺夫（？—1904）
中尉　瓦涅夫斯基（？—1900）
中尉　雷兹洛夫（？—1904）
中尉　米古尔斯基（？—1904）
中尉　奥尔洛夫斯基（？—1904）
中尉　罗齐科（？—1904）
中尉　辛凯维克（？—1904）
中尉　捷特索夫（？—1904）
中尉　恩科维奇（？—1904）
少尉　阿克萨科夫（？—1904）
少尉　加恩（1870—1904）
少尉　帕霍莫夫（？—1904）
少尉　斯佩兰斯基（？—1904）
少尉　捷尔斯基（？—1904）
准尉（代理）　布罗夫金（？—1904）
准尉　波罗佐维（？—1904）
准尉　斯莫利亚尼科维（？—1904）
准尉　费多尔琴科（？—1904）
海军下士　久热夫（1871—1898）
炮手　诺斯科夫（？—1898）
水雷手　彼得罗夫（？—1898）
司机　波波夫（？—1898）
炮手　谢列达

司号员　叶夫列莫夫（1872—1899）
副船长　科兹洛夫（1868—1902）
击鼓手　科兹洛夫（1876—1900）
手工工匠　库列霍夫（1876—1900）
司机　库罗奇金
工程师　马施宁（1848—1900）
医生　莫斯克温（？—1902）
副官　卡卢热恩斯基（？—1900）
会计员　阿里斯托夫（1868—1902）
另有8座儿童墓，20座有名字、无名分的墓碑。

三、关于俄国公墓的管理

多布龙拉沃夫将军离开后，南满洲里的俄国公墓由北京的俄国皇家大使馆的军事代表来监督，而公墓的事务由沈阳军事代表的助理直接管理。

拨给军人墓地的费用由俄国政府经过设在中国的军事代表存在中国银行，这些钱由东正教司祭谢尔吉·铃木（信东正教的日本人）负责直接用于墓地的必要经费，他每个月要视察墓地，南满铁路管理机关为他提供免费乘车，日本当局协助管理墓地。

就这样继续到1924年，中苏建立了外交关系，俄国的外交使团停止了活动，中断了对墓地下发资金，这样一来，墓地就处于无人监督的状况。

保护中国东北的俄罗斯军人墓地的问题在1935年得到了较好的解决。大主教圣者尤维纳利是北平教区的助理教务主教，确定关心地方的俄国墓地是自己的任务之一。当时在大连成立了保护管理东北地区俄罗斯军人墓地的监督委员会，邀请汉任（俄语音译）将军担任委员会的主任，旅顺口保卫战参加者瓦西里耶夫少将为副主任。

1945年苏军解放大连不久，汉任将军被苏联反间谍机关逮捕，因为他在苏联国内战争时期在反革命头目、海军上将高尔察克部队效劳，反对苏维埃政权，被苏联最高军事法庭判刑10年。而瓦西里耶夫少将死于1935年，他是苏军到来之前最后一个埋葬在旅顺墓地的死者，在他的墓前立着一块2米高的青石十字架纪念碑。

1936年8月保护和管理墓地委员会任命新的主任格尔曼，他曾任俄国军队的团长。

四、一位护士的葬礼

1946年8月1日旅顺苏军为曾参加过1904年旅顺保卫战的护士叶夫根尼娅·伊林伊奇娜·叶德列诺娃按军人的仪式送葬，棺材安放在由六匹战马拉的炮架上，由2个排的战士和水兵护送，随后是抬着苏军司令部送的花圈的人们，安葬时奏苏联国歌，鸣枪三响致敬。

叶夫根尼娅·伊林伊奇娜是1903年来旅顺的，在女子中学当教师，战争爆发时，她当了护士，工作起来几乎没有休息时间，包扎伤员，缝洗伤员衣服。一位参战的军人写道："她是那些自愿当护士的人员中的一员，全身心地投入到工作中，我们都认为她牺牲了，但战后 ，当她帮助伤员回国时，她还是那样一位乐观愉快的人，我们看到她那疲倦的样子，头上也出现了白发。"1905年，她把最后一批伤员送回俄国后，又回到大连，在这里度过了她生命最后的时光，这位勇敢的俄国女人去世时81岁。

她的墓旁是战友、老朋友瓦西里耶夫少将的墓，当年是她出资为少将立的碑。后来人们把他们二人的墓圈在一起，按照中国人传统称为"情人墓"。

【责任编辑：关国磊】

[**作者**：张大贤　辽宁师范大学俄语系　副教授　大连　116011]

殖民统治史研究

大连近代史研究 第16卷

“满铁”对东北经济垄断研究

孙玉玲

摘 要：九一八事变后，南满洲铁道株式会社完全按照日本统治当局的要求，对东北经济进行掠夺“开发”和垄断经营，它已成为日本变东北为其军事基地和战争资源供应地的经济支柱。亦可以说是日本通过“满铁”将东北经济纳入其经济体系，成为其附庸。

关键词：九一八事变 “满铁” 殖民经济史 伪满洲国 经济垄断

1906年11月成立的南满洲铁道株式会社（简称“满铁”），是在违反中日之间的条约、侵犯中国主权、无视中国抗议的情况下，依据日本政府的敕令及递信省、大藏省、外务省三大臣《命令书》而设立的机构。

“满铁”既是代替日本政府经营“南满洲”的殖民侵略机构，又是以经济掠夺为目的之一的日本国家垄断资本主义企业。这种双重性，决定了它以扩大侵略权益为最高原则，又以攫取最大限度利润为其终极目标。“满铁”自成立起，以经营铁路作为经营满洲的中心，在东北竭力发展、扩大日本的侵略势力，奠定了日本扩大侵占东北的基础。

关东军发动九一八事变就是以保护南满铁路为口实的，而在事变期间，起到了日本关东军的总后勤部和预备队的作用，在人力财力和技术上全面协助关东军，使其迅速占领全东北。对此，连日本学者都认为："满洲事变的确是军铁一体的作战行动。"①九一八事变为"满铁"垄断东北经济扫清了道路。

一、以经营铁路为中心垄断东北交通

九一八事变后，"满铁"以关东军武力为后盾，首先攫取了沈海、吉长、吉敦、吉海、四洮、洮昂、洮索、齐克与呼海线9条铁路及其附属财产（所属工厂及机车、客车、货车）。然后夺取了外资铁路北宁铁路的关外段——奉山线（山海关至奉天）及中苏合办的中东铁路（满洲里——绥芬河）。至1935年3月，东北境内的中国铁路陆续置于日本控制之下。

关东军决定委托"满铁"经营东北铁路，其前提是"委托经营所得的利益，应充作支付借款本息以及供担任维持满洲国国防治安的日本军做经费之用；在国防上，军部认为必要时，得以变更委托经营合同"②。1932年3月10日，关东军司令官本庄繁与"满铁"总裁内田康哉秘密签订了《关于铁路港湾河川委托经营及新设等协定》，规定"满铁"在关东军的指挥监督下，经营伪满的铁路港湾河川（含附属事业）。

在关东军司令官与"满铁"总裁签订上述协定的当月，刚刚就任伪满洲国"执政"的溥仪，在关东军的授意下，签署了一纸卖国文契《溥仪与日本关东军司令官本庄繁交换文》。该文第二项载明"敝国承认贵国军队为国防上所必要，将已修铁路、港湾、水路、航空等之管理并新路之布设，均委诸贵国或贵国所

① ［日］浅田乔二、小林英夫编，东北沦陷十四年史吉林编写组译：《日本帝国主义对东北的统治》（中译本）内部版，第680页。

② 《满洲事变后国有铁道处理经过报告概要》，载吉林省社会科学院《满铁史资料》编辑组编：《满铁史资料》第二卷《路权篇》第四分册，第1078页。

指定之机关"[①]。这就成了关东军窃取东北全部铁路、港湾、水路、公路等之管理及"新路之布设"权的依据。关东军获得这一依据，名正言顺地把铁路、港湾、水路及其附带的"国有"汽车等事业完全交给"满铁"经营。

关东军委托"满铁"经营东北交通的决定，得到日本内阁的认可。1932年4月11日及15日，日本内阁两次召开会议，通过了《关于满洲国铁路港湾河川处理方针》。该方针认为：本庄司令官与内田总裁协定及溥仪致本庄司令官函，"符合上述阁议决定精神，政府不但可予承认，而其宗旨也被认为是符合满蒙当前形势的"，故特决定："为了使它对南满洲株式会社正式有效，采取由政府给会社以绝对机密指令的形式。"[②]

根据日本内阁这一决定，1932年8月7日，关东军迫使伪满同其签订《关于满洲国政府铁路、港湾、水路、航空路等的管理及线路的修建管理协约》。该"协约"被认作是伪满政府委托关东军经营伪满的铁路、港湾、水路、航空路的所谓法律根据。该协约共计12条，其主要内容：（一）甲方（伪满）将铁路、港湾、水路（包括附属事业）及航空路之管理及一些线路之修建管理委托乙方（关东军司令官本庄繁）。甲方"在整理、制订或改废交通之重要法令时"，或"照准属于乙方管理之外的铁路修建时"，须事先取得乙方的"谅解"。（二）乙方将被委任管理之铁路、港湾、水路经营及修建事宜"委托南满洲铁道株式会社进行"。（三）经营所产生之利润，"须用以支付借款本利定额，其余额应充做日本军所担任之国防和维持治安的费用，如再有剩余

① 《溥仪与日本关东军司令官本庄繁交换文》，载中央档案馆、中国历史第二档案馆、吉林省社会科学院编：《日本帝国主义侵华档案资料选编（1）九·一八事变》，中华书局1983年版，第409页。

② 《关于满洲国铁路港湾河川处理方针》，载中央档案馆、中国历史第二档案馆、吉林省社会科学院编：《日本帝国主义侵华档案资料选编（14）经济掠夺》，中华书局1991年版，第8—9页。

归伪满洲国政府及“满铁”会社所得①。

从上述协约的内容得知，伪满政府将其所有的铁路、港湾、水路、航空路的经营管理及新建线路的修建管理权等委托关东军司令官，关东军司令官再将委托管理的铁路、港湾、水路的经营和敷设权委托于“满铁”。这个协定也使“满铁”拥有了关于伪“满铁”路、港湾、水路等经营管理及线路敷设权的法律根据。

1933年2月9日，在关东军的操作下，伪满政府上演了一出将铁路、港湾、水路的经营管理及新线的铺设权委托于“满铁”的把戏。“满铁”和伪满交通部签订了《满洲国铁路借款及委托经营契约》《松花江水运事业委托经营细目契约》《敦化图们江及其他铁路建造借款及委托经营契约》等一系列契约，从而，“满铁”完成了掌握伪满的铁路、港湾、水路经营权所必需的所谓法律手续。

“满铁”还按关东军指令，修建伪满新铁路，完成其多年策划的“满蒙铁路网计划”，即殖民军事铁路网。新铁路有：敦化——图们江线、拉法站——哈尔滨线、克山——海伦线、拉法站——墨尔根——大黑河线及海克线上的某一个车站到大黑河线、通辽或锦县到赤峰及热河线、敦化——海林线、王爷庙——索伦——满洲里线、长春——大赉——洮安线、延吉——海林——依兰线、新邱——义州及巨流河站等。

这些铁路并不是同时建成的，而是随着时局变化所显示出的所谓紧急性和重要性而逐步建成的。从1932年到1943年左右共建约5000公里的新线，而且大部分到1939年基本完成，合计达4094.4公里。② 如与九一八事变以前建设的“国线”（东北当局

① 《关于满洲国政府铁路、港湾、水路、航空路等的管理及线路的修建管理协约》，载中央档案馆、中国历史第二档案馆、吉林省社会科学院编：《日本帝国主义侵华档案资料选编（1）九·一八事变》，中华书局1988年版，第668—669页。

② ［日］南满洲铁道株式会社：《满洲铁路建设志》，第340—342页。

经营的铁路）及“社线”（“满铁”直接经营的南满铁路）相加，总长为10000多公里。

“满铁”获得伪满的港湾经营权后，开始着力经营大连港、朝鲜的罗津港、葫芦岛港3个系统的港湾。

第一个系统的港湾，除大连的中心港外，还包括营口及安东(今丹东）两个辅助港。“满铁”自1906年霸占大连港后，以大连港作为经营满洲贸易的中心，对大连港进行扩建，提高了大连港的货物吞吐能力，成为日本到中国东北的一个大门户。同时，又修筑旅顺码头，使其成为大连港的辅助港。九一八事变后，“满铁”又改建了营口、安东两港，也成为大连港的辅助港。

“满铁”所经营的这些港口，对日本统治东北、掠夺东北资源与倾销日本轻纺工业剩余产品起着重要作用。1932—1936年间，经由大连输出的货物主要是农产品和原煤，分别占年平均输出总数的27.8%和35.9%。经由大连港输入的货物主要是面粉、稻米及轻工业产品，约占年平均输入总量的90%。[①] 大连港1936年吞吐货物合计达880万吨，占东北进出口货物总量1200万吨的73%，进口货物数量接近出口数量，改变了大连港主要作为出口港的局面。[②] 旅顺港每年输出原煤、原盐250000吨左右，每年输入货物只有20000—30000吨。此期间经由营口港，平均每年输出的货物有100多万吨，主要是原煤，其次是大豆和豆饼；输入的货物有200多万吨，主要是面粉、谷物和轻纺产品。安东港输出、输入货物的品种与营口港相同。[③]

“满铁”经营第二个系统的港湾是以朝鲜的罗津为中心，又以雄基、清津为辅助的一个系统。因为大连港偏于东北南方，既不便于转运吉林及黑龙江等地的货物，也不便于日本对苏作战。

① 张福全：《辽宁近代经济史》，中国财政经济出版社1989年版，第411—412页。

② 苏崇民：《满铁史》，中华书局1990年版，第561页。

③ 张福全：《辽宁近代经济史》，中国财政经济出版社1989年版，第414—416页。

1933年4月，日本内阁同意“满铁”修建罗津港的方案。5月，日本拓务大臣向“满铁”发出通牒，命令“满铁”建设雄基、罗津港间的铁路及罗津港，并委托“满铁”经营清津、雄基原有港湾业务及从两港至南阳间的朝鲜国有铁路。“满铁”遂于1933年开始修筑罗津港的建设工程，目标为年吞吐量300万吨。1935年11月罗津港及雄罗（雄基——罗津）铁路工程部分竣工，开始营业。1936年6月，在日本政府的干预下，朝鲜将雄基、清津两港移交“满铁”经营。从此“满铁”全面经营北鲜三港的所有业务。① 其结果是：缩短了吉黑一带到海口的距离；拉近了日本各大都市到中国大陆的距离；有利于开拓日本西部，增强军事力量。

“满铁”经营第三个系统的港湾是位于渤海辽东湾的西岸葫芦岛港。事变前，葫芦岛港的修建工程三起三落，1908年徐世昌出任东三省总督，为对抗大连港，1910年开始修建此港作为商港，因辛亥革命爆发工程停止。张作霖任东三省巡阅使时，于1919年再次修建该港，后因直奉战争该港被作为军港利用，原筑港计划又搁浅。1930年东北当局为摆脱日本陆海运输网的束缚而决定再次修筑该港，由荷兰公司承办。同年4月开工，计划5年半建成，九一八事变的爆发使建港工程半途停顿，但已耗资374万元，完成了筑港工程的20%，已具备装卸货物40—50吨的能力，修建各种房屋42栋。②

事变后，日本侵略者为了掠夺辽西及热河一带的资源，又继续修建该港，作为热河地区的吞吐口。1934年部分投入使用。1936年5月，关东军司令官指令“满铁”扩建工程动工。扩建工程计划是：年处理货物350万吨，预算额约为2149万元，工程为5年。③

① 苏崇民：《满铁史》，中华书局1990年版，第565—566页。

② 苏崇民：《满铁史》，中华书局1990年版，第564页。

③ 苏崇民：《满铁史》，中华书局1990年版，第564页。

"满铁"也获得了河川（松花江、嫩江、牡丹江、辽河、黑龙江、乌苏里江、鸭绿江、图们江八大河川）的经营权。伪满将东北航务局、东北航运处、广信航业处、松黑两江邮船处、东北造船所等水运事业机关及其船舶、码头设施、工厂及附属工厂的土地、建筑物、机械器具等所有设施移交"满铁"经营。

"满铁"垄断了伪满的公路交通。1932年3月，伪满统治当局提出铁路与公路并行发展的方针。将主要的汽车营运路线，即"国营"经营路线（与铁路并行之路线；代替铁路之路线；含有维持治安及开发经济作用之重要路线），一并委托"满铁"经营管理。

1933年11月，关东军向"满铁"发出了《关于汽车运输营业的指令》，正式决定由"满铁"来"经营国营汽车路线作为满洲国国有铁路的附属事业"。"满铁"既经营铁路又经营公路，采取"协助"之方法，在铁路网尚未普及、人口稀薄、所谓治安欠佳地区，则以汽车作为辅助，或以之作为铁路之前驱，先行开通。也就是说，关东军在军事运输上需要"满铁"协助，在铁路达不到的地方要求"满铁"开辟公路路线。

综上，九一八事变后，"满铁"在关东军和伪满统治当局的支持下，实现了对东北铁路、港湾、河川以及公路的统一经营，垄断了东北的水陆交通，把侵略触角已伸入到东北各地。这就为日本掠夺东北丰富的资源、建立战略基地，提供了畅通无阻的交通便利条件，同时也为日本商品倾销东北、运输战略物资扫清了道路。日本对此评价为：它对"日满结合具有划时期的意义"，"为促进日满经济做出贡献"①。换言之，即为东北经济变为日本经济的附庸作出了"贡献"。

---

① 解学诗：《伪满洲国史新编》，人民出版社1995年版，第345页。

二、以关系会社操纵东北主要经济部门

以组织特殊会社的方式统制经济、垄断经济，是“伪满”初期的经济特色。所谓特殊会社，是指根据“伪满”的特定立法或“伪满”同日本签订的条约而设立的会社。这些特殊会社都具有特殊法人地位，“伪满”政府给予种种特惠条件予以扶持。它们是按照一个行业一个会社的原则建立的，是执行“伪满”统制政策的机构，是“伪满”经济的核心。它们所经营的部门都与国防和国策有关，负有执行基本国策的使命，因而也被称为“国策会社”。

按照“一业一社主义”原则设置的还有准特殊会社。准特殊会社即以特殊会社为准的会社。准特殊会社经营的事业性质及其重要性不亚于特殊会社，实质上并无多大的差异，它们都是在“伪满”统治政权指定下，对某个行业进行排他性的垄断经营。

“伪满”初期的特殊会社和准特殊会社，大部分是“满铁”的关系会社。“满铁”的关系会社是指由“满铁”创办或在“满铁”参与下创办的会社，多为“满铁”直系会社。“满铁”本身不是“伪满”的法人，但它通过其关系会社控制了东北主要经济部门。

九一八事变前，“满铁”在东北南部已拥有 50 余个子公司和投资公司，垄断了许多行业的经营。九一八事变后，“满铁”成为日伪经济统制的骨干，从 1933 年至 1937 年 9 月，单是“满铁”新设的工矿关系会社就有 14 家，注册资本在 400 万—500 万日元以上，[①] 垄断了“伪满”的工矿部门。

在特殊会社与准特殊会社的资本中，“满铁”资本的数额仅次于“伪满”政府的资本数额，居第二位。截至 1936 年，在“伪满”特殊会社的总资本中，“满铁”出资占 31. 1%，再加上

① 苏崇民:《满铁史》，中华书局 1990 年版，第 654—655 页。

间接投资，即关系会社对特殊会社的投资，占近50%。①

据另一资料统计，1937年3月末，“满铁”新设的关系会社有32个，其中除两个在日本，一个在朝鲜，其余29个会社全设在东北。在这29个会社中，特殊会社和准特殊会社就占了21个。它们大多为资本在400万—500万元以上的大型企业，再加上原有的关系会社，在东北的“满铁”关系会社有67个。②

截至1945年6月，“伪满”特殊、准特殊会社的实缴资本达37.9亿元，与“满铁”有关系者55个会社，投资额6.96亿元，占“伪满”各类会社投资额的28.8%。③这说明“满铁”及其关系会社的投资，在所有会社投资总额中仍占1/4以上。它们在工业、矿业、土建、水电、煤气、农林、通讯、城市交通，以及商业部门处于垄断或主导地位。这些关系会社和“满铁”在铁路、航运、公路运输方面的独占相结合，就完全掌握了东北的经济命脉。

“满铁”以巨额投资，掌控了东北资本的运转。

九一八事变前，日本资本在东北处于绝对优势，日本投资占各资本主义国家投资的90%以上。而日本的投资，则以“满铁”为中心，投资总额半数以上是“满铁”投资。东北南部地区则完全被置于以“满铁”为主体的日本资本系统的支配之下，沦为日本的经济附庸。

1932—1936年间日本对“满”投资额达11.6亿元，其中“满铁”投资（“满铁”社债及资本实收）为7亿多日元，约占日本对东北投资总额的60%。如果再加上“满铁”关系会社的投资，两者占投资总额的70%以上，这充分说明“满铁”在日本资本对东北投资中所占据的举足轻重之地位。

---

① 解学诗：《满洲国史新编》，人民出版社1995年版，第315页。

② 苏崇民：《满铁史》，中华书局1990年版，第653—655页。

③ 苏崇民：《满铁史》，中华书局1990年版，第657页。

1937年前，“满铁”投资的重点是交通运输业，对铁路投资的比率呈上升趋势，1933年为1.4亿元，占社外投资的33.4%；1936年增加到4.57亿元，占社外投资总额的49.1%。[①] 这说明“满铁”紧密配合关东军的战略部署，加速实现其酝酿已久的铁路网计划。

1937年之后，“满铁”为适应日本的备战计划，投资的重点是与其所进行的侵略战争有密切关系的能源工业与军事工业。1940年为2.57亿元，1945年高达5.44亿元，[②] 投资额增加了一倍多。另外，对采掘工业和加工工业以及金融和商业也投入了大量的资本。由此可见，以“满铁”为主体的日本资本在东北主要经济部门中占据了统治地位，从而形成了日本全面垄断东北经济的资本体制。

“满铁”对东北投资获取了高额利润，1931年的利润率仅为3.3%，1932—1939年间平均利润率为10.28%以上，平均未分配利润率在39.68%。[③] 随之，总资本迅速增加。1907年“满铁”成立时，总资产为1.45亿日元，1929年10.35亿日元；1937年21.19亿日元，1943年高达42.32亿日元。[④]

“满铁”属于日本国家资本系统，它股份的半数由日本政府持有，其投资不仅受日本国策的支配，而且执行日本政府的计划，有计划有步骤地进行，因此说“满铁”的活动代表了日本政府的意志，资本的增长就是日本资本的增长。“满铁”通过大量的投资垄断东北经济，可以说是日本资本对东北经济的垄断。

---

① ［日］浅田乔二、小林英夫编：《日本帝国主义对满洲的统治》，时潮社1986年版，第720页。

② ［日］浅田乔二等编、东北沦陷十四年史吉林编写组译：《日本帝国主义对满洲的统治》，中译本（内部版）1994年版，第602页。

③ 杜恂诚：《日本在旧中国的投资》，上海社会科学出版社1988年版，第94页。

④ ［日］满史会编、东北沦陷十四年史辽宁编写组译：《满洲开发四十年史》（上），中译本（内部版），第152页。

三、结语

“满铁”本身虽然不是“伪满”的法人，但它通过其关系会社垄断了东北主要经济部门。在“伪满”经济统制政策实施过程中，“满铁”又被授予诸多权力，这样使处于垄断地位的“满铁”更为特殊，因此被称之为超级特殊会社或总特殊会社。它已成为日本变东北为其军事基地和战争资源供应地的经济支柱。“满铁”完全按照日本政府、关东军的要求，对东北经济进行掠夺性的开发经营。实际上，这种掠夺式开发与原始形式之掠夺——直接掠夺相比，属于高级形式之掠夺。其掠夺数量之大，范围之广，时间之长，危害之严重，远远超过初级形式的直接掠夺，并具有很大的隐蔽性、欺骗性。其结果是加深了东北经济对日从属化、附庸化的程度，致使东北经济被纳入日本帝国主义经济体系之中。

【责任编辑：李　雪】

[作者：孙玉玲　辽宁社会科学院　研究员　沈阳　110031]

“满洲国”保甲制度述略

石景荣

摘　要：为了更好地管理和控制“满洲国”，日本借用了中国封建社会的保甲制度，取其自治、自卫等优点，加以日本新式的警察制度，最终在东北地区建立起地方基层自治制度。通过保甲制度的建立和实行，日本在一定程度上实现了对“满洲国”民众的控制。中国古代的保甲制度经过日本之手后具有直接与间接相结合、警民相结合等特点，成为日本严格管理和控制“满洲国”地方基层的统治工具。由此，日本在“满洲国”制定出一套由外而内、自上而下的殖民统治制度。

关键词：“满洲国”　保甲制度　殖民统治

对于日本殖民统治者而言，无论“满洲国”傀儡政府如何对待东北抗日救国力量，总有所谓“不逞挑梁者”，再加上“地理条件和经费的限制”①，使得日本殖民统治者颇为重视保甲制度在殖民统治中的作用。因此，“满洲国”一方面对中国东北地区的抗日力量进行镇压，另一方面采取保甲制度对地方基层进行

① 张辅麟：《保甲制度代替基层行政》，中国档案馆等编：《日本侵华档案资料选编·伪满傀儡政权》，中华书局1994年版，第498页。

统治，维持地方基层的治安。不仅如此，保甲制度也作为日本对“满洲国”内部严行控制的一部分，成为“满洲国”初期的基层行政组织，实现日本对“满洲国”基层民众的殖民统治。

本文的关注点集中在日满殖民统治者为何、如何在“满洲国”实施保甲制度，以及该制度在地方行政、殖民统治方面究竟起到怎样的效果和作用。尽管当今围绕“满洲国”的历史研究不计其数，但在有关保甲制度方面的研究成果较少，较之其他政治制度、社会文化、经济侵略等方面尚有待挖掘之处。

一、“满洲国”基层殖民体系的构造与内容

日本在“满洲国”设立殖民统治机构，关东军是最高代理人。在“满洲国”内日本设计了由日籍官吏组成的总务厅，成为关东军对“满洲国”进行殖民侵略的重要工具。为稳定地方治安和维护殖民统治利益，日本在“满洲国”内实行一套警察制度，作为基本单位的警察署成为连接“满洲国”上层机构和底层民众的重要纽带。通过上述3个机构的设立，日本实现了对“满洲国”由外而内、自上而下的殖民统治，成为“满洲国”实际上的操纵者。

1932年3月12日，日本内阁会议制定《中国问题处理方针要纲》，指出“目前的满蒙治安维持工作由帝国承担”，将来“主要由新国家的军队乃至具有警察性质的军队负责……尤应以日本人充任其领导核心”①。“满洲国”的日籍警察的主要工作是殖民镇压。1932年3月，“满洲国”傀儡政府在中央民政部内设立警务司②，同时在吉林、奉天及黑龙江三省分别设置警务厅③，并在其他主要城市设置省直接负责的警察厅，其下又设立警察

① ［日］阁议决定：《中国问题处理方针要纲》，中国档案馆等编：《日本侵华档案资料选编·伪满傀儡政权》，第4页。

② 所谓警务司就是警政运营的中枢机关。

③ 所谓警务厅就是处理地方警察行政事务的机关。

署。次年“首批从外务省和‘关东局’警察采用约150名警务指导官，主要担任地方警察指导官”[①]，“满洲国”的警察与军队“同样采用高度的中央集权制，全部实权都掌握在日籍警察官手中”[②]。

1933年6月，“满洲国”傀儡政府依据暂行保甲条件草案进行准备，同年12月22日公布教令第96号《暂行保甲法》。《暂行保甲法》为“在伪警察力量尚未充实之际，以十家连坐的高压，抑制了东北人民的抗日思想意识和行动，而巩固其统治”[③]的殖民政策。

首先，根据农村和市街基础情况的不同，制定“凡十户为一牌，以一村或相当区域内之牌合为一甲，以警察署管辖区内之甲合为一保，市街地凡十牌为一甲”[④]，从而形成以牌、甲、保地方区域划分的三级基层行政组织。牌设牌长一名，甲设正副甲长各一名，保设正副保长各一名。上述基层职员在警察署长的监督下，承担“预防通匪”“户口调查”等事务，并且保长及市街地内保长等皆以“互选”的方式产生。但“互选”结果必须由警察署长认可并呈请地方行政之署长同意，任期一年而且可以连任。[⑤]

在具体实行过程中，保甲制度通过连坐制度将各户紧密捆绑在一起。即“十家连坐，一人通匪，全家受罚，一户通匪，九家连带受罚，一保内出了匪，保长要受到制裁，建立保甲就是互保

---

① 贾玉芹：《伪满警察的性质与构成，中国问题处理方针要纲》，中国档案馆等编：《日本侵华档案资料选编·伪满傀儡政权》，第444页。

② ［日］古海忠之：《伪满警察机构的建立，中国问题处理方针要纲》，中国档案馆等编：《日本侵华档案资料选编·伪满傀儡政权》，第452页。

③ 臧式毅：《臧式毅笔供》，中央档案馆编：《伪满洲国的统治与内幕：伪满官员供述》，中华书局2000年版，第93页。

④ 《伪满洲国政府公报》，大同二年十二月二十二日第二百九十六号，星期五，周光培主编：《伪满洲国政府公报（影印本）》，辽沈书社出版1990年版。

⑤ 《伪满洲国政府公报》，大同二年十二月二十二日第二百九十六号，星期五，周光培主编：《伪满洲国政府公报（影印本）》。

不通匪，不资匪，防范坏进保甲防区"[①]。伴随连坐制度建立的还有连坐金制度[②]。"满洲国"殖民统治者通过实行连坐责任制度，从而达到"制一人足以制一家，制一家亦足以制一乡一邑"[③] 的目的。

其次，自卫团作为保甲制度的辅助要素，在获得警察署长同意的前提下，由保长或甲长"为警备、防卫紧急危害而组织"[④]。在保甲制度的基础上，"满洲国"统治者按照保甲的级别分别设正副团总和正副团长各一名，亦采取互选的方式产生，任期一年且不妨连任，受警察署长的指挥和监督。村民或市民成为自卫团团员的基础条件如下：一是男性；二是在甲的区域范围之内连续居住一年以上；三是年龄在18岁到40岁之间；四是残疾者和公务员（保、甲、牌之职员不在内）除外。由于自卫团是在紧急情况下所采取的应急措施，所以分为"常备员和预备员，或分班采取轮班制等有伸缩性的各种适当办法"[⑤]。

日本殖民统治下的保长、甲长及牌长负责维持保、甲及牌内的安宁，由上到下进行指挥和监督，从而形成以"警察署长—保长—甲长—牌长—户"所组成的一整套地方基层监管系统，保、甲及牌成为"满洲国"警察机关的辅助机构。然而，不仅保长、甲长、牌长等保甲干部是名誉性质的，而且自卫团团员也是无偿性的义务服务，但在执行过程中所产生的一些经费则由各户主

---

① 孙邦主编：《伪满史料丛书——殖民政权》，吉林人民出版社1993年版，第268页。

② 所谓连坐金制度即警察署长根据犯罪责任对各家长课以2元以下的罚款。对于连坐金的使用仅限于有重大犯罪影响者，即有关"公共危险罪""外患罪""内乱罪""关于暂行惩治盗匪法之罪"等。但如果牌内有犯罪者且未被官职人员发现，经自首可减少或免除连坐金。

③ 闻天钧：《中国保甲制度》，商务印书馆1936年版，第4页。

④ 张辅麟：《保甲制度代替基层行政》，中国档案馆等编：《日本侵华档案资料选编·伪满傀儡政权》，第499页。

⑤ 张辅麟：《保甲制度代替基层行政》，中国档案馆等编：《日本侵华档案资料选编·伪满傀儡政权》，第500页。

分担。

二、"满洲国"保甲制度的施行规划

随着"满洲国"的建立，日本殖民统治者清楚地意识到，"如果只依靠日满军警的力量，无论如何也是不能轻易取得肃正实效的"[①]。而保甲制度正是"将散漫而无统系之民众，依一定之数字与方式，精密组织之，使成为有统系之政体"[②]。且通过"组成保、甲、牌的邻里团体，以使牌内的居民能够相互牵制"[③]。这无疑与日本殖民统治者的治安理念形成互补之势。换而言之，日本殖民统治者采取保甲制度是为了尽可能地缩小地方治安范围，减少新政权对地方基层的投入力度，从而巩固和加强日本在东北地区的殖民统治。

至1934年12月末，"在伪满全国983个警察署下有1267个保、22403个甲、314306个牌，有565万户居民被组织起来"[④]。保甲制度在"满洲国"的治安作用与效果较为明显。

而后关东军参谋部明确地指出抗日义勇军主力盘踞在南满铁路以东、大松花江以南的山区。[⑤] 因此，关东军强调"特别是对新获得的曾为匪贼势力范围之广袤地区，应迅速分驻警务机关，实施保甲制度"[⑥]。关东军进一步将保甲制度向抗日军队的活动

---

① 吉林省公安厅公安史研究室东北沦陷十四年史吉林编写组编译：《满洲国警察史》，吉林省公安厅公安史研究室东北沦陷十四年史吉林编写组1990年版，第213页。

② 闻天钧：《中国保甲制度》，第4页。

③ 吉林省公安厅公安史研究室东北沦陷十四年史吉林编写组编译：《满洲国警察史》，第213页。

④ ［日］冈部牧夫：《伪满洲国》（原名《满洲国》），郑毅译，吉林文史出版社1990年版，第52页。

⑤ ［日］关东军参谋部：《关于昭和十年秋季治安肃正工作概况（摘录）》，中国档案馆等编：《日本侵华档案资料选编·东北"大讨伐"》，中华书局1991年版，第12页。

⑥ 《关东军关于昭和十年秋季治安肃正对满洲国方面的要求》，中国档案馆等编：《日本侵华档案资料选编·东北"大讨伐"》，中华书局1991年版，第10页。

范围进行拓展。“满洲国”傀儡政府根据关东军的指示，以1935年7月为起点，先后按照50个县、51个县、61个县推进连续三年的保甲制度重点工作计划。

1935年，“满洲国”傀儡政府制定在奉天省的16个县、安东省的5个县等50个县实行重点保甲制度。[①] 据“满洲国”傀儡政府统计，仅1935年推行保甲制度特别工作中，共建517个保、8378个甲和5408个自卫团。[②] 且在此期间经检举而逮捕的总人数达“3554人，其中政治匪50人、思想匪261人、土匪1986人、通匪227人、影响治安者2209人”[③]。关东军参谋部由此得出，以保甲制度为基础的治本工作使匪民分离工作取得显著成果，[④] 以保甲制度为基础的治本工作得到关东军的认可，并进一步深入施行。

1936年，“满洲国”傀儡政府随即在吉林省5个县、龙江省的9个县等共51个县实行重点保甲制度。[⑤] 此时，“满洲国的地方行政机关将治本工作，特别是建立保甲制度，达到偏僻地区”[⑥]。1937年，关东军提出：本年度“将重点指向三江省和东

---

① 吉林省公安厅公安史研究室东北沦陷十四年史吉林编写组编译：《满洲国警察史》，第214页。

② 朱诚如主编：《辽宁通史·第五卷》，辽宁民族出版社2009年版，第57页。

③ ［日］关东军参谋部：《关于昭和十年度秋季治安肃正工作概况（摘录）》，中国档案馆等编：《日本侵华档案资料选编·东北“大讨伐”》，中华书局1991年版，第15页。

④ ［日］关东军参谋部：《关于昭和十年度秋季治安肃正工作概况（摘录）》，中国档案馆等编：《日本侵华档案资料选编·东北“大讨伐”》，中华书局1991年版，第15页。

⑤ 吉林省公安厅公安史研究室东北沦陷十四年史吉林编写组编译：《满洲国警察史》，第215页。

⑥ ［日］关东军：《昭和十一年第二期关东军治安肃正命令 关作命第853号附件》，中国档案馆等编：《日本侵华档案资料选编·东北“大讨伐”》，中华书局1991年版，第215页。

边道、滨江省”，并要“彻底普及保甲制度”①。而后“满洲国”傀儡政府在吉林省的5个县、龙江省的9个县等61个县实行保甲制度。②

三、“满洲国”保甲制度的殖民统治特点

日本特色的保甲制度。保甲制度是中国古代封建统治者稳定统治秩序的重要政策，日本在“满洲国”所推行的保甲制度虽然是对中国历代保甲制度的继承，但在继承之中又使保甲制度附带有日本的特色。

保甲制度作为日本殖民统治“满洲国”的重要举措，警察署长起主要统辖管理作用。“满洲国”《暂行保甲法》中明确规定，警察署长根据地理、经济或住户集居的状况，确定适当的区域，且无论保长、甲长还是排长的任免都需要经过警察署长的认可。③ 因为警察的参与使得“满洲国”的上层机构与基层组织取得密不可分的联系，也因为警察的参与使得关东军在一定程度上实现了对“满洲国”治安的控制。日本在“满洲国”推行的保甲制度显然是将警与民紧密联系在一起，这也是“满洲国”保甲制度最明显的一个特点，即警民结合。

“满洲国”傀儡政府因地制宜，因时制宜，将中国古代的保甲制度与日本的警察制度结合在一起，共同完成维护“满洲国”治安的重要使命，从而进一步为日本在“满洲国”的殖民统治利益服务。这使得“满洲国”的保甲制度有别于中国原有的保甲制度，形成殖民统治方式。

---

① ［日］关东军：《康德四年度关于维持治安的一般指导要领》，中国档案馆等编：《日本侵华档案资料选编·东北“大讨伐”》，中华书局1991年版，第15页。

② 吉林省公安厅公安史研究室东北沦陷十四年史吉林编写组编译：《“满洲国”警察史》，第215—216页。

③ 《筑谷章造笔供》，中国档案馆等编：《日本侵华档案资料选编·伪满宪警统治》，中华书局1993年版，第499页。

保甲制度与街村制的异同。从日本殖民统治的角度而言，保甲制度和街村制都只是日本为稳定殖民地治安而采取的政策。最初“满洲国”傀儡政府强调：“有必要逐步彻底贯彻以邻保友爱、相互扶助精神为基调的保甲作用。”① 这表明保甲制度是日本维护东北地区治安所采取的最基本的措施。而后“为了适应地方发展的实际情况，1937年12月4日公布开始实行市、街、村制”②。街村制是“满洲国”傀儡政府在治安状况取得“好转”的地区所采取的“改革”措施。

对于维护地方治安所采取的形式问题，保甲制度是采取保、甲、牌三级环环相扣的形式，而街村制度中“街为准于市之都邑，村则以结合农村的部落”③。“满洲国”的街村制度是采取城市和乡村因地而治的双重标准治安制度。但实际上，“街村具有经济职能及保甲职能，以谋街村行政之综合化”④ 的效果。保甲制度和街村制度从本质上来说是相同的。

“满洲国”傀儡政府通过实行街村制度，可以“使行政与经济融合，使地方团体与产业组合建立密不可分的关系……实现行政机构单一化，防止地方行政与经济互相脱节”⑤。街村制比保甲制度具有更多的职能，不但使地方基层的行政与经济相结合起来，而且将行政机构单一化，更加有利于日本对“满洲国”地方基层的管理和控制，实行殖民统治的目的。

在选取地方基层官吏方面，保甲制度基本上采取“互选”

---

① ［日］关东宪兵队：《思想对策服务要纲》，中国档案馆等编：《日本侵华档案资料选编·伪满宪警统治》，第216页。

② ［日］关东宪兵队：《思想对策服务要纲》，中国档案馆等编：《日本侵华档案资料选编·伪满宪警统治》，第216页。

③ 《街村制度确立基本要纲》，中国档案馆等编：《日本侵华档案资料选编·伪满宪警统治》，中华书局1993年版，第502页。

④ 《街村制度确立基本要纲》，中国档案馆等编：《日本侵华档案资料选编·伪满宪警统治》，中华书局1993年版，第502—503页。

⑤ 张辅麟：《实行街村制度的目的是使行政机构单一化》，中国档案馆等编：《日本侵华档案资料选编·伪满傀儡政权》，第503页。

的方式进行，而街村制与保甲制度有明显的区别，“街、村等吏员原则上是官选吏员；以《敕令》所定的街以官吏充之”[①]。由“互选”变为官选。地方行政与中央行政之间的关系进一步得以加强。此外，街村制中明确规定“街、村长为有薪职”[②]，而保、甲及牌长为名誉之职。同时也说明中央对地方的管理非但没有松懈反而进一步强化。

保甲制度和街村制度虽然实行的背景、形式、官吏的选举和薪酬等方面存在着不同，但在实行的根本目的与功能等方面相同，总而言之是殊途同归的。

四、结论

“满洲国”傀儡政府是日本内部和外部双重政治压力相结合的产物。日本通过在东北地区建立驻满殖民统治机构“四头政治”，将“满洲国”政府变成日本所操纵的傀儡政权；通过在“满洲国”设立总务厅科，将“满洲国”实权全部掌握在少数的日籍官吏手中；通过在“满洲国”设置警察署，将“满洲国”底层直接与日籍警察相联系在一起。由此，日本达到对“满洲国”由外到里、自上而下全方位、多立体的殖民统治体系。

日本以“满洲国”的现状为基础，采用中国保甲制度的优点，形成具有日本特色的保甲制度，即直接统治与间接统治相结合的警民结合。前者无疑是对日本殖民统治“满洲国”总策略的继承和发展，而后者则是日本将古代中国的保甲制度和日本新式的警察制度相结合而形成的。

日本在中国台湾和朝鲜均采用总督之制进行殖民统治，通过总督一职的设置而实现自己对殖民地的直接统治。与之相比而

① 张辅麟：《一九三七年起实行街村制》，中国档案馆等编：《日本侵华档案资料选编·伪满傀儡政权》，第501页。

② 张辅麟：《一九三七年起实行街村制》，中国档案馆等编：《日本侵华档案资料选编·伪满傀儡政权》，第501页。

言，日本在东北地区设立驻“满”殖民统治机构后又操纵溥仪为皇帝建立“满洲国”，这毋庸置疑是间接统治。但同时又在“满洲国”内部设立总务厅科，日本通过此机构达到对“满洲国”傀儡政权的内部操控，可称之为直接统治。这种直接统治与间接统治相结合的殖民统治方式是日本之前没有采取过的，可以称之为“日本殖民统治新方式”。

【责任编辑：李　雪】

[**作者**：石景荣　辽宁师范大学历史文化旅游学院　研究生　116021]

伪满协和会傀儡性及其政党本质

高琳涵

摘　要：伪满洲国的内部构成自建立初期就极其复杂，这源于伪满洲国的居住者的复杂性。关东军希望能够通过政府和其他外围组织加强对殖民地的政治、经济、文化等方面的控制。协和会在发展的过程中，不断显现了其在思想奴化方面的重要作用，这种作用引起了关东军的关注。为了能够更好地控制协和会，关东军通过几次改组逐渐将协和会与伪满政府有机地结合在一起，以达到维持伪满洲国政治稳定的目的。与此同时，协和会虽在表面上摒弃了政党性质，但在一步步发展中逐渐贴合了动员型政党的发展模式。

关键词：伪满协和会　关东军　动员型政党

一、协和会的改组与日本国内政治环境之关系

以1928—1932年为例，1928年开始，日本国内的政党政治已经显现出分崩离析的态势，由西园寺为“操盘手”的政党政治也一直被藩阀统治的影响所包围。实际上，这一时期军部的势力已经开始显现，取得军部的支持是维持政党政治的必要。例

如，在野党政友会就曾与军部联合打倒民政党内阁，桂园内阁能够维持数年之久，原敬内阁能够巩固，皆是因为获得军部的支持。但是，在20年代，因为软弱外交而日益焦躁的军部开始对内进行施压，使得政党政治变得摇摇欲坠。正是日本国内政党政治的衰落，殖民地区的青年联盟等组织的性质也发生了改变，由一开始的具有政党性质转变为仅具有教化和宣抚等作用的国民组织。

例如，日本国内自1918年进入政党时代，前后经历了8年多的宪政会——民政党和政友会的交替执政。执政党为使政权不落到在野党手中，而在野党为夺取政权，双方都用尽了所有谋略。这种政党间的争斗引发了日本国内政治不稳定的危机，这种危机也使两大政党逐渐走向瓦解。两大政党和宪政常道之所以能够勉强维持下来，是因为西园寺在背后掌握着首相的奏荐权，即通过西园寺调整的政党政治。以西园寺奏荐首相为轴心展开的政党政治是20世纪20年代的社会基础，但随着城市化和工人运动的扩大，这种政党政治开始从根基处动摇。此时军部势力逐渐登上日本的政治舞台，内阁与军部之间的对抗开始愈发难以控制，西园寺试图从中调和，例如，在炸死张作霖的事件发生后，他即要求田中首相严厉处分当时的肇事人员，但田中却因陆军的压力未能办到此事而最终下台。由此可以看出，西园寺虽没有观望日本政界，但在面对军部的力量时也变得力不从心。

1935年，日本国内发动了“国体明征”运动，该运动本是一些老将军和右翼团体掀起的言论运动，但皇道派军官却打着“尊皇讨奸”的旗号而崛起。这是一次将陆军首脑和下属军官共同卷入的纠纷和争辩。天皇最终被“尊皇讨奸”所激怒，下令严厉镇压叛乱军队。统治派镇压了叛乱军队，肃清了皇道派将军幕僚，借机掌握了政治的主导权，结束了由政党政治向军部政治过渡的中间内阁时期。

日本在结束中间内阁时期后，国内的政局依旧很动荡。首先，由元老、重臣组成的奏荐集团无法顺利推选首相。陆军内部又欠团结，态度不能一致，政治军人热衷于幕后活动，图谋以陆相退出内阁来倒阁。其次，下台的政党又无法重新回到政治舞台中。在政局如此动荡和混乱中，日本国内势力无暇顾及在伪满地区的关东军，植田更是在这一时期大肆推行他在伪满地区的政策。随着太平洋战争爆发，日本在中国的侵略范围不断加大，对协和会的需求也不仅局限在伪满地区。但是，现有的体制却不能充分满足其进一步的全方位统治需求。

二、关东军对协和会的改组

自 1928 年满洲青年联盟成立以来，协和会先后经历 18 年的变化，最终走向了解散。在协和会 18 年的发展过程中，关东军和日本国内政治一直扮演着重要的角色，先后通过 2 个时间节点和多次改组，逐渐将协和会清洗并改造成为其所用的工具。1934 年以关东军为主导力量进行的了第一次改组，企图实现协和会与伪满政府“一体化”。协和会的原有成员在这次改组中被大范围地替换，新加入的会员多为伪满政府机关的官吏。第二次大的调整是在 1936 年，协和会的性质经过这一次改组发生了彻底改变，同时，名称也由“满洲国协和会”改为“满洲帝国协和会”。改组后，协和会与政府之间的关系逐渐发生变化，开始从对立走向接触。第三次改组的主题是协和会的扩大化，这次改组从 1937 年 3 月一直延续到 1938 年，持续的时间长达一年。改组后的协和会对中央本部的工作职能进行了更加详细的划分，对外扩大了其指导范围，强化了关东军对协和会的组织领导能力。1941 年进行的第四次改组不是为了扩充组织，强化运动，而是实现行政和实践的统一，即实现伪满政府和协和会的“二位一体”化，协和会主要针对会内人事变动和各机构变革两个部分进行改组。人事的转出和转入可以体现出协和会与政府，或者说是与关东军之间的人事交流，这种变化直接体现出协和会内部关东军势力的变化。机构和会务机构改组，使协和会内部形成一人兼任多种职务，权力高度集中。掌权的是谁，权力就高度集中在谁的手中，都能够强有力地印证协和会改组的主要目的在于关东军对协和会的进一步控制。以时间段划分，最后两次改组发生在太平洋战争之后，所以这两次改组的主要目的和前几次不同，其内容多是会务机构的调整，这些调整均是为了顺应实施战时体制而进行的。

关东军的每一次改组都极具目的性和计划性的，其目的就是将协和会牢牢控制在自己手中，在发挥其地方教化宣抚作用的同时，又试图掩盖和摒弃其政党性，以达到维护伪满洲国政治稳定的目的。

通过上文的表述，可以清楚地了解协和会每次改组背景和主要内容。我们不难发现，在关东军的指导下，协和会的每次改组都较为顺利，并没有发生因不满关东军控制而产生的暴力反抗事件。以下，我将从两个方面来分析其原因。

首先，从协和会的资金来源方面来看。满洲青年联盟成立初期，其重要的组成人员均来自满铁内部，例如，第一任理事长是时任满铁理事的小日山直登。从会员组织上来看，满洲青年联盟的干部均来自于满铁内部，这也就不难理解，满洲青年联盟进行的所有活动经费均来自于满铁补助。但是随着会员的逐渐增加和活动范围的不断扩大，满洲青年联盟需要的经费高达1000日元以上。于是，满洲青年联盟向满铁和关东军提交申请，希望能得到更多的补助。最后由关东军和满铁共同决定，满洲青年联盟每召开一次会议，满铁便给予1000日元的补助。①满洲青年联盟还从事关东军参谋部的委托工作，在关东军的帮助下，会员达到了74名。在青年联盟对关东军战略的辅助配合，板垣、石原等人均对其成果给予了很高的评价。

在协和会前身——满洲青年联盟时期，其活动多围绕着满铁和关东军进行，同时，其资金来源多来自于满铁的补助，在申请更多资金时也要征得关东军的同意。这就表明了，协和会自起源

① 《满洲青年联盟史》，第130—131页。

时期便在经济层面上受到满铁援助，必要时候还需要征得关东军的同意。在经济上无法独立，为协和会之后的发展埋下了祸根。

伪满洲国建成后，官场"失意"的山口和小泽等人组织成立了协和党，于1932年伪满国务院召开了行政会议，会上颁布了体现关东军意志的《满洲协和党法》。该法第四条明确规定，"协和党的党费，由国家补给之"[①]。时任关东军参谋的石原莞尔在会上提到："希望满洲国政府能正式承认满洲协和党，并给予适当支援。"[②] 此法的颁布，从法令层面上，确定了协和党的经济来源，这也在关东军的会意下，第一次由政府给予协和党经济上的支持。然而，协和党在经济层面对关东军的依赖，造成了之后形成的协和会的软弱性，并在关东军的控制之下逐渐沦为侵略中国的思想传播工具。

1932年仅成立2个月的协和党解散，同年7月成立了协和会。协和会通过几次改组，在组织上与伪满政府形成了"二位一体"的模式，其重要组成人员均在伪满政府中担任职务，并且是关东军的忠实追随者。所以，协和会的日常会务开销及对外活动经费，在很大程度上是由关东军的资金援助下的。后来，虽然在1936年明确规定，协和会的经费由会费、"国库"补助金、事业收益等充用之，但是协和会作为关东军控制下的"国民"组织，是没有其他事业收益的。由此可见，协和会的经费主要来自于"政府"预算，通过"国库"统一支出。例如1932年10月协和会70万元的预算，完全依靠"政府"的补助金开展会务活动，到了1939年协和会的支出猛增至754万元，而其中、690万，[③]接近总额的92%。除此之外，在《满洲帝国协和会现势概要》中细致地记载了协和会的年度预算，其中重要的一项便是"政府"补给金，而且概要中将"政府"补给金纳入"岁入经常

① ［日］船桥治：《満洲帝国協和会組織沿革史》，東京不二社1982年版，第19页。

② ［日］古海忠之：《忘れ得ぬ満洲国》，経済往来社1978年版，第139页。

③ 伪满洲国通信社：《康德六年版满洲国现势》，第115页。

部"，由此我们也可以看出，"国家"对协和会的补助并不是一时的，而是"经常"性行为，这也反映出，协和会在经济层面上一直受到伪满政府和关东军的控制。

其次，从协和会的组织结构层面来看。最初的满洲青年联盟以"为大和民族在满洲之发展"[①] 为口号，其机构组成是以理事长为代表，向下配备若干理事，再由这些理事组成理事会作为满洲青年联盟的执行机关，时任第一任理事长的小日山直登也是当时满铁的理事，其余的各理事及支部长均是在满青年的中坚人员。除设立本部之外还设立了地方分部，本部委员会辅助理事会管理地方支部，地方支部则直接控制余下的全体会员，在成立的第一年就在全满各都市设立了21个支部，选拔并拥有了3000多名会员。[②] 各支部每年召开一次或者两次会议选举出新的代表议员（定员90人），之后召集各支部议员召开全国联盟会议，提出和讨论各地提出的议案，决议后的事项由中央理事会批准后向地方执行。联盟议会是决定满洲青年联盟运动方针的最高机关，迄至1932年10月2日满洲青年联盟解散，共召开6次会议，讨论过许多提案。通过以上的这些做法，满洲青年联盟最终形成一套完备的组织形式。同时，满洲青年联盟形成的"联盟议会"制也可以看出此时的满洲青年联盟在组织形式和执行方式上具有十分强烈的"国会"性质色彩。也正是成立初期的这种"国会"性质，使满洲青年联盟缺乏了作为一个组织或者是一个党派应该有的组织形式，无法为后期的协和会发展奠定一套独有结构的基础。

通过地方工作成功取得居民合作的青年联盟接受了关东军的指示，着手设立协和党。至于如何建立协和党，当时"日本陆军没有这样的经验，也没有教书"，为此，本庄繁委托曾在国民党中有过"从军政治班"经验的中国籍职员参考国民党和共产党

① 《满洲青年联盟史》，第7页。

② 《满洲青年联盟史》，第7页。

的组织规范，编写工作纲领和宣传文章。[①] 协和党的组织结构是通过严密的体系以及健全的规章制度组成的，同时，协和党还制定了相应的《协和党组织方针》，该方针明确规定协和党设立总理一人、副总理二人、理事若干。同时，根据组织方针，各地纷纷建立地方支部，设立支部长若干、委员若干人。从表面上来看，协和党虽受到关东军的控制，但其完备的组织结构和固有的政党思想有利于其对外开展活动，并逐渐摆脱关东军对其的控制，成长为一个成熟的政党。也正是这种明显的政党性，使关东军意识到，如若放任协和党自由发展，最终将威胁到关东军在伪满地区的势力，协和党也因此成为协和会发展史中最“短命”的一个时期。

协和会成立后，通过几次改组，关东军对其组织形式及人事构成方面均做出调整。虽大体上沿袭了协和党的组成形式，但作为血肉而存在于协和会中的干部构成，均受到关东军的控制。例如在创建筹备委员会中，占据重要地位的板垣征四郎、片仓衷均来自于关东军。而桥本虎之助担任名誉理事，关东军司令官更是协和会的名誉顾问。协和会的组织机构包括会务机构以及分会，最核心的会务机构——中央本部由关东军参谋长“委嘱”任命，分会则具备实施具体活动的职能，是协和会的基层组织。自协和会建成后，关东军十分注重对其组织结构的建设，特别是会务机构。并在关东军的主导下，协和会的会务机构有了不同于协和党的体制，形成了一套完备并且十分严密的三级体制。即中央机构、省事务局、县办事处。关东军通过这种完备的体制与伪满政府相结合，并且对协和会的层层机构安插其“眼线”。例如中央事务局采取“次长制”，局长为中国人谢介石，次长为日本人中野琥逸，虽然担任局长的谢介石是亲日的“汉奸”，但关东军仍不放心，将协和会的实权掌握在日本人手中。

---

① ［日］清水亮太郎：《満洲国統治機構における宣伝・宣撫工作》，防衛省防衛研究所2014年版，第17页。

三、伪满协和会动员型政党本质

协和会自创立时期就一直面临一个问题，即协和会是否为一个政党。协和会本身更多地体现了动员型政党①的组织形式和发展模式。动员型政党的组织特点为：1. 自上而下地建立党组织，入党要对组织效忠宣誓。2. 以经常性的会议维持其活力。3. 党组织不但在群众中建立，还渗入到文官组织中。② 可以将协和会的组织形式等各个方面与动员型政党的特征进行对比论述。

第一，自满洲青年联盟时期开始，其创办的主要人员便来自于满铁的上层官员。到了协和会时期，关东军开始不断对协和会组织结构进行调整，几次改组均体现一个主题，便是逐渐加强关东军对其控制，使其利于伪满洲国政治局面的稳定。显然，关东军作为伪满洲国的实际掌权人，自然不是下层人民群众，也不代表下层人民群众的利益。

第二，协和会对其会员制度的要求十分严格，关东军曾对会员制度方面做了详细的规定，将会员分为正式会员、普通会员、赞助会员3种。正式会员是接受了1年培训后，再由所属分会推荐，并进行宣誓。普通会员是参加会议，宣读宗旨和纲领的人，没有按照正式会员的规定办理入会手续。赞助会员是参加会议并宣读纲领，对这些活动进行过特别赞助的人。列举后我们不难发现，虽然关东军将会员分为3种类型，但是这3种会员均需要宣读纲领或者进行宣誓，这一制度便体现了会员对协和会的效忠。协和会后期虽然对会员制度进行大众化的调整，但其在扩大会员

---

① “动员型政党”的提法来自于复旦大学唐亚林教授，复旦的一些学者在出版物中也正式使用过这一概念，见金观涛、刘青峰：《开放中的变迁》香港中文大学出版社1993年版；Franz Schurmann, *Ideology and Organization in Communist China*, University of California Press, 1971.

② 束赟：《现代战争与动员型政党——组织比较视野下的国民党研究》，博士学位论文，复旦大学国际关系与公共事务学院2014年，第67页。

来源的同时并有改变会员必须宣誓效忠这一规定。

第三，在协和会发展历程中，还有一个不能忽视的部分便是联合协议会。协和会成立之初，依据《满洲国协和会章程》对联合协议会做出了相关规定，章程中明确规定联合协议会分为地方和中央两部分。每年召开一次会议，如若遇到紧急事项也可以召开临时会议。联合协议会在不断发展的过程中形成了三级制，所谓三级制便是中央—省—县三级，此三级自下而上地表达“民意”，再由“政府”自上而下进行答复。表面上来看，体现了关东军所提倡的“宣德达情”，但实际上联合协议会仅是关东军控制地方政局稳定的工具。联合协议会 1935 年召开 282 次会议，到了 1941 年全国范围内召开的联合协议会竟然增加到 13017 次。[①] 由此可以看出，作为协和会重要部分的联合协议会通过经常召开会议为关东军和协和会源源不断地提供“民情”，维持协和会的活力。

第四，自协和会形成以来，关东军为了更好地控制协和会，通过多次改组以达到协和会与伪满政府一体化。在这个过程中，协和会的内部组成人员与伪满政府高度重合，甚至与关东军的军事力量重合。这就使协和会不单单在群众中建立组织基础，还在文官与军队中建立了深厚的基础。关东军也通过一系列做法，有机地将协和会与“国家”权力相结合，使其在更大的程度上发挥思想“启蒙”“唤醒”的作用，这从侧面上证明了协和会在实质上起到了动员型政党的作用。

协和会在这种环境下产生并发展，但为何关东军自始至终都不承认协和会的政党性？协和会自成立初期，作为“政党政治的代替”产生并展开了活动，这是因为，伪满洲国是一个以日本民族为基础的统治机构，关东军无非是想通过利用协和会达到控制伪满地区的目的。与此同时，从日本国内政治出发，关东军对协和会的政党性也存在一定的抵抗情绪。表现在，关东军对协和会

---

① ［日］满洲国史编纂刊行会编：《满洲国史（各論）》，第 119 页。

的组织纲领、主张、活动等方面都极力地摒弃其政党性。同时，对于关东军来说，将协和会定义为“国民组织”而非“独裁”政党，是对其有利的。因为在伪满洲国这样一个政治、经济、民族等方面均十分复杂的大环境中，如果不将“民族协和”作为国家意识形态，取而代之将“一国一党”的独裁理论作为主流思想，最终将失去“满洲”地区民心，更谈不上总动员一说。所以，关东军为协和会披上了“非政党”的外衣，并不是不承认其政党性。

若将协和会定义为政党，乍一看之下却与政治权力相距甚远。的确，即使假设协和会是为了实现日本民族独裁而成立的政党，那么协和会内部也没有行使独裁权力的个人或集团。从表面上看，协和会是政治权利的服务者，而不是行使政治权利的本身，并且其一切以政治权力为目的的行为均被禁止。但正是这样，这才是真正的动员型政党。结成协同会的根本原因在于，关东军需要除了伪满政府以外的组织，并以建立“国防国家”为目标，为其创造政治稳定的状态。另外，正如前面所述的那样，协和会自成立以来一直与关东军和伪满政府进行“有计划的协作”。如果在该联合关系下考察协和会议，则可以认为协和会明确地代表一部分势力的利益及目的，这正是政党的重要性质之一。总之，协和会在表面上呈现的非政党性只不过是与当时伪满的特殊情况呼应的动员型政党的应有状态。

【责任编辑：李 雪】

［作者：高琳涵 辽宁师范大学 大连 116021］

"满铁"弘报系在日本对华侵略中的作用①

王玉芹

摘　要："满铁"弘报系是与"满铁"调查部类似的机关，在日本文化侵略中占重要地位、专门从事殖民宣传活动。本文在查阅大量原始日文资料基础上，以期更加准确全面揭露"满铁"弘报系活动实态，对于进一步揭露日本帝国主义对中国人民的侵略嘴脸和法西斯暴行具有重要的现实意义。

关键词："满铁"　弘报系　文化侵略　殖民宣传

一、"满铁"弘报系的设立及机构变迁

"弘报"的中文意思是"宣传、广告"。"满铁"弘报课发案高柳保太郎与松冈洋右。高柳保太郎1869年生于日本石川县，1899年毕业于日本陆军大学，入参谋本部，日俄战争时作为"满洲军"参谋，日本出兵西伯利亚时，和浦盐派遣军参谋一起作为特务机关长，共同工作。为了做不同民族的宣抚工作，在派

① 本文为吉林省社会科学基金项目（项目编号：2019jd50）、2019年吉林省社科院满铁研究中心项目。

遣军参谋部中设立了“弘报班”，配合陆军省情报系，在当地进行宣传活动。据说当时人们认为“宣传”一词具有欺骗之意，所以高柳弃之不用，转而采用“弘报”一词。日俄战争结束后，高柳任“满洲军”的兵站参谋。1921年，负责“满铁”涉外情报活动的“满铁”理事松冈洋右决定强化“满铁”的情报谍报业务，于是将卸任西伯利亚军参谋长的高柳保太郎聘为“满铁”顾问。在高柳保太郎建议下，1923年4月21日在“满铁”社长室设置弘报系，这是“满铁”在中国本土正式建立宣传机构的开端。

弘报系分为庶务班、第一班和第二班，设有写真室、映画制作所等制作机构，共有职员11名，嘱托6名。第一班负责文章撰写和口头宣传。第二班负责形影宣传。嘱托中有画家2名，分别在铁道部和社会课兼职。图案师2名，都在建筑课兼职，写真师2名。另有秘书1名、文书课职员2名。除总裁室外，还有兼职人员18名，主要在“满铁”庶务、铁道、地方、经理、抚顺煤矿、鞍山制铁所、京城管理局、东京支社等就职。①

弘报系主要负责出版报刊与照片，广泛向中国人民进行文化宣传和思想渗透。“满铁”弘报和情报各自独立，但职能相同。弘报系归属总务部庶务课，情报系归属总务部调查课。弘报工作重点是介绍会社业务，情报主要从事与调查相关工作。后经“满铁”机构多次变迁，1927年4月，“满铁”将调查课情报系扩大升格为情报课，统一管理弘报系和情报系业务。当时弘报系主要负责日本侵略扩张政策的宣传活动。

1930年弘报业务由总务部庶务课管理，情报业务移交给资料课。伪满洲国成立前后，“满铁”弘报重点介绍“满洲”，伪政权建立后重视社业宣传。在1936年10月的“满铁”机构改革中，殖民当局考虑到情报给人一种间谍印象，所以在总裁室新设弘报课，统一管理弘报和情报业务。此间，“满铁”的情报宣传

---

① ［日］天野博之：《为了了解满铁的十二章》，吉川弘文馆2009年版，第221页。

战略也随着时局的变化而改变。弘报课由庶务、情报第一、情报第二、弘报第一、弘报第二5部分构成。弘报第一系负责与内外弘报宣传机关的联络、电影写真的整备、“满洲电视剧”的发行、博览会和展览会的召开、弘报宣传所用刊行物的编纂和发行。弘报第二系主要负责国外宣传。1936年“满铁”弘报课共有课员94名。弘报课经费也上涨至393821日元。[①]

“满铁”职制改革后，弘报课隶属总裁室，并出版发行《弘报内报》刊物。《弘报内报》是非公开资料，100页左右，各号内容不同，主要分为业务关系、社业及实事关系、弘报资料等栏目。1939年4月1日，“满铁”重新分配铁路总局资料课业务，在铁路总局内设置了弘报课，课长由总裁室弘报课长松本丰三兼任。因为铁路总局在奉天，因此弘报课也迁至“满铁”会社业务中心地沈阳。此后，“满铁”本社弘报课和铁路总局弘报课一元化，担负着日本殖民宣传和与情报有关的所有工作。弘报课知名人士有志贺直哉、有岛生马、吉屋信子、菊池宽、横光利一、直木三十五等女作家，北泽乐天、宫尾等漫画家，和田三造、冈田三郎助等画家。1943年5月1日，两个弘报课合并为总务局弘报课，并迁至长春。1945年2月1日，因为日本已经不存在对外宣传的可能性，因此弘报课被新设的整备局第四课取代，虽然下设庶务、情报、宣传和民族工作四系，但已名存实亡。

二、“满铁”弘报系殖民宣传的渠道与途径

日本侵占“满洲”后，殖民当局急于向日本介绍“满洲”，因此“满铁”不仅通过会社各机构进行殖民宣传，而且弘报系还利用多种宣传工具进行宣传，其中放映电影、出版刊物和组织情报网等广泛进行殖民宣传。

① ［日］白户健一郎：《日本在中国东北文化政策序说—以满铁弘报课活动为中心》，《生涯教育学·图书馆情报学研究》，2010年第9期，第124页。

通过制作电影进行殖民宣传。电影是殖民宣传最有力的武器。“满铁”弘报系主任八木沼丈夫招聘的写真专家渊上白阳主管“满洲写真作家协会”，制作了多部“满洲”电影和电视剧。九一八事变前，弘报系组织派往日本内地的宣传班大肆宣传“满蒙是日本的生命线”，同时“满铁”弘报系（课）还制作了《支那之正月》《守护大连》等电影50多部100多集，对中国人和蒙古人宣传日本的文化设施、军备等。九一八事变后，弘报系组成4个宣传班到日本各大城市放映纪录片，欺骗和煽动日本人民，煽动侵略气氛，造成一种全国上下支持侵略的局面。“仅1936年‘满铁’弘报课就制作电影63部169卷”①，其中《满蒙破邪行第一、第二篇》是根据芥川光藏拍摄内容制作的。1928年4月，芥川光藏成为“满铁”嘱托，芥川是业余商社员，对“满铁”电影评价极高，曾出版《甘珠尔》《娘娘祭》《秘境热河》等。1931年11月、12月在日本各市厅当局、在乡军人等协力下，有关九一八事变的影片在日本各地巡回放映。② 有些电影还加上外文字幕，发往国外。此外，“满铁”还多次组织日本人观光东北，之后选取优秀报告在日本演讲。同时顺应“国策”需要和时局变化，举办各种博览会。

通过出版刊物进行殖民宣传。1933年3月，“满铁”受命进行伪满洲国国有铁路经营和新线建设，从过去对“南满洲”铁路侵占扩大到了整个东北，于是弘报课便倾注全力发行《满洲画报》，广泛进行殖民宣传。《满洲画报》1933年发行2册，1934年发行6册，1935年发行1月号后暂时停刊。从5月号开始改为月刊，一直持续至1944年1月号。目的是宣传伪满洲国和“满铁”。1933年9月15日发行的画报卷首标题是“新满洲、新视野”，下面写着“昔日的满洲，如今迎来了建国。日本将致力于

---

① ［日］满史会著；东北沦陷十四年史辽宁编写组译：《满洲开发四十年史》，辽宁省营口县商标印刷厂1988年版，第515页。

② ［日］安藤岩太郎：《满铁-日本帝国主义与中国》，御茶水书房1965年，第183页。

实现满洲的和平和文化的发展，实现理想满洲已经成为日本的圣业。血脉相通的满洲国的进步主要在于日本。新兴满洲国的面貌反映了正义日本的正确。预知日本将来发展方向，首先应该正视新满洲姿态”①。画报体现了“满铁”的弘报宣传。1936 年 11 月，“满铁”进行了制度改革，弘报课直属总裁室。总裁室弘报课出版发行了机关报纸《弘报内报》。该报是非公开资料，主要刊载弘报课进行的业务及采取怎样的方针政策等。有时超过 100 页，各号内容不同，主要分为业务关系、社业及实事关系、弘报资料栏等。在进行一般国策宣传的同时，“满铁”弘报还与“日本政府、关东军、满洲国政府及其他弘报机构联络协力，进行国策宣传，努力完成使命”②。

《满洲图表》是图表杂志，1939 年创刊，1944 年停刊。杂志中心人物是“满洲”写真作家协会首脑渊上白阳。渊上白阳 1889 年出生于熊本，是日本大正至昭和间的摄影家。1928 年 10 月，渊上白阳成为“满铁”情报课嘱托。渊上在“满铁”发行了《满洲写真贴》《满洲写真年鉴》，同时创办了摄影杂志《满洲写壇》。1932 年 3 月，“伪满”建立后立即设立资政局弘法处，以进行建国宣传。渊上就任弘法处技术科长，八木沼丈夫就任弘法处长。同年 6 月，资政局解散，渊上、八木沼重新回到“满铁”。此后，八木沼从事护路工作和宣抚工作，渊上第二年 9 月创办了《满洲图表》。1939 年 7 月以后设立贴近百姓生活的“报道写真”“趣味写真”“中间读物”等栏目。

“满铁”出版物主要在日本内地和“满洲”出版发行，共有 15 处发行地点，发行 1755 部，另委托贩卖日本内地，主要是九州。日本殖民当局非常重视在日本的宣传。1940 年发行 7000 部，1941 年 3 月号发行 10000 部。1941 年 4 月改版，从原来 32 页增

① ［日］天野博之：《为了了解满铁的十二章》，第 229—230 页。

② ［日］白户健一郎：《日本在中国东北文化政策序说——以满铁弘报课活动为中心》，《生涯教育学 · 图书馆情报学研究》2010 年第 9 期，第 126 页。

至36页，并且扩大销售数量，从11000部增加至15000部，并且从“记录写真中心主义”改为“报道写真中心主义”。

“满铁”弘报、情报机构并不限定在“满铁”本社，还在国际大城市设立很多情报派出机构，包括“满铁”东京支社（调查役）、大阪事务所、各铁路局资料课、“北支”事务局（后华北交通弘报课）、上海事务所、“支那”各地驻在员、纽约事务所、欧洲事务所和“鲜满支案内”等。这些机构形成一个庞大的会社情报网。纽约事务所控制九一八事变后美国的舆论，从事美国经济建设相关的调查活动和时局问题的情报搜集。欧洲事务所负责欧洲事情的联络，直至日本投降。1937年4月，松冈洋右强化了国际宣传方针。加强与驻外机构的联络，强化了纽约、欧洲两事务所业务，强化列国对日本在东北特殊权益的认识，尤其九一八事变后建立伪满洲国，七七事变后内外情况变化等。上海事务所前身是埠头上海事务所，从事会社业务介绍、涉外和调查业务。1932年以后作为总裁直属的部所，在南京、福州、汉口、香港等地设驻在员，有调查员150名。[①] 东京支社，1939年4月1日，“满铁”在东京、大阪、门司、新潟、小樽设立鲜满支案内所的同时，设立弘报担当调查役，1943年5月升格为事务所。日本投降前夕，共设立东京、名古屋、大阪、广岛、松山、福冈、新潟、仙台、札幌等9个事务所。此外，“北支”事务局也设置弘报课，解散后，设立了北支经济调查所和张家口经济调查所，最后作为“北支”事务所负责调查部管辖下的情报业务。“满铁”各派出机构都下设政治、经济、交通3个班，各情报负责人之间联系极其密切，尤其奉天、东京、北京、上海之间，且使用乱码暗号传递情报。情报派出机构负责人每年在“满铁”本社召开一次情报会议，弘报课设置后改为弘报会议。“鲜满支案所”（后来设在日本各地的事务所）的代表也参加会议。

---

① ［日］满史会著；东北沦陷十四年史辽宁编写组译：《满洲开发四十年史》，第517页。

这些情报弘报机构广泛进行殖民宣传。

三、“满铁”弘报系殖民宣传内容及作用

为维护日本对中国东北的殖民统治，“满铁”进驻东北后，开动一系列宣传机器广泛进行国策宣传，还与“日本政府、关东军、满洲国政府及其他弘报机构联络协力，进行国策宣传，努力完成使命”。弘报系主要负责报纸、杂志的出版发行和照片、广告的摄制制作等，向民众广泛灌输殖民主义思想和文化。“满铁”殖民宣传从内容表征来看是多种多样的，实质都是服务于本国利益。

宣传日本文化和大和民族的强大，摧残中国人民族意识。日本殖民者一方面极力清除东北固有文化，同时利用多种媒介宣传日本文化，向民众展示出一个发达富强的日本，淡化东北人民的民族意识，顺从和接受日本文化，从精神上麻醉和毒害中国人民。所谓“日满文化交流”就是向东北输入日本文艺作品，以占领东北的文化阵地。当时在东北的各个图书馆里，都被迫收藏有为数不少的日本进口书籍，日文书籍俨然成为馆藏图书的主角。1936 年，日本向“伪满”强制输入各种书籍有 58.7 万余册，1938 年就突破 1000 余万册大关，到了 1941 年，更是达到了创纪录的 3440 万余册。其他如电影、音乐、美术、戏剧等各种形式的日本文艺作品，也都在数量上超过了同类的中国作品。日本侵略者试图在东北沦陷区建立以日本文化为本位的殖民地文化，把东北人民改造成接受日本侵略者统治的顺民。毛泽东曾经指出，日本帝国主义灭亡中国的政策，分为物质和精神两个方面，“在精神上，摧残中国人民的民族意识。在太阳旗下，每个中国人只能当顺民，做牛马，不许有一丝一毫的中国气”①。

宣传“满洲”富饶和建国精神，支持伪满洲国成立。日本

① 毛泽东：《论持久战》，人民出版社，1966 年，第 423 页。

殖民当局多次组织日本文人到中国东北考察，这些所谓文人回国后发表诸多作品，大赞中国东北的大好河山和富饶资源，同时向日本国民展现"满洲"的经济价值，引诱本国人民移民"满洲"，欺骗日本民众。殖民当局鼓吹"日满亲善""一德一心""大东亚共荣圈"等思想，对日本侵略东北提供舆论支持，支持伪满建国。"满铁"弘报系重要职能就是为"满铁"的"国策经营"呐喊，为"伪满"的"五族协和"涂脂抹粉，为日本的"大陆政策"歌功颂德。

鼓吹日本侵略战争的"合理性"。弘报系平时向民众宣传殖民主义思想、文化，宣传所谓日本"侵略有理""侵略有功"等谬论，美化在"伪满"殖民政权统治之下黑暗的社会现实。到了战时，殖民当局将电影变为思想战、宣传战的精神武器，鼓噪用武士道精神参战，同时宣传侵华战争的"辉煌战果"，对日本发动的侵略战争歌功颂德。"满铁"弘报系大肆制造反动舆论为其侵略战争辩护，试图用正义的外衣掩盖其侵略本质。如国际宣传内容主要是"日本对伪满洲国成长的贡献""日本大陆政策是实现远东和平繁荣的根本方策"等。"满铁"弘报系作为软实力的宣传工具，与作为硬实力的军事力量一起构成日本对外侵略外交战车的两翼，从而推动侵略战争向前发展。

综上所述，为顺利进行军事、政治和经济等方面的侵略，"满铁"利用多种手段对中国进行了广泛的殖民宣传。"满铁"弘报系自始至终都在摇旗呐喊，是日本侵华的文化兵团，是"满铁"最强有力的政治宣传机构。弘报系殖民宣传目的是协力于日本国策的贯彻，殖民宣传的内容也是随着时局和形势的变化而不断进行调整。

【责任编辑：关国磊】

[**作者**：王玉芹　吉林省社会科学院满铁研究中心　研究员　长春　130033]

1898—1931 年大连地区发行与流通主要纸币述略

周　兴

摘　要：近代时期的大连地区曾经先后沦为沙俄和日本的租借地，被帝国主义殖民统治长达半个世纪之久。而俄、日两国的政府国家银行及开设在大连地区的殖民地银行，倚仗其雄厚的金融实力和根据不平等条约所攫取的众多特权，成为帝国主义列强实现对大连地区经济掠夺的重要工具。此时，在大连地区发行与流通的大量外国纸币，正是通过这些俄日银行影响着该地区的财政、金融、贸易、交通运输和工矿业等。当金融体制发生变化时，纸币出现贬值，甚至成为“废纸”，使大连地区人民备受巨大的经济损失。

关键词：殖民地银行　经济金融　币制改革　纸币

1898 年，沙皇俄国通过胁迫清政府签订《旅大租地条约》《续订旅大租地条约》强行租借旅大，其发行的货币——卢布票，进入旅大地区的流通市场，与原有货币并行使用。1904 年，日本发动日俄战争，其发行的银本位军用票，强行流通于南满地区。战后，由日本发行的日本银行金券、横滨正金银行券、朝鲜银行金券先后占据大连的货币市场，至1931年九一八事变后，整个东北包括大连地区的金融活动被再次改组，形成伪满洲国金融体系，伪满中央银行统一货币制度后，日本银行发行的纸币逐渐从流通市场上消失。

一、大连地区清代的货币概况

清初，大连地区内流通的货币以现银为主币，铜币为辅币，大额交易用银两，小额交易用铜钱。光绪年间中期，改铸银元，辅以铜币。至清代末期，由东北三省官办银号发行的纸币代替银元，复造铜元为辅币，以找零用。当纸币流入域内后，大连地区使用银元逐步减少。

另外，大连地区的金融活动在清朝末年愈加活跃。当时的金州、旅顺、貔子窝（今皮口）等地已有私营的当铺、钱粮庄、银炉等出现。一些信用好的大商号为弥补制钱的不足，还发行私帖参与本地流通。①

二、沙俄银行的“羌帖”入侵

相对于当时大连地区流通的“官帖”和“私帖”，沙俄纸币卢布，俗称“羌帖”，是沙俄政府国家银行发行的金本位卢布纸币，② 每1卢布含金量为0.275钱。19世纪中叶，沙俄帝国通过《瑷珲条约》侵占了我国黑龙江以北、乌苏里江以东共100多万平方公里的地区，并从19世纪60年代开始，“羌帖”越过边界侵入我国东北。为了掠夺中国资源，光绪二十二年（1896年），沙俄政府迫使清政府从俄、法借款中拨出白银500万两，合资经

① 薛峰：《大连金融百年图史》，中国金融出版社1999年版，第7页。

② 大连市史志办公室编：《大连市志金融志·保险志》，大连海事大学出版社2004年版，第65页。

办华俄道胜银行。1898 年 7 月，华俄道胜银行旅顺办事处成立，是大连地区历史上第一家外资银行。① 大量“羌帖”开始参与当地流通，主要有沙俄国家银行发行的罗曼诺夫老帖、中东铁路管理局授意华俄道胜银行发行的霍尔瓦特票等。

罗曼诺夫老帖是侵入中国最早、流通时间最长、流通额最大且危害最久的“羌帖”。沙俄发行的卢布纸币被称为“罗曼诺夫票”，而相对于 1917 年俄国“二月革命”后至 1922 年苏维埃社会主义共和国联盟发行新货币前这段时间，资产阶级临时政府所发行的各种“新帖”，罗曼诺夫票又称为“老帖”或“旧帖”，1718 年由查尔二世开始发行，起初实行银本位制。1897 年，沙俄继欧洲各国之后，也开始实行金本位制，当年确定卢布纸币与金卢布铸币的比价为 1.5∶1，并令沙俄国家银行按此比价兑换。同年又定立纸币发行条例，由沙俄国家银行发行纸币，主要有 1 卢布（长短号之分）、3 卢布（1898 年和 1905 年 2 种）、5 卢布（1898 年和 1909 年 2 种）、10 卢布（1898 年和 1909 年 2 种）、25 卢布（1899 年和 1909 年 2 种）、50 卢布、100 卢布（1898 年和 1910 年 2 种）、500 卢布（1898 年和 1912 年 2 种）8 种面额 14 个品种。这些“羌帖”正面都印有俄文“国家银行对此券不限金额兑现金币（1 卢布 = 1/15 金币，含金量为 17.424），发行权属于国家”字样。背面除双头鹰国徽和俄罗斯风格图饰外，并印有三条俄文声明：“1. 国家纸币兑换金币以国家所有财产作保证；2. 国家纸币与金币同在全国流通；3. 伪造本币者将剥夺公民权并处以放逐苦役之罪。”第一次世界大战爆发后，沙俄政府公布欧战前发行的金卢布票改为不兑换纸币。②

霍尔瓦特票是由哈尔滨华俄道胜银行奉中东铁路督办兼护路军总司令霍尔瓦特中将之命而发行的一种卢布纸币，共有 50 戈比（100 戈比等于 1 卢布）、1 卢布、3 卢布、10 卢布、100 卢布

① 薛峰：《大连金融百年图史》，第 7 页。

② 辽宁省地方志编纂委员会办公室：《金融志》（上卷），第 164 页。

5种，均由美国钞票公司印制，共发行2000万卢布。票券正面均印有火车图和俄文“华俄道胜银行”行名，背面印有俄文告示：“本券在所有的中东铁路收款处和在哈尔滨、海拉尔、宽城子的华俄道胜银行分行均可接受，并与1917年以前包括1917年流通的国家钞票通用，伪造者依法必究。”霍尔瓦特票在1918年12月发行，但其刚一出笼就遭到社会舆论的抵制。1919年1月15日，黑龙江督军鲍贵卿电告奉天、吉林两省一致拒绝接受，并通令各商会一律拒用。由于中东铁路各站和哈尔滨华俄道胜银行的全力推行，哈尔滨埠头区（今道里区）及中东铁路沿线勉强行用。1920年3月13日，中东铁路中、俄工人举行罢工，要求发放工资和驱逐中东铁路坐办霍尔瓦特。同年3月15日，中东铁路督办、护路军总司令鲍贵卿通告霍尔瓦特：克日将东路一切政权悉行解除，由中国照约分别办理。其他军装、器械等项，一并派员接收保存。霍尔瓦特被迫去职，中国政府接管了中东铁路。此时，华俄道胜银行拒不收兑霍尔瓦特票，中东铁路也不收用，于是霍尔瓦特票成为废纸。

三、成为战争毒瘤的日本“军用手票”

“军用手票”（以下简称军用票）是日本帝国主义在侵华战争中，强制发行的一种征用性、掠夺性、没有发行保证的货币。它是购买战时军用物资，向其他国家进行经济掠夺的一种残暴手段，是侵略战争中滋生出的一颗毒瘤。

日本政府从19世纪80年代起，军事预算逐年增加，以1892年为例，其军事支出超过了3450万日元，占全年财政支出的41%。日本为准备侵略战争，在国内发行公债筹资达11680万日元，占使用军费的51%，以发行战时公债形式来筹备军事经费的情况史无前例。同时，为了满足发动侵略战争的需要，日本除在国内发行军事公债外，还在被侵略国家强行发行军用票，推行所谓的“以战养战”政策。

日本军用票的发行始于1877年，其先后经历5个历史时期。中日甲午战争时期、日俄战争时期、出兵青岛时期、全面侵华战争时期和太平洋战争时期。其中该票主要流通于东北以及大连地区是在1904年日俄战争爆发后。日本政府为了支付战争经费，避免由于战争而出现的本国国内通货膨胀，发行不兑换的军用票，作为战争军费转嫁到作战地区的人民身上。日俄战争时期的军用票面额分为10钱、20钱、50钱、1元、5元、10元，共6种。至1904年统计发行额约为5960万日元，另据1905年4月统计总额达8977万日元，此后陆续增加，最高额曾达到19000万日元。战时日本的军用票在东北及大连地区流通量很大，而日俄战争以后，经日本政府批准由横滨正金银行回收此种军用票，共回收军用票14841万日元。

四、日本银行在大连地区的两次币制变革

1905年和1917年，日本为完全占据大连货币市场，先后两次对大连地区的币制进行变革。1905年8月，日本横滨正金银行发行纸币，逐步收回日本军用票；1917年11月，日本政府决定以朝鲜银行券统一东北货币市场，规定朝鲜银行金券为关东州和满铁附地法定货币，取代横滨正金银行的银券，银券只作为特产交易用币。①

横滨正金银行券。日本横滨正金银行（以下简称正金银行），是日本明治维新初期，依日本国立银行条例，于1879年12月11日设立，并在1880年2月正式开业的外汇专业银行，②具有半官半商的性质，日本政府的高度重视与支持对它的稳步发展起到了决定性的作用。早在1900年1月，正金银行于牛庄（今营口）设立分行，这是打入东北的第一家日本银行。当日俄

① 薛峰：《大连金融百年图史》，第32页。

② 傅文龄：《日本横滨正金银行在华活动史料》，第3页。

战争还在进行之时，1904年8月，正金银行随侵华日军进入大连，并在青泥洼设立出张所（储蓄所）。1906年，正金银行大连出张所升格为支店（分行），并被指定代办日本在中国东北的国库业务，又发行了金圆券和银圆券，在其统治区内作为法定货币强制进行流通。随后，正金银行在旅顺、辽阳、铁岭、长春设立分支机构，实际上正金银行大连支店在当时已执行起日本中央银行的职能。

随着正金银行大连支店的业务持续开展，1906年4月，正金银行在牛庄支店的业务中心迁至大连。由于主要业务的转移，原本在牛庄支店发行的银券（银本位）拾钱、伍拾钱、壹圆、伍圆、拾圆，由大连支店替代发行，流通于关东州和东三省范围。其所发行的银券俗称“钞票”，是中国银本位货币与日本金票以及其他外国货币之间的中介货币，并作为大连重要商品交易的计价货币。大连中国海关的关税予以接受，并按100海关两对156元80钱钞票的比例折算关税款。然而，正金银行在秋冬季节粮豆上市时增发纸币，向出口商放款，次年春夏特产交易闲散时，进口商为将正金钞票汇往上海或外国，对正金钞票需求增加。即，“发票时，则在市价昂贵之际，收回时，则在跌价之际，一转手间，获利非鲜”①。1913年7月，正金银行大连支店又发行金券（金本位）金壹圆、金伍圆、金拾圆纸币。1915年，大连支店在已发行的旧版金券基础上，将3种旧金券换成新版，并追加金佰圆券。同年7月银券佰圆发行，票面书写大连通用“圆银”，即是将“银圆”二字颠倒反读，另有天津、青岛、北京3种在原券票面加印“大连”及“大连圆银”的佰圆纸币。截至1917年的统计，正金银行大连支店发行兑换券量，金券为9089万元，银券为11792万元。

朝鲜银行券。所谓的日本“朝鲜银行”，原为韩国中央银

① 顾存吉：《满洲金融概况》，全国图书馆文献缩微复制中心：《伪满洲国史料》第29卷，第703页。

行，1909年11月创立，兼营一般商业银行业务，总部设在汉城(1910年起改称“京城”，今韩国首尔)。由于清军在中日甲午战争中失败，不能再被宗主国大清帝国庇护的朝鲜被日本逐渐蚕食。1910年，李氏当政的大韩帝国与日本签订《日韩合并条约》，韩国被日本吞并，朝鲜半岛正式并入日本领土，成为日本帝国下属的一个省，设朝鲜总督府。1911年日本颁布《朝鲜银行法》，韩国中央银行更名为“朝鲜银行”，并以日本银行和朝鲜总督府各出资1500万元资本金，共计3000万元进行合办。朝鲜银行实质上成为日本对朝鲜半岛进行殖民统治的中央银行，也是借用殖民地名称的日本官方银行，而且是日本军部对中国东北、华北地区金融侵略的积极支持者。①

1913年6月，朝鲜银行在大连设立分行，其发行的纸币同时进入大连地区。1917年，日本政府以第208号敕令决定停止正金银行金券的流通，并取消银券的法定地位，代之以朝鲜银行发行的货币。同时，将正金银行代理日本国库的业务移交给朝鲜银行，并行使日本中央银行在东北地区的职能。同年11月，朝鲜银行获得金本位银行金券的发行权。至此，朝鲜银行大连分行成为日本在关东州与东北地区最有实力的银行，② 其在东北地区流通的纸币高达数千万元。③

朝鲜银行券是大连地区流通量最大的金本位货币，该券与日本银行兑换券以及1913年至1917年间正金银行发行的金本位兑换券同被称为“金票”。因后来日本银行兑换券和正金银行金券逐渐退出流通，现称金票一般即指朝鲜银行券。由于关东州和东北其他地区的日本人乐于使用金票，并且由于在对外贸易中使用金票比较便利，因此朝鲜银行券在东北地区扩张迅速，金票被称

① ［日］島崎久弥：《円の侵略史》，日本経済評論社1990年版，第37页。

② 郭铁桩、关捷：《日本殖民统治大连四十年史》上册，社会科学文献出版社2008年版，第532页。

③ 顾存吉：《满洲金融概况》，全国图书馆文献缩微复制中心：《伪满洲国史料》第29卷，第12页。

为“日本在东北经济发展之血液”。截至1927年12月的统计，朝鲜银行券在东北地区流通额高达4358.4万元。朝鲜银行券票面使用日本传说中的七福神之一“寿老人”作为主要图案，故又俗称“老头票”，其面值分为伍拾钱、壹圆、五圆、拾圆、百圆等。

五、结语

殖民主义者在大连建设港口、城市规划、发展工业、开展贸易等，其根本目的是为其政治压迫、军事侵略和经济掠夺的战争策略而服务。随着政治、军事形势的变化，其货币发行日滥，币值迅速下跌。

另外，大连地区发行与流通的外国纸币数量和这些国家对大连地区的控制程度有关。沙俄卢布曾经在大连地区有着广泛的流通，后因沙俄国内政治、经济形势变动，沙俄卢布在大连地区的影响日渐式微，反之日本货币则趁机替代了沙俄货币的地位。而日本纸币本身，如横滨正金银行券和朝鲜银行券之间的关系，则很大程度上取决于货币发行银行在大连地区的力量对比。

如今，遗存的纸币已经成为日俄殖民者侵占大连地区的重要历史物证之一，对其发行和流通情况的研究令人深省。

【责任编辑：李　雪】

［作者：周　兴　滨梦之旅文化传播中心　大连　116001］

大连“满洲移民实习所”移民入侵通辽地区始末

黄耀慧

摘 要：1932 年 3 月，日本东京天照园在大连建立“满洲移民实习所”，并招收第一批移民实习生入所培训。1933 年 3 月，将结业实习生组成天照园“开拓团”侵入通辽县钱家店。天照园“开拓团”是伪满洲国建立后第一个侵入中国的日本“农业自由移民”团，被日本称为“农业自由移民的先锋”。它侵占中国农民的房屋和耕地、草场数千亩，给当地中国农民造成深重灾难。日本战败逃跑时，天照园“开拓团”烧毁房屋，掠夺资源，成为侵华日军的帮凶。

关键词：日本移民 “满洲移民实习所” 天照园“开拓团”

九一八事变后，日本不仅在中国东北和内蒙古东部地区扶植清末废帝溥仪建立伪满洲国傀儡政权，而且，开始向中国东北和内蒙古东部地区进行大规模的移民，鼓动日本非政府组织、社会团体和国民个人自愿组成“自由移民”团，移殖到“满洲国”定居。其目的是巩固日本对中国东北的殖民统治，永久侵占中国东北和内蒙古东部地区。

所谓“农业自由移民”，是相对由日本拓务省组织征召的甲种移民（即集团移民、集合移民）而言的乙种移民。“农业自由移民”的特点：是由愿意结成一个移民团体的20—30户人家组成的移民团。移居地一般选择在城市近郊地区。农业经营形式可以根据自己的农业技术、营农资金条件自行决定。日本拓务省和满拓公社给每户补助营农资金300元，渡航费200元。同时，满拓公社还向其低息长期贷款。其中，于1933年3月侵入通辽县（今内蒙古通辽市科尔沁区）钱家店的日本东京天照园“开拓团”，就是伪满洲国建立后第一个侵驻中国的日本“农业自由移民”团。因此，天照园“开拓团”被当时的日本政府和日本国民称为“农业自由移民的先锋”。

一、大连“满洲移民实习所”

伪满洲国建立后，通辽地区就被日本拓务省列为农业移民的首选地。1932年6月，拓务省将其制定的《拓务省与大藏省交涉制定的把南满通辽附近的张学良“逆产地”作为移民迁居预定地的农业移民案》提交日本帝国第62次临时议会讨论批准。日本第62次临时议会以财政困难为由，予以否决，但批准“由大藏省出资100554日元作为满洲移住地及产业调查经费”。

日本拓务省所说的“逆产地”是指中国东北军政要员的私有土地。民国初期，包括通辽县、达尔罕亲王领地（今通辽市科左中旗）、博王领地（今通辽市科左后旗）的西辽河流域是一片荒原沃野。“1916年，张作霖强行开放达尔罕亲王领地内的辽河南北沃土4000多方。张作霖及其丈母娘王花太太、鲍贵卿、冯麟阁等分割占有1000余方。1922年，张作霖占有通辽以西沃土2800余方。1924年，吴俊升强行租借博多勒噶后旗斯卜海的土地2000垧、阿林塔拉的最好耕地5000垧。同年，吴俊升又和杨宇霆一起侵占博王旗松林哈塔耕地2200垧”。外务省决定将这些

"逆产地"作为日本移民的预定地。

拓务省对西辽河流域适宜日本移民移住地和可开发的产业项目进行调查后，于1932年7月18日，制订《临时移民计划》，并在8月的日本临时议会上得以通过。《临时移民计划》在"土地选定及营农方式之件"中规定："第一，通辽地方选定水田200町步①、旱田1600町步。入殖200户农家，每户分配水田1町步、旱田8町步。第二，通辽地方选定旱田500町步、放牧地1500町步。入殖日本农业移民100户，每户分配旱田5町步，平均15町步的共同放牧地。独立经营以羊为主的畜农，与'满蒙毛织株式会社'共同经营并选定用地。"

1932年3月，日本东京深川区堀河町专门从事免费收容东京及全国各地失业、无业游民食宿、就业的私营福利事业机构——天照园园主小坂凡庸夫，决定将天照园收容的日本失业、无业游民移殖到伪满洲国通辽县钱家店。为了使移民尽快掌握中国东北的旱作农业技术，天照园首先在东京社会局、关东厅（大连日本租借地关东州）和"满洲青年联盟"大连支部长井藤荣、关东州大房身农场主冈田猛马、原金州公学堂南金书院长岩间德也、天照园理事今井照庆、哈尔滨极乐寺住持、普兰店居留民会会长和泉研等的支持、援助下，在关东州金州马家屯设立天照园"满洲移民实习所"，由冈田猛马任所长。

日本天照园还制定了天照园移民《宗旨书》。《宗旨书》规定：在大连设立"满洲移民实习所"。利用大连近郊的土地，在东京天照园选拔最好的经历者数十名，以实习农业为主，学习汉语、满洲语及其他实用学科，培养成农业移民。同时还规定：进入"满洲移民实习所"的实习生要"朝夕面向东天向天皇礼拜"；要明确"并非短期离乡外出做活，而是肩负神国延长使命前进"。入所者资格：25岁以上40岁以下之男子；义务教育结业者；具有农业以及畜产业兴趣者、受刑罚而无事者、有国民兵

① 1町步=99.3公亩。

义务观念者。培训时间为一年，从3月至翌年2月止。培训结束后，移殖到通辽县钱家店成为这里的“永住民”。

天照园移民实习生在大连“满洲移民实习所”专门学习中国东北农耕法和蒙、汉族人的日常用语，使用中国东北的家畜和农具，进行中耕、锄草、秋收和农作物加工作业等。在冬季，学习农家肥采集和春季土粪的翻倒等积肥方法，学习用木材制造农具、家具等。实习期间，饮食方式食物与满洲农家人吃的一样。每人每天以1角钱为标准，一个月吃一次猪肉、鱼肉。每人每月的生活费餐费3元钱，另外还支给零花钱1元5角。“满洲移民实习所”经费大部分由日本关东州关东厅和东京市府提供补助金。

日本天照园大连“满洲移民实习所”于1935年5月停办，4年间，共征召培训日本“农业自由移民”4期122人，其中培训结业后入殖通辽县钱家店天照园“开拓团”100人。

二、日本天照园入侵通辽县钱家店

日本天照园第一期农业自由移民侵入通辽县钱家店花拉胡稍。1932年3月，日本东京天照园从全日本的1府1道17县挑选出42名园员，组成日本天照园第一期农业自由移民。同年6月，进入中国大连金州马家屯“满洲移民实习所”，进行为期一年的农业实务培训。

第一期天照园移民实习生在大连“满洲移民实习所”实习期间，死亡1人、因病退所9人、因病静养2人，其余30人完成实习任务。1933年3月28日，除2名一期生留在“满洲移民实习所”当指导员外，其余28名实习生组成的日本东京天照园“开拓团”，在团长烟野喜一郎（系小坂凡庸夫的次子）带领入殖到通辽县钱家店南1公里处的花拉胡稍。跟随天照园“开拓团”迁入的还有烟野喜一郎的妻子烟野二三子和女儿烟野辽子。

日本天照园第二期农业自由移民自由移民侵入通辽县钱家店

花拉胡稍。1933 年 3 月末，天照园从 15 个府、县的失业、无业游民中征召第二期“农业自由移民”33 人，5 月 12 日，由天照园园主小坂凡庸夫送至大连“满洲移民实习所”接受培训。其中 10 名团员于同年 11 月先头入殖到钱家店天照园“开拓团”。翌年 3 月，又有 19 人训练结业入殖到天照园“开拓团”。

日本天照园第三期农业自由移民侵入通辽县一棵树村。1934 年 4 月，天照园征召第三期无业“农业自由移民”31 人，并入大连天照园“满洲移民实习所”培训。由于天照园“开拓团”的移民逐年增多，租种三番堂农场的土地狭小，用地不足，故于 1934 年 3 月，在通辽县第五区第三村即钱家店一棵树村（今通辽市钱家店镇亿棵树村）租种“逆产地”1134 町步，并从花拉胡稍迁移到一棵树村。因此，天照园“开拓团”亦称一棵树“开拓团”。1935 年 3 月，在大连“满洲移民实习所”训练结束的第三期“农业自由移民”27 人入殖到钱家店一棵树“开拓团”。

据通辽市钱家店镇亿棵树村民李文才老人 2002 年 6 月 6 日向作者介绍：1934 年春天，日本“开拓团”入侵到一棵树村。团长叫烟野喜一郎。当时，一棵树村已经居住中国农民百余户近千人。开始侵入的 32 户日本移民，全部分散住在一棵树村，在老高家的东大院、西大院住的多。日本移民有：喜多一志、相野吉、查原、清水上松、伊藤、中村、门井、川岛等。后来，又有 20 多户日本人侵入到后腰窝铺，五六户日本人侵入枕头窝铺，成为一棵树“开拓团”的部落。

日本天照园第四期农业自由移民侵入通辽县一棵树村。1935 年 4 月 16 日，天照园征召第四期“农业自由移民”16 人，送到大连“满洲移民实习所”培训。5 月份，因“满洲移民实习所”停办，第四期天照园移民实习生仅在大连“满洲移民实习所”训练一个月，就入殖到一棵树“开拓团”。

日本天照园第五期农业自由移民侵入通辽县一棵树村。1936 年 4 月，天照园征召第五期“农业自由移民”9 人，直接入殖到一棵树“开拓团”实习。其中8人实习结束后转为自己经营。

至1945年8月，天照园“开拓团”总户数达到96户385人，建有一棵树、枕头窝铺、后腰窝铺3个部落。

三、一棵树“开拓协同组合”的建立

按照伪满洲国制定的“开拓团法”和“开拓协同组合法”规定，“开拓团”入殖5年后，其行政机构转变为“开拓农村”的街、村制，经济组织机构转为“开拓协同组合”。“开拓协同组合”为无限责任的营农组织。“开拓团”员身份转变为“开拓组合员”。

日本政府规定：“开拓协同组合”“开拓组合员”要持之以恒地坚持“皇道精神、满洲国建国精神、报德精神”，永久居住在“大满洲帝国”，相互扶助、共存共荣，成为日“满”两国“开拓国策”的实践者，“满洲”诸民族建设“王道乐土、东亚新秩序”的核心；“开拓协同组合”成为强化国防、治安的据点。

“开拓协同组合”设组合长（兼街、村长）1人，理事4人，监事2人，评议员4人。“开拓协同组合”议事机构：协议会、理事会、农事委员会、役员总会。“开拓协同组合”事业部门：总务部、信用部、购买部、贩卖部、加工部、利用部、农事部、社会部。“开拓协同组合”由数个或十数个“部落”编成。“部落”实行“支部”制。“支部”实行支部长、组长、监查员、总会制度。

1938年7月，天照园“开拓团”更名为天照园一棵树“开拓协同组合”。内设贩卖部、购买部、信用部、畜产部。从事上述工作的职员总共有18人，其中组合员5人、家属3人、雇用当地中国人10人。1939年4月18日，一棵树“开拓协同组合”设立一棵树国民学校。新建16间教室，全部是瓦房。时有学生20人。到1941年末，在校生36名，其中男生21人，女生15

人。学制设立一、二年级，教师 2 名（女），首任校长佐佐木义三，后任校长白石芳雄。

据李文才忆述：1940 年，一棵树天照园“开拓团”在村西南建立一个灵魂塔，也叫神社，挖地 4 米多深盖的灵堂，里边放有死亡的日本人的骨灰。

四、一棵树“开拓协同组合”农业经营状况

（一）天照园“开拓团”农业经营状况。1933 年 3 月入殖通辽县钱家店花拉胡稍的第一期天照园“开拓团”，日“满”政府向其提供了一定的生活和农业经营保证金，租种日本南满洲铁道株式会社（简称“满铁”）东亚劝业株式会社三番堂农场的 120 天地（720 亩）的土地，土地租金为高粱 5 石（当时约 300 元）。移民住房全部借住三番堂农场的房屋。同时，从满铁东亚劝业株式会社借贷 1310 元作为固定资本和 600 元农耕资金。购买耕马 14 匹、骡驴 4 头及农具等。当年种植高粱、大豆、粟、小豆、小麻籽、荞麦等 86 町步，收获 774 石 5 斗，谷草 44760 捆。另外，搬运兴安南省警备队的马料收入现金 400 元。天照园移民入殖第一年获得纯收益 1809.69 元，按总人口 28 人分配，平均每人收益 64 元。

1934 年 3 月，天照园“开拓团”在一棵树村租种“逆产地”1134 町步。侵住当年，遭遇了洪涝灾害，农作物腐烂，收获无几。

据日本学术振兴会 1936 年 12 月调查编纂的《天照园村》一文记载：“天照园移民作为佃农入殖到兴安南省通辽县钱家店东亚劝业会社所有的土地，从事了约一年的佃耕。因该土地狭小，容纳不下继续入殖的移民，就近物色合适的土地。结果恰于原张学良所经营的三番堂农场约三万垧土地按逆产收归国有，借便将其中心地一棵树部落附近约两千垧不规整耕地，暂时以国有财产委托管理的名义，按每垧交纳高粱 4 斗 5 升而承租下来，从原耕

地迁到一棵树部落，从事农业经营。”

据李文才忆述：日本人来了就把一棵树村农民的土地都给侵占了，一共16方（1方=45垧）地。“开拓团”一户分得近半方地。他们种玉米、大豆、高粱。他们不会种地，雇用当地中国农民给他们种地，有的是长工，有的是榜青。还有的日本移民把多余的土地租给中国农民，春播时，日本人先借给中国农民一些农用资金。耕畜饲料不足时，他先借给你，秋后偿还。秋后利润按照五五分成，即秋收时，收获的50%作为雇用金留给中国农民，另外的50%交给日本人。但是，有一个非常重要的前提条件：秋收时，必须把收获的所有的农作物都拉运到日本人的场院里去，在他家的场院打场（脱粒），收获多少日本人清清楚楚，打完场后五五分成。

一棵树“开拓团”侵入时没带牲畜，后来从日本国进来一些洋马。之后，又派一棵树村的中国农民李德友去巴林右旗、巴林左旗买回来100多匹蒙古达子马。

日本人除了种地雇用中国农民以外，还雇用一棵树村的段志国给“开拓团”放羊，陈金山放猪，吴振东做饭。李文才给团部当杂役，搞卫生，后来当“开拓团”的邮递员。

第四期天照园移民入殖当年，遭遇特大冰雹灾害，最大的冰雹有鸡蛋一样大。高粱、大豆等高棵农作物遭到毁灭性灾害，几乎绝产。

（二）一棵树“开拓协同组合”农业经营状况。1938年，一棵树“开拓协同组合”有“开拓组合员”49户，耕种土地面积为1000.8陌（近代日本面积单位），每户耕种面积为20.42陌。种植大豆89.08陌，高粱740.64陌，玉黍69.11陌，粟242.95陌，麻20.05陌，其他52.9陌，其他菽类56.09陌。有役畜233头，绵羊240只，猪134头，鸡628只。

本年度财产情况：资产总金额85408.39円，负债总金额48326.12円；贷借情况：贷方总金额97734.39円，借方总金额97734.39円；损益情况：利润总金额33188.22円，损失总金额

18138.20 円。

1939 年 7 月，一棵树“开拓协同组合”永久居住“开拓组合员”50 户。“开拓协同组合”营农资金融资方式：每一个组合员出资 500 元，全组合合计为 25000 元。是年底为 49 户 115 人，其中妇女（妻子）26 人，小孩 36 人。耕地面积为 1000.80 陌，全部为旱田。种植作物有：大豆 89.08 陌，高粱 470.62 陌，玉蜀黍 69.11 陌，粟 242.95 陌，其他菽类 56.09 陌，其他时用作物 52.90 陌。家畜 233 头、绵羊 240 只、猪 124 头、家禽 41 头、鸡 587 只。

1940 年底，一棵树“开拓协同组合”有“开拓组合员”54 户 158 人；经营耕种土地 1134 陌；有大家畜 305 头、羊 483 只。

1941 年末，一棵树“开拓协同组合”有“开拓组合员”51 户 174 人。

1942 年，一棵树“开拓协同组合”计划入殖户数达到 55 户，而实际入殖户数达到 51 户。耕种土地总面积达到 1372 陌。

是年，“满洲国”开拓总局、满拓公社及其省市县地方事务所联合举办表彰增产粮食、支援太平洋战争的“优秀”“开拓团”及“开拓协同组合”活动，各地举办各种“共勉会”，如马耕竞犁会、农产物品评会、实习农家经营共勉会等。当年表彰增产粮食、支援太平洋战争的优秀“开拓团”及“开拓协同组合”9 个，其中一等奖 1 名、二等奖 1 名、三等奖 1 名。一棵树“开拓协同组合”经伪兴安南省省长推荐、“满洲国”开拓总局审查批准，授予全“满洲国”“模范”“开拓团”、“开拓协同组合”的第三等奖的第一名，即总排行第三名。

一棵树“开拓协同组合”被公认为入殖经营 10 年，成绩良好。一是入殖率高，计划入殖 55 户，实际入殖 51 户，入殖率达到 93%；二是耕种土地面积大，全“开拓协同组合”耕种面积达到千余陌，平均每户耕种面积达到了 20.42 陌；三是农业收入高，主要农作物每户谷菽面积达到 7.63 陌，马铃薯 0.9 陌。每户收获谷菽 6401 公斤，马铃薯 1040 公斤。

1943年，一棵树“开拓协同组合”有“开拓组合员”63人。是年，又在其周边的枕头窝铺、后腰窝铺设立第三次天照园“集合归农开拓团”，计划入殖50户，实际入殖57户158人。

1945年8月日苏开战前，一棵树“开拓协同组合”有一棵树、枕头窝铺、后腰窝铺3个支部（部落），总户数达到96户385人。

据烟野喜一郎战后回忆：1945年，一棵树“开拓协同组合”农作物播种面积合计1200町步。其中大豆240町步、玉米240町步、高粱240町步、粟200町步、大小麦30町步、马铃薯50町步、麻类70町步、其他130町步。牲畜存栏数是：日本马230匹，牛385头，乳牛65头，骡驴25头，绵羊640只，山羊60只，猪280头，鸡2000只。每户移民耕地面积逐年增加，入殖第一年为4町步，第二年8町步，第三年12町步，第四年16町步。农业产量：以1町步高粱计算，产2石3斗，全组合产量2600石。常年雇用农工10人。

五、日本天照园“开拓团”的覆灭

1945年8月8日，苏联对日宣战。9日凌晨，苏军全线突破日本关东军的防线。11日，伪通辽县日本参事官（副县长）波多久氏按照伪兴安总省“兴蒙对策要纲”要求，向侵驻通辽县的日本人下达了向奉天撤退的命令。

11日至12日，波多久氏带领通辽街的1156名日本人乘火车经朝阳向奉天逃跑。此时的一棵树“开拓协同组合”在籍人口为358人。

11日，一棵树“开拓协同组合”组合长烟野喜一郎突然接到波多久氏参事官的命令，要求放弃一切物品，全团立即向朝阳镇集结逃难。12日夜，第一批70多人冒雨乘火车南逃。15日到达朝阳镇，在此滞留1个月。9月17日到四平滞留越冬。1946年9月上旬，被遣返回日本。

8 月 13 日，第二批 120 多人冒雨乘火车南逃避难，15 日到达沈阳，并在此越冬。剩下的男开拓团员 31 人于 14 日午前赶着 5 辆满载着“开拓协同组合”的粮食和贵重物品的马车逃往郑家屯。8 月末，在法库被苏联红军缴械扣留。9 月 15 日，被解往铁岭。25 日，解往奉天，与第二批逃难奉天的日本妇女儿童会合。1946 年 6 月 18 日，被遣返日本。最终回到日本天照园“开拓团”员 87 户 298 人，死亡 71 人，解往苏联 21 人，未归国 20 人。

据李文才忆述：8 月 11 日，“开拓团”正在收打麦子，当时天下着雨。日本人突然向中国人卖衣物，价格非常便宜。当时中国人不知道是怎么回事，有的人就买了。后来才知道是日本倒台了。日本人逃跑前，将一棵树国民学校烧毁。

“开拓团”遗弃在后腰窝铺的野岛一家，滞留在乌兰吉村。1946 年返回日本。一棵树村何勇的叔叔救助一名日本妇女，当时，她被别的日本人砍伤了脖子。何勇叔叔把她背回家进行救治，治愈后娶她为妻。

最终回到日本的天照园“开拓团”移民被日本政府安置在栃木县那须郡，继续从事农业经营。

【责任编辑：李　雪】

［作者：黄耀慧　内蒙古兴安盟公署　调研员　乌兰浩特　137400］

日本殖民大连时期的鸦片政策及影响

王 勇

摘 要：日本在早期统治大连的时候，修建了旅顺南路。这条现代化的公路绝不是日本帝国主义对中国人民的仁慈和施舍。这条公路是日本殖民统治者为在大连经营鸦片，赚取中国人民的血汗钱修筑的。日本殖民统治者在鸦片经营中采取各种手段，严重毒害中国人民，大赚不义之财。日本政府内部围绕鸦片经营，你争我夺，勾心斗角，充分暴露出日本殖民统治者的丑恶嘴脸。

关键词：日本殖民 旅顺南路 鸦片买卖

一、移植台湾的鸦片贩卖经验

提到旅顺南路，可能很多人不知道，在日本殖民统治时期，这条路曾被称为“鸦片之路”。1935年，首任大连“民政署”署长关屋贞三郎来到大连，座谈会上，大连市长小川顺助之对关屋说：“听说是用鸦片的钱建起来的。”关屋答：“石本拿到了鸦片特许权，用作旅大公路的储蓄金。”[①]石本，就是日本统治大连期间的第一任大连市长，“自日本设置大连市以来，先后三次被任命为大连市长者惟石本一人”[②]。

石本贯太郎（1864—1933），日本高知县人，读过军校并学习和研修了汉语。中日甲午战争爆发后，他在第一师团做汉语教官，乃木希典是这个师团的旅团长，包括师团长山地元治、乃木希典等60多名将校在内，都曾是他的学生。后来石本能够受到乃木希典的重用，与这段经历有很大关系。石本这个老师当得很值，从此后他有了军方背景，在台湾和大连地区呼风唤雨，十分得意。

1896年，乃木希典赴台湾任总督后，石本也跟着到了台湾。1897年，“台湾总督府”颁布《台湾鸦片令》，设立鸦片专卖局，实行鸦片专卖制度。乃木希典让他做了“台湾总督府”专卖局翻译官兼制药所的头目。所谓制药所，就是日本人在台湾建立的制毒贩毒基地。他的具体任务就是掌管鸦片事务，台湾所有关于鸦片的事情，包括鸦片的销售、运输、吸食等，都要经过鸦片专卖局许可，否则，处以重刑。

石本在台湾期间，倾尽全力支持日本的鸦片政策，为日本政府利用鸦片敛财立下了汗马功劳，同时他也取得了如何更好地掌控鸦片的经验，为日后在大连地区继续经营鸦片打下了基础。

日俄战争中，石本贯一郎再次加入日军，在已经升任第三军司令官的乃木希典手下任翻译官，参加了旅顺、奉天两大战役。战后，他留在大连任“关东州”民政署满洲利源调查委员、“关东都督府”翻译官事务顾问。他利用业余时间，调查了大连地区及东北各地的鸦片状况，向“关东都督”大岛义昌提交了针对满洲地区的经营意见，计划在大连地区实行与台湾一样的鸦片政

① ［日］松原一枝：《幻中大连》，高燃译，大连回声书店2013年版，第45页。

② 王胜利等主编：《大连近百年史人物》，辽宁人民出版社1999年版，第418页。

策。这个计划既有利可图，又能毒害中国人，当局很快就同意了石本的意见。

“1906年6月10日，大岛义昌都督许可了住在‘关东州’的中国人潘忠国制造、贩卖鸦片。次年5月16日又追加给石本贯太郎同样的特许权。”①

关于潘忠国这个人物，我们知道的不多。此人曾在日俄战争中为日本人做过间谍，搜集情报。这次，他虽然第一个领到了鸦片经营特许证，其实真正的主人还是日本人。从此以后，所有经营鸦片生意的，都要到日本人那里办理特许证。这样一来，各种税费就源源不断地流进了日本人的口袋里。凡私自经营鸦片者，一旦被抓，将会受到严厉的惩罚。

二、大连地区鸦片贩卖系统

鸦片经营合法化后，鸦片在大连地区迅速泛滥起来。“据1907年2月24日发表的《第81号关东都督府报》统计：1906年仅旅顺一地就有鸦片贩卖店15家，烟馆130座。”② 数量之多，令人咋舌。在日本殖民当局的怂恿下，成批的鸦片从北满和西伯利亚等地涌入大连地区，养肥了日本人，毒害了中国人。

到了第二年，石本成立了广膏局，专门从事鸦片生意。他要取得特许证那是一件很容易的事情，1907年5月16日，他获得了进口、批发鸦片的特许权。他大规模地从国内外购进鸦片，运输到大连后进行独家批发销售，垄断了市场。在“关东州”凡是要开设大烟馆的中国人，只要到石本的广膏局购买鸦片，其他手续牌照之类的东西，都可以统统不用办理。石本俨然成了日本殖民政府的代理人，“1913年前后，广膏局成为大连百余家大

① ［日］松原一枝：《幻中大连》，第47页。

② 王胜利等主编：《大连近百年史人物》，第416页。

烟馆的原料来源，吸食鸦片者与日俱增”[①]。在他出任第一任大连市长之前的10年时间里，他在鸦片生意中赚取了大笔金钱。

石本对于利用鸦片赚取来的这些金钱的使用，大体上有两个方向，一个是进行投资，另外一个就是作为特许费上缴给日本殖民当局。在投资方面，石本投资经营本溪牛心台煤矿，创办了大连高等女子学院的前身，收买日本银行，在大连开设教育贮金银行等，他还担任了地产、肥料、啤酒、麻袋、制粉、火柴、石材等20多个公司的董事，大有与日本福昌株式会社老板相生由太郎[②]平分满洲财界之势。

石本的鸦片生意是在当局的保护下，才能够得以顺利进行，因此，保护费是必须要交的。不过名字不叫保护费，而是叫特许费，作为地方财政收入，交给当局。那个时候，日本刚刚占领大连，政府还没有可靠固定的收入，花钱的地方很多，如国库补助金、“关东厅”通信局和土地贷款等开支都远远不够，大部分都要靠收取的特许费来弥补不足。另外，还用这笔钱建设了一些政绩工程，如建造了中央公园、市民住宅、图书馆等公共设施。其中最大的一个工程，就是旅大汽车道路即旅顺南路的建设。

“1920年5月新上任‘关东厅’长官山县伊三郎于1921年10月又决定开辟一条穿越南海岸线旅顺至大连的新道路，称之为旅大汽车道路（现旅大南路）。这条道路用沥青铺设路面，从1921年10月动工，历经3年，耗资135万日元，于1924年10月竣工，长为46.8公里。”[③] 这条公路使用当时最先进的施工方法和最新的建筑材料，用沥青铺设路面，比在柏油上铺石子弹力更强，也更能减少车体震动，步行在上面就感觉像是踩在橡胶上面那样有弹力。日本当局对外在媒体上公布，这笔钱是出自“关

① 王胜利等主编：《大连近百年史人物》，第416页。

② 相生由太郎：日本福冈县人，大连福昌华工株式会社（红房子）创始人，曾任大连码头事务所所长，相生合名会社社长，大连商会会长等职。

③ 顾明义等主编：《日本侵占旅大四十年史》，辽宁人民出版社1991年版，第437页。

东厅”，而实际上却并非如此。[①]

日本女士松原一枝是在大连长大的，1937年21岁那年才回到东京。她对当年在建设旅大公路中的一些事情仍有印象，尤其是对“鸦片公路”名称的来历，记忆犹新。“我知道旅大公路又叫鸦片公路是从1921年2月19日的《东京朝日新闻》上看到的。”上面写道：“关东州首富因卖鸦片而被家乡土佐两度选为代议士。”[②] 松原女士还回忆道：1920年3月15日，日本股票市场暴跌，直接导致了一些银行、商社破产。其影响也殃及大连经济，石本贯太郎的教育银行等20多个公司都遭到了巨大打击。从1922年8月开始，石本不再是大连首富。……石本把过去靠鸦片赚来的钱投到旅大公路上，大概是为了减轻罪行。

在松原女士的叙述中，我们得知，日本人的报纸已经称旅大公路为鸦片公路了。松原女士说石本把钱建公路是为了减轻罪行，倒不如说是她在为石本减轻罪行。因为，从石本后来的所作所为来看，他对中国并没有负罪感。“1931年九一八事变后，石本贯太郎为‘满洲建国’活动而解囊相助，积极奔走。1932年11月其弟石本权四郎在热河因间谍罪被中国军队处死。1933年3月，石本带病亲赴热河为其弟收尸，因病情加重于1933年12月死于大连。”[③] 从上述表现，看不出他有一丝一毫要减轻罪行的举动。

石本贯太郎生前靠鸦片生意，在赚钱无数的同时，也作孽无数，不知毒害了多少中国人。也许是老天要惩罚他，这个曾经显赫一时的鸦片王，在他死后家道败落，其后代过得并不好。他的孙女阿贞，从弥生高中毕业后得了肺结核，医治无效而死亡。住院期间的所有费用，都是由阿贞的老师、石本贯太郎当市长时老部下的儿子恩田英给支付的。

---

① ［日］松原一枝：《幻中大连》，第45页。
② ［日］松原一枝：《幻中大连》，第48页。
③ 王胜利等主编：《大连近百年史人物》，第418页。

三、鸦片利润的争夺斗争

有关日本人在大连经营鸦片的情况，我们还有许多地方需要进行补充。石本贯太郎开设的广膏局后来被鸦片总局取代了，鸦片总局也叫宏济善堂，是个所谓的慈善机构，打着慈善的旗号进行鸦片的贩卖和走私。这个机构里面分为宏济部和戒烟部。宏济部是用来救助鸦片患者的医院，戒烟部名为戒烟，实际是专门从事鸦片贩卖的。

戒烟部由大连民政署直接控制，是大连地区鸦片买卖和走私的中心。这是多么具有讽刺意味。1919 年 1 月，中野有光出任大连民政署长，“任期内与日本内阁官员勾结大肆进行鸦片贩卖和走私活动，侵吞‘关东州’地区鸦片‘特许费’”[①]。石本贯太郎的利益受到了影响，广膏局被撤销，石本怀恨在心，一时没有报复的机会，只好暂时隐忍着，等待时机。在这段等待的时间里，石本一方面收集中野等人走私贩毒的证据，一方面与中野相互勾结利用，继续他的鸦片生意。

石本在小岗子松山台，就是现在的松山街，租用了一个大宅院，雇用了一批日本浪人和中国的无业游民，与宏济善堂戒烟部联手，秘密走私鸦片，获取巨额利润。鸦片的利润的确巨大，大得惊人，这里仅举一个例子。1916 年春，石本一次即从戒烟部非法低价购得烟土 400 箱（合 64000 英镑），价值为 228. 2 万日元。仅此一笔交易，石本就获得惊人的巨额利润。[②] 修一条旅大南路才用了 135 万日元，可见石本的鸦片生意做得有多大，从中获取的利润又会有多么巨大。

利润越大，眼红的人就越多。“由于经营鸦片是一本万利，所以日本内阁和上层官员亦插手大连贩烟活动，从中牟取暴利。

---

① 王胜利等主编：《大连近百年史人物》，第 389 页。

② 王胜利等主编：《大连近百年史人物》，第 416 页。

日本内阁成员为了捞取政党选举经费，全权委托内阁拓殖局长官古贺廉造往来于东京、大连之间，与中野等人勾结，合伙控制鸦片经营，收受贿金。”①

1919年6月，古贺廉造派他的亲信蒲原基辅拿着他的密信，来到大连面见中野有光，商议下一步如何具体操作鸦片经营事宜。中野有光找来宏济善堂戒烟部理事小田贞次郎，这是个实权派，加上蒲原基辅，他们3个人经过数次密谈，意见基本达成一致后，召开了中日双方贩卖鸦片头目的一个联席会议。日本人要卖鸦片离不开中国的毒贩子，因此这次会议不能没有中国人参加。

在这次会议上，按照事先拟定好的方案，各方经过讨价还价后，终于达成了协议，缔结了契约书。

以蒲原基辅为一方代表东京方面，中野有光为一方代表大连方面，其中包括大连地区的中国毒贩子，缔结的契约书内容是这样的：日方以蒲原基辅为代表，中方以杜毓楷为代表，由中方出资，以杜毓楷的名义开设兴泰号商店，经营鸦片。这个杜毓楷其实就是中野有光的代理人，完全受中野的控制。特许执照由日方向“关东厅”申办，鸦片的货源由宏济善堂戒烟部提供。这样就形成由日本人办理特许证并提供鸦片，由杜毓楷等中国人进行销售的一条龙贩毒网络。

按照契约要求，这些鸦片主要是贩卖到东北和关内。“为了免除沿途检查，载运烟土的大型包裹一概贴有大连民政署的官印封皮，由民政署协助发运，并串通警察、海关一路放行。”② 有了官方的保护，兴泰号的鸦片生意做得越来越得心应手，走私的范围越来越广，赚的钱越来越多，同时这些家伙的贪婪之心也越来越大，欲壑难平。

这些贪婪的日本人，在利益的驱使下，在中国的大地上，肆

① 王胜利等主编：《大连近百年史人物》，第390页。
② 王胜利等主编：《大连近百年史人物》，第390页。

无忌惮地走私贩卖鸦片，官商勾结，官家保护，干的是只赚不赔的买卖。其交易额之大，利润之高，实在诱人。他们曾一次交易额就达7000多万日元，获利1400多万日元，可修10条旅顺南路了。远在大连的中野有光，依仗有古贺廉造等内阁成员的支持，除了疯狂地从事鸦片生意外，还盯上了特许费这块肥肉，把它当成了自家的钱袋子，任意侵吞挥霍。“致使1919年的‘关东州’特许费由1915年的507万日元骤减为180万日元，1920年为210万日元。”① 中野势力再大，后台再硬，终归不能一手遮天，还是露出了马脚。“关东厅”长官山县伊三郎通过石本贯三郎等人的帮助，掌握了中野等政友会分子犯罪的证据，并报告给了他的父亲山县有朋。山县有朋接到儿子的密报后，大喜过望，如获至宝，他以日本军部为强大后盾，立即在国内组织人力物力，搜集了内阁拓殖局长古贺廉造与大连民政署长中野有光在贩卖鸦片中营私舞弊的大量罪证，并就此事大做文章，成为轰动一时的“关东州鸦片事件”。

1921年2月2日，“关东厅”高等法院奉命将宏济善堂戒烟部工作人员以及与事件有关人员逮捕，进行审讯，并对戒烟部进行搜查。搜查的结果并不理想，因为戒烟部按照中野的命令，已经提前将所有账目和文件销毁。不过，后来还是在鸦片走私团伙成员家中搜查到了他们与中野往来的信件。在证据面前，这些成员不得不交代中野等人的罪行。此事在日本朝野闹得沸沸扬扬的时候，山县伊三郎为了助父亲一臂之力，以彻底击败日本原敬内阁，破例允许大连各报公开披露事件真相。

3月21日，中野被提起上诉，日本国内也分别对参与此案的古贺廉造及国会议员等提起公诉。法院最后对中野有光、小田贞次郎、蒲原基辅等人各判处有期徒刑2年，缓刑3年。日本内阁撤销了古贺廉造的拓殖局长官之职，其余人犯一律释放。这个判决可以说是隔靴搔痒，可是中野等人却还不服，向“关东厅”

① 王胜利等主编：《大连近百年史人物》，第390—391页。

高等法院提起上诉。上诉被驳回，此案就此轻描淡写，草草了结。

四、结语

案件虽然宣判了，可是由此引起的政治风波却非但没有停止，且愈演愈烈。日本的在野党把攻击的矛头直接指向了内阁总理，要求追究责任。国际社会纷纷谴责日本政府官吏上下舞弊，以鸦片毒害中国人民。中国各阶层民众也对大连殖民当局轻判罪犯的做法表示强烈不满，要求重新审理，从严惩处。陷入丑闻的日本政府狼狈不堪，十分被动，内阁总理原敬不久即黯然下台。中野有光等人被大连殖民当局驱逐回日本，表面上是对其进行惩罚，实际是将其保护起来。后来，中野有光这个有前科的人，“回国后不久，即在日本当局名曰处罚、实则保护之下，当上了日本福山市市长”①。

【责任编辑：李　雪】

［作者：王　勇　大连市作协会员　大连　116001］

① 王胜利等主编：《大连近百年史人物》，第391页。

大连忠灵塔鸟居建设由绪之碑考

崔再尚 李 丽

摘 要：本文对大连忠灵塔鸟居建设由绪之碑的碑文进行辨认和抄录，并对日文碑文进行翻译，弄清石碑的来龙去脉。在此基础上，通过查阅相关的历史资料，介绍日本神道教在大连的传播，考证大连忠灵塔的历史，弄清大连日本“帝国在乡军人会”的历史，以此来进一步研究大连忠灵塔鸟居建设由绪之碑的历史，揭露日本侵占大连的历史。

关键词：忠灵塔 碑刻研究 大连日本在乡会

2017年5月23日下午，大连劳动公园莲花池边施工时发现大连忠灵塔鸟居建设由绪之碑。为了加强对石碑的保护，大连市风景园林处与大连市文物管理部门经过协商，将石碑放到旅顺日俄监狱旧址博物馆保管。2018年7月5日，旅顺日俄监狱旧址博物馆将石碑运回馆内，放入库房保存。

一、大连忠灵塔鸟居建设由绪之碑概述

大连忠灵塔鸟居建设由绪之碑为花岗岩质地，长257厘米，宽171厘米，厚29厘米，重约4吨。石碑呈长方形，碑阳和碑

阴的碑文雕刻在凹槽内。碑阳上部分为碑额和碑额题名，阳刻楷书和行书，下部分为碑文正文，阴刻楷书。碑阴碑文为献纳者、发愿者和立碑时间，阴刻楷书，碑文全部为日文。

碑阳碑文

大連忠靈塔鳥居建設由緒之碑

關東局總長 三浦直彦書

紀元二千六百年ヲ慶祝記念スヘク大連忠靈塔表参道入口ニ大鳥居ヲ建設シ緑山ノ聖地ニ神鎮レル盡忠殉國ノ英靈ヲ慰ムルト共ニ聖域ヲ荘（嚴）ナラシメ以テ關東州民ノ忠靈ニ對スル感謝景仰ノ念ヲ昂揚シ精神作（興）ノ源泉タラシメントスルハ洵ニ深遠ナル計畫タリ帝國在鄉軍人會大連第四分會之ヲ發案シ（關）東州土木建築業協會理事長榊谷仙次郎氏ニ工事完成ニ就キ協力ヲ要請ス協會ハ三十有二年ノ歴史ヲ有スル舊滿洲土木建築業協會ノ解散記念事業トシテ意義洵ニ深キヲ思ヒ之レカ建立獻納ノ議ヲ快諾ス抑々本鳥居建設ニ方リテハ忠靈顯彰會臺灣（總）督府及陸海軍當局ノ積極的御援助ト鄉軍協會員ノ和衷協力ニ依リ時局下幾多ノ困難ヲ克服シテ樹齢二千有餘年ノ阿里山靈檜ヲ二囬ニ亘リ海軍御用船ニテ大連埠頭ニ輸送シ古式ニ則リ之ヲ聖域ニ運ヒ施工ヲ明治神宮造營工匠ニ委囑シ昭和十七年六月一日嚴肅ニ起工式ヲ舉ケ爾來鄉軍警護ノ下ニ工匠勤勞奉仕者齋戒沐浴協力一致工ヲ進メ十月二十八日上棟式ヲ行ヒ十一月二十一日荘嚴盛大ナル落成式並獻納ノ式典ヲ舉ケ州民待望ノ大鳥居ハ關係者一同ノ赤誠ヲ表徵シテ其威容ヲ忠靈塔前ニ顯現ス（興）亞ノ聖戰正ニ酣ニシテ其完遂ノ前途尚遼遠ヲ思ハシムルノ秋永ク忠靈ノ遺勳ヲ偲ヒ其加護ヲ禱リ益々國民精神ヲ作（興）シテ天業ノ翼賛ニ邁進スルハ喫緊ノ要事タリ茲ニ建（設）ノ趣意ヲ記シテ之ヲ後世ニ傳フ

碑阳碑文的译文

为庆祝并纪念皇历纪元2600年，于大连忠灵塔表参道入口处建设大鸟居，以镇绿山圣地之神，告慰尽忠殉国之英灵，且使圣域庄严。高扬对关东州民英灵之感谢、敬仰之念，使其成为振作精神之源泉，乃为深远之计划。经帝国在乡军人会大连第四分会提案，请关东州土木建筑协会理事长榊谷仙次郎氏协助完成建设。该协会慨然同意捐献建设，将其作为具有32年历史的旧满洲土木建筑协会解散的纪念事业，意义实为深远。本鸟居建设得到忠灵显彰会台湾总督府及陆海军当局之积极援助及在乡军协会会员之大力协助，他们克服时局之重重困难，两次动用海军御用船，将树龄2000余年之阿里山灵柏运至大连码头，以传统方式移至圣域，委托营建明治神宫之工匠施工。昭和十七（1942）年六月一日举行肃穆的开工仪式，此后在乡军守护之下，工匠不计报酬，斋戒沐浴，同心协力，推进工期。十月二十八日举行上梁仪式，十一月二十一日举行盛大庄严之落成仪式及敬献仪式。州民期待已久之大鸟居乃相关人员赤诚之表征，其威容显现于忠灵塔前。念及兴亚圣战正酣，其成功之前途尚且辽远，此际缅怀忠灵之遗勋，祈祷神灵护佑，振作国民精神，向圣业之翼赞迈进，乃紧要之事。兹记建设之旨趣，以传后世。

碑阴碑文

昭和十七年十一月二十一日建之

發願者帝國在鄉軍人會大連第四分會

獻納者社團法人關東州土木建築業協會

通过碑文可知石碑由日本“帝国在乡军人会”大连第四分会发起，社团法人“关东州”土木建筑业协会敬献，关东局总长三浦直彦题名，1942年11月21日建成，碑文正文介绍修建大连忠灵塔鸟居的经过。

碑文中的纪元2600年是日本皇纪纪年体，以日本第一代天皇神武天皇的即位元年开始推算，比现行公历纪年早660年。纪元2600年是公历1940年。社团法人关东州土木建筑业协会位于大连市山县通一五八（今人民路）。

三浦直彦，1898年10月31日生，日本和歌县人，日本东京帝国大学法科毕业。日本侵占中国东北后来到大连，历任关东局事务官、驻扎伪满洲国特命全权大使秘书官、关东局事务官秘书课长和司政部行政课长等职。从1938年3月28日—1941年2月7日，任“关东州”厅长官。1941年2月8日—1945年8月15日，日本投降前夕，任关东局总长。

二、日本神道教在大连的传播

神道是日本传统的宗教信仰，源自日本绳纹时期，属于原始的部族信仰，最初是以自然精灵崇拜为主要内容，其历史变迁大体经历了古神道、神佛融合、儒学神道、复古神道等阶段。

鸟居是神社入门处的建筑，由两根立柱和上面的两根横梁呈“开”字构成大门的形状。不同神社的鸟居造型各不相同。鸟居的材料最初是木质，但后来就有石制、铜制、铁制和陶制等。鸟居的实际作用，有人认为是表示神居住的区域的大门，用于区别人界与神界。参道是进入鸟居后，有一条通向社殿的通道，在神道教中，把这条道路视为联结人与神的通道。

日本明治维新后，以神社为祭祀场所和活动中心的神社神道作为国家神道的主流，在对日本国民精神进行整饬的同时，逐渐凸显出国家与皇室两大因素，并成为其后的极端国家主义、军国主义的基石。日俄战争后，日本加强对中国东北的侵略扩张，在“满铁”第一任总裁后藤新平“文装武备”论的指导思想下，开始在“关东州”和“满铁”附属地传播日本神道教，修建日本神社，加强对日本移民的精神统治。日本殖民统治大连时期，陆续地修建了13座神社和1座神宫。这些神社作为日本本土神社的延伸以及国家神道的形象代言人，与军事侵略和经济侵略相呼应，成为日本文化侵略武器之一。

据调查，日本殖民统治大连期间，有如下神社等建筑。

1908年11月，在大连市转山屯建设关水神社；1909年10月10日在大连市南山2—2地建成大连神社；1912年9月6日，在瓦房店火车站前附属地东区旭村2号建成瓦房店神社；1914年10月17日，在大连市霞町191番地建成沙河口神社；1915年10月，在大连市信浓町公设市场内建成大连惠比须神社；1918年12月7日，在大连市春日町74番地建成金刀毗罗神社；1919年6月4日，在大连湾王家屯267番地内建成柳树屯稻荷神社；1922年7月31日，在大连市泡崖屯1081番地内建成小野田神社；1922年9月30日，在大连市周水子建成周水神社；1925年6月10日，在貔子窝财神街158番地建成貔子窝神社；1927年9月17日，在普兰店南山街建成普兰店神社；1934年5月25日，在金州南山建成金州神社；1934年7月20日，在旅顺白玉山町一丁目内建成金刀毗罗神社；1944年10月1日，在旅顺建成关东神宫。

三、大连忠灵塔的历史

忠魂碑是日本祭祀在对外侵略中战死之人的纪念碑，1905年日本侵占大连后，也将本土修建忠魂碑的祭祀形式带过来。从日俄战争起，日本在各地掀起了一股建造忠魂碑的热潮，各市村、町不断建造护国神社。从1910年开始由军队控制的“帝国在乡军人会”管理忠魂碑的祭拜活动，要求日本每个乡村小镇，每逢节假日，都要组织中小学生到忠魂碑前进行招魂或慰灵仪式。此后，日本在殖民地大规模修建忠魂碑和忠灵塔，要求占领地的人民祭拜忠魂碑。

1905年11月1日至1908年3月1日，日本殖民当局首先在旅顺白玉山北峰占地16829平方米，动用资金2425日元，修建一座日本祠院风格的神社——“纳骨祠”，将在日俄战争中阵亡的22723具日军尸体的骨灰，存放在祠院内地下3个拱形墓穴里。1907年6月20日，日本殖民当局又在旅顺白玉山南巅修建65米的“表忠塔”。

1908年9月4日，日本殖民当局在大连朝日广场（今三八广场）附近，修建大连纳骨堂，安放日俄战争中盖州以南（旅顺除外）大连附近战死的日军亡灵的骨灰，并立表忠碑，碑铭由首任关东都督大岛义昌题字，1909年7月15日竣工。1925年，日本殖民当局为纪念日俄战争胜利20周年，将大连纳骨堂迁至中央公园（今劳动公园）内，在公园高处修建“忠灵塔”，供奉日俄战争战死的日军骨灰，其中，将校174名，准士官下士543名，士兵5339名，还有九一八事变之后战死的日军亡灵53名，合计6082名。[①] 1926年4月24日落成，举行揭幕式。日本殖民统治大连时期，每年的5月和9月，日本人在这里举行招魂祭祀活动。大连纳骨堂最初由关东都督府陆军部管理祭祀活动。1923年10月，成立南满洲纳骨祀保存会，负责管理，联络地方机构进行祭祀活动。1935年4月，关东军成立财团法人忠灵显彰会，组织专司忠灵塔的建造、监守、祭祀和战迹保全，在中国东北地区设立旅顺、大连、辽阳、奉天、安东（今丹东）、新京（今长春）、哈尔滨、齐齐哈尔、承德9个地方委员会和事务所。

四、大连日本“帝国在乡军人会”

“帝国在乡军人会”是日本精神总动员的准军事组织之一。日本侵占大连地区后，十分重视发挥在乡军人的作用。1906年关东都督府成立后，就在陆军部内设立了在乡军人团。1910年，田中义一在日本国内将陆军在乡军人组织统一为半官半民的“帝国在乡军人会”后，关东都督府的陆军部在旅顺成立了“帝国在乡军人满洲联合支部”。

1908年，日本殖民当局在大连成立了在乡军人团。1912年改为大连“在乡军人联合分会”，负责统一管理大连市内的日本在乡军人。“帝国在乡军人会”大连市联合分会位于大连市佐渡町二二（今白玉街）。1924年经过殖民当局和“满洲在乡军人联

① ［日］菱刈隆：《忠灵塔物语》，通话春秋社1942年版，第77页。

合支部”的批准，按照大连市内街区的划分，成立了5个分会，同时又在拥有在乡军人较多的企业、单位也成立了在乡军人分会。按街区成立的5个分会，分别设在今中山区港湾广场至人民路、民主广场至胜利桥、天津街至火车站、南山和沙河口区联合路一带的日本人居住区内。这样，大连市内共有9个在乡军人分会，由大连在乡军人联合分会统一领导。到1931年5月，大连地区共有在乡军人7349人，比1918年的3721人整整增加了1倍。同一时期大连市内的在乡军人为5047人，[①] 占大连地区在乡军人总数近70%。

大连日本在乡军人组织的主要任务有两个：一是对会员进行军事训练，随时听从殖民当局调遣，执行临时性紧急任务；二是对日本居民，尤其是对日本青少年进行军国主义思想教育。为此，该会会员在民间极力宣扬日本在“满洲”的所谓“特殊权益”和“关东州是日本的生命线”等谬论，要求大连的日本人把这里当作第二故乡，并激励日本人树立起为日本帝国建功立业的志向。

1937年，日本发动全面侵华战争，日本转入“战时体制”。1939年8月26日，日本政府发布了《关东州国家总动员令》，宣布在战争时期，由国家统一调用武器、人力、物资和资金，国家生活的各个方面都应无条件地服从战争需要。这样一来，当时居住在大连地区的人民，就被日本政府强行绑在日本侵略战争的“战车”之上，成为日本对外发动侵略战争的牺牲品。

1941年12月，日本偷袭美国珍珠港，太平洋战争爆发。日本军部大本营面对战争节节的失利，开始利用神道为“圣战”祈祷，鼓动日本人具有为侵略战争服务、为日本天皇“献身”和自我“牺牲”的精神。大连的日本人为了对日本发动侵略战争的支援，宣扬日本军国主义，在大连忠灵塔前修建鸟居，妄图祈求神道来保佑日本“圣战”的胜利，这种扭曲的宗教文化必

① ［日］高桥勇八：《大连市》，大陆出版协会1931年版，第99页。

将随着日本对外侵略战争的失败而终结。

2019年是抗战全面爆发82周年，日本军国主义阴魂不散，一些右翼势力多次参拜供奉"日本战犯"的靖国神社，妄图复活日本军国主义，作为饱受日本侵略的大连人民，应该提高警惕，坚决反对。因此，研究大连忠灵塔鸟居建设由绪之碑对我们勿忘国耻、珍爱和平有着重要的意义。

【责任编辑：李　雪】

[作者：崔再尚　旅顺日俄监狱旧址博物馆　副研究馆员　大连　116041
李　丽　绥芬河博物馆　绥芬河　157399]

旅顺203高地“尔灵山”塔考

关国磊 赵 琦

摘 要：日俄战后，日本政府从俄国手中夺取了中国大连地区的租借权。日本殖民当局在迫不及待开发这块新领地的同时，也为了“永久保存战迹、扩大战功宣传”的目的，对日俄战争中的战场遗迹展开了有计划的维护和建设。1911年，由首任关东都督府都督大岛义昌发起成立的“旅顺战迹保存会”，在旅顺203高地北峰完成了第一座“战迹”纪念塔——“尔灵山”塔的修建。“尔灵山”塔的修建，不仅使其成为日本殖民统治大连40年期间的“旅游胜地”，更是成为日本殖民当局在中国旅顺、金州、得利寺、辽阳、沙河、沈阳、鸭绿江等地建立“战迹”碑刻的开端。

关键词：旅顺 203高地 “尔灵山” 日俄战争

1904—1905年日俄战争，是日本、俄国两个帝国主义国家在中国土地上发动的，是为争夺中国东北权益的一场非正义的侵略战争。这场战争，不仅给中国东北地区的人民带来巨大的战争灾难，更使中国辽东半岛沦为日本殖民地达40年之久，给人民带来无尽的屈辱和压迫。1905年，随着《朴茨茅斯和约》的签订，日本终于取代俄国，获取了中国大连地区的租借权，但与之相随的，日本也付出了巨大的伤亡代价，仅旅顺争夺战，日本第三军即付出了59408人的伤亡。战后，日本殖民当局不遗余力地开发这块新领地，与此同时，为实现“永久保存战迹、扩大战功宣传”目的，也开始了日俄战争遗迹的维护建设，以旅顺203高地“尔灵山”塔的修建为始，日本殖民当局在旅顺先后竖立了20多座碑刻，旨在将旅顺打造成对内推行殖民教育、对外展示日本文化的“圣地”。

一、“尔灵山”名称的由来

203高地，位于旅顺市区西部偏北，距旅顺港口约6公里，中国人原称之为老爷山、猴石山，有南北两峰，因海拔203米，故日俄战争期间被称为203高地。

旅顺争夺战爆发后，从1904年8月19日日本第三军发动第一次总攻击开始，日军的主攻方向是俄军东线阵地一带，而对西线203高地的攻击，则始于1904年9月19日，其目的是为了牵制俄军兵力，对主攻方向进行掩护。随着第一次、第二次总攻击及第三次总攻击前半段的失败，尤其是俄军波罗的海舰队东航消息不断传来，为缓解海军压力，早日歼灭俄军舰队，11月28日，日本第三军开始将主攻目标转移至203高地，日军第十一和第九师团继续攻击东鸡冠山北堡垒和二龙山堡垒等地，牵扯俄军来协助日军第一师团对203高地的主攻。日军280毫米榴弹炮等数十门火炮开始向203高地倾泻弹雨，日军士兵也在炮火掩护下疯狂冲击203高地俄军防御阵地。在俄军顽强防守下，日军第一师团士兵在两天的冲锋中大量伤亡，几乎是无力再组织起有效的攻击。11月30日，日军将新调来的第七师团投入争夺，俄军又增加后援兵力，203高地争夺战进入到白热化状态，双方死伤无数。12月5日上午9时，日军再次向203高地发动攻击，最终俄军不支只得撤退，203高地完全被日军夺占。此次争夺战，日军伤亡10000余人，俄军伤亡3000余人。日军占领203高地后，于203高地南峰架设了炮兵观测所，指挥火炮击毁港内俄军军舰。

203高地争夺战的惨烈和伤亡程度，是日军进攻前未曾料想到的，因此，在付出巨大伤亡占领高地后，诸多日军将校难掩兴奋之情，纷纷商讨为此山定名。“日军第一师团长松村务本认为因铁血而夺取203高地，所以主张定名为‘铁血山’，但有人认为此名缺少文雅而容易名不见经传；有人认为是在儿玉源太郎总参谋长的观战中夺取的203高地，因此可以命名为‘儿玉山’，但有人对此持否定意见，认为是10000多将卒的牺牲才获取的203高地，如果名字的含义不附带牺牲者，那么尽管儿玉总参谋长是名将，这个名字终归也显得缺少意义。而听着众人纷纷议论的乃木希典大将，此时吟出‘尔灵山险岂难攀，男子功名期克艰。铁血覆山山形改，万人齐仰尔灵山’一首诗，如此壮烈而泣鬼神的杰作，遂让众人一致定名为‘尔灵山’。”[①] 有人认为，乃木诗中“尔灵山”之名，来自于203的谐音，同时也寓意了乃木希典对战争中死去的两个儿子，以及诸多日军亡灵的悼念。由此，日本殖民统治时期，203高地一直被称为“尔灵山”，直至大连解放后，才重新使用203高地的名字。

二、“尔灵山”塔的修建

日俄战后，日本殖民当局在进行城市开发建设的同时，为推行殖民教育，宣扬日俄战功，曾对旅顺的日俄“战迹”进行了简单的修缮维护，1908年5月，在203高地北峰原俄军火炮阵地处，曾露天存放了俄军150毫米口径火炮的残骸，并在其旁建了一座小的标志碑，简单记述了俄军在此设置2门火炮，被日军炮火摧毁，战后日本将其挖掘后在此存放残炮的内容。

① 参见［日］乃木大将景慕修养会编：《乃木大将景慕纪念录》（上卷），1912年版，第102页。

1911年12月21日，为改变“战迹”随着岁月流逝而逐渐荒废的状态，进而可以达到永久保存“战迹”的目的，旅顺要塞司令官、“旅顺战迹保存会”总代押上森藏，向时任日本陆军大臣的石本新六提出了在203高地建设标志物的申请，① 拟在203高地北峰原存放150毫米口径残炮之地，建造一座“尔灵山”塔，翌年1月16日得到许可后开始动工，至1912年8月31日，不到一年时间就完成了“尔灵山”塔的建设。

“尔灵山”塔，由塔身和基座两部分构成形式。塔身采用日本三十年式步枪子弹造型，弹头中空铝制，弹壳青铜；基座采用上层铸铁、中下层花岗岩的八角形三段式设计，中上层各高1.5米，下层高1.3米。② 塔身上镶刻“爾靈山”“陸軍大將乃木希典書”字样，中层基座镶嵌的铜牌上刻有战历的碑文：

爾靈山ハ海拔二百三米突所謂二0三ニ由テ名稱ス位置旅順市ノ西北里許ニ在リ南ハ老鉄山ニ對シ東ハ大孤山ニ面シ黄渤兩海ノ中樞ニシテ展望殊ニ廣豁矣曾テ露國ノ疊ヲ我ニ開クヤ壘砦ヲ山巔ニ築キ半腹ニ散兵壕ヲ穿チ壕外ニ鉄條網ヲ设ケ附近ノ丘陵悉ク壕壘ヲ備ヘ以テ聯絡應援ノ便ヲ取ル乃木將軍第三軍ヲ督シ旅順攻圍ニ方リ右縱隊ノ一部ヲシテ爾靈山方面ニ當ラシテ九月十九日未明砲大ヲ開キ山頂ノ壘ヲ擊ツ敵兵寂トシテ應セヌ我兵ク漸ク接近スルニ及ヒ彼レ俄然銃砲ヲ亂射シ我兵死傷頗ル多シ後續隊次テ至リ西南角ノ散兵壕ヲ奪ヒ進シテ頂壘ニ逼ル苦戰四晝夜竟ニ拔ク能ハス將軍其ノ力取スヘカラサルヲ料リ正攻法ニ則リ士卒ヲシテ攻路ヲ鑿開セシム之ヨリ先キ海軍屢敵ノ艦隊ヲ擊盪シ港口ヲ封鎖シ以テ逸ヲ防ク時ニ波羅的艦隊東航ノ報頻ニ至ル此際我攻圍軍第一次乃至第三次總攻擊ノ不成效ニ鑑ミ諸般ノ準備ヲ整ヒ必成ヲ期シテ行ヘル第四次ノ總攻擊亦效ヲ奏ス

① 参见《旅順203高地に建碑の件》，アジア歴史資料センター，C02031469900。

② 参见《旅順203高地に建碑の件》，アジア歴史資料センター，C02031469900。

ルニ至ラス茲ニ於テ將軍諸將ト議シ以謂ラク宜シク先ツ爾靈山ヲ略取スヘシト恰モ此時攻路略成矣乃チ十一月二十八日ヲ期シ大小砲六十餘門ヲ列ネ敵壘ヲ霆擊シ激戰奮鬪漸クニシテ之ヲ拔キシモ須更ニシテ復タ敵ノ奮還スルトコロトナル此ノ如クシテ三日猶ホ未タ決セス故ニ將軍令ヲ下シテ戰ヲ休メ死傷ヲ收拾シ部伍ヲ輯整ス越テ十二月新到第七師團ヲ加ヘ敵ノ壘砦ヲ攀テ猛進肉搏ス敵遂ニ支フル能ハスシテ潰走ヌ凡ソ攻擊七十餘日彼我ノ死傷各萬ヲ超ユ這般ノ戰鬪寔ニ古來未曾有ノ慘烈ヲ極ムルモノト谓フヘシ爾靈山占領直ニ觀測所ヲ山巔ニ設ケ巨砲ヲ以テ港裡ノ敵艦ヲ射擊シ焚毀沉沒概ネ殄滅ニ歸シ松樹鶏冠等ノ永久堡壘相次テ陷落シ主將斯哲世兒軍資器材ヲ齊シテ出テ降ル嗚呼滿洲軍戰勝ノ一因日本海大捷ノ素源共ニ旅順開城ニ在リ而シテ旅順開城ハ寔ニ爾靈山ノ陷落ニ決ス其ノ由來スル所洵ニ偶然ニ非ルナリ山ハ原ト老爺山ト稱ス爾靈山ノ名ハ乃木將軍戰時ニ命スル處ト谓ス

建设“尔灵山”塔的费用，总计3000日元，其中铸造费、运输费为2700日元，其他基础费用300日元。按计划，其后的维护费用，将在以后根据需要进行申请。

而关于“尔灵山”塔的具体用料和费用来源，在押上森藏所著的经历书中有明确记载：使用战利品废金属制成子弹形塔身，乃木大将的题字由大阪炮兵工厂铸造，第一层基座使用战利品150毫米火炮的金属来铸造，中下两层基座采用旅顺港口闭塞沉船是所用花岗岩石。建设费用由南满洲铁道株式会社承担，并由南满洲铁道株式会社和大阪商船会社负责运输。①

在完成“尔灵山”塔建设不久，日本殖民当局于南峰山顶建造了一座日本炮兵观测所纪念碑，上面为280毫米榴弹炮弹头，下部石砌，并刻有“日本軍砲兵觀測所之位置”字样；又

① 参见［日］押上森藏著：《押上森藏经历》，斐太中央印刷所印刷，1926年3月版，第250页。

于203高地山麓乃木保典战死位置竖立了“乃木保典君戰死之所”碑。

伴随着日后“满洲战迹保存会”对旅顺“战迹”的开发建设，以及“战迹”道路的开通和各种旅游案内的印刷和宣传，“旅顺圣地”游逐渐发展和兴盛，“尔灵山”塔也逐渐成为日本殖民当局推行奴化教育的重要场所，而日本殖民当局如此不遗余力建设日俄“战迹”，不仅仅是在宣扬战功，更是为了促使日本国民形成必须拥有中国东北的心理，为其侵占中国东北营造出全民性认可的理由。

如今，在新中国成立后大炼钢铁时被拆掉铸铁文字的“尔灵山”塔，依然竖立在203高地的北峰，它的存在，是为了更好地警醒中国人民，铭记历史，凝聚奋斗的勇气，努力建设国家，使中华民族屹立于世界民族之林！

【责任编辑：李　雪】

[作者：关国磊　旅顺日俄监狱旧址博物馆　副研究馆员
赵　琦　旅顺日俄监狱旧址博物馆　馆员　大连　116041]

抗日战争史研究

大连近代史研究 第16卷

日军古贺骑兵联队伤亡人数考

穆景元

摘　要：1932年1月9日，锦西义勇军一举歼灭古贺骑兵联队，取得了江家屯大捷。这是自是年1月3日锦州沦陷之后，辽西义勇军取得的第一个对日斗争的大捷，震惊日本朝野！但是古贺骑兵联队被义勇军到底打死打伤多少官兵，历来专家撰文莫衷一是，分歧很大。为了还原历史的本来面貌，笔者通过进一步查阅日本史料《满洲事变实志》和《满洲忠灵记》以及国内著名军旅史学家王辅将军编著的《日军侵华战争》等史学书籍，终于使这一问题有了比较客观的结论。

关键词：江家屯大捷　锦西义勇军　古贺骑兵联队

1932年1月9日，日军占领锦西（今葫芦岛市）立足未稳的古贺骑兵联队，由古贺传太郎联队长率部出城扫荡，被英勇善战的锦西义勇军一举歼灭，史称江家屯大捷。这是辽西义勇军独担抗日历史重任后取得的第一个大胜仗，震惊了日本朝野，但在这场著名战役中日军到底伤亡多少人？由于日军在唯一的史书《满洲事变实志》中记载含糊不清，所以至今没有准确数字。曾有人在写这段历史的文章中说："在江家屯战斗中抗日民众总计击毙日军49人，重伤22人。”① 我国史学家关于这方面数字的记载是：“1月9日锦西龙王庙和大虹螺山两处，共歼灭室兼次中将和20师团指挥的官兵103人。”② 这两种不同的伤亡数字相差甚远，究竟哪个说得准确，为了恢复历史的原貌，很有必要用历史唯物主义观点，认真考证，查明日军准确的伤亡数字。

要弄清这段历史，只能从日本关东军参谋部编纂的《满洲事变实志》的字里行间中去粗取精、去伪存真地进行综合分析研究，才能找出正确答案。因为至目前为止，《满洲事变实志》是国内发现的日军记载古贺联队被锦西义勇军歼灭的唯一一部史书。

1932年1月5日，古贺传太郎率领骑兵联队，奉命以到锦西县扫荡匪贼的名义，由锦州出发，前往侵占锦西县城，途中受到金城堡村的义勇军阻击，古贺联队于1月6日才到达锦西县城（即江家屯镇）。因锦西县长张国栋已经叛国投敌，所以，古贺率部很顺利地就入城了，联队部安置在县教育局院内。同日，午后到达锦西县城的还有松尾粮秣输送监视队和担当掩护任务的石野步兵小队。据城内市民观察：“古贺骑兵联队的总数只有86骑，这是因为当时日军的部队还是处于简编状态，古贺传太郎的骑兵联队也是同样，仅辖有1个骑兵中队，连同副官、军医、兽医及供应军官在内，总共才有约80人而已。”③

1月8日，古贺派侦察兵出城侦察，发现城外有大量义勇军正在集结围城。古贺听到这个信息，非常惊恐，认为如果对这种情况置之不理，则联队最终要被义勇军所消灭，所以，古贺决定于9日午前率部出城扫荡城外的义勇军。据《满洲事变实志》记载：“在九日作战的骑兵第二十七联队（即古贺骑兵联队）的编制，有返回锦州运输粮秣的辎重监视队，步兵第七十三联队的石

① 《辽沈晚报》，2015年8月16日，第一版。

② 王辅：《日军侵华战争》，辽宁人民出版社1990年版，第142页。

③ 王辅：《日军侵华战争》，第135页。

野小队也加入，全员为130名。”① 其中联队本部为74人（除去文职人员和被义勇军打死的出城侦察兵），共分4个小队，其中军官有古贺联队长，联队副官米井大尉，联队旗手森下少尉，通信员丸山中尉，中队长山田大尉，机关枪队长野大尉，小队长有：野口中尉、中原中尉、亲泊中尉、村上中尉；返回锦州的松尾输送监视队（松尾辎重兵少尉以下26名）步兵第七十三联队石野中尉以下28名。

古贺率部出城扫荡留下村上小队和联队旗手森下少尉，在联队队部院内护卫联队旗。古贺出城后兵分两路，一路由石野率步兵小队直奔龙王庙高地，另一路由古贺率队前往上坡子。这两路日军都遭到义勇军的顽强抵抗，在龙王庙高地的石野步兵小队，被以刘春山、张恩远为首的义勇军三面包围。石野小队长被打死，川口一等兵也被打死，岸本一等兵受重伤。古贺联队长在上坡子听说联队部被义勇军包围，他唯恐联队旗被义勇军抢去，所以率部急驰返回锦西县城救援护卫联队旗的村上小队，结果在西园子村遭到义勇军的伏击。古贺联队长被击毙，“为队长殉死的人有15名，负伤者约20名”②。

9日，回锦州领取粮秣弹药的松尾粮秣输送监视队，走到锦西县城东方钱搭屯岭时，被附近的义勇军包围，激战半日，被全部歼灭，无一漏网。据《满洲事变实志》记载这场战斗战死者有：“松尾辎重少尉、辎重兵下士官以下24名，骑兵的传骑2名，翻译1名，其他内地人1名，朝鲜人1名。”③ 至于在1月9日的战斗中，日军的伤亡总数《满洲事变实志》是这样说的：“由于从早晨战斗以来有很多部下负伤倒下去或者战死了，担任警备任务的仅仅不过40人，实在是悲壮。”④ 如果用1月9日晨

① 穆景元：《满洲事变译文集》，环球出版社2014年版，第167页。
② 穆景元：《满洲事变译文集》，第181页。
③ 穆景元：《满洲事变译文集》，第185页。
④ 穆景元：《满洲事变译文集》，第173页。

参加战斗的总人数是130名，减去这40人，则伤亡人数应为90人，其中伤和亡的分别人数，根据关东军司令部在《满洲忠灵记》中记载，在锦西县城内外和钱搭屯战死者为52人。①

根据日军死亡数字的推断，1932年1月9日午前参战的日军古贺骑兵联队、石野步兵小队和松尾粮秣输送监视队共130人，经过1月9日一天激烈战斗，被义勇军打死打伤共90人。其中战死者为52人（内有军官5人），负伤者为38人。所剩残兵40人已经不成编制，所以古贺骑兵联队确被义勇军歼灭了，锦西县城也放弃了。因此，关东军不禁哀叹："这实在是满洲事变开始以来最大的悲惨事件。"②

【责任编辑：李　雪】

[**作者**：穆景元　锦州渤海大学政史系　副教授　锦州　121000]

① 穆景元：《满洲事变译文集》，第212—215页。
② 穆景元：《满洲事变译文集》，第165页。

第二十二路义勇军司令齐献廷抗日事略

张桂芝

摘　要：第二十二路义勇军司令齐献廷，出生在一个开明绅士的家庭，其父齐赓云是锦西县知名人士，其人品和德行闻名遐迩。在任清奉天省谘议局议员时，针砭时弊，为民请命，深得百姓拥护。齐氏家族的良好家风培育了齐献廷的爱国情怀，九一八事变后，他放弃养尊处优的安逸生活，组织2000余人的义勇军队伍，被黄显声任命为第二十二路义勇军司令。特别是当年锦西县为防匪患，保一地平安，他奉命建立的联庄会民团武装成为"全省之冠"。这支训练有素的民间武装力量，成为抵御日本侵略者的劲旅，为战胜古贺联队准备了一支强有力的地方武装和雄厚的物质基础，为江家屯大捷作出了重大的历史贡献。

关键词：锦西民团　抗日义勇军　江家屯大捷

关于第二十二路义勇军司令齐献廷的抗日事迹，在以往的史料中留存的很少，且记载得也较零散，所以史学界一直没有人形成单篇文章介绍他的抗日事迹，特别是他对消灭日军古贺联队的江家屯大捷所作出的重大贡献更是无人提及。最近几年齐氏家族的后人在续修家族宗谱过程中，通过广泛地查阅史料和家族后人的回忆，发现了许多关于齐献廷的抗日事迹，尤其是齐家第二十二世孙齐大勇边挖掘边研究，每每发现史料记载与史实不符的情况，他就与专家学者一起探讨，直到还原历史的本来面貌为止。这样就使齐献廷的一些抗日事迹逐渐浮出水面，而且脉络愈加清晰。

一、齐献廷的爱国情怀

齐献廷，字瓒亭，原名齐宝璋，献廷是他的号。1884 年出生在一个开明绅士家庭，出生地为今辽宁省葫芦市南票区黄土坎乡申家屯村高家屯。其家族自第十二世祖齐登第、齐登元两公于清康熙末年和乾隆初年间，先后由山东省德平县原籍移民到今葫芦岛市黄土坎乡高家屯和孤家子屯。齐献廷是齐氏第二十世孙。齐家到了第十七世齐廷伍（齐献廷曾祖父）和第十八世齐国祥（齐献廷祖父）时，已成为当地富户，当年其曾祖父齐廷伍颇具远见卓识，在家里开办私塾，请来附近周家屯的老秀才米斗南为儿孙进行启蒙教育，教谕子孙知书明理。后来，他考虑到本屯和周边村屯求学者日益增多，于是又建房四间，将私塾开放为“义学”，德惠乡里，齐廷伍的乐善好施深受乡民敬重。其子齐赓云自幼聪颖好学，当时有“城西才子无二者”之说。清光绪五年（1879 年）齐赓云考取了清朝廷“恩贡”功名之后，被分配到直隶州州判为候选（辅助地方长官处理公事的人员）。可齐赓云无意仕图，终生在家经营祖业。但他却因为才能和贤德闻名乡里，成为锦西一带的地方名人。

有道是“青出于蓝而胜于蓝”。齐献廷生活在这样一个具有中华民族优良传统的家庭，作为齐赓云的长子，经过潜移默化，耳濡目染，从小就学业、品行兼优。他在清宣统年间考取“拔贡”候补直隶州州判，后来，又考取了县知事（县长级别）的资格。取得功名后，投身教育事业，曾任锦西县两等小学的校长（初小、高小均齐备的小学称为两等小学）和锦西县视学（即督学）等职，并兼任锦西县参事会参事员，1928年至1929年参与《锦西县志》的编纂工作，任本书的校定，为锦西的历史留下了弥足珍贵的史料。齐献廷还曾在直隶省（今河北省）担任过肥乡县、宁津县、鸡泽县的知事，直隶省税收局局长、直鲁豫巡阅使署军法官等职，最后任奉天省西路清乡局局长的职务。在任职期间曾荣获银质棠荫章和五等嘉禾章以及奉天省公署一等奖章。

1931年九一八事变爆发后，张学良于9月23日通电东北军政，将东北军政中心西迁锦州，在锦州暂设东北边防军司令长官行署、辽宁省政府行署。是年10月上旬，黄显声将军和熊飞等人在锦州北街福金生百货店内（现锦州市北街）召开秘密会议，研究制定了组建义勇军的纲领性文件，最后由地下党员刘澜波整理成民众武装《收编加委方案》。本方案实施之后，广大工人、农民、东北军官兵、绿林首领、爱国士绅纷纷而起，组织各种名称的抗日义勇军。

在国难当头的关键时刻，作为士绅家庭的齐献廷没有贪图养尊处优的安逸生活，而是积极响应黄显声将军的号召，在家乡组织2000人的义勇军队伍。① 黄显声深知他的实力，遂于1931年11月任命他为第二十二路抗日义勇军司令。

二、齐献廷对江家屯大捷的重大贡献

1932年1月3日锦州沦陷，1月5日，驻锦州日军第二十师团司令部派第三十八混成旅团第二十七古贺骑兵联队，包括石野步兵小队和松尾粮秣输送监视队共130人，西进占领锦西县城。县长张国栋不战而降，沦为可耻的汉奸，但是具有反帝反封建光

---

① 北平救国会编：《东北义勇军概况》，赵杰主编：《血肉长城》，辽宁人民出版社2001年版，第87页。

荣传统的锦西人民同仇敌忾，决心与日寇决一死战。

1月9日，锦西民团3000多人，在县公安局局长苑凤台的指挥下，一举消灭了日军古贺骑兵联队，打死打伤日军90人，其中打死52人（包括松尾少尉辎重兵输送监视队30人，内有军官5人），击伤38人，[①] 古贺当场毙命。日军深感已无力守住县城，遂决定放弃江家屯，“1月18日不得不将县公署迁至连山办公”[②]。绿林首领刘存起，报号亮山（有的史料记载刘存启、刘春起、刘纯起）趁机率部收复了锦西县城。为此，被北平救国会任命为第三十四路义勇军司令。

这是九一八事变以来，中国人民从日军手里收复的第一座县城，史称江家屯大捷。

江家屯大捷，震惊了日本朝野。他们惊呼“这实在是满洲事变以来的最大的悲惨事件”，“锦西冬季之风暴闻之皆血泪也”[③]；还称“锦西的匪贼（指义勇军）继承蒙古血统，是和七百年前成吉思汗的名字一起，以剽悍、敏捷、勇猛而震动全世界了不起的民族”[④]。

齐献廷对江家屯大捷到底做出了哪些贡献？这要从锦西县全境乡团说起。锦西人民之所以能够取得江家屯大捷，这与九一八事变之前锦西县为了抵御土匪扰乱乡里在全县广泛建立联庄会民团武装是密不可分的。而且这支民团武装成为当时奉天省的“全省之冠”！对此，齐献廷功不可没。锦西联庄会是从齐献廷的家乡——万家屯联庄会开始的。“民国十三年间（1924年）盗贼蜂起，合境骚然，而以四区受害为最烈，中资以上各户尚可购枪自卫，一般小户出外负贩或入山采樵，均畏而裹足。因匪氛猖獗，

① 这一数字是1981年亲自考察江家屯大捷史实的渤海大学原副教授穆景元，于2015年最新考察的日军死亡人数。

② 《满洲日报》，1932年3月24日。

③ ［日］关东军参谋部：《满洲事变实志》第109、113页。

④ 《协和》杂志，第69期，1932年，第22页。

无论贫富一经掳去，勒赎不满欲望，即有生命之危险也”[①]。为防匪患，是年7月万家屯一带在全县率先创办了联庄会。齐献廷上任伊始，首先亲自“拟定简章，呈请备案”。有了章程“各庄得所依赖，大加扩充，添购枪弹，制备军装，声势为之一壮”[②]。“1926年9月，协助陆军（奉军）王营长剿匪，齐献廷亲率200壮丁分驻木匠沟、赵家屯等处，任一面防堵之责。匪对该会防线远远避却，不敢越雷池一步，其畏惧可知矣。”[③]当时万家屯联庄会成为全县的楷模，“刘前知事寅祉赠奖旗一对，曰：‘民团模范’‘边境长城’，可见其造福于地方矣”[④]。

“1928年，齐献廷担任奉天西路清乡局局长，驻在锦西。他利用自己职权，把万家屯民团办法，推广到全县。于同年4月颁布‘锦西县全境乡团简章’。”[⑤] 自从齐献廷将联庄会在全县铺开之后，他“任劳任怨，热心公益，众望所归。平时则按村检验，分区训练，有警则择要设卡，轮流防堵，井井有条，乡团确成有用之师……全境太平，大有路不拾遗、夜不闭户之景象”，“地方之安逸近来可称全省之冠”[⑥]。可见，齐献廷荣获奉天省公署一等奖章名副其实！

1930年7月，张学良在葫芦岛新建了中国人自己的码头，与日本人的大连港码头抗衡。为维护锦西县全境治安，遂任命其副官苑凤台为锦西县公安局局长。8月，苑凤台走马上任。他依据“锦西县全境乡团简章”第二条关于“全县民团受县长监督命令，由公安局长督饬公安中、分队长组织管理”的规定，积极

---

① 《锦西县志》卷四《政治附乡团四十》，1929年版。

② 《锦西县志》卷四《政治附乡团四十》，1929年版。

③ 《锦西县志》卷四《政治附乡团四十》，1929年版。

④ 《锦西县志》卷四《政治附乡团四十》，1929年版。

⑤ 郭逵：《锦西县民团的蓬勃兴起》，《文史资料存稿选编》第6卷，中国文史出版社2000年版，第65页。

⑥ 辽宁省档案馆：《奉天省长公署档 锦西县呈邑绅齐宝璋拟请从优叙奖倡办乡团卓著》，JC10，卷1256。

支持地方民团的发展壮大。尤其是九一八事变之后的是年 9 月末，苑凤台到锦州参加了黄显声主持召开的辽西 8 县公安局长会议之后，根据黄显声关于各县积极加强民众武装、准备迎击西犯日军的指示，又进一步整顿加强了本县的民团武装，使其更加强盛。“截至九一八事变时，全县民团枪械，约达万余支，可抽壮丁八九千人。”①

齐献廷起初建立联庄会旨在抵御匪患，保一地平安，但当外敌入侵，民族矛盾上升为主要矛盾时，被齐献廷训练有素的民间武装力量的“有用之师”，成为抵御日本侵略者的劲旅！为战胜古贺联队准备了一支强有力的地方武装和雄厚的物质基础。这就是齐献廷对江家屯大捷最重大的历史贡献！

从江家屯大捷中，可以显现出各个联庄会之间配合十分默契。在 1 月 9 日战斗即将打响之前，苑凤台率西五会的首领们到县城西门外亲自指挥，并集结刘存起、刘春山、张恩远等绿林武装，集中兵力攻打古贺和石野步兵小队；齐献廷所领导的东五会主要应对回锦州领取粮秣、弹药的松尾粮秣输送监视队。当战斗打响之后，附近马圈子、张相公屯、陈家屯、杜家屯、小岭子，甚至方圆几十里外的周家屯、喂牛场、响水河子、虹螺岘、黄土坎子、萝卜窖等十多个村民团，闻讯后均拿着武器迅速前来参战。因此，这场战斗形成了强大的攻势，义勇军打了一场排山倒海的人民战争。松尾以下 30 人（包括在战斗中从江家屯赶来的日军通讯骑兵 2 人）无一漏网，全部被歼，义勇军并缴获大量军需品。义勇军视死如归的壮举，表现了气贯长虹的伟大民族精神。

三、第二十二路抗日义勇军之战绩

江家屯大捷之后，日本关东军深感古贺联队在江家屯的失

① 郭逵：《锦西县民团的蓬勃兴起》，《文史资料存稿选编》第 6 卷，第 65 页。

败，在舆论上对日寇极为不利，所以一方面派出大部队镇压，一方面由沈阳急派汉奸潘炳荣（字桂庭，系锦西县兰甲屯人，原辽宁省被服厂厂长）做宣抚（即招降）工作。在虹螺岘召集齐献廷等民团首领开会，会上“提出两条和平对策：一是锦西事件，系出于误会，关东军决不追究；二是国家事由国家解决，人民不要妄动”[①]。齐献廷率第二十二路义勇军继续与日军进行殊死斗争。据《南票抗日义勇军》一书记载：“1932年1月26日，日寇在大虎山、沟帮子一带与抗日义勇军发生激战，锦州、锦西的日寇前往应援，造成锦西县日军兵力空虚，当日，齐献廷率抗日义勇军第22路军从三面包围了伪锦西县政府所在地连山镇。经过一夜激战，迫使守敌向陈家屯方向溃退，第二十二路义勇军一度攻占了锦西新县城连山镇。”[②]

这是继刘存起于1932年1月18日，率部收复锦西老县城江家屯之后，第二次收复日军占领的锦西县城——连山镇。两次收复被日伪占据的县城，成为锦西义勇军的一大亮点。此役有力地支援了占据江家屯老县城的刘存起部，鼓舞了义勇军的士气，粉碎了日军“宣抚”的阴谋，彰显了锦西义勇军的抗日决心。

当齐献廷率部攻打连山镇之后，伪奉天省政府为了利用齐在民团中的影响力达到瓦解抗日民众武装的目的，又对齐献廷以高官诱降，于1月30日，任命其为锦西县伪县长，[③] 面对高官诱降，齐献廷不仅坚守民族气节，拒任伪职，而且继续率第二十二路义勇军与日军进行战斗。是年2月5日，第二十二路和第三十三路义勇军协同对日作战再次取得了辉煌战绩。“1931年12月19日，第二十二路司令齐献廷，偕同第三十四路司令刘春起，由连山北，经锦西至拉有屯前山一带，与日军迎战，亘三时许，日军溃败。毙敌联队长1名，士兵80余名，击落飞机两架，获

① 《文史资料存稿选编》第6卷，第71页。

② 巴斌等著：《南票抗日义勇军》，白山出版社2013年版，第24页。

③ 辽宁省地方志网：《辽宁省大事记》1932年。

步枪107支，轻迫击炮3门，机关枪两挺，我军与民团伤亡200余名。”① 笔者通过考察，认为此报道在时间上有误。因为1931年12月19日，锦州还没有沦陷，日军正在准备第二次进攻锦州，把主要兵力都集中在大虎山与新民一带。所以，此时日军不可能分散兵力去进攻锦西，另一个原因是当时刘存起所率义勇军，救国会还没有授予他第三十四路义勇军的番号，此番号是在1932年1月18日，刘存起率部占领了锦西县城，北平救国会于1932年2月才授予此部队番号的。所以《救国旬刊》上记载的1931年12月19日很可能是农历，因为，当时农村习惯以农历计时。这一天的公历则是1932年2月5日。

1933年3月4日热河沦陷后，张学良被迫下野。国民党政府继续执行蒋介石的不抵抗政策，同年7月中旬，先后下令解散了北平救国会和辽吉黑后援会。从此，抗日义勇军走向低潮，大部分撤入关内，有的为了保存实力化整为零，藏于民间。1939年7月15日，齐献廷在家乡郁郁而逝，享年55岁。

在14年抗战中，有多少同仁志士以血肉筑就民族长城，无数可歌可泣之牺牲、前仆后继之赴难，历历在目。先辈们用自身的血泪、汗水，谱就了壮丽诗篇，为后人留下了宝贵的精神财富，我们应永远铭记在心，让他们英勇斗争的革命精神流传后世，以辉照百年乃至更久更长的民族未来！

【责任编辑：李　雪】

［**作者**：张桂芝　锦州市东北抗日义勇军研究会　专职研究员　锦州　121000］

① 东北民众抗日救国会编：《救国旬刊》“九一八纪念号”，1932年版，第10页。

侵华日军一〇〇部队大连出张所概论*

赵士见

摘　要： 侵华日军第六八五部队是关东军军马防疫厂（关东军第一〇〇部队）在大连周水子设立的“出张所”，协助一〇〇部队在大连开展军用动物疫病调查、防疫与施疫。目前学术界关于第六八五部队研究，所用资料多是中方文史资料、民间踏查随笔，研究重心在战后遗址保护。囿于语言、资料限制，第六八五部队基本史实方面多有讹误。本文比对多边资料，从部队沿革、人员构成、职能转变等方面辨析现有“讹误”、探寻六八五部队配合第一〇〇部队走向自上而下的国家性战争犯罪之路。

关键词： 第六八五部队　第一〇〇部队　检疫防疫　细菌战

日军第六八五部队是关东军军马防疫厂（侵华日军第一〇〇

* 国家社科基金项目（19KZD001），抗日战争研究专项工程项目（18KZD001）。

部队）在大连设立的“出张所”[①]，也是协助一〇〇部队开展检疫、防疫和施疫的重要机构之一。1939 年设立初期，该部队主要负责旅大连地区日本军用动物检疫、防疫和大江町军马场管理工作。1941 年后，该部队不断向关东军军马防疫厂供应血清、兽疫实验器械等，旨在军用细菌研究和细菌战。战败前夕，第六八五部队提前炸毁设施，匿迹至日本，逃脱正义审判。

一、部队沿革

目前有些学者不仅误将同在周水子的关东军军马补充厂（满第 380 部队）当作侵华日军第六八五部队，[②] 而且将六八五部队简单作为“一〇〇部队的分厂或支厂”[③]。这些论述亟待研究者核实侵华日军第六八五部队的真实名称，精准把握该部队的定位，理清该部队设立与改编的史实。

侵华日军第六八五部队在日军序列之中为“满第六八五部队”，对外称关东军军马防疫厂大连出张所，而不是“满第 380 部队”（关东军补充马厂）。1941 年 7 月 16 日，“满第 380 部队”（关东军补充马厂）由“新京”满第四五七部队（关东军第二野战补充马厂）、满第五九部队（关东军第一野战补充马厂）派出

① 对侵华日军第六八五部队的真正研究起步于 1949 年 12 月伯力审判，审判中原关东军兽医部长高桥隆笃，原关东军军马防疫厂技术人员平樱全作、三友一男等人的供述涉及第六八五部队，见《前日本陆军军人因准备和使用细菌武器被控案审判材料（录音文件）》，1949 年 12 月 25—29 日，俄罗斯国家录音文件档案馆藏：第 M—2725 号。20 世纪 70 年代，三友一男在其回忆录《細菌战の罪》一书提及六八五部队。《君塚干夫证言》中君塚干夫误将大连周水子地区的关东军军马补充厂（满第 380 部队）当作第六八五部队，见伪满皇宫博物院历史文献资料室藏《君塚干夫证言》，档号：W—Z44。改革开放后，佟振宇、金成民、王文锋、陈致远、杨彦君等人以一〇〇部队研究为主时，论及第六八五部队。大连民间细菌战调查者孙波等人著有《周水子曾有支类日本“731 部队”》

② 《周水子曾有支类日本“731 部队”》，《大连晚报》，2011 年 8 月 15 日。

③ 佟振宇：《日本侵华与细菌战罪行》，哈尔滨出版社 1999 年，第 294 页。

人员编成。[①] 1942年8月5日，“满第380部队”到达周水子。早在1937年9月1日，第六八五部队业已建立、厂址设立于周水子。所以，第六八五部队远早于“满第380部队”。

侵华日军第六八五部队是第一〇〇部队在大连地区设立的出张所，而非规模相对较大的支厂。出张所规模和职能往往根据本部机构需要而确定，因此它的人数和机构、职能都是由本部机构确定。相对于第一〇〇部队牡丹江支厂而言，第六八五部队机构相对简单、人员较少，并不具备一般支厂的规模。

第六八五部队的设立与关东军军用动物检疫需求密切相关。早在甲午战争中，日本派军在大连地区登陆，大量军马随之进入中国东北地区。这些军马在东北频发鼻疽、炭疽等恶性传染病。[②] 此时驻东北日军不仅面对炭疽、鼻疽等疫病的突发性考验，还必须审慎对待这些疫病的传播性难题。为了做好炭疽、鼻疽等疫病的检疫、防疫工作，日军亟待在大连港进出境进行军马检疫工作。1905年，日本陆军临时军马检疫部长大藏平三命令专业技术人员在中国大连等地设立了临时军马检疫所，负责大连港地区军马及其他军用动物检疫和防疫事务。[③]

九一八事变后，第六八五部队逐渐成为关东军在大连军用动物防疫机制的强化措施。1932年，关东军沿用日俄战争后“轮值体制”[④]，从日本本土调入第六、八、十四师团以及第七师团混成第十四旅团等部队。[⑤] 此时的第六、七、八、十四师团作为日本甲种师团，配备了大量军马。1932年12月6日，仅第六师

---

① 《陸軍北方部隊略歷（その1）関東直轄部隊》，（日本）防衛省防衛研究所藏：中央—部隊歴史全般—28，C12122425300。

② ［日］三友一男：《细菌战の罪》，泰流社1987年，30页。

③ 《大連及柳樹屯軍馬検疫所経理系統に付伺の件》，（日本）防衛省防衛研究所：陸軍省—陸満普大日記—M38—26—48，C03026873600。

④ 由日本本土师团轮流驻守在关东州与南满铁路沿线。

⑤ 《軍馬補充の件》，（日本）防衛省防衛研究所藏：陸軍省—陸満普大日記—S7—40—49，C04011452000。

团就征调将佐5576名、军马618匹开赴中国东北地区。[①] 12月9日，第6师团又向中国东北地区输送军马630匹。[②] 然而，从日本本土征调的军马无法满足关东军占领东北的需要。为了解决这一难题，关东军在中国东北当地征调马匹，仅在1932年至1933年，大约征调2000匹马。[③] 从日本本土至中国东北的军马必须经大连港转运，因此大连地区的军用动物检疫、防疫机制必须得到强化。1939年诺门罕战役后，被紧急抽调的军马急需归属原部队或返回日本复员，这就要求大连港配合关东军军马防疫厂做好军马检疫、防疫以及病马防治工作。正是在这一背景下，关东军于1939年9月1日10时，设立关东军军马防疫厂大连出张所，[④] 也就是后来的侵华日军第六八五部队。

新设立的大连出张所规格低、人员配备较少，具体业务多由日本在大连地区的相关机构协作完成。1939年设立之初的出张所由一名兽医少佐全面负责部队业务开展与管理工作，另辖有1名技术员、2名雇员、6名佣人，[⑤] 如此少的人数致使大连出张所开展具体业务时必须与关东军管理部大连办事处及关东局大连海港检疫所密切配合。大连出张所办公楼内水管、瓦斯、电灯等的追加工程、宿舍设备等，由关东军管理部长负责协调办理。大连出张所需要的兽医材料，主要由关东军军马防疫厂提供，少部分可向关东军兽医部协调调拨。大连出张所在不影响本职工作的情况下，还要根据旅顺厅的要求，允许旅顺关东厅内相关技术人

① 《第6師団満洲派遣並臨時召集実施状況の件》，（日本）防衛省防衛研究所藏：陸軍省—陸満普大日記—S8—3—33，C04011498600。

② 《第6師団満洲派遣船舶輸送の件》，（日本）防衛省防衛研究所藏：陸軍省—陸満密大日記—S8—1—12，C01002833100。

③ 《安达诚太郎证言 补充我坦白的罪行 一九五四年六月十九日》（复印件），伪满皇宫博物院历史文献资料室藏，档号：W—Z29。

④ 《関東軍軍馬防疫廠大連出張所開設に関する件》，（日本）防衛省防衛研究所藏：陸軍省—陸満密大日記—S15—1—68，C01005948500。

⑤ 《関東軍軍馬防疫廠大連出張所開設に関する件》，（日本）防衛省防衛研究所藏：陸軍省—陸満密大日記—S15—1—68，C01005948500。

员使用部队内的设施开展家畜用防疫药品的制造、实验等工作。出张所设立初期所需费用由关东军军马防疫厂支付，之后日常维持费用改由关东军军马防疫厂的预算支付。

1940年，第六八五部队根据日本陆军省发布的编制通称号规定，使用“满第六八五”的秘密番号。1940年9月10日，日本陆军发布《昭和十六年度陆军动员计划令》，规定以兵团文字符编制部队通称号。[①] 1940年11月14日，日本关东军发布《在满诸部队通称号规定》，兵团文字符统用“满洲”[②]，关东军军马防疫厂大连出张厂称为“满第六八五部队”。这也是关东军军马防疫厂大连出张所被称之为“侵华日军第六八五部队”的由来。也有学者认为第六八五部队与第一〇〇部队一样，通称号发生在1941年。[③] 事实上，第一〇〇部队通称号早在1940年7月3日已经使用。第六八五部队通称号直接在1940年11月14日关东军所属在满部队中列出来，因此第六八五部队通称号出现时间要早于1941年。

1942年7月后，若松有次郎接任一〇〇部队最后一任部队长，[④] 也对第六八五部队进行重大改编。若松有次郎直接将第六

---

① 《昭和16年度陸軍動員計画令細則附録（甲）昭和15年9月10日 陸軍省調製》，（日本）防衛省防衛研究所藏：中央—軍事行政動員·編成—58，C14010661900。

② 《通称号に関する綴 昭和20年9月21日 3. 部隊通称号表 第1表~第7表》，（日本）防衛省防衛研究所藏：中央—軍事行政編制—339，C12121215500。

③ 张玉雪《关于“满洲第一〇〇部队”的几个问题》中认为，“满洲第一〇〇部队”不早于1940年11月；陈鹏、金成民等学者认为“满洲第一〇〇部队”简称发生在1941年，参见《日本细菌战》《日本关东军细菌战主力第一〇〇部队兴亡至探析》等论著。

④ 若松有次郎在其博士论文内军事履历表中亲笔撰写自己于1942年7月1日“补任关东军军马防疫厂长”，见日本文部省制：《学位授与認可：若松有次郎》，1946年，日本公文书馆藏，档号：文部省—49，3A—23—1—65。另见美军军官哈罗德·斯莫尔对若送“审讯”，若送供述自己于1942年7月1日就任关东军军马防疫厂长，见《山口本辞，若松次郎，安坂，（FNU），保坂康太郎，松下四郎（别名山下郎）》，HAROLD A. SMALL报告，1946年9月4日，档号：National Archives of United States，330/17/1/24。

八五部队改编为第一〇〇部队本部直属机构，暂设为总务部军畜科，还在大连梁山地区新建关东军自用军畜培养牧场，[①] 由第六八五部队具体管理。从此之后，第六八五部队成为第一〇〇部队本部机构细菌武器研制所需军马的重要供应地。

综上所述，第六八五部队的设立是为了更好地满足关东军在大连地区军用动物检疫与防疫需求。1939 年设立之初，第六八五部队规模较小、人数少，亟待与大连当地日军相关机构共同协作，才能有效实现部队内部正常运转。1942 年 7 月后，第一〇〇部队新任部队长若松有次郎对第六八五部队进行改编，直接归属本部机构，强化了第六八五部队与本部机构的关联，也扩大了第六八五部队自身的职能。由此，第六八五部队不仅是关东军大连地区军用动物检疫、防疫的重要机构，也逐渐成为第一〇〇部队军马的重要供应地。

二、人员构成

目前学术界对于侵华日军第六八五部队的人员构成方面缺乏深入研究，这主要归因于日方并未公布该部队人员资料。2011 年前，日本防卫省和国立公文书馆并未公布“关东军编制人员”，因此研究者无法判定第六八五部队建立之初的人员情况。2011 年后，日方公布的档案简单列出关东军授权第六八五部队人员编制情况。直到 2018 年 7月，日本国立公文书馆在日方学者的呼吁和压力下，开放了《关东军军马防疫厂（满洲第一〇〇部队）留守名簿》，使得作为第一〇〇部队在大连的出张所人员得以公布。留守名簿清楚记载第六八五部队人员籍贯、家庭住址、亲属关系、第一〇〇部队任职情况、级别、薪资、出生日期、解除武装日期等信息。这对于剖析第六八五部队人员总数以及人员构成定量分析起到至关重要作用。

① ［日］三友一男：《细菌战の罪》，泰流社 1987 年版，第 30 页。

整体而言，侵华日军第六八五部队自身变化的关键节点分别出现在1939年和1945年。1939年是侵华日军第六八五部队“发展初期”人数相对较少。研究资料以日本防卫省公布的档案资料为主。1945年战败前夕，侵华日军第六八五部队人数得到很大充实，部队人数迎来增长高峰。

1939年，侵华日军第六八五部队人员仅10人，其中1名兽医少佐为部队长，1名技术人员、2名雇员（含部队辖下大江町马繁场监守者）和6人佣人，共计10人。① 同年12月，关东军参谋长饭村穰指示第六八五部队“为了研究和制造的需要，旅顺厅的若干职员可以作为临时兼职”②。

太平洋战争后，日本不断将关东军精锐势力调往南方战场，致使驻守中国东北的关东军人数大减。为了在人员方面尽可能地满足对苏作战的需求，③ 关东军不断将在东北地区兽医学校和第一〇〇部队教育部培养的毕业生送往第六八五部队，充实部队研究和管理的实力。到了1945年战败前，第六八五部队人数达到42人，占第一〇〇部队全部总人数的4.59%，④ 换言之，第六八五部队人员总数即便达到最高峰，也只是第一〇〇部队的规模很小的一个出张所。

1945年，第六八五部队42人在年龄阶层、男女比例以及薪资待遇方面具有鲜明特点。根据日本陆军留守业务部第三课制《关东军军马防疫厂（满洲第一〇〇部队）留守名簿》，名簿中侵华日军第六八五部队42人名单中，16—18岁年龄段共计13

---

① 《関東軍軍馬防疫廠大連出張所開設に関する件》，（日本）防衛省防衛研究所藏：陸軍省—陸満密大日記—S15—1—68，C01005948500。

② 《関東軍軍馬防疫廠大連出張所開設に関する件》，（日本）防衛省防衛研究所藏：陸軍省—陸満密大日記—S15—1—68，C01005948500。

③ 《昭和17年度に於ける在満兵備充実に関する意見の件》，（日本）防衛省防衛研究所藏：陸軍省—陸満密大日記—S16—4—6，C01003657000。

④ 同时期一〇〇部队人员总数为915人，见日本陆军留守业务部第三课制：《关东军军马防疫厂（满洲第100部队）留守名簿》，（日本）国立公文书馆筑波分馆藏：筑波书库8—8—46—1657。

人，占比30.95%。部队内出现如此大比例的青年人员，主要是两个原因所致。第一，1944年后，六八五部队前期精英、骨干人员选派至其他部队或者“远征”，致使部队出现人员缺口，不得不选拔青年人员充任。1938年“关特演”计划实施后，第一〇〇部队技术人才(包括第六八五部队人员）被重新编设为远征队或临设部队前往海拉尔、安达等地进行为期3—6个月的“演习”。面对技术人员缺口，第六八五部队亟待征调已经接受兽医培训的青年队员充任兽医技术之职。第二，第一〇〇部队本部内教育部（后来发展为第513部队）培养了大量青年兽医人员，客观上为第六八五部队所需技术人员准备了条件。第一〇〇部队本部内教育部不仅负责关东军兽医下士官人才培训，还负责东北地区日军一线部队兽医人员兽疫防治集训。于是，大量接受第一〇〇部队兽医教育培训的青年人员也为第六八五部队提供了人力基础。

侵华日军第六八五部队内19—28岁队员共计16人，占比38.10%。这一年龄段的人员基本全受过系统的兽医教育或者之前有过在满部队的经历，能够胜任部队内兽医技术工作，是第六八五部队开展各项试验工作的支柱力量。他们绝大部分从事“佣人”“雇员”工作，工资差距相对较大。由最低40.2元到最高74元。部队内31—41岁队员共计9人，占比21.43%。这一年龄段的人员具有丰富的从军经验和兽医水平，其工资待遇大多集中在60—70元之间，当然也有资深技术人员高桥秀代，工资高达129元，[①] 是侵华日军第六八五部队留守名单内最高薪者。

侵华日军第六八五部队中只有1位女性职员，女性占比2.38%。之所以出现男性队员占绝大部分比例的现象，是因为该部队作为关东军在大连地区重要的防疫和检疫工作，繁重工作要求男性更加适合部队活动。尤其是“关特演”实施后，第六八五部队人员除要遵照关东军司令部命令完成大连地区检疫防疫工

① 日本陆军留守业务部第三课制：《关东军军马防疫厂（满洲第一〇〇部队）留守名簿》，（日本）国立公文书馆筑波分馆藏：筑波书库8—8—46—1657。

作外，还要配合第一〇〇部队本部做好“新京—奉天”一线野外检疫和收治工作，野外工作环境要求队员必须连续数天户外工作，这就极大限制女性队员野外工作条件和强度。

总之，侵华日军第六八五部队的人员总数处于不断变化之中。1939年部队设立初期，仅有10人，经过中间不断调整，1945年时达到42人。这42人中，只有一位女性队员。这是由于该部队业务工作性质，决定男性队员占主导地位。部队中以16—18岁、19—28岁队员为主，31—41岁队员更多是负责技术把关。

三、职能转变

侵华日军第六八五部队的职能紧紧围绕第一〇〇部队本部需求而发生变化。1936年至1941年间第一〇〇部队处于全面防疫阶段，它改变以往单一式、制定菌种的检疫模式，扩大了检疫和防疫的范围。侵华日军第六八五部队设立正是第一〇〇部队全面防疫的重要举措。第六八五部队主要是配合第一〇〇部队在大连地区开展军港出入境军马检疫以及关东军辖区内军马防疫和病马收治工作，这无疑扩大了第一〇〇部队的军马防疫辐射范围和军马供应量。1939年设立初期，关东军参谋长划定第六八五部队职责主要是三方面。其一就是掌握大连及周围地区有关军用动物的部分调查、研究、实验以及药品制造等业务。其二就是担任大连地区内各部队军用动物的防疫援助。其三负责大江町军用马场设施的管理工作。1940年，第六八五部队根据“关作命丙第六八八号”命令，配合第七师团在大连对返回日本的军马进行离境检疫和伤病马收治业务。①

1941年后，第一〇〇部队开展细菌武器量产，第六八五部队作为前者的派出机构，势必密切配合第一〇〇部队从事细菌武

① 《関東軍命令の件》，（日本）防衛省防衛研究所藏：陸軍省—陸満密大日記—S15—11—78，C01003625100。

器生产活动。早在1938年，关东军已经确定对苏实施“特别大演习”。“特别大演习”是包含多种对苏作战方式的大演习，细菌战是对苏大演习的重要考量。早在1939年，关东军派遣专人对苏联远东地区进行“兵要地志调查”，曾有调查报告指出“对苏联部队机械化活动中实施细菌战倍感重要”①。因此，关东军实施“特种演习”中要求严守“撒（制）毒”的机密。② 侵华日军第一〇〇部队作为日本细菌战体系的重要组成力量，势必会被关东军“委以重任”。

实际上，第六八五部队援助侵华日军第一〇〇部队从事军用细菌研究，源于日本陆军省提准的“军用细菌研究从业者命令件”，并非日本战犯战后所说的“防御苏联”③。1937年，关东军司令官植田谦吉向日本陆军大臣杉山元提请“军用细菌研究从业者命令件”的报告，该报告任命第一〇〇部队长高岛一雄兽医大佐等18人组建“军用细菌研究从业委员会”，专门负责“军用细菌研究”④。直接领导第一〇〇部队的关东军兽医部长高桥隆笃供述“（他）曾于1941年9月第一次听到日本关东军司令官梅津美治郎准备细菌战的计划”⑤。高桥隆笃确认“（第一〇〇部队）从1941年得到了大量生产‘细菌战’所用细菌的许可”⑥。

---

① 《对苏作战时必须重视的疫病》《在远东苏联北部地区作战时需要注意的地志和卫生方面事项》《红军野战给水概况》，参见《七三一部队兵要地志班调查报告集》（上），中国和平出版社2015年版，第315、426、552页。

② 《軍事極秘書類進達に関する件》，（日本）防衛省防衛研究所藏：陸軍省—陸滿機密大日記—S15—1—63，C01002740700。

③ 美方根据梅津美治郎等人问询，得出“日本进行防御性细菌战”的结论，参见《梅津美治郎关于细菌战访谈》（1945年11月8日），选自《美军调查日本细菌战总结报告书》，第90—91页。

④ 《軍用細菌研究業務従事者命課の件》，（日本）防衛省防衛研究所藏：陸軍省—陸滿普大日記—S12—10—81，C04012537400。

⑤ 《前日本陆军军人因准备和使用细菌武器被控案审判材料（录音文件）》，1949年12月25日—29日，俄罗斯国家录音文件档案馆藏：第M—2725号，46盒。

⑥ 《前日本陆军军人因准备和使用细菌武器被控案审判材料（录音文件）》，1949年12月25日—29日，俄罗斯国家录音文件档案馆藏：第M—2725号，46盒。

“细菌武器量产”职能不仅促使第一〇〇部队扩大畜疫菌种研究工作，也加大部队研究所需的军用动物、菌苗和血清。1943年后，第一〇〇部队形成以若松有次郎为首的“小动物实验研究小组”，以高桥隆笃为首的“马传染性贫血治疗关系研究小组”等16个专业研究小组。① 这在一定程度上使得第一〇〇部队逐渐成为关东军乃至日军其他战场中兽疫细菌研究的中心。第六八五部队应第一〇〇部队所需，不断向其供应军马、炭疽和鼻疽血清等。

四、结语

侵华日军第六八五部队设立之初，具有鲜明的军事辅助色彩。它是第一〇〇部队增设的、专门负责大连地区军用动物检疫和防疫的派出机构。这一机构不仅能够做好大连港进入境军马检疫、防疫工作，而且有效地扩大了第一〇〇部队检疫、防疫的辐射范围。二者间的密切配合既能保障有“活兵器”美誉的军马安全，又能在客观上提高关东州内炭疽、鼻疽检疫水平。

然而，随着日本侵华步伐的不断加快，倒逼第六八五部队协作侵华日军第一〇〇部队迅速开展“军用细菌研究”和细菌武器量产工作。第六八五部队职能由检疫、防疫转向配合第一〇〇部队“施疫”。这一战争犯罪并非日本战俘战后“防御苏联”的说辞，而是日本自上而下有组织的国家战争犯罪。1945年战败前夕，侵华日军第六八五部队提前得到撤退命令，便摧毁厂部，焚毁设施和资料，纷纷撤回日本，逃脱正义审判。

【责任编辑：李　雪】

［作者：赵士见　伪满皇宫博物院　馆员　长春　130051］

① ［日］三友一男：《细菌战の罪》，第36—37页。

燕京大学师生在抗日救亡运动中的贡献

韩小昆

摘　要：燕京大学师生从局部抗战到全民族抗战，一直积极奔走呼号参加抗日救亡运动。尤其是在七七事变后，北平的高校纷纷南迁，燕京大学坚持在沦陷区办学。燕京大学师生们在这战火纷飞的环境下，支持并参与了抗日战争，他们为抗战的最终胜利作出了积极的贡献。

关键词：抗日救亡　燕京大学　教会大学　学生运动

1931年9月18日，日本帝国主义悍然挑起侵华战争。随后，侵占中国东北，兵犯淞沪、马踏平津、血染金陵……日本侵华暴行遭到全国人民强烈反抗，全国各界“地无分南北，年无分老幼”掀起了轰轰烈烈的抗日救亡运动，对此学界研究成果丰硕。然而在这场抗日救亡运动中，以燕京大学为代表的教会大学同样参与到抗日洪流中，但目前学界研究还未受到重视。长期以来多数观点认为教会学校不支持师生参与爱国运动。近些年来，对教会大学的认识有所改变,[①] 本文拟以燕京大学师生为中心，围绕中国抗日战争爆发到胜利的全过程，考察燕京大学师生为抗日救亡所做出的积极贡献，以求对其爱国言行有重新认识。

一、九一八事变后燕大师生开展的救亡活动

燕京大学是美国教会在中国创办的一所私立综合性大学，其前身是由5个美国基督教差会所办的北京汇文大学和通州华北协和大学，两校于1916年开始酝酿合并，1918年正式合并，当时学校的英文名字是Peking University[②]。1919年1月31日，出生在中国杭州的美国传教士约翰·司徒雷登（John Leighton Stuart）应美方董事会之邀，正式担任燕京大学校长，并确定以“燕京大学”（Yeching University）为正式校名。[③]

1931年9月18日，日本关东军制造柳条湖事件，发动了武装侵华的九一八事变。身处北平的燕京大学师生，没有置身事外，时刻关注东北态势，开始以各种实际行动来表达超出教会大学的“家国情怀”。

（一）通电宣言，罢课游行

九一八事变爆发后到全民族抗战爆发，据不完全统计，燕京大学师生先后公开发表14次通电，表达强烈的支援抗战的爱国

---

① 目前学界对燕京大学对抗战贡献的研究，主要是阶段性研究，未涉及全面抗战及沦陷区办学方面。例如，张德明：《燕京大学对“九一八事变”的反应》，《党史研究与教学》，2013年第2期；《燕京大学与“一二·九”运动论析》，《北方民族大学学报》（哲学社会科学版）2013第1期。

② 当时，由京师大学堂发展而来的“北京大学”，其英文校名与之相同。时任北京大学校长的蔡元培对“Peking University”冠名提出了异议。司徒雷登得知此事后感到此事关系重大，即与中华基督教协进会会长、著名的基督教人士诚敬一博士商议，采用北京古名为燕京，解决了校名问题。刘廷芳、谢景升：《司徒雷登年谱》，燕大档案，YJ46004卷，第13页。

③ 1925年12月，决定学校英文名用Yeching University. 张玮英、王伯强、钱辛波：《燕京大学史稿》，人民中国出版社1999年版，第1171页。

之情。

这些通电分别是：

1931 年 9 月 22 日，《燕京大学全体学生对日本侵占东北宣言》；1931 年 9 月 22 日，《北京大学、北平大学、师范大学、清华大学、燕京大学、中国学院、天津南大大学全体教授、平津各学术团体致日本各大学教授电》；1931 年 11 月 12 日，《燕京大学教职员抗日会电慰马占山及天津受伤军警》；1931 年 11 月 19 日，《燕京大学全体学生电慰马占山》；1931 年 12 月 1 日，《燕大举行誓志爱国运动周之第一日》；1931 年 12 月 4 日，《燕京大学全体教职员学生工友通电全国拒绝国联决议》；1932 年 12 月 13 日，《燕大学生致十九路军电》；1932 年 12 月 13 日，《燕大抗日会致电上海商会等呼吁抵制日货》；1932 年 3 月 3 日，《清华大学、燕京大学教授陈寅恪等致电国民政府反对阳阴和欺骗国人》；1933 年 1 月 16 日，《燕京大学教职员抗日会告全国将士书》；1933 年 1 月 16 日，《燕京大学工友抗日会布告》；1933 年 3 月 7 日，《燕京大学中国教职员抗日会电请国府收未去之人心》；1934 年 4 月 12 日，《燕京大学抗日会誓死反对与伪满通电通邮（致各校函）》；1934 年 4 月 12 日，《燕京大学抗日会誓死反对与伪满通电通邮（电国民政府）》等。

其中《燕京大学全体学生对日本侵占东北宣言》，同时致电南京国民政府表示："日本出兵，三省沦亡，山东海口，相继被陷，惊耗传来，惨痛万状，伏望吾政府依顺民情，积极备战，吾燕大全体学生，誓以一死，为政府作后盾，为民族争存亡。"[①]随着东北逐渐沦陷，燕京大学的师生在 1931 年 11 月 12 日、19 日先后两次致电慰问马占山："暴日无厌，进窥黑境，先生及诸将士力抗不屈，为国家守疆土，为民众争人格。敝会同人敬谨慰劳，幸坚守原地，万勿退却，全国国民，愿为后盾。"[②] 通过公

① 《华北日报》，1931 年 9 月 28 日，第 6 版。

② 《世界日报》，1931 年 11 月 13 日，第 7 版。

开通电宣言，燕京大学师生一方面积极表示要赴汤蹈火誓死共救国难，另一方面对抗日英雄群体给予高度赞扬，也号召举国民众向他们学习奋力抵抗，寸土不让。

在广泛发表通电宣言同时，燕大师生积极组织游行集会，组织宣传队开展抗日救亡活动。就在九一八事变爆发后，9月20日晚，燕京大学学生自治委员会召开了紧急会议，专门针对日本侵占中国东北进行激烈讨论并决定："自今日起，完全停止娱乐，学生于课外时间赴各农村讲演，作普遍之宣传。"[①]燕京大学为把救亡力量形成更大规模的合力，它会同北平的北大、清华等68所学校组建北平学生抗日救国联合会。鉴于燕京大学的影响力，被推为救国联合会主席团及执委之一，随后成立执行委员会，燕大被任为宣传部委员，[②] 承担对普通民众的抗日宣传工作。1935年下半年，随着日本侵略者制造华北事变步伐的加快，华北局势急剧恶化。在北平学联领导下，于12月9日，震惊中外的"一二·九"运动开始了。当天，北平共有1000多名学生参加游行示威，其中燕京大学有550余人。[③] 燕京大学师生以其教会大学的独特方式，不遗余力推动"一二·九"运动轰轰烈烈开展，为全国抗日救亡运动的蓬勃发展贡献出一份积极的力量。

（二）出版刊物，抵制日货

燕京大学师生在其主办的《火把》《平西报》《燕大周刊》《燕大月刊》《燕大工友旬刊》等刊物上公开发表言论，指责当时政府的种种行为，反对日本帝国主义的侵略行径。此外，九一八事变后约20余万人的北平抗日救国市民大会在太和门前举行，大会的一项重要内容就是呼吁社会各界抵制日货，与日本决绝经

---

① 《全民报》，1931年9月21日，第2版。

② 张郁棠：《北平学联简述》，《燕大周刊》第6期，1931年12月14日，第2页。

③ 《时局危急奋起图存，燕清两校昨全体请愿》，《燕京新闻》，1935年12月10日，第1版。

济往来。[①] 燕京大学师生不仅仅抵制日货，更重要是宣传提倡国货，他们还专门成立纠察队，“成立日货纠察队有6大队，39个分队，纠察员390余人”[②]。他们有针对性地纠察平西一带日货。在淞沪抗战期间，燕大抗日会专门致电上海商会呼吁抵制日货。[③]

（三）军事训练，投笔从戎

九一八事变爆发后，燕京大学学生召开全体学生大会，报告日军东北非法行为，决定即日起全体学生臂缠黑纱，上书“耻”字，组织对日经济绝交委员会，电国府请准备最后牺牲，燕大学生必要时听命赴前线；加设军事训练。[④] 燕大根据教育部颁布的学生救国运动的方法，结合学校的实际情况，制定了军事训练的要求，此外还特别增加女生可参加急救、看护等内容。《燕京大学校务会议记录》载：“1931年10月5日，学校校务会议决定军事训练为男生二、三年级必修课，为期两年，一周3小时，1小时讲座，2小时实战练习。”[⑤] 燕京大学公布的《实施军事教育办法》第十条指出：“除规定男生必修军事训练外，女生愿修习救急伤科及看护等科者，可与女部当局，接洽办理。”[⑥]

燕京大学的军事训练促进更多的爱国学生参加到抗日活动中来，部分较为激进的学生，他们投笔从戎奔赴前线。《世界日报》专门报道：燕大学生廖自强投笔从戎。廖自强是燕京大学制革科学生，粤人，曾为十九路军团长，后来燕大制革系肄业，以备于制革有所改革，惟自榆关失守后，痛国土丧失，危亡即届，

---

① 《北平晨报》1931年9月29日。

② 《燕大对日经济绝交会举行国货展会》，《平西报》1931年10月18日，第1版。

③ 《燕大抗日会致电上海商会等呼吁抵制日货》，《九一八后国难痛史资料》，第3卷。

④ 《世界日报》1931年9月22日。

⑤ Minutes of the University Council，October 5，1931（燕京大学校务会议记录），北京大学馆藏档案：YJ1930003。

⑥ 《实施军事教育办法》，《燕京大学校刊》1931年第4卷，第5期，第1版。

尚有何心思研究工艺，不如荷枪杀贼。①

(四) 接收旁听，南下请愿

九一八事变后，东北三省沦陷，该地区的高校多数停止办学，多数学生进入关内躲避战乱。燕京大学为东北流亡学生开辟一片“绿洲”，在经济可承受的范围内，为接收东北的学生旁听提供一切便利，旨在为抗日救亡运动积蓄力量。与此同时，燕京大学的学生成批组成请愿团，不辞辛苦赴南京国民政府请愿。

《平西报》就有关燕京大学接收东北旁听生作了专门报道：1931 年 10 月 28 日，燕京大学第一次针对东北学生的招生考试，“男生考试来考者 22 人，完全收容，但入校者仅 15 人。”② 燕京大学就当时的经济力量来讲，无法履行当时教育部关于针对东北学生酌情减免一学期学费的政策，但也尽力减少东北学生的学费。《燕京大学校刊》载：燕京大学行政执行委员会议决定，“凡东北大学学生为交校寄读者，其所缴各项费用，均视本校学生减半。”③

事变爆发后，北平的爱国学生掀起轰轰烈烈的赴京请愿运动，燕京大学以请愿人数之众、规模之大、影响之深，成为请愿运动的典范，尤其得到国民党当局的接见，对抗日救亡运动如火如荼地开展打下一定的基础。据《导报》载：11 月 26 日，燕京大学召开全体学生大会，会上决定全体赴京请愿。该校请愿团人数达到 190 余人，占全校人数的四分之一，他们不顾北平当局劝阻，于 11 月 28 日下午南下请愿。④ 请愿旨在让国民党政府北上抗日，并恢复民众运动。燕京请愿团受到国民党当局接见，蒋介石并公开表示：“所请愿各点，政府均当接受，择其重要者，政

① 《世界日报》1933 年 4 月 1 日。

② 《燕大昨晨纪念周教务主任报告收录东北学生之经过》，《平西报》1931 年 12 月 8 日，第 2 版。

③ 《改定东北寄读生应缴费用》，《燕京大学校刊》1931 年第 4 卷，第 7 期，第 1 版。

④ 《燕大全体学生，明日赴京》，《导报》1931 年 11 月 27 日，第 6 版。

府当尽先切实去做，以达各位请愿之目的。”①

二、卢沟桥事变后燕大师生开展的救亡活动

1937 年 7 月 7 日，日本帝国主义者以制造卢沟桥事变为起点，发动全面侵华战争。中国军队被迫奋起抵抗，全国抗战由此爆发。与此同时，北平高校纷纷南迁，燕京大学坚持在沦陷区办学，为中国学生免受日伪奴化教育提供了一片“绿洲”②。由于当时日本尚无力与美国为敌，燕京大学师生在这一“挡箭牌”下，运用多种方式开展救亡活动。

（一）坚持办学，培养人才

卢沟桥事变后，日本发动了全面侵华战争。燕京大学的去留也成当时主要问题。燕京大学作为教会大学，一贯秉承“求规范、讲制度的教授治校”的管理规则，教授这个群体对学校的发展方向、教学管理、课程体系改革都有着决定性的作用和影响。据《私立燕京大学组织大纲》载：“研究院各所所长，由各该所教授会议提名，校长聘之；本科各院长，由本院教授会议提名，校长聘之；大学执行委员由校长、校务长、校长办公室秘书、研究院各所所长、本科各院院长、女部主任、辅导员委员会主席、总务处主任、会计处主任、注册部主任组成，担负全校行政上各种责任，教职员之聘升黜，并决定各项职员薪俸问题，决定全校经费预算及审查决算等等。”③

在全民族抗战爆发的特殊时期，这些来自异国的燕大董事、院系主任、任课老师在代理校长陆志韦主持下，经过多番研究讨论，最终决定坚持沦陷区办学，绝不南迁，一定程度上为中国的

---

① 《蒋主席对徐州及燕大学生训话》，《中央日报》1931 年 12 月 3 日，第二张第一版。

② 张玮英、王伯强、钱辛波：《燕京大学史稿》，人民中国出版社 1999 年版，第 31 页。

③ 《燕京大学档案》，北京大学档案馆，30025，第四章，第 6—7 条。

人才培养奠定基础。《司徒雷登年谱》载：“由于当时日本尚无力和美国作对，燕京大学暂保持了一片绿洲。”① 此外，为强调燕京大学是美国人办的学校，避免日本人的干扰，司徒雷登由校务长改任校长。他拒绝一切日伪当局进校搜查和逮捕活动。

（二）隐蔽战线，助力抗战

早在1923年燕京大学就有了一个最早的党员，1925年建立第一个党支部委员会。② 从七七事变到太平洋战争爆发，燕京大学处在“孤岛时期”。燕京大学的中共地下党在“隐蔽精干，长期埋伏，积聚力量，以待时机”③ 的方针指导下，全力服务抗日战争，积极搭建地下交通站向根据地输送物资、输送干部。

全民族抗战爆发后，燕京大学地下党在燕园的掩护下秘密开展活动。1939年燕大地下党支部重建，先后由姚克荫（姚周杰）和郝贻谋为书记。中共地下党在同学中积极开展活动，成立歌咏队、话剧团、读书会、组织公开演讲会，募集钱款衣物，并在进步的教授家收听抗日根据地广播。尤其是在形势紧迫时，他们利用平西交通站输送燕大师生和干部到晋察冀根据地，当时先后输送的人员大约50多人，④ 包括积极支援中国抗战的外籍教授林迈可和班威廉。

（三）技术支持，物质支援

自然科学技术具有极强的实用性和强大的社会功能，各种实用技术的发明创造和先进技术的运用都会推动生产力的发展，这在战争期间体现得尤为明显。抗战时期，根据地急需诸如无线电通信技术、爆破技术等方面的人才。燕京大学的林迈可教授和班

---

① 刘廷芳、谢景升著：《司徒雷登年谱》，北京：燕京大学档案，J46004卷，25。

② 张玮英、王伯强、钱辛波：《燕京大学史稿》，人民中国出版社1999年版，第471页。

③ 张玮英、王伯强、钱辛波：《燕京大学史稿》，人民中国出版社1999年版，第493页。

④ 张玮英、王伯强、钱辛波：《燕京大学史稿》，人民中国出版社1999年版，第483页。

威廉教授，在任教期间积极宣传中国抗日战争，《燕京大学人物志》（第一辑）载："林迈可从游击区带回部分抗日材料和宣传品，向英国《泰晤士报》《卫报》写稿，报道抗日军民艰苦斗争的真实情况，揭露日本侵略者在中国土地上的残暴罪行。"①

此外，他们还向华北八路军提供军需物资，其中特别是电讯器材和医药品等是八路军急需的。燕京大学机器房老技工萧田回忆说："林迈可教授从国外弄到一批电讯零件，可以装十来台收发报机，他联络物理系英籍教授班威廉和我一起组装。……我们分工是：林迈可设计线路，我焊接组装，底板由班威廉负责在物理学机务车间焊接。工作进展十分顺利，不到一个月，组装工作就见了眉目。"② 正准备向根据地运送时，地下组织遭到破坏交通中断，他们又将组装好的收发报机和全部器材秘藏于校内，免于被日本人搜查。

太平洋战争爆发后，他们冲破敌人封锁线，辗转来到晋察冀边区，他们发挥所学领域的专长在晋察冀边区创办无线电训练班，为根据地培训无线电技术人才，为我国培训出了一批无线电技术专门人才和领导干部。"1944 年林迈可到达延安，并被委以重任——第 18 集团军三局通讯组技术顾问及新华社英语主编顾问。"③

（四）实地调研，舆论宣传

中国抗日战争时期，由中外知名人士发起，组织并建立一批制造军需、民用工业物资的合作社，以支援战争的运动，即工合运动。燕京大学英籍数学教师赖朴吾④为了支持中国的抗日斗争，真实地向国际报道中国人民抗日斗争的实况，协助中国人民

---

① 侯仁之：《燕京大学人物志》第一辑，北京大学出版社 2001 年版，第 188 页。

② 侯仁之：《燕京大学人物志》第一辑，北京大学出版社 2001 年版，第 210 页。

③ 侯仁之：《燕京大学人物志》第一辑，北京大学出版社 2001 年版，第 188 页。

④ 赖朴吾（Ralph Lapwood 1909—1984），英国人，著名的地球物理学家、地震学家、应用数学家，生于英国的伯明翰，自幼学习勤奋。1928 年进入剑桥大学，在圣约翰学院主修数学，1932 年获学士学位，1934 年获硕士学位。1936 年开始到燕京大学数学系任教。侯仁之：《燕京大学人物志》第一辑，北京大学出版社 2001 年版，第 247 页。

的老朋友、新西兰人路易·艾黎的"工合"工作。他离开燕京大学，徒步三个月，历尽艰险，经解放区去了成都。在解放区他先后见到了萧克、朱德、彭德怀、聂荣臻，还见到了白求恩，那里的官兵一致、军民一心，那种在极端艰苦的物质条件下英勇抗日的昂扬斗志，深深地打动了他。他日后常常向人介绍宣传这次见闻及观感，许多学生因此对中国革命产生新的认识。作为"工合"的视察员，他几乎跑遍了大后方。其丰富的视察材料及精确的统计为在国际上进行募捐起了很大作用。

美籍新闻系教师——埃德加·斯诺①利用舆论宣传向全世界第一个报道红色中国。1928年，当时年仅23岁的斯诺离开密苏里大学新闻学院后不久就来到中国。九一八事变后，他冒着枪林弹雨，到东北和上海中日双方的战线，写了第一部报告通讯集，题为《远东战线》，记述了日本"不宣而战"的情况。1934年1月，斯诺应邀兼任燕京大学新闻系讲师。

1936年，经过宋庆龄的安排，斯诺从北平出发，秘密地访问了陕北根据地。斯诺回到北平后，写出了著名的《西行漫记》[《红星照耀中国》（*Red Star Over China*）]②，首次向世界披露了红军的情况。1937年2月5日晚，燕京大学新闻学会在未名湖畔的临湖轩召开全体大会，斯诺在会上首次放映了反映苏区的影片。七七事变后，北平沦陷。斯诺在他的住宅里掩护了不少革命青年，其中不少是被列入黑名单的燕京大学学生。斯诺协助这些人乔装打扮成乞丐、苦力或小贩，逃离北平。

三、燕京大学师生开展的救亡活动的影响

燕京大学师生在九一八事变和七七事变后，采用通电宣言、

① [美] 埃德加·斯诺（Edgar Snow 1905—1972），1905出生于美国密苏里州堪萨斯城。侯仁之：《燕京大学人物志》第一辑，北京大学出版社2001年版，第240页。

② [美] 埃德加·斯诺：《西行漫记》，东方出版社2005年版。

罢课游行、出版刊物、抵制日货、投笔从戎、抗日救亡、坚持办学等多种方式援助抗战，他们为民族生存而努力，为驱逐日本侵略者，还国家以太平而奋斗。

（一）一定程度上有助于民族觉醒和救亡运动的开展

抗日战争是一场促进民族觉醒和民族团结的战争。[①] 从局部抗战爆发以来，燕京大学师生就开展轰轰烈烈的救亡运动。从1931年到1937年燕京大学师生公开发表14次通电，怒斥日本侵略者的卑劣行径，表达强烈爱国情怀；同时，采用集会游行、南下请愿、出版刊物、组织宣传队开展抗日救亡活动。著名的“一二·九”运动得以开展，燕京大学师生作出了重要贡献，他们为全国抗日救亡运动的蓬勃发展贡献出一份积极的力量。可以说，随着时局的动荡，燕京大学师生时刻为抗日救亡奔走，他们组成的宣传队深入到郊区村镇，揭露日军暴行，呼吁救亡活动，他们的行动一定程度上促进了中国人民的觉醒，有利于抗日救亡运动如火如荼地开展。

（二）一定程度上有助于开展敌后抗日运动

燕京大学的教师员工运用各种手段、通过各种途径来获取经费。其主要目的是为了维持学校正常运转，客观上却为中共地下党员开展情报工作提供了便利。在全面抗战爆发后，北平大部分高校纷纷南迁，而燕京大学作为美国教会大学却保留下来。燕京大学的正常运转，保证了全体师生的正常学习、生活，更加有效地保护了校内的学生党员和情报工作者，也为敌后抗日根据地开展抗日运动提供了便利的情报资源。特别是英籍教师林迈可、班威廉等直接参加抗日运动，他们运用先进的技术，协助根据地建立完善的通信部队，并且积极为抗日根据地提供弥足珍贵的药品物资和军用通信设备，为敌后情报工作的开展打下必要的物质基础。在抗日战争胜利前夕，叶剑英同

---

① 《中国抗日战争史》编写组：《中国抗日战争史》，人民出版社2011年版，第11页。

志在延安对中外记者参观团的谈话中曾这样讲过林迈可、班威廉教授对中国的帮助，他说："加拿大的白求恩大夫、美国的马海德大夫……英国的林迈可教授、班威廉教授等人，他们对我军的帮助是很多的。"①

（三）一定程度上有助于赢得国际社会对抗日战争的支持

发生在中国的抗日战争，是第二次世界大战重要的组成部分。中国战场打击了日本法西斯的嚣张气焰，将日本拖进僵持的"持久战"阶段。国际社会对中国战场也比较关注，也积极努力对中国战场进行援助。燕京大学的外籍教师赖朴吾，以第三方的"工合"视察员身份，公正、客观地向国际社会报道中国人民抗日斗争的真实情况。他本人亲自长途跋涉，获取真实可靠的一手资料，他运用如此丰富翔实的材料以及精确的统计，赢得国际社会对中国抗战的认可，使中国得到国际社会的大量物资的捐赠，为取得抗日战争的最后胜利打下坚实的物质基础。

（四）一定程度上有助于形成公正客观的世界舆论

战争期间，日本侵略者散播"大东亚共荣圈"的舆论，以误导国际视线，堂而皇之地为其侵占中国领土找借口。燕京大学师生虽然身在教会大学，但是他们挺身而出宣传动员，将日本暴行公布于众。尤其是身为第三国的外籍教师们和燕京大学其他师生一起留在北平，他们目睹了日本在沦陷区的所作所为，他们将自己亲身经历或是讲述给母国的同胞，或是新闻发布，或是著书立说，或是拍摄记录，运用种种不同的手段向世界昭示日本的种种罪行。他们用自己独特的方式记录下了这段刻骨铭心的历史，这恰恰为营造公正、客观的世界舆论，提供了可信的原始资料，使得现如今日本国内极端右翼势力否认当年日本侵略者犯下的种种罪行的鬼话不攻自破。

---

① 《解放日报》1944年8月10日。

四、结语

总之，抗日战争时期燕京大学师生作为教会大学中的典型代表，一定程度受到基督教普世博爱精神的影响，但更重要的是受爱国主义因素的激励。他们同进步团体、国际友人一道为抗日救亡奔走呼号，为世界人民援华起到积极的作用，赢得各国广泛的响应和支持。燕京大学师生积极投身抗日战争当中，他们有的成为新闻记者，有的成为医务人员，有的成为边区教师，有的志愿参军作战，为抗击日本侵略者起到积极促进作用，同时为营造公正、客观的世界舆论提供资料基础。

【责任编辑：李　雪】

[作者：韩小昆　中国人民抗日战争纪念馆　馆员　北京　100070]

东京审判对侵略罪的认定

——以板垣征四郎在东北所犯罪行为例

姜慧媛

摘　要： 本文以东京审判甲级战犯板垣征四郎策划的九一八事变、鼓动伪满洲国独立、推动伪满傀儡政权建立等在东北地区所犯罪行为例，通过对其在东北所犯罪行的犯罪要件分析结合法庭给出的主要证据和庭审过程中的史实资料，探讨东京审判对侵略罪个人责任方面的认定，进一步明确东京审判在国际刑事法律中的历史价值。

关键词： 东京审判　侵略罪　板垣征四郎　伪满洲国

纽伦堡审判和东京审判开启了对侵略罪的国际审判先河，为防止侵略战争、维护世界和平提供了国际法保障。第二次世界大战后为了有效遏制战争的再次发生，“战胜的同盟国便分别在德国纽伦堡和日本东京先后设立了2个国际军事法庭”①，进行了

① 梅汝璈著，梅小璈、梅小侃整理：《东京审判亲历记》，上海交通大学出版社2016年版，第3页。

正义的审判，即纽伦堡审判和东京审判[①]。纽伦堡审判所依据的《国际军事法庭宪章》中首次明确规定了侵略罪[②]的定义，即指计划、准备、发动或从事一种违反国际条约、协定或保证之战争，或参与上述任何罪行之共同计划或阴谋。[③] 而紧随其后的东京审判《远东国际军事法庭宪章》也对这一罪行作出了类似的定义，即指策划、准备、发动或执行一种经宣战或不经宣战之侵略战争，或违反国际法、条约、协定或保证之战争，或参与上述任何罪行之共同计划或阴谋。[④] 虽早在一战后的《凡尔赛条约》和《巴黎非战公约》中针对这一罪行都有过类似规定，但对侵略罪的明确界定和具体执行始于这两次审判。

一、东京审判中对侵略罪的认定和争议

按照《远东国际军事法庭宪章》第5条的规定，法庭有权对侵略罪、战争罪、危害人类罪进行审判和惩罚。这三大类罪行相应地分成甲、乙、丙三个等级，作为“甲”类罪行的侵略罪是法庭管辖范围中的首项罪行，也是最重要的一项罪行。参与东京审判的中国法官梅汝璈曾说过：“没有侵略便不会有国际战争，没有国际战争便不会有杀伤、破坏、奸淫、掳掠、虐待俘虏、残害平民以及其他种种的战争罪行，所以侵略战争是‘全部祸害的

---

① 纽伦堡审判全称为纽伦堡国际军事法庭审判，英文全称为 International Military Tribunal Trial, Nuremberg；东京审判全称为东京远东国际军事法庭审，英文全称为 International Military Tribunal For the Far East Trial, Tokyo。

② 侵略罪英文全称为 The crime of aggression，许多学者在翻译《国际军事法庭宪章》和《远东国际军事法庭宪章》将其译做“破坏和平罪”，如梅汝璈在其作品《远东国际军事法庭》中便如此翻译。

③ 《国际军事法庭宪章》(*Charter Of The International Military Tribunal*) 第6条规定。

④ 《远东国际军事法庭宪章》(*Charter Of The International Military Tribunal For The Far East*) 第5条规定。

总和'，因而也是'最大的国际性罪行'。"①可见，侵略罪是对人类社会和平安定威胁最大、危害最深、最为可耻的一项国际性犯罪行为，也是纽伦堡审判和东京审判中最严重的一项罪行指控。而被认定为此项罪行的战犯，就是我们通常所知的"甲级战犯"。

纽伦堡审判及东京审判中争议最大的一项罪行，争议焦点主要集中在两方面：一方面是侵略罪是否属于国际性犯罪，法庭有没有管辖权；另一方面是该项罪行的主体认定上，个人是否需要承担此项罪行的刑事责任，而后者是本文重点论述的问题。

对于主体责任的争议，集中在对侵略罪构成要件②上。主张个人不应该承担侵略罪刑事责任的一方③理由是：侵略罪应属于国家行为，个人参与战争只是在执行国家的命令，应该以国家而非个人承担责任；尚没有对因实施侵略罪而认定个人承担责任的相关国际法规定，法庭没有惩罚个人的根据；个人参与侵略战争不可能有犯罪的意图，不构成犯罪要件的主观条件。④对于这一主张，纽伦堡审判和东京审判是一致否定的。纽伦堡审判坚决否定个人不承担侵略罪刑事责任的论断，法庭援引奎瑞案⑤和《凡尔赛和约》第227条作为依据，在判决中提出："违反国际法的犯罪行为是由个人而不是抽象的国家主体来实施，只有惩罚实施

① 梅汝璈著，梅小璈、梅小侃整理：《东京审判亲历记》，第24页。

② 犯罪构成要件，指刑法规定的对行为的社会危害性及其程度具有决定意义的而为该行为成立犯罪所必需的事实特征，其范围包括犯罪主体、犯罪主观方面、犯罪客体、犯罪客观方面。这一概念是我国和苏联刑法所特有的，英美法系和其他大陆法系国家无此概念，相类似的概念中，英美法系国家叫作"犯罪要件"，大陆法系国家叫作"犯罪成立要件"。

③ 这些人包括被告辩护方律师，部分西方国际法学者如埃利希·胡拉（Erich Hula）、马克斯·雷丁（Max Radin）等，甚至还包括东京审判的一名印度法官巴尔（R. Pal）。

④ *The Judgment of international military tribunal for the far east*，来源：http://www.legal-tools.org/en/go-todatabase/ltfolder/0_ 29521，第23—24页。

⑤ 奎瑞案（Exparte Quirin），是第二次世界大战期间一场发生在美国的案件，当时的美国最高法院确定了美国军事法庭对在美国接受审判的8名德国纳粹分子的管辖权，追究了这8名纳粹分子的个人战争罪行，此案件于1942年7月31日作出判决，这8名纳粹分子被判处死刑。

犯罪行为的个人才能使国际法规有效实施。"[①] 东京审判与纽伦堡审判在处理这一问题上的做法一致,[②] 坚持认定侵略罪的个人责任承担,对侵略罪的个人责任认定是纽伦堡审判和东京审判的创举,开启对个人承担国际刑事责任认定的先例。

关于侵略罪个人刑事责任认定的争论在当下并未停止,许多日本右翼分子[③]一直以此为由认为东京审判存在不合法不合理的问题,但是在公认的国际法学领域中,个人承担侵略罪刑事责任这一观点已经得到了肯定。[④] 笔者认为侵略罪的主体是包括个人的,个人必须为其参与侵略战争的罪行承担相应的法律责任。因为战争的发起并不是一个抽象意义的国家能完全实现,而是代表这个国家的统治阶层一手策划并付诸实施的,这些都是个人才能完成。如果把侵略罪的罪行归咎到国家整体上,而使得战争真正的发动者躲避在国家的保护伞之下,那势必导致侵略罪的惩罚毫无实际威慑效力,免于惩罚的个人也将继续肆无忌惮地策划发动下一场危害人类的罪行。因此,笔者将以东京审判的甲级战犯板垣征四郎在东北所犯罪行为例,参考东京审判关于板垣征四郎部分的庭审记录和判决,深刻分析个人承担侵略罪责任的必要性,从而明确东京审判对侵略罪特别是个人承担侵略罪责认定的重大意义。

二、板垣征四郎在东北所犯罪行分析

东京审判受审的28名主要战犯均被控以侵略罪行,其中

---

① *The Judgment of international military tribunal*,来源:http://www.legal-tools.org/doc/45fl8e/,第446页。

② 东京审判11名法官中除了1名印度法官巴尔(R. Pal)外,其余10人均认定应追究侵略罪的个人责任。

③ 如日本首相安倍晋三的"侵略未定论",认为日本对华的侵略不是一种侵略而是一种"解放",认为不应对板垣征四郎等甲级战犯追究刑事责任。

④ 1974年12月14日,联合国大会表决通过了《关于定义的决议》,完善了《国际军事法庭宪章》和《远东国际军事法庭宪章》中侵略罪的定义,对侵略罪予以正式成文立法。

就包括本文所论述的人物板垣征四郎。板垣征四郎生于日本岩手县的一个士族家庭，幼时受过汉学教育，为其日后成为“中国通”打下基础；板垣也深受日本军国主义思想影响，极度嗜血尚武功。1904年，19岁的板垣随部队开赴中国东北参加了日俄战争，在旅顺、奉天（沈阳）等地参与作战，那时起板垣对中国东北地区有了初步的了解，产生了浓厚的兴趣，为他日后实施侵略罪行奠定了思想基础，他的犯罪意图就此萌芽。

1929年，时任关东军陆军大佐的板垣对中国东北地区开始进行秘密调查。他曾多次秘密前往哈尔滨、满洲里、锦州等地，对当地的军事设施、战略储备等进行侦察。由于板垣对中国东北有所了解，又会说一口流利的汉语，成功地窃取了许多军事情报，为日后日本对中国东北实施侵略罪行提供了充分的犯罪预备条件。1929年4月，板垣加入了隶属于陆军本部的团体“一夕会”。“一夕会”第一次会议就做出“改革陆军人事，以武力解决‘满洲’问题”的决定。[①] 在日本国内板垣还发表鼓吹推动满蒙独立的言论，比如1931年发表的《从军事上所见到的满蒙》公然提到，“满蒙对帝国的国防和国民的经济生活具有很深的特殊的关系”，“是帝国自给自足所绝对必需之地区”[②]，“如果单纯地使用外交的和平手段，归根结底不可能达到解决满蒙的目的”[③]。这些言论后被制作成册，散播于日本国内。1931年5月29日，板垣又在部队会议上发表了鼓吹进一步武装侵略中国东北是日本当务之急的言论。[④] 可见其实施侵略东北的犯罪意图之明显，准备行动之充分，如果不带有任何个人意图，仅仅是一个国家政策的执行者，不可能做到如此程度。

---

① ［日］川田稔著，张蔚译：《九一八事变和“一夕会”》，《日本研究》2018年第1期，第73页。

② 易显石：《“九·一八”事变史》，辽宁人民出版社1981年版，第195页。

③ 易显石：《“九·一八”事变史》，第214页。

④ 常征：《“九·一八”事变的阴谋策划者——板垣征四郎》，《社会科学辑刊》1994年第1期，第121页。

1931 年，在关东军作战主任参谋石原莞尔的策划下，板垣开始着手实施对满蒙地区的具体侵略行动，即所谓的“石原之智，板垣之胆”。板垣一手制订了柳条湖铁路的爆炸计划，这就是震惊中外的九一八事变。爆炸发生后，板垣火速下发命令：“（一）令独立守备队第二大队扫荡北大营之敌；（二）令步兵第二十九联队进攻奉天城；（三）令独立守备队第五大队从北面进攻北大营，受独立守备队第二大队长指挥；（四）要求第二师团以主力增援之。”① 在以板垣为代表的关东军策划和执行下，翌年春天，东北三省全部沦陷。同时，板垣也开始积极推进伪政权的建立。他于 1931 年 1 月至 1932 年先后 4 次前往旅顺密会溥仪，以威逼利诱的方式让他成为“满洲国”的傀儡皇帝。溥仪曾描述他与板垣的见面：“他奉关东军本庄（繁）司令官之命，向我报告关于‘建立满洲国新国家’的问题……”“他大谈了一阵日军行动的‘正义性’‘帮助满洲人民建立王道乐土的诚意’”②，但是当谈及“满洲国”政权分配的时候，板垣马上说到“日本在满洲花了几十年的心血，法律地位和政治地位自然和别的民族相同，比如同样地可以充当新国家的官吏”③。1932 年 3 月 9 日，伪满洲国正式建立。这个所谓的“新国家”，名义上由溥仪掌权，实际上，日本人牢牢掌握着伪满洲国的政治、经济、军事命脉，它是一个十足的傀儡政权，是日本对中国东北三省主权的彻底侵犯。板垣作为主要参与者，在伪满洲国建立后先后担任了伪满洲国执政顾问、伪满洲国军政部最高顾问、关东军参谋长兼驻“满”大使馆副武官等要职。在板垣的操控下，日本殖民者不断推行日本殖民

① 陈本善编：《日本侵略东北史》，吉林大学出版社 1989 年版，第 277 页。

② 溥仪：《我的前半生》，中华书局 1977 年版，第 304—305 页。

③ 溥仪：《我的前半生》，第 305 页。

统治制度，并制定实施了一系列镇压东北人民反抗的“肃正治安”① 政策，给东北人民带来了巨大的灾难。

从九一八事变到伪满洲国的建立再到对东北地区的殖民控制，板垣征四郎在东北所为，桩桩件件，均可以构成侵略罪行。虽然他一人之力，不足以完全造成日本对东北地区所实施的战争之侵犯、主权之侵蚀，但他在战争发动之前，已开始为战争出谋划策、营造舆论氛围，更直接参与并主导了侵略东北的战争。在东北沦陷后，他又积极促成伪满洲国建立，推行侵略殖民政策，操控东北地区政权直至东北全境被日侵占。所以从犯罪主体、犯罪意图、犯罪行为各方面要件来看板垣征四郎确已构成了侵略罪。事实上，侵略罪就是这些掌控国家军政大权，又有着极端军国主义思想的个人一手推动造成的，如果不将责任的承担追究到个人，而只是以国家的名义进行赔款或者道歉，那会给受侵略国家的无辜百姓造成巨大的心理伤害，对彻底根除侵略罪行的犯罪萌芽也极为不利。

三、法庭对板垣征四郎的罪行认定

东京审判起诉状中，控告所有战犯的罪状共有55项，涉及板垣征四郎的包括10项②，其中第18项和第27项③是关于板垣在东北地区实施侵略罪的指控。在庭审过程中，检控方提供了有关

---

① “肃正治安”是关东军为巩固日本殖民统治而制定的一项以肃正作战、治安工作和栽培亲日武装为主要内容的计划，以武力镇压的方式，迫害反抗其殖民统治的人民。1935年，关东军制订了所谓秋冬季《治安肃正计划》。按照这个计划，在1935年至1936年，进行对东北全境的“肃正治安”活动，大肆屠杀无辜中国百姓，制造了老黑沟、清原镇等惨案。

② 包括第1项、27项、29项、31项、32项、33项、35项、36项、54项、55项。

③ 罪状18被告荒木、土肥原、桥本、平沼、板垣……在1931年9月18日或其前后，曾对中国（按指东北四省）发动侵略战争及违反国际法、条约、协定和保证之战争。罪状27全体被告在1931年9月18日至1945年9月2日期间内，曾对中国实行侵略战争及违反国际法、条约、协定和保证之战争。

板垣罪行的电报、日军会议记录、各项声明以及溥仪和田中隆吉[①]等人的证言，以证明其在东北地区所犯罪行。庭审时，检控方问证人田中隆吉："当时日军中有人主力占领满洲吗?"田中隆吉回答："是的。"紧接着检控方又问："当时日军中有人主力创建一个独立的'满洲国'吗?"田中隆吉回答："不，没人主张满洲是一个独立的国家，只是当形势发展到这个程度以至外交谈判已无能为力，陆军一些成员的意见就是，应该使用武力将中国军队从满洲驱逐出去，建立一块在日本控制下的王道乐土。"[②]当被问到关东军对他所述政策领导者是谁的时候，田中隆吉立刻回答："我记得是板垣，当时的关东军参谋板垣大佐，以及次级参谋石原莞尔中佐。"[③] 这部分证言，证明以板垣为代表的日本军方对中国东北的侵占野心。

面对这些有罪证据，板垣没有丝毫悔意，对检方所提的问题他更是加以诡辩。审判之初，韦伯庭长问他："板垣征四郎，你将作何种辩护，是否认罪?"板垣回答："我不认罪。"[④] 板垣及其辩护律师企图将法庭指控的罪行全部否定，态度强硬且嚣张。时任远东国际军事法庭的中国检察官倪征燠，在庭审中对他展开盘问。倪检察官问道："你是否承认，在九一八事变前，关东军曾部署相关作战计划，你是否参与了计划的起草工作?"板垣并不正面回答而是说："看样子，我有必要向您解释，什么是作战计划。"当倪检察官表示不需要过多解释，只让他承认是否参与计划起草后，板垣仍然坚持说："作战计划由负责作战的军官根

---

① 田中隆吉退职前所任职务为日本陆军少将，作为日本军界成员，对日本军界侵占东北的情况有一定了解。

② 程兆奇：《远东国际军事法庭庭审记录·中国部分——侵占东北检方举证》上海交通大学出版社 2016 年版，第 105 页。

③ 程兆奇：《远东国际军事法庭庭审记录·中国部分——侵占东北检方举证》，第 106 页。

④ *Transcripts of the proceedings of the international military tribunal for the far east*, Monday, 6 May, 1946, No14.

据总部下达的指示、命令和指示，即本部门的上级下达的指示制订。我和制订这个作战计划没有直接联系。”① 板垣的辩词明显是狡辩，以所谓的“无直接联系”想将自己参与计划的行为开脱，企图回避倪检察官的问题。不过倪检察官没有轻易放弃，他抓住了板垣在被捕时作出的供词与庭审中证言的矛盾点，进行一一反驳。比如板垣想把九一八事变的全部计划推脱到日军总参谋部上，认为自己只是执行者而没有直接关联，但是倪检察官指出这说法明显与他之前提供给检控方的口供相矛盾。在口供中，他明确地说，他“在制订这一计划时与日军总参谋部无任何关联”②，他却辩解说检察官曲解了他的意思，没有详细阅读他的供词。但是无论他作出何种辩解，他辩词的可信度已经大打折扣。此外，在检控方提供的电报、邮件等重要书面证据中明确表明，他曾与当时日本一个神秘组织“樱花会”重要成员有过接触，而该组织成立的宗旨之一就是鼓动“满洲独立”。虽然板垣一再否认，但是所有证据明显指出他确实与该组织成员有联系，而且就“满洲事宜”做过沟通。

经过激烈的法庭举证、质证和辩论环节后，法庭对他参与设计和执行九一八事变、鼓动“满洲独立”、扶持伪满洲国傀儡政权的各项罪行予以认定。在国际刑事法律意义上，明确了他侵略罪战犯的性质，并结合其他罪行，最终判处其绞刑。这个给东北地区甚至整个中国带来重大灾难的战争罪人，于 1948 年 12 月 23 日，被执行了绞刑。讽刺的是，在行刑前，板垣才一改之前的态度，对自己罪行作出了忏悔，不过这也无法弥补他对中国人民所造成的伤害。

---

① *Transcripts of the proceedings of the international military tribunal for the far east*, Monday, 6 May, 1946, No27.

② *Transcripts of the proceedings of the international military tribunal for the far east*, Monday, 6 May, 1946, No28

四、结语

时至今日，东京审判已过去 71 年。和纽伦堡审判一样，它是人类历史上第一次真正意义对破坏人类文明与世界和平的罪行予以审判和制裁的国际性审判。它对侵略罪的控诉，对个人承担侵略罪刑事责任的认定，代表着国际刑事法律的进步，对维护世界和平有着深远的意义。

不过，由于部分掌权者的政治倾向等诸多原因，使得东京审判存在一定的问题，其中最大的问题就是没有追究对华发动侵略战争的最大元凶裕仁天皇的战争罪行。裕仁天皇作为国家权力绝对控制者，在权力欲望的驱动下，致使日本发动了这场侵略性战争。日本企图霸占东北乃至整个中国成为自己的领土，从而实现日本明治维新后的“大陆政策”。裕仁天皇免于受罚，让军国主义思想在日本得以延续，也使得部分日本民众对于这场战争的罪恶性认识不清，甚至公然在靖国神社中供奉“甲级战犯”。更因如此，战后的日本右翼势力一直时起时伏，死灰不灭，影响着日本的政治环境，不断引起事端，破坏中日友好关系，更成为国际环境的不安定因素。

硝烟已散，审判已了，当年这段历史的见证者仍健在的也寥寥无几，留存于后世的活证人越来越少。但梅汝璈先生曾经说过：“忘记过去的苦难可能招致未来的灾祸。”① 把尚存于世的史实证据一代代地保留下来，让后世铭记于心，防止侵略暴行的再次发生，是每个国人必须肩负起的使命。

【责任编辑：李　雪】

［作者：姜慧媛　旅顺日俄监狱旧址博物馆　旅顺　116041］

① 梅汝璈著，梅小璈、梅小侃整理：《东京审判亲历记》，第 9 页。

1938年中日密谈与汪伪政权关系探讨

李 雪

摘 要：本文通过分析1938年高宗武负责的中日密谈，梳理日本侵华对策；同时因参与此事的诸人之后皆为汪伪政权创设初期人物，故亦探讨此次密谈与汪伪政权之关系。文章通过相关报刊报道、公报档案资料复原出当时日方所提条件，通过战争形式变化与密谈突发事件，引出汪伪政权创设之缘由。

关键词：抗日战争 中日密谈 汪伪政权

1938年由外交部亚洲司司长高宗武负责的中日密谈，从初期日本科科长董道宁赴日与各方交谈获取和谈条件，司长高宗武贸然赴日再谈以至情形失控，最终演变成日方推出以“中国第二号人物为代表”的汪伪政权。一场本身带有试探意味的密谈，变成汪伪政权创设的序幕，其中内容，耐人寻味。

一、中日双方初期的接触

“七七”卢沟桥抗战爆发后，日方曾以派遣密使形式与中国进行过几次接触，如西园寺秘密来华；双方也曾以德国为中间国进行过著名的“陶德曼调停”工作。中方的要求是想将战事停止，恢复至1933年长城抗战后的情形；而日方初期虽然也有过表面上停止侵华战争的想法，但受其军队行动左右，摇摆不定，实则继续实行侵华政策。分析中日双方在抗战初期的几次接触很有必要。这些谈判为高宗武日后的密谈奠定了一种基调，当时一些人认为，中日之间有“和平”可言，而此期的历次谈判条件，亦与1938年中日密谈时提出的条件框架相似。

西原寺化名来沪见宋子文，带来日方的停战条件是初期接触的代表性事件。近卫文麿内阁选派的赴华密使，都是家族与中国有过亲密关系或极具分量之人选。如之前挑选的宫崎龙介①、头山满②等人，与早期国民党人交往甚密；而西园寺公一③是日本华族，由他同国民政府有影响力的人物进行初期接触，并非说不通。当时近卫文麿想要同蒋介石直接会见，但有两个前提条件，“其一是中国承认满洲国，其二是局部解决当前的战争”④。这两个条件中的“承认满洲国”一条，可以说是伪满成立以来日方一直迫切想使中方承认的条款，而中方对此一直持反对态度。西园寺在上海见到了国民政府的代表宋子文，当宋子文听到这一条件时便立即答曰“办不到”，亦可知当时国民政府高层对这一问题的态度。1931年东北沦陷国民政府便拒不承认日本侵略造就的傀儡政权，又何必等战争全面开始反而承认？这样的心理很容易理解。而西园寺等人的任务全部失败，因彼时上海“八一三”抗战已爆发，日本海军开始再度侵略上海，日方认为调停已无意义可言。

随后日本再次提出对中国停战条件，这次以文本形式出现的停战条件也是随后双方谈判的依据。1937年8月7日，日本外务

---

① 其父宫崎滔天，孙中山的日本密友。

② 曾积极支持孙中山革命运动。

③ 其祖父为西园寺公望。

④ 《西园寺公一的回忆》，章伯锋、庄建平：《抗日战争·第四卷·外交上》，四川大学出版社1997年版，第147页。

省、陆军省与海军省联合提出所谓《全面调整日中国交方案纲要》《日华停战条件》，总结要点即恢复到1933年长城抗战时双方签订《塘沽协定》的局面，中方仍在《塘沽协定》规定的地区无驻军权，日方仍保持驻军权，[①] 且要求中国“不再提及‘满洲国’问题”[②]，核心要点同近卫文麿交代西园寺公一的谈和条件相仿。而“三省商谈结果派民间人士试探南京心意为妥”，此次派出人选即船津辰一郎[③]。结果这个所谓“三省结果”也因为日本军内部侵略派在上海的扩大侵略战争而无疾而终。

几次民间人士派遣的结果，皆因为战事扩大而中断。从此可知日本军内部对于侵华战争的热衷。陆军省虽然在“七七”卢沟桥战事之初有过犹豫，是否扩大对华侵略，不过事实是上海虹桥机场的大山事件之后，中国已进入全面抗战。需要指出，正因为日本侵略军在中国的战争，导致了随后日方的谈判政策摇摆不定。若遇到日军占领中国首都南京等行径，便导致“陶德曼调停”条件严苛；而在中方取得台儿庄大捷之后，立刻对高宗武工作抱以热情。

日本在“陶德曼调停”中表现出随战场形势变化的政策摇摆性最为明显。12月初日本提出第一次条件，只“上海停战区域要扩大”等项需商榷，国防会议认为“如此尚不算是亡国”[④]。但随着南京沦陷，日本第二次提出条件已非和谈性质。日方要求中国不但承认“满洲国”、作出赔款、共同防共，且在内蒙、华北、上海等地都设置非战区且设置自治政府并经济提携[⑤]。中方对此条件之态度可想而知，故未有积极答复，日本于是

---

① 《日华停战条件》，日本外务省、陆军省、海军省，1937年8月7日，章伯锋、庄建平:《抗日战争·第四卷·外交上》，第152—153页。

② 《全面调整日中国交方案纲要》，日本外务省、陆军省、海军省，1937年8月7日，章伯锋、庄建平:《抗日战争·第四卷·外交上》，第151—152页。

③ 转政从商的人物，常年在上海，熟悉中日两国高层。

④ 《中国国防最高会议第五十四次常务委员会议记录（部分）》，1937年12月6日，汉口，章伯锋、庄建平:《抗日战争·第四卷·外交上》，第171—172页。

⑤ 《日本内阁会议议决的日本外务大臣致德国驻日大使复文》，1937年12月21日，东京，章伯锋、庄建平:《抗日战争·第四卷·外交上》，第175—176页。

声明“今后不以国民政府为对手”，口气强硬，语带侮辱，于是此一时期内双方未再有积极的接触，而广田弘毅的演说还提出要与“新兴的中国政权合作”①，高宗武的工作正是在这种背景下展开。

二、1938年高宗武负责的中日密谈

1938年的中日密谈，由几位主要人物背后运筹，中方如高宗武，日方如松冈洋右，双方分别代表了中日双方政坛的主要领导，初期接触是一种同抗战爆发时一样的试探，后期则变形为汪伪政权创办的条件。

高宗武是国民政府外交部亚洲司司长，“和平”思想浓厚，因此在抗战全面爆发后被委任相关工作。高宗武早年留日，后返国担任外交职务。因对日本政局非常熟悉，得到高层重视；他还在1935年前后负责同日本谈判华北与东北通邮等事务，因此对于在华日本人也多有熟悉。他坚信中日之间不应以战争解决问题，因此一直对“和平”抱有幻想。同时，当时他受蒋介石指令，辞职后赴香港定居，在香港成立所谓“日本问题研究所”②，一直搜集日本政局的情报。因其一直抱有所谓“中日和平”思想，又在香港负责对日情报工作，所以他在这次密谈中一直保持活跃。高宗武一直积极寻找交涉机会。全面抗战爆发初期，他向“满铁”职员西义显表示中方有与日本直接交涉的想法。1937年8月初，高宗武向其表示蒋介石、汪精卫二人有中日和平拟案，“中国承认满洲，不但禁止排日抗日，就是对一切反对运动都予以禁止。惟日方停止华北军事行动之意见如何，代为探听”③。

---

① 《帝国の与えた最後の好機自ら放棄した国民政府 我が最小限度の四条件すら無視 更生新支那建設の一途へ》，大阪《朝日新聞》，1938年1月23日。

② 高宗武著，陶恒生译：《深入虎穴》，台湾《传记文学》第八十九卷，2006年第六期，第98页。

③ 《毛庆祥呈蒋中正中日妥协案拟议内容及英大使谈中日问题等日电译文情报日报表等三则》，中国国民党“国史馆”藏档案，入藏登录号：002000001877A；［日］西义显著，任常毅译：《日华“和平工作”秘史》，江苏古籍出版社1992年版，第4页。

同中方相对的，日方背后的操纵者是时任“满铁”总裁的松冈洋右。高宗武之所以找一位看似普通的“满铁”职员，是因为西义显是当时“满铁”总裁松冈洋右的门徒，松冈者，对中日关系亦有相当影响。1904年松冈洋右进入日本外务省工作，从此走上外交家之路。他曾于1932年“国联”召开中国东北问题特别会议时担任日本代表团首席代表，并因对结果不满而代表日本代表团“退出国联”，一时成为日本政界名人。松冈洋右对中国也十分熟悉，因其入外务省后曾被派遣至上海及大连工作，他在上海期间结识山本条太郎，后者对其入职“满铁”作用重大；而他于1906年在大连任“关东都督府”外事科长，后又于1921—1930年间在“满铁”担任理事及副总裁，短暂离开后，1935年再度入职“满铁”担任总裁。[①] 松冈洋右有强烈的殖民主义思想，其侵华政策既因其外交人员身份不同于军部的直接武力干涉，又因固有的侵略思想而随时与之合流。他主张国家主义与独裁政治，认为日本领土开发的速度仍然不能满足国内经济发展的现状；[②] 他是“满蒙生命线”理论的践行者，在他二度入职“满铁”时，大肆鼓吹“军铁一家”“满蒙建设”“东亚大业”[③]；他对日本军队的侵略行径抱以支持，认为1932年中日在上海的战争，显示出“日本之不可以侵犯，若没有上海战事，则中国可以随意排日”[④]。松冈洋右在日本政坛的影响力及其人脉，正是中方想要私下进行密谈工作最好的推动者。事实证明，松冈洋右

① 关于松冈洋右履历，其作为东京审判战犯时曾有档案相佐证，见日本内阁官方人事课履历书：《松冈洋右履历》；《接国外要电·松冈洋右赴日内瓦使命》，上海《申报》，1932年10月23日，第21389号，第7版。［日］马场垣吾我著，高宗武译：《日本派赴国联代表松冈洋右论》，《中央时事周报》，1932年第3期，16—20页。

② ［日］松冈洋右：《日本的危机》，上海《国际译报》，1934年第6卷第7期，第18—25页。

③ ［日］松冈洋右：《满铁を语る》，东京第一出版社1937年版，第182页。

④ ［日］马场垣吾我著，高宗武译：《日本派赴国联代表松冈洋右论》，《中央时事周报》，1932年第3期，16—20页。

不仅推动密谈工作的进行，也在其中充当重要角色。当松冈洋右听到西义显带来的情报时，认为这是“和平工作”的重要机会，于是要西义显去东京带他的指令面见近卫文麿说清楚状况。前文提到近卫文麿也一直对日“和平”工作抱以热情，他十分支持西义显的工作，西义显从东京回到上海，正在想法找到联络渠道时，董道宁[①]亲自登门拜访。

中方此次设计的密谈是派董道宁亲赴日本取得和谈条件。1938年2月，董道宁在日本分别见到了影佐祯昭、多田峻等人，并带回日本的和谈条件。[②] 日本的条件总结起来有如下几点：大政治家亲自出马同日方直接交涉；中国放弃抗日政策；中国承认伪满洲国；中日“满”经济合作；和谈停战之后的伪政府处理问题；华北驻军问题；中日“防共”问题及战争赔款。[③]

高宗武曾带来中方对此条件的反应。[④] 中方的回应是，东北、内蒙古问题可他日协商，当前应立即归还河北、察哈尔地方给中国，长城以南中国领土主权确立及行政完整，日本须尊重，如果上述条件得到同意，可先行停战。[⑤]

双方这次往来同当时的局势变化紧密相关。日本为什么一反“不以国民政府为对手”的论调又来谈判，自然同中方赢得台儿庄战役有关。但随后，形势又发生变化，日军攻陷徐州，日方在

① 董道宁是当时中国外交部亚洲司日本科的科长。他是浙江宁波人，生于横滨，长于东京，回国后原在考试院工作，后调入外交部，受国民政府最高当局指示赴日刺探敌情，后加入汪伪集团，抗战胜利前，因病离世。

② ［日］西义显著，任常毅译：《日华“和平工作”秘史》，江苏古籍出版社1992年版，第40页。

③ 《董道宁函张群赴日刺探并会晤影佐祯昭等彼为求两国和平有意尽早解决中日问题等》，中国国民党“国史馆”藏档案，入藏登录号：002000001162A。

④ 这个方案出现在西义显的回忆录中，是否伪造不得而知，但细看内容，与第一次“陶德曼调停”日方所提方案类似，当时中方也表示可以此框架继续谈判。

⑤ ［日］西义显著，任常毅译：《日华“和平工作”秘史》，第60页。

6月开会决定扶持“中国新中央政权”建立。①

此时，日方已经厌倦同蒋介石谈判，转而寻觅下一个傀儡代言人，而这个人正是汪精卫。1938年夏日高宗武亲自赴日，获取来的情报则与日方要建立新傀儡政权息息相关。在7月7日见到板垣征四郎时，对方明确表示：“日本自想结束战事，但非蒋介石先生负责下野，国府改组不可。”② 日方锁定的目标是汪精卫。董道宁带回的日方条件曾提及，中方需由“大政治家亲自出马同日方直接交涉”，既然日方要求蒋介石下野，这位大政治家应不会是他。当时董道宁赴日回国特意假道大连面见松冈洋右进行了一番谈话。松冈洋右向董道宁表示，对于中日谈判“希望中国能有大政治家出席、负责，代表贵国与日方开始谈判”，而日方期望的大政治家正是汪精卫，松冈洋右表示“拟致函汪主席表示（停战）决心，但现内阁参议非得日皇允许，不可休战，请将此意转告汪主席”③。

三、密谈与汪伪政权的关系

1938年密谈的时间节点正好同三次“近卫声明”相吻合，日本的降诱企图十分明显，整个活动都是其侵华政策的一部分。第一次近卫声明曾扬言“今后不以国民政府为对手，而期望真能与帝国合作的中国新政权的建立与发展，并将与此次政权调整两国邦交，协助建设复兴的新中国”④；第二次近卫声明则宣称

① 《徐州攻陷后建立中国新中央政权的运动》，章伯锋、庄建平：《抗日战争·第六卷·日伪政权》，四川大学出版社1997年版，第768页。

② 《高宗武呈蒋中正汇报东渡日记及与松冈洋右影佐祯昭等会谈纪录及个人观感》，1938年7月21日，中国国民党“国史馆”藏蒋中正“总统”档案，数位典藏号：002-080103-00027-018。

③ 《董道宁函张群赴日刺探并会晤影佐祯昭等彼为求两国和平有意尽早解决中日问题等》，中国国民党“国史馆”藏档案，数位典藏号：002-080103-00027-018

④ 《日本政府声明》，东京，1938年1月16日，章伯锋、庄建平：《抗日战争·第四卷·外交上》，第189页。

“帝国（日本）所期求者即建设确保东亚永久和平新秩序，……应以日、‘满’、华三国合作……帝国所希望于中国的，就是分担这种东亚新秩序的责任”[①]；第三次近卫声明则在汪精卫叛逃后向之诱降“当此之时，（日本）政府向国内外阐明同新生的中国调整关系的总方针，以求彻底了解帝国的真意”[②]。三次近卫声明是日本侵华政策的剖析，在侵略战争进展缓慢的阶段，便扶持傀儡代理人分裂中国；在侵略战争得逞的时候，则蔑视中国主权。在这样的外交环境下，依旧向日本密谈，期望“和平”工作有所进展，令人怀疑其工作初衷的同时，也揭示日本帝国主义侵略中国的野心。当汪精卫出逃重庆后，日本政府立刻响应其行为，发出第三次声明，“汪精卫运动如此便表面化了”。

高宗武在其中穿针引线，对日本诱降汪精卫起重要作用。高宗武是1938年密谈中最活跃的角色，他在回忆录中称是汪精卫让他再赴日本以探求日本真实的意思。他在日本见到了影佐祯昭，后者回忆说，“若和变对象不是蒋介石，则非汪精卫莫属。但汪氏的和平思想一直不受重视，因此需要在政府外发起和平运动，造成蒋介石倾听和平论的契机”[③]。高宗武与影佐祯昭如此产生联系，1938年11月，二人在上海达成秘密协定，主要内容是：共同防共、承认满洲、经济提携（日方优先权）、开发华北、赔偿损失、日军撤退等。[④] 翌年2月，他再度陪同汪精卫赴东京，谈判建设傀儡政府的细节。其后，他因不满日本对华政策脱离了汪精卫运动，并联合陶希圣共同公布了日汪谈判细节，史

---

① 《日本政府声明》，东京，1938年11月3日，章伯锋、庄建平：《抗日战争·第六卷·日伪政权》，第777页。

② 《第三次近卫声明》，东京，1938年12月22日，魏宏运：《中国现代史资料选编4·抗日战争时期》，黑龙江人民出版社1981年版，第597—598页。

③ ［日］影佐祯昭著，陈鹏仁译：《我所走过的路》，陈鹏仁编著：《汪精卫降日秘档》，台北联经出版社1999年版，第15页。

④ 《日本外交档案》，杨自凡译：《建立汪精卫的新南京国民政府的运动》，章伯锋、庄建平：《抗日战争·第六卷·日伪政权》，第771—772页。

称“高陶事件”，是为汪伪政权建设前最引起民愤与舆论讨伐的一次事件。此后他虽远渡美国，但他在这段运动中特殊的身份，一直饱受争议。而他在汪精卫决定是否受降的关键时刻确实起到了不小的作用，一来二人私交一直较好，二来他自告奋勇，多次只身赴日带来一手情报，结合汪精卫的叛逃，推动了伪政权于1940年3月建立。

四、结语

汪伪政权建立后，以傀儡姿态同日本侵略军乞降，将中国分割成日本利益集团臆想的利益区块，供对方肆虐驱使。汪伪政权背叛人民，背叛祖国，影响恶劣。

1938年的密谈的发起，究竟是偶尔还是刻意？是高宗武本人意图太过强烈，国民政府当局并未重视，反而引起的一场波澜？高宗武反复向蒋介石表明他可以促成中日谈判的优势，因此蒋氏许他特权进行活动。在董道宁第一次赴日之时，高宗武甚至先于蒋介石一步阅看董氏呈文，并加以解析出“日本的首要条件便是蒋委员长下野”，但即便如此，国民政府对高宗武诸人活动仍然没有限制。

汪伪政权的建设是诱敌深入的双簧戏。这个论断多见述时人后来的论述。最明显的例子是董道宁、高宗武的报告都尽数呈报给国民政府，同时戴笠的军统集团也对其行动有所监视，高宗武与汪精卫谈说受降一事，国民政府情报部门不会一无所获，但为何对其放任不管，直至汪伪政权建立。若果是所谓诱敌深入之策，则东南沿海最发达城市仍被日军肆虐，此战术并不高明。

归根结底，这次和谈的根本就是错误。日方从开战开始便认为，中国想将战局恢复至1933年长城抗战时的局面是“痴想”，因为日本国民的态度“十分强硬”[①]。当时任何的对日谈判都是自取其辱。一来当时政府已经习惯和日本谈判，牺牲部分利益换取和平的模式，导致抗战全面爆发后，仍旧倾向去用谈判解决问题，没有正视日本非侵略中国全部国土不肯罢休的野心。二来抗战全面爆发局势下再来谈判，本身日本便为军国主义鼓动，不会停战，又因为侵略推进，政策偶然摇摆，不过欺瞒国民政府，以取得调兵时机而已。因此环顾此间谈判，根本性便是错误。

【责任编辑：关国磊】

[**作者**：李雪　旅顺日俄监狱旧址博物馆　馆员　旅顺　116041]

① ［日］影佐祯昭著，陈鹏仁译：《我所走过的路》，陈鹏仁编著：《汪精卫降日秘档》，第 15 页。

寻访庄河抗日航空英烈赵庸亲属

李伟民

摘 要：文章讲述了作者寻找抗日航空英烈赵庸烈士亲属的经过，介绍了赵庸为国捐躯的故事，以及烈士亲属为烈士扫墓的情景。

关键词：庄河 赵庸 抗日航空 淞沪抗战

从20世纪的90年代开始，我寻找东北籍的抗日航空英烈亲属，在大连地区没少下功夫，因为大连有爷爷在冯庸大学读书时的同学、后当空军牺牲的赵庸，还有和爷爷同机牺牲的抗日航空英烈卢敏。开始是委托朋友们帮助打听寻找，后来通过网络寻找，可是一直没有信息。

一、找到烈士亲属

2000年前后，我开始同媒体联系，可是始终没有结果。经过联系，我找到了大连晚报记者唐东丽，当我来到了晚报社的办公室，向唐记者讲述了多年寻找烈士亲属的艰难曲折经过后，她表示一定撰文帮助寻找。

2012年2月23日，在唐记者的帮助下，《大连晚报》刊登了我寻找大连抗日航空烈士卢敏和赵庸亲属的消息。当时我正在开往上海的火车上，当我知道了报上已经进行了报道，心里企盼着尽快找到烈士的亲属。

当火车进关的时候，我的手机又响起来了，我一听是短信，是唐东丽记者发来的，告诉我一个非常好的消息，“两位烈士的亲属都找到了”，我高兴得要跳了起来。我立即与唐东丽记者联系，我要尽快知道同烈士亲属的联系方式，以便同他们取得联系。

火车还在行进，下午，《半岛晨报》的记者电话找到了我，了解了我寻亲的经过，并告诉我要去采访赵庸的亲属。

在庄河青堆子镇，这里街巷的格局甚至还保留着清末的印记。100多年前，一个孩子就出生在这里，家里为他取名赵祥光(后改名赵庸)。据《庄河文史资料》记载，幼时，赵祥光在青堆子读完小学，1924年考入庄河中学附设五年制国民师范一级学习。1929年进私立奉天（今沈阳）冯庸大学工科。

二、冯庸大学优秀生

冯庸大学是冯庸变卖了家产，于1927年8月8日在沈阳市铁西区滑翔机场一带成立的大学。

冯庸大学以爱国救国为宗旨，“造成新中国的青年”。冯庸认为，“洞烛国家制胜之先机在于兵器，而制造兵器必须振兴工业，要想振兴工业必先植基于教育，当为当务之急”①。中国内忧外患的主要原因是工业落后，而“工业兴国，先育人才”，这是他创办“冯大”的初衷。

“冯大”重视道德和爱国教育。冯庸亲自制定了学生品德教育的所谓“八德八正”和“五戒五尚”方针。这个方针对抵制帝国主义的文化侵蚀是有积极意义的。每天早操时，学校附近的南满铁路上都有火车通过，冯庸就此对同学们说：“外国的火车

① 赵焕林等：《冯庸和冯庸大学》，辽宁民族出版社2012年版，第68页。

在我们的国土上跑，这就是我们的耻辱，我们一定要奋发图强，收回主权，以雪国耻。”在学校的教育下，赵祥光和同学们树立了强烈的爱国主义思想。正如冯庸大学学生作家雷加在写给冯庸的女儿冯娜妮的信中说：“我在冯庸大学得到最多的是爱国主义教育，它是大规模的救国思想的摇篮。”

“冯大”的军事训练制度颇具特色，是在中国的综合性大学中，首次将军事训练作为一门课程列入必修课。学校实行半军事化管理，规章制度仿照军校，学生的衣食住行都按部队标准执行，校内校外一律穿着统一制服，并要做到“食不言，寝不语”，师生间的礼节也效仿军队。“冯大”的学生每周不少于6小时学习军事操典、筑垒、教范和阵中勤务令，进行操场和野外训练。即使冬天积雪没膝，学生也要坐卧在雪地上反复苦练；酷日炎炎或大雨滂沱，学生们仍要顶烈日、冒大雨到操场跑步，以培养吃苦耐劳精神，看上去很像军营。当时，沈阳人都把冯庸大学与东北军的东大营、北大营两个军营相提并论，称其为“西大营”。冯庸主张，凡是本校学生，毕业后都要具备军队中至少排长或连长的军事素养。所有这些对赵祥光的影响很大，锻炼很大，使他具备了良好的军事素质。

冯庸大学为了让工科学生能够在平日的学习实践中，充分掌握世界先进的飞机制造与维护技术，不惜投巨资，从国外陆续订购了7架飞机，一所大学自己拥有7架飞机在世界上实属罕见，冯庸大学是中国第一所拥有军用教学飞机及机场的大学，还有100余支步枪、2门小炮等军械。冯庸大学的半军事化性质，使作为工科学生的赵祥光常接触飞机，学习机械原理，尤其喜欢钻研，对飞机产生了浓厚的兴趣。

在大学期间，赵祥光结识了同学陈智和康德一，20世纪80年代，陈智和康德一将在沈阳求学的经历编成一本回忆录，书中也翔实记录了赵庸（即赵祥光）的人生经历。

在1929年的7月到12月间，中苏两国因中东铁路路权归属问题，在中国东北的广大地域内，爆发了一场对于当时东北乃至全国的时局发展影响深远的武装冲突，史称“中东铁路事件”。在这场冲突中双方动用的一线兵力超过20万，使用了重炮、坦克、飞机和军舰等重型装备，战事持续近5个月之久，这场战斗很少被人们谈及，而冯庸在这场战斗中所做出的努力则更是鲜为人知。

1929年的暑假结束后，在冯大学生抗俄热情空前高涨的前提下，冯庸动员赵祥光和同学们填写志愿书，组建了一支规模空前的学生义勇军，同时还增加了诸如夜行军、白刃战等军事训练项目，随时准备开赴前线进行支援。

当这些学生迈着整齐的步伐，唱着嘹亮的军歌前往火车站。这样的情景在当时引起了沈阳的轰动，一时间万人空巷，全部都在欢送着义勇军的出行。而冯大义勇军也因此士气大振，顺利地踏上了北上的列车，前往边境投入战斗。冯庸大学师生“歼俄义勇军”开赴前线，在满洲里一带构筑了工事。

冯庸大学的学生刘毅夫在回忆当时的情景时，感慨道：“此行不管成败，只是这项唤起国魂的成就，就已经了不起啦!”的确，想要靠着冯大义勇军的参战就能够扭转中国对外战争的情形，显然是不现实的，但是至少这样的举动唤醒了国人的爱国热情，就已经足够。

东北边防军司令长官张学良一再去电，敦促同学回校上课。当时任“歼俄义勇军”大队长的陈智首先带头报名，请求留在梁忠甲麾下的黑龙江省边防军第十五旅继续战斗。同学中不少人也报了名，赵祥光、康德一均在其中。后来冯庸校长下令一律返校，谁也不准留下。同学们这才全部返回沈阳。①

三、当空军报效国家

1930年春节，陈智、赵祥光、康德一、张维仁、关溯5名

① 赵焕林等：《冯庸和冯庸大学》，第187页。

要好的同学，在抚顺关溯同学家里相聚。因为这几个同学都有投笔从戎、抗敌报国之志，大家经过共同商量决定：陈智、张维仁、关溯3名同学投考黄埔军校第八期，赵祥光投考杭州笕桥空军航校，分配在轰炸员训练班，从此改名赵庸，并于1934年12月3日毕业。

当媒体记者来到了庄河青堆子镇西街社区，在一间建于50多年前的平房里，一本发黄的《庄河文史资料》静静地躺在漆面斑驳的木箱子上。第9页到第12页被翻得最烂，寥寥千余字记述了一个叫赵庸的庄河青年70多年前驾机抗击日本侵略者的壮烈人生。

老房子的主人叫赵世富，是烈士赵庸的独子。80年来，老人守在故土寸步不离。“我曾经多少次梦见我父亲开着飞机回来了”，老人说，“我一生都没见过父亲的面，更不知道长什么模样，这也是我今生最大的遗憾。”在南京航空烈士公墓的英烈碑上镌刻着赵庸的名字，得知这一消息，赵世富全家很欣慰，眼眶泛红的老人不顾左腿残疾，蹒跚着站起来说——“我想去南京。”

“我是1933年出生的，一辈子都没见过我父亲的面，更不知道长什么样。”左腿残疾的赵世富老人双膝跪在炕上回忆说，“我父母结婚后不久，父亲就考军校走了，第二年我才出生。”

老人告诉记者，他对父亲所有的印象都来自母亲的描述和邻居们的回忆。“我四五岁的时候左腿残疾了，母亲就一边拉扯着我长大，一边等着抗战胜利后父亲回来。”赵世富告诉记者，由于担心父亲回来找不到妻儿，老母亲就始终守着破旧的老屋，一直没搬过家。

1947年是15岁的赵世富人生中的转折点。这年的一天，国民党南京航空委员会来函通知庄河县政府，赵庸为抗日空军烈士，发给遗属抚恤金。得知赵庸牺牲的消息后，赵世富的母亲从此一生再未改嫁，这个裹着小脚的女人坚强地独自将烈士后代抚养成人。而赵世富一生也谨遵母亲的遗愿，守在故土寸步不离，靠给人修鞋维持生计。“解放后很多年，我们都不敢说自己是烈士的后代，毕竟那时候我父亲是国民党的飞行员，我们怕受到牵连，即使心里再想，也只能默默地忍着。”老人说完，眼眶微微泛红，“我曾经多少次梦见我父亲开着飞机回来了。”

老人告诉记者，直到20世纪80年代中期，大陆和台湾开始有书信往来了，一位赵庸的大学同学的来信才揭开了赵家人关于烈士安葬地的谜底。“他大学同学有个人叫刘毅夫，在校时名叫刘兴亚，1945年后曾任国民党抚顺县长，去台湾后任‘中央日报社’记者。”老人回忆说，刘毅夫在信中称他曾协助经办丧事，并在赵庸罹难的山麓为其竖立一座石碑。“他在信中告诉我们，父亲安葬在南京。”

刘毅夫在信中称，赵庸气度恢宏，做事稳健。他以善于驾驶大型飞机为同仁所称道，在当时空军中颇负盛誉。赵庸还擅长数学，曾著有《导数论》一书，由商务印书馆出版，为有关学术界人士所关注。

赵庸的战友龚业悌在1988年10月12日的来信中写道：

赵庸于1934年12月3日于杭州笕桥中央航空学校轰炸班毕业后，调任中国空军第8大队第30中队任轰炸员。1937年10月15日，空军第8大队B-10B型两架轰炸机（该机为双发中单翼轰炸机，最大时速343公里，机上有3挺自卫机枪，可携带炸弹1025公斤，规定乘员4人）接受轰炸上海附近侵华日军任务。其中一架由第30中队队长黄正裕、副队长方长裕、第17中队分队长张琪、第30中队飞行员魏国志驾驶，另一架由第30中队轰炸员赵庸、李岳龙和无线电通讯员察根东同乘。两架轰炸机编队起飞时，因其中一架轰炸机上的炸弹爆炸，波及另一架轰炸机，导致两架轰炸机人机俱毁。赵庸以身殉国。[①]

“收到刘毅夫的信后这些年，我们家也一直在寻找先辈的遗

① 李伟民、李跃民：《东北抗日航空英烈传》，辽宁大学出版社2011年版，第183页。

迹，近些年才知道先辈葬在南京，可是具体南京什么地方，都不清楚。”赵世富的二儿子赵德谦告诉记者，赵世富虽然年事已高，左腿又有残疾，但亲赴南京拜祭父亲的想法却从未消减，并且越来越强烈。

令老人深感遗憾的是，由于经费原因，老人的南京之行始终没能成行。记者了解到，赵世富和老伴如今都靠当地政府发放的低保金生活，住的房子也是20世纪50年代时政府帮着修建的，如今墙面斑驳，破旧不堪；三个儿子和一个女儿虽然都在身边生活，平时可以帮助赡养，但都没有固定的工作，收入非常微薄。“我每天在街上开着三轮摩托拉活儿，好的时候三五十，少的时候就能挣几块钱。”赵德谦说，其他几个兄妹的情况和他基本差不多。

当媒体的记者告诉我，赵庸的儿子赵世富没有见过自己的父亲时，我告诉记者，多年来我也一直在寻找赵庸烈士的照片，前不久，我到北京同北京航空联谊会今年（2012年）已经89岁的夏华女士见了面，从1985年开始，夏老就一直在全国各地寻找烈士名单，如今还在积极做抗日航空烈士的资料收集整理工作。“昨天上午，我给夏老打了电话，请她帮助查找赵庸烈士的照片。”夏老非常热心，不顾年迈立即帮助查找了一个多小时，终于在众多资料中找到了一张赵庸烈士的照片。夏老随后通过电子邮件将扫描后的照片发了来。“当我看到了赵庸烈士的照片，我的眼睛湿润了，代表烈士的后代，向夏老道一声谢谢。”

四、祭奠英烈慰忠魂

2012年4月1日，我到南京参加南京抗日航空纪念馆清明节活动，赵庸烈士的儿子赵世富和孙子赵德谦也来参加。我一到锦江之星宾馆就打听他们到了没有。下午1时，当我得知赵世富老人已经到了，就不顾旅途的劳累，来到了老人家的房间。赵世富老人拉着我的手久久不放开，眼含热泪地说，“谢谢，谢谢！”

我们又聊起了赵庸烈士的家世。赵世富说：“我们家是庄河青堆子当地的大家大户，我爷爷是做生意的，除了家有很多土地之外，还开办了磨坊和面食店铺，我父亲兄弟姊妹五个，他在家中排行老三，他在沈阳冯庸大学上学。母亲姓兰，排行老大，也是大户人家，祖辈是养船的，往返于庄河和山东之间，家境殷实。”

老人回忆说，“父亲和母亲是父亲 3 岁的时候就定下来的‘娃娃亲’。九一八事变发生后，家人看时局不对，方才催促在沈阳上大学的父亲火速回家成亲。但夫妻二人仅仅在一起生活了不到两个月，父亲便和同学们一道入关，参加抗战去了。此时，母亲已经有了身孕，这个孩子就是我，我出生后，一直没有等来父亲的消息。”

赵世富老人说：“直到 1945 年抗战胜利后，我们家得到了父亲牺牲的消息，而这个消息距离父亲牺牲时间足足迟到了 8 年。

“此后，母亲终生未嫁，独自一人抚养着我，直到 1994 年病逝，享年 90 岁。母亲临终前还不忘叮嘱我，有生之年要找到父亲的墓，如果有尸骨就把他们合葬在一起。这次我能来看看父亲的墓碑，来拜祭他，一方面了却了自己一生的夙愿，同时也算完成了母亲的遗愿。”

4 月 2 日，上午 8 点半，我们来到了南京抗日航空纪念馆，大家在纪念馆雕塑前合影留念，我们跟随着讲解员，参观了纪念馆，赵德谦搀扶着父亲赵世富，认真听讲解员讲述抗日航空英烈的丰功伟绩。看得出来，赵世富老人的眼里含着泪花。

9 点整，在抗日航空烈士纪念碑前，南京航空联谊会、南京抗日航空纪念馆举办了隆重的 2012 年清明节祭扫烈士仪式，南京航空联谊会的领导、南京中山陵园管理局的领导，烈士亲属和学生代表先后讲话，老人站在前来纪念的人群里，静静地听着后人对英雄父辈们的敬仰，不住地轻轻点头，一行热泪不知何时已顺着满是皱纹的面颊流下。祭扫仪式结束了，我们就一同去纪念碑前祭奠。

很快，赵德谦去纪念碑找烈士爷爷的英名回来了。“找到了，就在东边第二排。”听儿子说完，赵世富立即向墓碑的方向走去。此前，由于左腿有残疾不便于行走，老人上台阶的时候都是由儿子背着的，但此刻，老人坚持自己拄着拐杖，一步步蹒跚着向墓碑挪去，并且越走越快。高大的墓碑上，烈士的英名赫然可见。“赵庸，中尉，辽宁庄河人，1910—1937. 10. 18。”老人轻声地念完墓碑上简略得不能再简略的英雄生平，默默地点了点头，开始了一段穿越时空的对话。“爸——爸！”

老人发出孩子般深情的呼唤，顿时泪如雨下，拄着拐杖的手剧烈地颤抖。

“儿子来看你了，儿子终于来看你了，来赴你迟到了80年的相见。”

“我好想你，妈妈好想你。”

“你为国家牺牲了，我们还在一直等着你回来。”

看老人哭着说着，我再也控制不住自己的情绪，失声大哭起来，“我这些年帮烈士找亲人，值了”；撰写了中国空军抗战纪实文学《国殇》的作者徐霞梅哭了，“这是最生动的素材，我要写进再版的书里”；在场采访的众多记者哭了，前来参加活动的市民哭成了一片。

伴着泪水，赵德谦向烈士爷爷碑前敬献了一束鲜花，然后搀扶着老父亲一同向烈士的墓碑深深地三鞠躬。

中午，在南京有关方面举办的宴会上，从不饮酒的赵世富老人没有拒绝服务员给他倒一点红酒。赵世富老人所在的这一桌颇有特点，是由来自辽宁的四位烈士亲属家组成，另外两家是义县籍烈士孟昭仪的侄子全家祖孙六口人，还有北镇籍烈士阎海文的侄子阎英忠。这些都是我帮助找到的烈士亲属，除了我之外，另外三家都是首次得以来南京祭拜先辈英烈。“我们全家都来，就是要让孩子们、孙子们都知道，咱家有一位光宗耀祖的英雄长眠在这里，今后要常记得来看看，每年都要来一次。”烈士孟昭仪的侄子孟宪臣激动地说。

随后，作为全桌的最年长者，赵世富老人得到了大家的共同敬酒，“祝您老健康长寿。”老人乐开了花，端起高脚杯，将里面的一两多红酒一饮而尽，“哈哈哈！”

“我活了40多年，第一次听见我父亲这么开心地大笑。”一旁的赵德谦说着，眼泪再次止不住地流。

众人擎在空中的手迟迟没有落下，分明看得见，有握杯的手在不停地颤抖，有颗颗泪珠滴落进酒杯中。“干杯！”

五、结语

当2015年为纪念抗战胜利70周年，大连电视台拍摄《埋骨它乡》的电视纪录片时，我随同记者来到了庄河青堆子镇，非常遗憾的是赵庸烈士的儿子赵世富去世了。虽然，老人离开了我们，但是，值得欣慰的是老人见到了照片上的父亲，到南京凭吊了烈士父亲。这也是多年来寻找烈士亲属的初衷。如今，每当人们参观东北航空历史纪念馆都会被赵庸等东北籍抗日航空英烈可歌可泣的事迹所打动，所震撼，所感染，让共和国永远铭记他们，人们永远记住他们！

【责任编辑：李　雪】

［作者：李伟民　东北航空历史纪念馆　馆长　沈阳　110400］

李根源倡导修建国殇墓园始末

段金伶

摘　要： 李根源是中国近代史上的名士，一生追求理想做有气节的读书人。他为民族解放建立了功勋，他积极参加抗日活动，宣传、组织民众，深入滇西前线，贯彻了知行统一的民族气节观，表现出卓越的政治远见，对滇西抗战的胜利起到了重大的作用。

关键词： 李根源　滇西抗战　民族气节　国殇墓园

1942年5月，日寇从缅甸侵入滇西，怒江以西的大片国土沦陷。李根源不顾年老体弱，主动请缨，奔赴前线，指导滇西抗战。腾冲光复后，他又倡导修建纪念为国牺牲的抗日烈士的国殇墓园。李根源是一位极具民族气节和抗日精神的爱国人士。

一、李根源生平

李根源，字印泉，别号高黎贡山人。云南腾冲九堡人（今属德宏州梁河县）。民国元老、军事家、政治家、爱国诗人等。1904年留学日本，先后入东京振武学校、日本陆军士官学校学习军事，并加入同盟会，创办《云南》杂志（同盟会云南支部机关刊物)，宣传革命，唤醒民众。1909年9月28日从日本陆军士官学校毕业后回云南，担任云南陆军讲武堂步兵科教官、监督、总办，培养了一大批军事人才。1911年初受命带领辛丞贵等人深入片马筹设边防，深入小江流域勘查达半年有余，制成了《滇西兵要界务图注》。① 武昌起义爆发后，与蔡锷、唐继尧等人发动和指挥了昆明“重九起义”。起义成功后出任“云南军都督府”军政部总长兼参议院院长等职。1912年8月，同盟会改组为国民党，他担任国民党云南支部长。他积极参加了讨袁护法斗争，捍卫共和。此后，又先后任农商总长、国务代总理等要职。九一八事变后，李根源在苏州参加群众大会，发表抗日言论，参加营救“爱国七君子”沈钧儒等人的活动，多次赴前线慰问抗日将士。

二、指挥滇西前线的抗日斗争

1942年5月3日，滇缅公路被切断，日寇进攻云南西部。身为云贵监察使的李根源时刻关注战局的发展，3次电请国民政府监察院同意他前去滇西前线保山襄助军务政务。又闻国民政府军委会有放弃怒江、退守澜沧江之意，李根源立即上书国民政府力主在怒江设防，遏制日军东进：“窃以保山为滇西门户，而怒江为边疆要隘，舍此不守，致必震撼全滇，影响全局。”力陈坚守和放弃怒江防线的利弊。由于李根源和第十一集团军司令宋希濂的多次联名电告军委会表明看法与决心，军委会终于打消了放弃怒江防线的打算，采纳了李根源怒江设防建议。命令第三十六师、预备第二师、第八十八师继续坚守怒江防线外，又增派第八十七师进驻保山，调第二十八师驻防漕涧，第三十九师驻防永平，增调一个师驻防祥云。随后李根源以云贵监察使身份即赴滇西前线襄助军务，协助远征军组织抗

① 《抗日战争正面战场》下册，江苏古籍出版社1987年版，第111—115页。

战。李根源透析敌我双方态势，以一个军事家的胆略提出了坚守怒江防线以稳定战局的构想，从而促成了于我有利的限敌于怒江以西的战略格局，避免了澜沧江与怒江之间大片国土沦为失地的悲剧，也为后来中国远征军大反攻争取了主动权。

在力主怒江设防的同时，李根源发表了著名的《告滇西父老书》，号召云南民众奋起抗战。在这篇抗日檄文中，李根源先生首先指出了战局关键所在："云南已成战区，滇西即是前线。保卫大云南，须先保卫滇西，而保卫滇西，须先扼住怒江。"其次号召云南民众竭尽全力协助抗战。"我们云南一千七百万民众，立刻要发挥保省即是卫国的牺牲精神，尤其我们滇西的广大民众，更应强化保乡即是保省、保国的斗争意志"，"要确保滇西军事的胜利，端赖我父老发挥自己的力量。民众力量尽到一分，军事力量即增一分"，"苟有利于国家，有利于抗战者，虽毁家纾难，亦在所不辞。我父老必抱定更大牺牲之决心，始能保住滇西，驱除敌寇，恢复失地，始能在云南抗战史中占光辉之一页"。李根源的话语表达了滇西民众坚决抗击日寇、保卫乡土、保卫祖国的决心与信心，也表达了滇西民众毁家纾难、赴汤蹈火、在所不辞的意志与毅力。

腾冲龙陵等怒江以西国土沦陷后，整个滇西危在旦夕。正患疟疾在楚雄养病的李根源心急如焚，立即电告军委会和监察院要求到滇西前线保山襄助第十一集团军总司令宋希濂处理军务政务。蒋介石以李根源体弱多病未同意。亲朋好友也劝说李根源，此去风云莫测，担心会毁了他一生清誉。但李根源已把生死置之度外，三次电请，终获批准。5月下旬，已是63岁的李根源抱病西上，率云贵监察使署80余人至保山城西北5公里的龙王塘。第二天即冒雨视察保山城，目睹了遭受日本飞机"五四被炸"后保山的惨状。由于日机投放细菌弹，鼠疫霍乱滋掠，保山县在两个月内死亡达60000人之多。李根源老泪纵横，即向国民政府呈报了《为保山惨变乞赈通电》，为保山灾民争取到了赈款45万元，药品一批。同时邀请美国鼠疫专家到保山调查疫情，研究防治方法，控制了鼠疫和霍乱的大面积横行。

6月5日至6日，李根源参加了在保山金鸡村召开的军民大会，号召军民重建家园，与日军血战到底。同时，日军又一次偷渡怒江，过江日军1000多人妄图摧毁怒江天险攻占保山。当时参谋团团长林蔚担心李根源安全，派副官冒雨送信给李根源，要他离开保山后撤到大理。宋希濂亲赴住所劝李根源离开保山以防不测。李根源当即表示："誓与保山共存亡，不可去，不能去。"第十一集团军在李根源的协助下，开展了激烈的怒江保卫战，奋战数日，终于将过江之敌歼灭。

当第十一集团军第七十一军第三十六师在李云鹏师长的率领下，于惠通桥力杀顽敌，阻日寇于怒江西岸，使山河转危为安时，李根源又及时来到前线，受蒋介石之命，向英雄们颁发嘉奖令，抚慰众将士。接着，他又与集团军总司令宋希濂一起起草《十一集团军总司令部致滇西各土司代电》，动员各敌占区、未占区的土司们团结起来，一致抗战。此稿发往重庆，经蒋介石过目后再签发往各司官，使滇西敌占区各土司积极响应，迅速开展抗战活动，出现了不少游击队。

同时，李根源还积极发动民间抗战的力量，他与保山卧佛寺的三光和尚（幼光、平光、济光）志趣相投，赢得佛门的支持，得到了三光和尚精心绘制的《怒江防御和腾龙图》，为十一集团军的作战起到了极好的参谋作用。同时，他还向宋希濂献出了自己于1911年所作的《景遂堂题跋》一书，提供了介绍怒江一带详尽的国界地形的附录，使第十一集团军的杀敌抗战更为顺利。

当卫立煌领导的滇西远征军准备向入侵日军发起总还击之前，李根源向他们写去了一封热情洋溢的鼓动信，对远征军的士气起到了很大的鼓舞作用。卫立煌认为李根源的信的政治力量可顶几个师。在信中，李根源转告了国共合作联络委员会主席周恩来与八路军总司令朱德、副司令彭德怀的行动：八路军为配合滇西远征军，已对华北日寇发起大规模袭击。

1942年夏，英勇牺牲在缅甸抗日前线的第二〇〇师师长戴安澜之灵柩运送回国，抵腾冲，绕道怒江上游，然后交第八十八师接运过江，到漕涧，举办隆重的公祭仪式。时为云贵监察使的李根源亲自主持了迎接戴师长灵柩的公祭仪式，并同时向云南保山至安宁各县发出通电，令各县长率民众“敬谨郊迎，公祭忠烈”。

三、倡修国殇墓园

《腾北被难录》一书记载了一条国殇墓园建设委员会的任职通知，特节录如下：

我总司令霍公，以寇氛正炽，挞伐须张，激励将来，敢忘死事？爰饬勘定小团坡地址，建筑阵亡将士纪念塔、烈士墓与忠烈祠，设建设委员会以董其成。遵于九月二十四日，在大罗绮坪腾冲县政府行署开筹备大会。推霍总司令为主任委员，推李监察使等四君为副主任委员，推孙啸凤等六君为常务委员，推陈士虎等三十余君为委员；推李道卿等五君为驻昆明委员，推毕习之等三君为驻下关委员，推杨楚生为驻重庆委员。委员会下设工程、劝募、编纂、总务、监工等五组，人选亦经拟定。复于十一月十六日在腾冲县政府开成立大会，并将委员会组织纲要及办事细则修正通过。以下是给被通知人的职任，落款为主任委员、副主任委员，日期为民国三十三年十一月某日。

建设烈士墓园的决议早在腾冲城的攻坚战中就提到日程上来了。当腾冲城刚攻克后10天（行署还设在小西乡大罗绮坪），就专门召开了烈士墓园建设筹备大会，并拟定了墓园建设委员会组织纲要和办事细则，推定了机构上下合适的负责人选。11月16日，在已迁入城中的县政府举行了正式的成立大会。李根源先生在一开始就被推举为建设委员会副主任委员。1944年11月1日，李根源先生专门为此给远征军司令长官卫立煌发了一道电文称：

“至各军将士之忠勇奋发，视死如归，远道所闻，尤堪歌泣。理应丰碑伟冢，以纪英烈；状形绘声，传之史志，俾边人春秋祭享，永志不忘。其阵亡遗骸，拟请在腾、龙两县，饬该两县官绅择适当宽敞风景地点，先行收集礼葬。至应如何修墓建碑表彰示后，垂诸祀典以永千秋，并其遗族又应如何遵礼报答之处，嘱秘书徐颂九趋前，统祈详细裁示。根源当与云南父老子弟，敬谨效命遵办。”

战劫之后的腾冲，疮痍满目，百废待举，要筹集大量的资金来建设墓园是十分困难的，必须广泛宣传，各方募捐。1945 年 3 月 6 日的《腾越日报》有一条消息：“霍总司令、李监察使于腾冲克复之后，即在腾冲、重庆发动建筑阵亡将士公墓募捐，以褒忠烈而励来兹。”墓园建设委员会的委员都是地方军政界、工商界和文化界声望素著的人物，依靠他们发动募捐，具有号召力，事情也会好办得多。特别是推举驻在昆明、下关、重庆等地的委员，其目的是便于他们就近展开宣传、联系和募捐。李根源先生在 1945 年 1 月接到国民政府要他回滇西处理战争善后事宜的任务，2 月 24 日抵达腾冲，3 月 5 日就主持召开了墓园建设委员会会议。当时霍揆彰不在腾冲，会议首先由第 20 集团军参孙啸风代表霍揆彰报告了建设委员会成立以来的工作和工程进展状况，并表达了霍揆彰将他的主任委员一职让予李根源担任的愿望。但是，“李氏为敬仰抗战将领勋绩，表示坚辞，仍愿担任副主任委员”①。接着，李根源先生讲了以下一段著名的话：“父虽生其身，但不能保其死。腾冲土地之收复、人民生命之保存，此乃阵亡将士以热血之代价为吾人创造而成。则吾人除为父母之孝子而外，亦当为克复腾冲之阵亡将士而服丧。”李根源以他在 1937 年淞沪抗战期间，如何发动民众救护伤兵、装殓阵亡官兵遗骸和亲自为阵亡烈士执绋送葬等事例，教育和要求腾冲绅民发扬爱国主

① 李希泌：《先父李根源在八一三沪战中的活动》，云南党史学会编辑：《抗战风云录》，上海人民出版社 1985 年版，第 23—28 页。

义精神，克服战争带来的巨大困难，齐心协力地完成烈士墓园“此一崇高和深刻之纪念物”。他表示要亲自记载下这段惊天动地而泣鬼神的史实，请蒋介石和于右任等党国要员题词赞，并勒之贞石，让烈士的精神万古不磨。最后，先生建议把每年的9月14日腾冲克复日定为“重光节”[①]，每届节日，全县人士以菊花往献先烈，以示经霜犹傲之高节。李根源先生的这次重要讲话，极大地感动和鼓舞了腾冲人民，并成为国殇墓园顺利建成的有力保障。

3月12日，是国父孙中山先生逝世纪念日，腾冲举行了包括各乡、镇长参加纪念大会。会上，李根源先生对腾冲的各项善后复兴建设工作做了长篇讲话，其中专门谈到烈士墓园的建设问题。他要求：“完成烈士祠，各乡、镇长须尽力举办。因为他们的血肉，为我们恢复沦陷的腾冲，辉煌的战绩摆在我们的眼前，并有许多伟大光荣的历史，足以使后人效法。所以我们应当完成这种建筑和任务，以后更应馨香以报之。”

腾冲国殇墓园占地80余亩，主体工程有烈士墓、纪念塔、忠烈祠、大门、围墙及其他附属建筑，加上大量的碑刻和匾联制作，工程浩大。它于1945年1月15日开工，到7月7日全面抗战8周年纪念日落成，只用了短短不到半年的时间，这在战劫刚过、一片焦土的腾冲，不能不是一个奇迹。全面的领导工作，实际落在李根源先生的肩上。而且，墓园建设所需大量的资金，没有各级政府和军队的拨款，其来源除一部分是没收敌伪逆产外，大部靠向社会募捐，而主要是在腾冲本地募捐。这样的工作，靠霍揆彰、靠军队来办是不可能的，最终还得靠地方。李根源先生是民国元老，曾在民国政府担任要职，在全国都有影响，而在云南省内尤其是他的家乡腾冲享有极高的威望。现在又是以云贵监察使的身份奉中央之命回滇西做善后工作，不仅能够协调中央与地方、军队与地方的关系，

① 沈家明：《李根源纪念文集》，云南美术出版社2005年版，第23—25页。

而且在社会上具有一呼百应的号召力。因此，如果没有李根源先生卓有成效的领导，至少国殇墓园是不可能那么快顺利建成的。

1945 年 7 月 7 日，纪念全面抗战 8 周年、庆祝腾冲国殇墓园落成、公祭阵亡将士及死难同胞大会如期隆重举行。李根源先生领衔代表全县官绅民众对烈士举行公祭，并在大会上慷慨致词。他满怀深情，用诗一般的语言赞颂民族英烈："他们的功绩，由远的说，如高黎贡山之高，近的来说，如来凤山之高；他们的功劳，远的如怒江之长，近的如大盈江之长。他们的热，如同硫磺塘的热；他们的洁白，如同雪山之白，如同玉泉村的水、青海的水。"[1]他要腾冲全体人民万分崇敬及感戴这种不朽的功绩，子子孙孙一本诚心，永远不忘。他再次提议把 9 月 14 日（腾冲克复日）定为"重光节"，大家在这一天都要献坟扫墓，把烈士墓看成是腾冲人民的公墓。他代表国家和民族感谢腾冲人民为国殇墓园的建设克服巨大困难，慷慨出钱出力，感谢建塔会的同人对钱一点也不沾染、日夜苦干的精神。

李根源先生也实现了他的诺言，国民政府自蒋介石以下于右任、居正、何应钦、孙科、张治中、陈诚、杜聿明、卫立煌及云南省主席龙云等军政要员题写挽词挽联和牌匾，将腾冲国殇墓园的规格和文化内涵提升到了国家一级水准，这也成为此后国殇墓园被中华人民共和国国务院公布为全国重点文物保护单位的重要原因。

李根源先生自己则不仅写了大量诗文，记录下这场战争的方方面面，还为国殇墓园留下了多处墨迹石刻。除本文开头所引的两首诗刻外，还有烈士纪念塔基座正面"民族英雄"大字石刻，忠烈祠基正面代蒋中正书写的"碧血千秋"石刻和墓园大门内右侧的"倭冢"石碑。大门上方"国殇墓园"四字石匾也是先

---

① 李根源著，李希泌编校：《新编曲石文录》，云南人民出版社 1988 年版，第 200—217 页。

生书写的，其名称亦由他亲拟。[①] 取伟大的爱国诗人屈原《国殇》篇名，既有歌颂我军将士保卫国家不惜牺牲、视死如归的英雄气概和豪迈精神，为国捐躯忠烈永垂不朽的深刻含义，又与全国其他的烈士陵园名称不同而独具特色。

【责任编辑：李　雪】

［作者：段金伶　滇西抗战纪念馆　馆员　腾冲　679100］

① 《碧血千秋——腾冲国殇墓园资料汇编》，云南教育出版社2003年版，第23—26页。

中国共产党对朝鲜独立问题的认识和处理

——以抗战时期为中心

刘 鑫

摘 要：朝鲜自沦为日本殖民地之后，便在以中国为中心的境外持续开展着抗日复国运动。抗战期间，中国共产党也由于抗日和反抗国民党双重压力的需要，联合朝鲜等一切可以团结的对象便成了一种必然选择。中国共产党对朝政策的友好、民主态度是一以贯之的，为在华朝鲜人顺利开展抗日复国运动和朝鲜的民族解放运动做出了积极贡献。[①]

关键词：中国共产党 朝鲜独立 抗战时期

20世纪韩国独立解放前，中国、苏联、美国等国家是朝鲜在朝鲜半岛以外地区展开独立爱国运动的主要据点。随着1931年9月日本侵占中国东北的九一八事变、1937年日本挑起全面

① 本文中的“朝鲜”或“韩国”是指当时二战结束前被日本强占的“朝鲜半岛”。1910年到1945年在中国进行的抗日战争合作应该是中国和当今朝鲜半岛两个独立主权国家的共同抗日活动。

侵华战争的七七事变、1941 年 12 月日本发动太平洋战争等事件相继爆发，中国和朝鲜之间的立场日趋一致，中国国民政府和中国共产党在中国关内地区和东北地区均给予了朝鲜抗日复国志士很大的帮助，特别是在朝鲜半岛独立解放前夕的 40 年代初期，中国已成为朝鲜展开海外独立运动的中心地。

一、国共两党支持朝鲜获得独立

1931 年九一八事变爆发，中国人民局部抗日战争正式打响。之后，1932 年伪满洲国建立、1935 年日本制造“华北事变”致使中华民族危机不断加深，直至 1937 年七七事变发生，中国人民全面抗日战争最终爆发。“打倒日本帝国主义”“停止内战、一致抗日”……以“一二·九”运动为代表的抗日救亡运动得到了社会各界的广泛响应和支持。在中国国内政治形势发生深刻变化之际，如何凝聚起各种要求抗日的力量，以挽救民族危亡，这是当时全国人民面临的头等大事。[①] 在这种社会背景下，中朝民族合作抗日变成了一种可能。

抗日战争全面爆发后，国共两党虽均坚持抗日，但在合作过程中，中国国民党顽固派担心中共及其领导的抗日力量发展壮大会危及其独裁统治，策动了三次反共高潮。国共合作抗日的分裂，使得在中国展开抗日独立运动的朝鲜民族也不可避免地出现了分裂，[②] 他们分别接受国民党和共产党的援助，形成了重庆和延安两个抗日活动中心。

---

① 《中国抗日战争史》编写组：《中国抗日战争史》，人民教育出版社 2015 年版，第 92 页。

② 笔者注：1941 年发生的“皖南事变”，让不少韩国革命志士看出了中国国民党消极抗日、积极反共的政策，他们认为国民党的消极抗战态度对韩国抗日独立运动的开展是非常不利的，于是在 1941 年夏，朝鲜义勇队的主力转移至华北的八路军根据地，开始与八路军并肩战斗到抗战结束。[韩] 韩相度（音译）：《中国革命中的韩国独立运动》，第 63—65 页。

尽管国共关系复杂曲折，但中国方面对于朝鲜半岛向来有着“唇亡齿寒”的传统观念，认为维护朝鲜的独立对于保障中国安全有着密切关系，故无论国民党还是共产党都一向支持朝鲜的独立。

重庆《大公报》1943年发表的一篇社论《论朝鲜独立》曾道明了远东大局的归趋以及朝鲜独立与亚洲和平及中国安全之关系，引起国内外各方人士关注。

“其实，我们若要取得完全的胜利，必须实现——完整的中国，独立的朝鲜……完整的中国，是我们抗战的基本目标；独立的朝鲜，是要朝鲜复国重建中、朝两国辅车相依的关系……我们胜利的境界，朝鲜问题是一个测量表。朝鲜的独立，系于中国抗战的胜利；也惟有胜利到朝鲜能够独立的程度，我们的失土才能尽复。……中国战争起源于朝鲜的被侵，最后也必须清算到朝鲜问题，所以说，朝鲜的独立是远东大局的归趋。……朝鲜对于中国有‘辅车相依，唇亡齿寒’的关系……中国上自政治领袖，下至全体人民，无不愿见朝鲜独立，无不愿助朝鲜独立。”①

1944年3月1日，《新华日报》为纪念朝鲜“三一”运动25周年发表评论《勖韩国人士》指出：“去年开罗会议宣言对韩国战后的独立，中、美、英三国表示了共同的愿望。今年盟军在太平洋连战胜利，日寇死亡期近，韩国独立的日子也不再远了，我们为韩国人民欢欣。”②《晋察冀日报》也在当日为纪念朝鲜“三一”运动25周年发表社论称，在打倒共同敌人日本帝国主义的奋斗道路上，中华民族的解放事业和朝鲜民族的解放事业是互为助力的。③

同日，国民党《中央日报》发表社论《朝鲜独立的保证书》，指出朝鲜的独立自由是朝鲜民族革命的目的，同时也是中

① 重庆《大公报》1943年10月12日。

② 《新华日报》，1944年3月1日。

③ 《晋察冀日报》1944年3月1日。

国国民革命的志事；朝鲜的独立自由一天不能够恢复，就是国民革命一天还没有得到最后的成功；开罗会议的鲜明具体诚挚恳切的决定是朝鲜独立的保证书。①

从以上史料我们能清楚地了解到，当时中国社会舆论已经不分党派地普遍对朝鲜独立持积极支持的态度，并且认为中朝两国宛如一个命运共同体，朝鲜是否独立已经事关到中国的国家安全。朝鲜在中国抗战胜利后，应该作为一个独立自主的国家存在。

二、中国共产党始终主张联合朝鲜力量抗日

早在中国共产党创立之前的1921年3月，毛泽东同志就在湖南长沙作为发起人参与建立了中韩互助社。长沙中韩互助社由中方易培基、韩方李愚氓发起，以“联络与发展中韩两国人民感情，计划两国国民事业”为宗旨，联络报界人士介绍韩国独立运动，积极宣传中韩联合排日；在文化书社销售韩人在上海出版的排日杂志或书籍；组织韩国革命志士在湖南各地讲演排日主义，使得五四运动后的湖南社会各界对于韩国独立运动充满了同情。②

1922年中国共产党第二次全国代表大会在上海举行。会议明确指出：只有全世界无产阶级和被压迫民族联合起来，才能达到解放全世界的目的，这为中国共产党处理与东方弱小民族革命者的关系，奠定了理论基础。中共二大通过的《宣言》特别论及了朝鲜独立问题，直接批判日本帝国主义对朝鲜的侵略：“日本榨取高丽人民的血汗，更是横暴务必，日货尽量的输入，米粮

① 《中央日报》1944年3月1日。

② 李永春：《长沙中韩互助社论述》，摘自于《湖南师范大学社会科学学报》2007年第6期，第134页。

强迫的输出，使二千万高丽农民处在饥饿而死的境遇。”[①] 中国共产党对朝鲜等被压迫民族的独立运动给予了同情，并在结尾部分呼吁：“只有全世界无产阶级和被压迫民族的联合是解放全世界的途径。”“受压迫群众之解放万岁。”[②]

中国共产党中央委员会针对朝鲜族聚集的中国东北地区，在1927年12月向中共满洲省委提交了《目前工作计划决议案》，指示要强化与朝鲜共产党满洲支部组织的关系，赋予朝鲜人农民土地所有权等。[③] 1930年中共满洲省委提出中朝两民族共同斗争，并按照共产国际“一国一党”[④] 的原则，吸收了朝鲜共产党满洲支部及其成员。不仅是党务工作方面，面对日本帝国主义的侵略，中朝还组成了抗日游击队、东北人民革命军和东北抗日联军等抗日武装组织，初步形成了中朝两民族反帝联合战线。中共中央在40年代初以前很难对在华的朝鲜抗日独立运动展开给予大力援助，其主要原因在于中国共产党自身力量的相对薄弱。尽管如此，中共满洲省委一定程度上率先实现了中朝两民族的合作，并展开了团结广大阶层在内的共同抗日斗争，成为中朝民族抗日合作的先驱性典范。

1935年，面对着日本对中国侵略的进一步扩大，民族危机的进一步加深，中共中央发表了《中国苏维埃政府、中国共产党中央为抗日救国告全体同胞书》（又称《八一宣言》），强调国防政府的主要责任在于抗日救国，其中行政方针第十条为“联合一切反对帝国主义的民众（日本国内劳苦民众、高丽、台湾等民

---

① 《中国共产党第二次全国代表大会宣言》，中共中央文献研究室、中央档案馆编《建党以来重要文献选编（一九二一——一九四九）》（第一册），中央文献出版社2011年版，第122页。

② 《中国共产党第二次全国代表大会宣言》，中共中央文献研究室、中央档案馆编《建党以来重要文献选编（一九二一——一九四九）》（第一册），中央文献出版社2011年版，第134、135页。

③ ［韩］张世胤：《抗日战争期间中国共产党的韩国独立问题认识和应对》，摘自于《韩国独立运动史研究》1995年12期，第260页。

④ 笔者注：共产国际提出的原则，一个国家只能成立一个共产党组织。

族）作友军，联合一切同情中国民族解放运动的民族和国家，对一切对中国民众反日解放战争守善意中立的民族和国家建立友谊关系”①。1937年中国人民抗日战争全面爆发，中国共产党在洛川会议上通过的《抗日救国十大纲领》中第五条明确指出：“实行抗日的外交政策。在不丧失领土和主权的范围内，与一切反对日本侵略的国家订立同盟和军事协定；维护和平阵线，反对德日意侵略阵线；联合朝鲜、日本国内和台湾地区人民反对日本帝国主义。”② 通过以上一系列中国共产党的宣言和文件内容可知，中国共产党自20年代成立之初到抗日战争爆发前夕，是始终重视和强调与朝鲜民族联合进行共同斗争的。

抗战爆发后，中国共产党不仅进一步强化了与朝鲜联系，团结朝鲜革命志士组成统一战线、进行共同斗争，还十分尊重朝鲜民族的自治问题。

1938年5月，时任中共中央宣传部副部长的杨松在延安《解放周刊》上发表了《再论东北抗日游击运动的经验和教训》，文中指出东北抗日联军是中朝民族团结合作的良好体现，并对朝鲜民族自治问题和东北抗日联军中的朝鲜革命志士进行了介绍。

在东北抗日联军第二军及第七军内还有很多朝鲜人，虽然民族不同，虽然日本及其走狗韩人民生团分子之挑拨离间，但是中国人和朝鲜人队伍却能共同合作。共同在共产党领导之下，互相尊重，互相批评及互相规劝，使得第二军和第七军发展起来。并且中国共产党人为着正确解决吉林省东满间岛韩人民族问题，曾经提出“中韩民族亲密联合起来共同抗日，建立间岛韩人民族自治区”的口号。为实际帮助朝鲜民族的独立，还曾帮助朝鲜志士

① 《中国苏维埃政府、中国共产党中央为抗日救国告全体同胞书》，中共中央文献研究室、中央档案馆编：《建党以来重要文献选编（一九二一——一九四九）》（第十二册），中央文献出版社2011年版，第267页。

② 《中国抗日战争史》编写组：《中国抗日战争史》，人民教育出版社2015年，第153页。

建立“朝鲜独立军”，不仅在东满韩人民族区域打游击，并且常到朝鲜内地打游击，中国共产党人对朝鲜民族解放运动深表同情，帮助朝鲜民族展现联盟之活动。①

1938 年 10 月，毛泽东在中共扩大的六届六中全会上发表题为《论新阶段》的报告。《论新阶段》当中论及的中华民族当前第 12 项紧急任务是：“建立中国与日本兵民及朝鲜等被压迫民族的反侵略统一战线，共同反对日本帝国主义”，并指出“中国的胜利，主要靠自己力量的增加；但同时，敌人的困难与国际的援助，必然争取其配合，在敌人困难方面，除了因我之坚持长期战争给以逐渐的消耗，努力外交活动，使帝国陷于孤立而外，和日本兵民及朝鲜等民族建立其共同的反侵略战线的政策，是不可缺少的部分。日本侵略战争愈延长，这一战线便愈有建立的基础。”②

1941 年苏德战争爆发，德国随后进攻莫斯科；日本开始出兵东南亚，国际反法西斯形势开始转为不利。同时，面对着中国国内日军的“扫荡”“蚕食”“清乡”的作战以及国民党掀起的反共高潮，中国共产党在同年 10 月于延安召开了东方各民族反法西斯大会。韩国临时政府主席金九与罗斯福、斯大林、丘吉尔、蒋介石、毛泽东等 30 余人同被推为大会主席团成员，会上越南代表、日本代表、朝鲜代表、荷印代表、泰国代表、犹太代表以及台湾代表、藏民代表、蒙古代表、回民代表、东北代表等均作了报告。③ 从上述内容可以看出，中国共产党在抗战的艰难时期，仍不排斥一切可以团结的力量，继续推动着抗日统一战线的形成。

1941 年 12 月 9 日，在中国国民政府向日、德、意宣战的当

---

① 《解放周刊》第二卷第 36 期，1938 年 5 月 1 日。

② 中国人民解放军政治学院党史研究室编：《中共党史参考资料》（第八册），第 200—201 页。

③ 石源华：《韩国独立运动与中国关系编年史（1919—1949）》（中卷），社会科学文献出版社 2015 年版，第 838—841 页。

天，中共中央即颁发了《关于太平洋反日统一战线的指示》，更明确地指出：太平洋各民族反日反法西斯的广泛统一战线，“应当包括反对日本侵略的一切民族的政府、党派及一切阶层的人民，日本国内的反战人民和日本殖民地朝鲜、台湾、越南的人民在内”，“没有这些，战胜日寇是不可能的”①。

在抗日战争即将结束的1945年4月中共七大会议上，毛泽东发表了《论联合政府》。该文指出：“保护因被日本侵略者压迫而逃来中国的外国人民，并扶助其反对日本侵略者的斗争；……我们认为开罗会议关于朝鲜独立的决定是正确的，中国人民应当帮助朝鲜人民获得解放。”② 在中国面临两种前途、两种命运斗争的重要时刻，毛泽东的《论联合政府》为中国共产党指出了正确的纲领和策略，其中涉及朝鲜相关的内容，表明中国共产党在抗战胜利后仍期许继续与朝鲜合作，并坚持支持朝鲜得到独立解放。

三、中国共产党对在华朝鲜人独立运动的支援

1937年中国抗日战争全面爆发后，众多朝鲜人也来到中国关内，并在华北地区与坚持联合抗日的共产党融合在一起，开启了中国共产党与朝鲜抗日力量的新合作。

由于当时“一国一党”原则的限制，抗日战争时期的延安一带融集了不少朝鲜青年共产主义者。这些朝鲜年轻人经过在抗日军政大学或中央党校的学习，被安排到八路军和新四军当中，配合着中国共产党进行军事活动。在朝鲜人自身努力和中国共产党的支持下，华北朝鲜青年联合会于1941年1月在八路军根据地——山西省辽县（今左权县）桐峪镇成立。同时，原本受国民党支援的朝鲜义勇队大部分队员在1940年末至

---

① 中国人民解放军政治学院党史研究室编：《中共党史参考资料》（第九册），第17页。

② 中国人民解放军政治学院党史研究室编：《中共党史参考资料》（第二十二册），第162—181页。

1941年初选择北上至共产党根据地，[①] 在1941年7月该部分人员改编为朝鲜义勇队华北支队。华北朝鲜青年联合会和朝鲜义勇队华北支队的队员接受了共产主义教育和军事训练，并开设了专门的朝鲜革命青年干部学校。朝鲜义勇队华北支队和八路军一道，还参与了胡家庄战斗和反扫荡战。

随着华北地区朝鲜青年汇集人数逐渐增多，朝鲜革命势力逐渐变大，活动范围越来越广，1942年7月华北朝鲜青年联合会改编为华北朝鲜独立同盟，朝鲜义勇队华北支队扩大为朝鲜义勇军。华北朝鲜独立同盟和朝鲜义勇军是中国共产党对朝鲜独立运动支援的主要成果。相比于中国国民党支援的大韩民国临时政府与韩国光复军，中国共产党由于受到国民党和日本帝国主义的双重压力，华北朝鲜独立同盟和朝鲜义勇军得到的物质支援虽然要少，但共产党政权对于朝鲜革命志士往往更加友善民主，并建立了实质性的支援政策，代表性事例列举如下：

（一）1941年7月29日，晋冀鲁豫边区临时参议会通过了《边区政府实施纲领》，其中规定因革命行动被外国政府压迫而来到边区的人民（如朝鲜、台湾等人民），边区政府一律予以保护和援助。朝鲜义勇队代表2人以来宾资格出席临时参议会。他们提交议案，请求援助，该提案包括政治、经济、文化各方面，如保障其组织之合法地位，予以抗日武装自由，补助其经费，尊重朝鲜民族固有风俗习惯，允许以朝鲜文字办学校和出版书籍，并优待其青年入学等。经参议会讨论，均予通过，成为决议案，交边区政府办理。[②]

（二）1941年11月5日，晋冀鲁豫边区政府颁布《优待朝

---

① 笔者注：大量的朝鲜义勇队队员之所以北上至中国共产党的抗日根据地——延安，是与1941年发生的“皖南事变”密切相关的。由于国民党的消极抗日、积极反共的政策，这使得不少韩国革命志士极其失望，他们认为国民党的消极抗战态度对韩国抗日独立运动的开展是非常不利的。参考［韩］韩相度（音译）：《中国革命中的韩国独立运动》，第63—65页。

② 《解放日报》1941年8月21日。

鲜人民规程》，较为全面地规定了优待朝鲜人民在根据地生活及参加抗战的政策，有利于广大的朝鲜人民参加敌后抗日战争。①

1. 凡朝鲜人民愿与中华民族携手反抗法西斯而来本区者，各级政府应加以保护；

2. 凡朝鲜革命人员来本区，经过其组织系统之申请向边区政府备案后，得有抗日活动自由，政府当予以保护优待，并给予各种必要之帮助；

3. 受日本欺骗觉悟反正而来本区者，政府当予以收容优待；

4. 未参加敌伪组织之一般朝鲜人民来边区者，政府当加以安置，适当解决其生活问题；

5. 来本区居住从事耕种以资维持生活者，对于土地租佃合于边区法令之规定者，政府得以批准之；

6. 来本区居住从事工业者，有经营之自由；

7. 愿回国从事革命工作者，经居留本区朝鲜人民革命组织之正式介绍，政府当给予保护与帮助；

8. 朝鲜人民子女如在学龄时，得免费入本区各级学校；

9. 朝鲜人民经边区政府批准得在本区创立朝鲜人民学校，其民族语言、文字、宗教、风俗、习惯、政府必尊重之；

10. 朝鲜人民向边区政府立案登记后，得发行报纸杂志，政府应帮助其出版与寄发；

11. 在接近敌区处，由政府设立朝鲜人民招待所，办理各种招待事宜。②

（三）1942年9月13日，晋冀鲁豫边区临时参议会第二次大会太行太岳会议开幕。邓小平提出临时动议《聘请日本、朝鲜议员，以团结抗日力量，保卫边区案》，该动议随即经大会一致通过。1943年3月27日，新华社公布晋西北行政公署制定的

---

① 石源华：《韩国独立运动与中国关系编年史（1919—1949）》（中卷），社会科学文献出版社2015年版，第838—841页。

② 《晋察冀日报》1941年11月13日。

《积极帮助朝鲜革命活动指示》，对华北20万朝鲜侨民与日寇间无法调和的基本矛盾及其中大多数必能与敌进行斗争的道理详细加以说明，并拟定了10项办法，要求各级政府切实执行。

1. 确认朝鲜独立同盟晋西北分盟与华北朝鲜义勇军的合法地位；

2. 欢迎朝鲜侨民来根据地，并奖励各地人民为逃亡根据地的朝鲜侨民做向导；

3. 朝鲜人民与中国人民享有同等权利，政府保障其生命、财产的安全；

4. 各级政府应帮助朝鲜人民解决土地、住所及低利贷予资金、农具、种子、耕牛等，以维持其生活，帮助其发展；

5. 对技术人才与知识分子，政府帮助其参加各种职业；

6. 朝鲜人民愿回家者，政府帮助其旅费，保障其旅途安全；

7. 朝鲜男女青年愿在根据地求学者，可免费入各种适当的学校；

8. 朝鲜人民愿参加朝鲜义勇军及八路军、新四军者，各级政府可予介绍；

9. 对于朝鲜革命同志的活动，给予各种便利与帮助；

10. 凡因帮助朝鲜革命活动所用的经费，经县级以上政府批准报销等。

（四）1943年5月，山东抗日根据地临时参议会颁布《优待朝鲜人民条例》。

1. 朝鲜独立同盟、朝鲜义勇军及反对日阀、争取朝鲜民族解放的革命团体与武装，在根据地内享有合法活动之自由，各级政府及军民应加以保护优待并帮助其发展；

2. 朝鲜人参加抗日，与中国工作人员同等待遇，老弱者由政府予以救济，其子弟入学享受免费待遇；

3. 朝鲜人经批准备案可在根据地创办学校，发行报纸杂志，推动朝鲜民族解放事业；

4. 朝鲜人在经济权利上享有合法租种土地及经营工商业的

自由；

5. 敌占区内的朝鲜人民及财产，除与日本军需企业有关及有害抗战外，在恢复失地时不没收其财产，或伤害其生命，并在精神上和物质上奖励以实际行动帮助反日斗争者；专署以上政府应在适当地点设立朝鲜人民招待所。①

通过以上事例看出，中国共产党领导下的各解放区政府在华北地区以实际举措给予了朝鲜革命志士各种优待援助，团结朝鲜人士牢固促成实现抗日战争的统一战线。在此后的实践过程中，共产党边区政府内的各个学校也大力吸收朝鲜青年入学，为培育抗日独立运动人才给予了大力支援。朝鲜人士武亭在1941年1月被选举为陕甘宁边区政府的参议员、朴孝三在1942年9月被选举为晋冀鲁豫边区政府的参议员，他们分别提出了很多关于支援朝鲜抗日独立运动的议案并被通过，同时也进一步推动了中国共产党抗日根据地联合统一战线的建设。

四、结语

由于日本帝国主义对朝鲜半岛进行了残酷的殖民统治，极度限制了朝鲜半岛内部民族运动的发展，不少朝鲜抗日革命志士不得不离开自己的国家，在中国为中心的众多海外国家从事着抗日独立运动。抗日战争期间，中国共产党在对待朝鲜独立问题、联合朝鲜革命志士进行合作抗日等问题上，其充分支持且友好的态度是明确的、始终一贯的。中国共产党对在华朝鲜人的抗日独立运动给予了积极支援，也为朝鲜的独立解放运动做出了巨大贡献。

【责任编辑：关国磊】

[作者：刘　鑫　中国人民抗日战争纪念馆　馆员　北京]

① 石源华：《韩国独立运动与中国》，第427—428页。

韩国光复军在国际反法西斯战争中的历史贡献

——从韩国光复军使用的军服说起

牟元义

摘　要：1940 年，大韩民国临时政府在中国境内创立韩国光复军。韩国光复军自成立以来，就在政治、军事、经济等方面争取中、美、英等国的合作与支持，参与国际反法西斯战争，奔赴抗日前线。这些艰辛的历程在他们使用的军服变化上得到印证和体现。但是，由于诸多原因，韩国光复军穿上自己的军服回到朝鲜半岛光复祖国的梦想，最终未能实现。

关键词：韩国光复军　朝鲜义勇队　军服

军服，顾名思义，军人的服饰。由于军人带有独特的职业风格，军服可以读出政治、军事、经济、社会等方面的内容。韩国光复军由大韩民国临时政府在中国建立，参与国际反法西斯战争，并为民族自由、祖国光复而战。这支军队没有属于自己的国土，没有充足的经费支撑，凭借既讲韩语、又懂汉语和日语的优势，与国际友军密切合作，在国际反法西斯战争中尽最大努力发挥了自身的作用。在他们使用的军服上，就可以充分体现出来。韩国光复军自成立以来，曾经使用过中国国民革命军军服、中国共产党领导下的八路军军服、英军军服、美军军服，同时还设计了自己的军服。在韩国光复军使用军服的变化中，凸显了这支军队发展的艰辛历程和做出的不懈努力。

一、韩国光复军主要使用国民革命军军服，在正面战场参加对日作战

1940 年 2 月，金九向中国国民政府军事委员会提出成立韩国光复军的建议。3 月 30 日，蒋介石致电朱家骅，命令筹划推动日、韩、台的革命运动；4 月 11 日，批复同意金九成立光复军的请求。① 9 月 17 日，韩国光复军总司令部成立典礼在重庆嘉陵宾馆举行。在成立典礼上，中国将军刘峙代表蒋介石致祝词："正在中国正规部队服务的朝鲜将校全部转入光复军；光复军经中国军事委员会之承认，可予以经济援助。"自此，韩国光复军在中国境内正式成立，军队主要在中国国民党统治区各战区活动，身着中国国民革命军军服，经费薪饷等也由中国国民政府军事委员会全权负责。

1941 年 11 月，中国国民政府军事委员会向大韩民国临时政府提出了"韩国光复军九个行动准绳"，其内容有"韩国光复军在我国抗日作战期间直隶本会，由参谋总长掌握运用；关于该军之指挥命令及请领款械等事，由本会指定办公厅军事处负责接洽"。大韩民国临时政府承认"九个准绳"后，中国方面派出中将尹呈辅兼任韩国光复军总司令部的参谋长，总司令部的职制与服制等均为中国军式的体制，韩国光复军实际上完全变成了中国国民革命军，并且都穿着、佩戴中国国民革命军军服及徽章。

① 石源华：《韩国独立运动与中国》，上海人民出版社 1995 年版，第 280 页。

1942年12月2日，《新华日报》对此以《韩光复军薪饷悉与国军一律》为题作了相关报道："韩国光复军在我国成立已经二载，其经费薪饷，悉由军委会供给，至留渝之总司令部官兵，与我军委会直辖各机关同等待遇，举凡生活补助费米津等，一律按中央颁布办法支发，至在前方之各支队给养、服装、粮秣，亦援国军之例供给。"

韩国光复军总司令部成立以来，即与中国军民并肩战斗，充分发挥自己专长，并取得一系列成绩。1942年9月17日，《新华日报》以《蒋介石嘉勉韩光复军》为题进行了报道："该军披艰历辛逾二周年，团结精诚，良堪嘉慰。以吾人之爱好和平，重视公理，必使正义获伸，生灵得救。本委员长当本扶弱抑强之素志，而竟兴灭继绝之全功，唯此后之困难愈多，更需益加淬励。共同奋斗也。"

二、朝鲜义勇队部分队员使用八路军军服，在敌后战场参加对日作战

朝鲜义勇队成立后，立刻投入中国抗日战争的洪流。它的发展主要分为两个阶段：一是1938年10月到1940年12月，朝鲜义勇队主要在中国国民军事委员会政治部领导下，在国民党统管的各战区活动，主要任务是宣传工作。二是1941年1月到1945年8月，朝鲜义勇队绝大部分成员，奔赴华北、华中解放区，在中国共产党的领导下，与八路军并肩战斗。先后成立朝鲜义勇队华北支队，进而改组为朝鲜义勇军。其着装也与八路军同样，主要以纽扣帽为主。这是因为早期八路军完全佩戴"青天白日"帽徽，1940年后八路军兵员大幅扩充，加上国共合作时好时坏，无法获得国统区工业部门才能提供的青天白日珐琅帽徽。朝鲜义勇队后来北渡黄河，加入八路军队伍，佩戴这种纽扣帽成为主要的服装形式。

1942年5月15日，朝鲜义勇队改编为韩国光复军，把北上

抗日根据地的朝鲜义勇队都包括在内。并命朝鲜义勇队队长金元凤为韩国光复军副总司令，将该队改编为光复军第一支队。对此，作为朝鲜义勇队领导人的金元凤虽有很大的不满和无奈，但也告诫所有义勇队的同志“不论在前线与后方，要与原韩国光复军同志精诚团结，一心一体，共同努力”。

1943年1月10日，《新华日报》报道了冯仪撰写的《驰骋华北战场的朝鲜民族儿女——记韩光复军第三区队的战绩》通讯：“1941年1月间，在中国战场上负有盛誉的朝鲜义勇队第三支队——现改编为韩国光复军第一支队第三区队，奉军事委员会政治部的命令，挺进华北，深入敌后，加紧争取敌后韩国群众的工作。”

三、韩国光复军着英军尉官服，在印缅战区对日作战

1941年12月10日，大韩民国临时政府紧随中国国民政府之后，颁布了《对日宣战声明书》，随即开始向国际反法西斯战争联盟要求作为一战斗单位，参加反法西斯战争，并力争成为同盟国第27个成员。其看待问题的视野、争取援助的对象、开展活动的地域都开始力争越出中国的范围，走向世界。他们希望与美、英等国建立直接的联系和合作，配合其作战，以提升自身的国际影响和地位。

1943年10月至1945年3月，中国驻印军和中国远征军在美、英军的协同下，在缅甸北部和云南省西部对日军缅甸方面军开展了缅北滇西战役。战役历时一年半，毙伤日军25000余人，打通了中国西南国际交通线，极大地配合了第二次世界大战太平洋战场大反攻。由于英军在印缅战场上与日军作战中，急需会日语的队员从事对敌的宣传工作。因此，英军首先与朝鲜民族革命党取得联系，提出派遣“朝鲜民族军宣传联络队”到印缅战场协助英军作战的要求。1943年5月，韩国光复军副司令金元凤

以朝鲜民族革命党总书记的身份和驻印英军总司令部代表麦坚锡签署《关于朝鲜民族革命党派遣朝鲜民族革命军宣传联络单位之协定计划》，在韩方协助驻印英军对日作战，促进英军完全胜利，英方援助朝鲜民族革命党对日斗争，争取朝鲜民族的独立的原则下，达成协定，并提出："联络队队长享受与驻印英军上尉之同等待遇，队员享受与驻印英军中尉之同等待遇，工作上功绩卓著者享受特别奖励。"① 但是，由于当时朝鲜民族革命党的武装组织——朝鲜义勇队已改编为光复军第一支队，实际上派遣队员的决定权交到了韩国光复军总司令的手里。1945 年 3 月 27 日，大韩民国临时政府与英军签订《韩国光复军驻印联络队协定草案》提出："驻印联络队之组织、人事、训练、制服、徽章、升级、赏罚等，依韩国光复军之规定办理，但须得英方同意。"②

1943 年 8 月至 1945 年 9 月，韩国光复军印缅工作队 9 名队员，以韩志成为队长，文应国任副队长，着英军尉官服，在印缅战场上与英军联合抗战，积极开展对敌宣传工作，为抗战胜利做出了贡献。1944 年 6 月 22 日，《新华日报》以《韩国光复军积极协同盟国作战》为题进行了报道："韩国临时政府军务部长金元凤谈：韩国光复军现有九人在印缅前线协同英军作战，担任前方对敌广播，和翻译俘获的文件，都能善尽任务。"

四、韩国光复军使用美式军服，志在挺进回国

1944 年，韩国光复军直隶大韩民国临时政府管辖以后，积极谋求除中国以外的其他同盟国的合作。韩国光复军参加中国抗日战争中，主要从事审问俘虏、破译敌方密码暗号、制作传单、对敌广播、组织武工队、感化策反敌军、瓦解敌人军心等特殊工

---

① 石源华：《韩国独立运动与中国关系论集（上）》，民族出版社 2009 年版，第 194 页。

② 杨昭全、韩忠富：《大韩民国临时政府史料汇编》，吉林省社会科学院吉内第 9701091 号，1996 年 8 月，第 775—776 页。

作。韩国光复军这些特长为美国战略谍报机构“OSS”所看中，“OSS”机构是二战期间美国设立的专门负责情报搜集、游击队活动等任务的战略情报机构。

1945年3月15日，韩国临时政府与驻华美军签署了《韩美合作协议》提出：“美军向韩国光复军提供共同作战必需之一切武器、器材和军需物资。其他必要之军事援助互相提供。”① 双方的合作主要是由美军驻华战略谍报机构对于韩国光复军进行无线电及其他军事技术训练，以备在战略大反攻时，配合美军挺进韩国国内时，实现恢复祖国独立的民族夙愿。韩国光复军参加美军“OSS”特种技术训练，使用的是美式军服，但是戴的美式军帽上佩戴有太极旗的徽章。韩籍学生兵金俊烨在《我的长征——韩国学兵在中国抗日斗争记录》中写道：“当晚（1945年4月29日），就发给了我们每人一套新的被子和新的军服。这回穿上的却是美式军服和美式军靴。唯一与美军不同的是，我们所戴的美式军帽上佩戴有太极旗的徽章。……从离开平壤以来，在14个月里，我穿过日本军服、中国军服和美国军服，这样换来换去，真是奥妙无比。”② 美韩合作OSS特种训练，在西安和阜阳的光复军第二支队和第三支队中进行，其中，第二支队李范奭部90人，第三支队金学奎部22人，分别接受了美军为期3个月的特殊训练。主要内容包括野战训练、射击术、爆破术、渡江术等，以及谍报工作员的专门技能。

1945年8月7日，临时政府主席金九与美军OSS负责人多纳旺少将达成协议，确定了挺进队归国作战的具体计划。8月15日，日本宣告投降，队员们只进行一个月的初步训练，训练便被迫中断，韩国光复军大规模挺进韩国内的计划被迫取消，临时政府于是决定改派“挺进队”进入韩半岛。经与美军协商，韩方

① 冯开文、杨昭全主编：《大韩民国临时政府在重庆》，重庆出版社，1999年版，第713页。

② ［韩］金俊烨著，紫荆·力求译，韩俊光校：《我的长征——韩国学兵在中国抗日斗争记录》，东方出版社1995年版，第378页。

选拔出以李范奭为代表，加上美方以彼得大校为代表，共 18 名队员组成挺进队。8 月 18 日，飞机顺利降落在韩国汝矣岛机场，但日军以未见公函并未得到东京方面的任何指示为由，拒绝“挺进队”队员下飞机，责令“挺进队”员们立即原路返回。“挺进队”带着搭建起临时政府与国内独立运动势力桥梁的任务，作为先发部队进入韩半岛，虽然由于日军的阻止，只在韩国机场停留了 28 小时，但“挺进队”是最早进入韩半岛，踏上祖国领土的海外独立运动势力。

五、韩国光复军自行设计军服、徽章，寻求独立自主

韩国光复军自筹备以来，就一直在设计并思考使用军服的问题。1940 年 5 月，提交中国国民政府军事委员会的《韩国光复军编练计划大纲》中关于“韩国光复军速成方法及宣传要领”中提出：“中韩人混编队伍一团或一旅成立时，一律以韩国光复军制定之服装及帽章装饰后，飘扬太极旗，举行阅兵式，招请中外记者参观，并依报章及播音广为宣传，激起国内外韩人之敌忾心，而寒敌人之胆”、“营房、兵器、被服、阵营器具、其他器具材料等，随兵额之多寡，随时拨给”。对此，中国国民政府军事委员会汪荣生还提出审查意见：“中央补助办法可按照现有人数酌予生活费及活动费，如朝鲜义勇队然”①，对此予以了否决。而且，韩国光复军自成立后，就依附于中国各战区开展训练等军事活动，一直未能使用自行设计的军服。

1944 年 8 月，韩国光复军改组，由大韩民国临时政府直接管辖。中韩双方在韩国光复军的组织编制、运行机制、中方援助等方面协商达成一致。12 月 20 日，大韩民国临时政府出台了《韩国光复军总司令部暂行组织条例》提出：“韩国光复军总司

① 杨昭全、韩忠富：《大韩民国临时政府史料汇编》，吉林省社会科学院吉内第 9701091 号，1996 年 8 月，第 689—696 页。

令部设总司令1名，在统帅府指挥下，有关作战事项接受参谋总长指挥，有关军政事项接受军务部长指挥，统辖光复军之编制、训练、指挥、作战及内部一切事务。”韩国光复军推出了建军的标准规范，着手设计、制订自己的服装，并完善管理组织体系。但是由于经费等限制，一直未能正式推出。而且当时部分韩国光复军正接受美军“OSS”特种技术训练，故而当时韩国光复军在中国各战区使用的军服还是国民革命军军服与美式军服混合使用。但部分支队已开始佩戴他们自行设计的有太极旗的徽章。

1945年8月15日，日本战败投降，国际反法西斯战争取得胜利。1946年，韩国光复军总司令李青天宣布韩国光复军解散，韩国光复军成员陆续以个人身份回到朝鲜半岛。韩国光复军自成立以来，在军服使用方面的一系列变化，充分体现了这支军队的特殊性，充分展示了他们在国际反法西斯战争中扮演的各种角色和发挥的独特作用。他们在中国境内“既是反日的战斗队，也是反日的宣传队、后勤服务队；在中国活动的时间也最长，与中国抗战相始终；在人数上也最多，没有哪一个国家在华长期从事抗日活动的有朝鲜民众那样众多”①。韩国光复军使用的各类军服既体现了国际反法西斯联盟对他们的大力支持，也见证了韩国光复军在争取民族解放、国家独立之路上的艰辛历程，凸显了韩国光复军矢志追求民族自由、国家光复的意志和决心。

【责任编辑：关国磊】

[作者：牟元义 重庆大韩民国临时政府旧址陈列馆 馆长 重庆 400010]

① 沐涛、曹军：《论韩义勇队在中国抗战的历史地位及贡献》，发表于上海大韩民国临时政府旧址管理处编：《中国抗日战争与韩国独立运动——纪念大韩民国临时政府成立85周年》，韩国眼光一声出版社2005年版，第228页。

中共大连地方组织史研究

大连近代史研究　第16卷

唐宏经护送“六大”代表出境侧记

王万涛

摘　要：唐宏经（1901—2005），是20世纪二三十年代大连乃至东北地区著名的工人运动先驱。1928年，唐宏经担任中共满洲省临委常委兼组织部部长，当选为满洲省委中共六大代表，出席了在苏联莫斯科召开的中国共产党第六次全国代表大会，并在会上当选中共六大候补中央委员（不久增补为中央委员）。中共六大是在极其特殊的历史时期中共历史上唯一一次在境外召开的会议。会议代表能否安全准时到达莫斯科，是会议成败的关键。中央决定，参会代表大多数取道大连港，乘火车至哈尔滨再至满洲里或绥芬河出境。其间，唐宏经受上级党组织委派，承担了护送部分南方代表由哈尔滨至满洲里出境的任务。27岁的唐宏经圆满地完成了这项艰险又充满传奇色彩的护送任务，受到中央领导的肯定。

关键词：中共六大　唐宏经　满洲里　绥芬河

唐宏经，1901年出生于金州东部满家滩葡萄沟一户农家。16岁考入南满洲铁道株式会社（“满铁”）沙河口工场（大连机车车辆工厂前身）技工养成所（技校）学习。毕业后，在沙河口工场务工。年轻的唐宏经目睹了日本统治当局和日本工厂主对中国工人的欺凌和压榨，对日本帝国主义对中国的侵略和奴役深恶痛绝，常怀报国之心。

1923 年 2 月，京汉铁路大罢工的消息传到大连（日称关东州），唐宏经与同在沙河口工场技工养成所毕业的傅景阳、于景龙、高及三、王立功、辛培源等 20 余个志同道合的工友发起成立“沙河口工场华人工学会”，揭开了大连地区有统一组织统一领导的工人运动的序幕。1924 年 12 月，在中共党员李震瀛①的帮助下，“沙河口工场华人工学会”改为“大连中华工学会”。1925 年 12 月，唐宏经当选大连中华工学会副委员长，不久加入中国共产党。在斗争中，他与傅景阳②等人受到锻炼，逐渐成长为大连地区工人运动的卓越领导者。此时的大连中华工学会实际上已经成为全地区统一的工会组织。1926 年 4 月至 7 月，在中共大连地委（傅景阳、唐宏经先后任大连地委工运委员）的领导下，大连中华工学会在斗争一线组织领导“四二七”大连福纺百日千人大罢工并取得胜利。1926 年 6 月，大连工学会委员长

① 李震瀛（1896—1937），又名李泊之、李宝森，天津人。中国早期工人运动领导人之一。1921 年加入中国共产党，任中国劳动组合书记处干事。1923 年末受命到哈尔滨等地秘密开辟东北地区工作。在与陈为人返回上海途中在大连停留，对大连中华工学会工作进行指导，返回上海后向中共中央汇报了大连工运情况。陈独秀、邓中夏派他于 1924 年再次到大连开展工作。1926—1927 年，与周恩来等组织领导上海工人三次武装起义。1927 年 5 月在中共五大上当选候补中央委员，同年出席中共“八七”会议。1931 年因参与罗章龙另立中央非法组织活动被开除党籍。后在天津当店员谋生，1937 年逝世。

② 傅景阳（1900—1942），原名傅成春，复州城人。大连籍第一位中共党员，辽宁工人运动先驱，大革命时期东北地区最著名的工运领袖。曾任大连中华工学会委员长、南满铁路工会委员长、全国铁路总工会执行委员、中共大连特别支部工运委员、大连地委工运部长，是 1926 年“四二七”福纺大罢工的主要领导者。同年 6 月被日本当局逮捕，受到非人折磨，始终未暴露身份，经组织营救在被拘 9 个月后获释，被当局“驱逐出境”，严密监视。1931 年傅景阳乘敌不备乘火车北上寻找党组织未果，在哈尔滨“三十六棚”等处做工，继续寻找党组织。因在狱中遭受摧残，身体状况极差，于 1942 年病逝，享年 42 岁。

傅景阳等一批工会干部遭到日本警察署的逮捕。同年“双十节”后，唐宏经也被日本军警逮捕。1927年4月，中共北方区委负责人李大钊在北京被奉系军阀张作霖逮捕，从其办公室搜出傅景阳写给北方区委的关于大连地方党组织工作报告等文件。日本关东州当局由此确认中共党团组织在“辽东租借地”的存在，军警由是加大了侦查中共组织的力度。不久，日特发现了大连市委机关刊物《大连人民》（油墨印刷），认为“是进行赤化的宣传品”，并依据油墨判定是在大连印刷的，于是开始疯狂搜寻。1927年7月24日，“满铁”沙河口工场党支部召开会议，叛徒胡杰三告密，支部书记韩冈清、委员辛培源及党员于全福、丁文礼被捕。由于韩冈清、丁文礼叛变，中共大连市委书记邓鹤皋及党团员共49人被捕，大连党组织遭到市委组建以来最严重的破坏，大连中华工学会也被统治当局查封，工会主要领导人一部分被捕入狱，一部分被驱逐“出境”。1927年7月15日，汪精卫在武汉叛变革命，狂疯屠杀共产党人，轰轰烈烈的中国大革命失败了。大连地区同全国形势一样，革命转入低潮。

大革命失败后，大连的一批工运领袖和工会积极分子遭到日本警宪的追捕，一时无法在“关东州”活动，不得不北上寻找党组织，到沈阳、哈尔滨等地继续从事工运工作。唐宏经被逮获释后，也是在此间北上并找到中共满洲省临委。在满洲省临委工作期间，唐宏经曾回家乡看望父母，经历过惊险一幕。伪警宪的特务探知了消息后，迅速将唐家院落监视起来，等待后续宪特们聚齐后再一举抓获唐宏经。为防唐宏经脱逃，一名探子（联络员）以问路为名闯入唐家。时值傍晚，探子见一名年轻人坐在炕上与二位老人正在吃饭，便与年轻人搭讪，得知正是唐宏经后便放下心来。这时，探子听到里屋有年轻女人的声音，怀疑有唐宏经的同伙，硬是不顾唐家人的白眼挤进里屋与年轻女子东拉西扯套近乎。待探子返回外屋时，见年轻男子仍在吃饭，便向院门外的宪特发出信号。特务们蹿进来一拥而上将炕上的年轻人摁住，探子用手电一照，被摁者虽装束与刚进门时见到的年轻人一样，而此人却是四十开外的中年人。探子明知中了唐宏经金蝉脱壳之计却又不敢挑明真相，只能草草询问几句灰溜溜地撤走了。原来唐宏经趁探子进里屋与其嫂闲扯时，迅速与其兄调换了衣装，让其兄坐在炕上他原先的位置，自己从后窗跳出奔入后山林中，连夜踏上回沈返程路。①

1928 年 2 月，经王立功推荐，28 岁的唐宏经到中共满洲省委工作，同年 3 月被委任为中共满洲省临委常委、组织部部长兼负责职工运动工作。同年 4 月，唐宏经被选为中国共产党第六次全国代表大会代表。各地代表到达哈尔滨后，唐宏经曾承担了护送部分代表从哈尔滨至满洲里出境的任务，为中共六大的召开做出重要贡献。

1928 年 6 月 18 日至 7 月 1 日，中共六大在莫斯科郊区举行。这是中共历史上唯一一次在国外召开的代表大会。出席这次大会正式代表 84 人，连同指定和约请参加的代表共 142 人，代表全国 4 万名党员。这次会议对国共合作特别是北伐战争以来党的路线、方针进行了回顾和总结，对右倾机会主义、盲动主义、惩办主义等错误进行了揭露和批判。

关于中共六大召开的地点颇有一番周折。1927 年 11 月，中央临时政治局扩大会议决定，会议暂时定在澳门（也有的提出在香港或海参崴）召开。1928 年 2 月，中央根据国内白色恐怖的严峻形势，决定报请共产国际执委会要求中共六大在苏联境内召开（赤色职工国际第四次代表大会、共产国际第六次代表大会和少共国际第五次代表大会都在 1928 年春夏召开，中共组团可直接参会），同年 3 月得到共产国际的同意，要求出席会议人数在 100—110 人（代表中须有 20 人是担任青年团领导职务的）。1928 年 4 月 2 日，中共中央召开特别会议，对出席代表人选标准、代表人数、出国手续、路线、大会报告准备等项做了详细研

① 本文作者在金县地方志办公室工作时，曾去唐宏经家乡采访，并将此事迹编入《金州民间故事》（大连出版社 1990 年 4 月版，第 541—542 页）。

究。各省份正式代表名额：广东19人、江苏12人、顺直9人、湖南8人、湖北7人、满洲5人、浙江5人、福建3人、江西3人、山东3人、河南2人、四川2人、广西1人、安徽1人、内蒙古1人、陕西1人、云南1人。

各地代表赴苏联的主要路线确定为由上海乘船到大连，转乘火车去哈尔滨，再乘中东铁路至满洲里或绥芬河出境。进入苏联后，沿途由苏联同志接应。出席大会的代表（含邀请指定代表）按地区或工会系统划分为若干代表团。每团选出1名团长，负责政治领导。中共满洲省委代表团（东三省及内蒙古东部）由5人组成，唐宏经任团长，其余4人分别是：共青团满洲省委书记张任光，大连中华工学会会员、沙河口工场工人于治勋（1908—1986）、王传璧（王福全，1893—1934）、朱秀春（1912—1987）。中共六大代表确定后，如何安全准时到达莫斯科，这在苏联与国民政府已断绝外交关系、中国国内白色恐怖严重、国民党到处捕杀共产党人的形势下，是一个很大的难题。为了保证代表们安全出境，共产国际派员与中共临时党中央密切配合，在哈尔滨、满洲里、绥芬河设立交通站，接送代表过境，哈尔滨为交通总站。为确保安全，采取了三项措施：一是代表与总站接上头后，总站给每名代表发一张1美元的美钞，要求代表牢记号码妥善保管，这是进入苏联的通行证；二是代表所有随身携带的物品均留在接待站存放，重新发放北方人日常服装和常用生活用品，以免途中露出破绽；三是进入苏境内后，接头使用口令，联络暗号“厄瓜多尔”（意为赤道之国）。

中共六大代表大部分在1928年4月下旬至5月上旬启程。因南方代表占多数，他们在上海集合后，由中央统一安排乘船前往大连（少数至营口转乘火车），再转南满铁路至哈尔滨，由哈尔滨接待总站安排车次乘火车至满洲里或绥芬河出境。极少数代表从上海乘船直达海参崴乘西伯利亚列车至莫斯科。

从上海乘船至大连再转南满铁路北上的有：周恩来、邓颖超、关向应、瞿秋白、杨之华、蔡和森、项英、杨殷、黄平、许涂淼、罗明、王懋廷、甘卓棠、龚饮冰、王剑龙、张国焘、李文宜等。当时的大连地区革命处于低潮，党的地方组织于1927年7月遭到严重破坏后，1928年4月末，成立不久的中共关东县委再次遭到大破坏（县委书记变节投敌、47名党员被捕）。日本统治下的大连处在白色恐怖之中。从上海到大连的班轮上装扮成各种身份的日本特务严密监视旅客的行踪。周恩来和邓颖超就经历了一场险情。二人在上海上船时，急于了解5月3日济南惨案真相，就买了一些报纸。船靠青岛时，他们又上岸买了一批报纸带上船。此举引起了日本特务的注意。船靠大连码头，夫妇二人准备下船时，日本大连水上警察署警察便对他们进行盘问检查并将周恩来带到警察署继续盘问。因为周恩来曾在黄埔军校任职又领导过八一南昌起义，尽管周恩来化了装，但日本特务通过资料卡片图片对比，对他的真实身份产生怀疑。周恩来临危不惧，泰然自若，沉着应对，毫无破绽，日警察只得将周恩来释放。当天下午，周恩来、邓颖超乘火车去往长春，火车上又有一名日本特务跟踪，周恩来巧妙地将特务打发走。二人先住长春，再去吉林，之后转哈尔滨。因接头证件在旅馆已毁掉，无法接头，邓颖超只得在哈尔滨火车站等候下一批来哈的李立三，通过他与哈尔滨中共六大代表接待站取得联系，由交通员护送，转乘火车去满洲里，然后出境，顺利到达莫斯科。

中共六大代表大体分三批出发。哈尔滨接待总站设在道里区四道街（今红专街）14号，是中共地下工作者阮节庵、沈光慈夫妇住处。1928年5月，中央指派张国焘到哈尔滨负责接应过境的中共六大代表。其后，瞿秋白夫人、中共六大代表杨之华抵哈尔滨，党组织安排她暂时留哈，协助完成中共六大代表护送任务。代表们到哈尔滨后，进行了重新编组，随时安排去中苏边境。通过哈尔滨接待站安排在满洲里出境的党的主要领导人有：瞿秋白、张国焘、周恩来、李立三、关向应、夏曦等。1928年4月25日，满洲省委参加中共六大的5位代表在唐宏经带领下，由沈阳乘火车至哈尔滨。行前，省委领导交给唐宏经一个火柴盒，内盛21根火柴，让他下车后到道里区俄国大街一处马车店接头。到哈后，唐宏经等5人住进一处旅店，然后唐宏经独自一人找到马车店。张国焘、罗章龙、夏曦等人已先期到达这里。唐宏经将火柴盒交给张国焘，张清点数目无误后，便正式接上了头并互通了姓名。在这里，唐宏经接受了一项新的任务。张国焘对他说："因为南方代表口音容易暴露身份，满洲省委还有一项任务，就是把你们分到各组，掩护南方代表过境。"要求他们护送时"在路上尽量不要交谈，彼此认识即可，在火车上（哈尔滨至满洲里）照顾一下他们的饮食问题"。嘱咐他们："火车到达满洲里后，在火车站附近有俄国人赶的马车，车灯上标有67号、69号的号码，是专门接代表的车，这都是事先安排好的。"张特别叮嘱唐宏经"待马车接到代表平安驶离后，找客栈住下，乘次日火车速返哈尔滨，再送下一批代表至满洲里"，指示唐宏经"要绝对保证代表的安全"。代表们从哈尔滨出发前，接待站统一发放了服装和用品，并给每人发了车票（马车）和号码牌。

唐宏经接受任务后，深感责任重大，凭着在大连领导工人罢工和对付日本特务的经验，他成功护送三批中共六大代表出境。第一批护送的是云南和广西的代表。唐宏经提前买好去满洲里的火车票，上车后，代表们装着互不认识，分别坐在相隔不远的座位上，互相都不说话。唐宏经坐在车门附近，夜深乘客困倦入睡，唐宏经睡意全无，暗中注视车厢动态，做好随时应付意外的准备。当时的东北军阀为防止"赤北"和切断中共与苏联的联系，强化了对满洲里地区的控制。列车的铁路警察贼眉鼠眼地来回走动，死死盯着他们认为形迹可疑的人。由于唐宏经的精心安排和机警掩护，经一昼夜第一批代表有惊无险地到达满洲里。唐宏经带领他们找到车站附近的67号和69号接站马车，把号牌交给赶车的俄国人。马车安全驶离后，唐宏经按张的要求，在满洲里铁道北一处小旅馆住下，第二天便返回哈尔滨，向组织汇报了护送情况。隔日又经交通站安排护送第二批5位广东代表（其中有甘卓棠，为中共广东省委委员）去满洲里。完成第二批护送任务返哈后，交通站对唐宏经的护送工作十分满意，并通知他第三次护送。此次护送的是张国焘、罗章龙[①]、张昆弟（河北即顺直省委委员）等人至满洲里并一起出境。唐宏经一行到达满洲里后，便坐上了那两辆马车，迂回出境。唐宏经在回忆中说："俄国人赶的马车是四轮的，车赶得挺怪。看上去往西面方向没有路，赶车人驱车进入道北后却径直向西驰去，过了个挺矮的桥洞子（后来知道是火车道下的流水沟，位于城区西面，只有越过铁路，方能到达苏境），然后又在铁路以南向西绕了一个很大的圈子，之后向满洲里西南方向驶去。"在夜幕的掩护下，唐宏经一行越过中苏边境，在一所矮小的房子前下车，一个热情的苏联人接待了他们。休息到夜里八九点钟，这个苏联人带他们乘坐从满洲里进入苏联境内开往赤塔的火车。到赤塔下车后休息了一夜，第二天他们又登上西行的火车，几天后到达莫斯科。因会场在市郊，他们又乘坐马拉大篷车去往纳罗法明斯克地区五一村银色别墅。这里距莫斯科市区约 40 公里，主会场是一处三层楼房，原是沙皇时代大贵族穆辛·普西金庄园主楼，因其白墙在阳光下光耀夺目非常壮观，被誉为银色别墅。至此，唐宏经圆满地完成了组织交给他的护送任务。

据资料记载，从满洲里出境的中共六大代表（含邀请指定代表）有：蔡和森、蔡书藩、曹更生、陈海清、陈学熙、陈治平、成文、成中青、邓颖超（女）、丁继盛、丁君羊、甘卓棠、高

---

① 罗章龙（1896—1995），原名傲阶，曾用名章龙、沧海，湖南浏阳人。北京大学文学院经济系毕业。1921 年加入中国共产党。是中共三大中央执行委员、中央局委员，中共四大候补中央执行委员，中共五大中央委员，中共六大候补中央委员。在中共六届四中全会前后因进行分裂党的活动，于 1931 年 1 月 27 日被开除出党。1933 年被国民党逮捕，出狱后在河南大学、西北大学任教授。中华人民共和国成立后，先后在湖南大学、中南财经学院、湖北大学、湖北财经学院任教授。1979 年 6 月，在中共中央关怀下，罗章龙奉调进京任中国革命博物馆顾问，先后出版《椿园载记》《椿园诗草》，发表文史文章 500 余篇，为抢救党史资料作出了贡献。为国家一级教授，先后担任全国政协五、六、七届委员。1995 年 2 月 3 日病逝于北京，享年 99 岁。

衡、关向应、郭金祥、何叔衡、何秀明、何资琛、胡德荣、胡福口、胡均鹤、华岗、华连生、黄平、黄文、霍昆镛、江慧芳（女）蒋云、来耀先、邝碧清（女）、黎国琼、李立三、李文宜（女）、李占泉、李子芬、梁亿才、林玉珩、刘义、刘坚予、刘振德、罗明、罗章龙、毛简青、彭公祖、钱志康、丘宏毅、瞿秋白、瞿星五、任旭、阮啸仙、苏美一、苏兆征、汤正清、唐球、唐宏经、汪泽楷、王备、王翘、王灼、王凤飞、王福全、王剑龙、王若飞、王藻文、王仲一、王子清、夏曦、项英、徐兰芝、徐治荣、许涂森、杨殷、杨之华（女）、杨宗义、严朴、叶发青（女）、余架先、于治勋、袁炳辉、曾文甫、张国焘、张金刃、张昆弟、张任光、张世熙、章松寿、周恩来、朱宝山、朱松寿、朱秀春。①

中国共产党第六次全国代表大会几经周折，终于在1928年6月18日至7月11日如期举行。大会主席团由瞿秋白、周恩来、苏兆征、项英、徐锡根、余茂怀、李立三、蔡和森、杨殷、邓中夏、王凤飞、王灼、王藻文、向忠发、关向应、周秀珠（女）、曾文甫、胡福田、毛简青、斯大林、布哈林共21人组成。周恩来为大会秘书长，黄平、罗章龙为副秘书长，苏兆征为代表资格审查委员会主席。大会预备会发出通知，参会代表和工作人员全部编排号码，会议期间在会上发言或领取文件、物品均用号码，不用真实姓名。如编号1号为邓中夏、2号关向应、10号王若飞、21号瞿秋白、22号周恩来、23号李立三、24号向忠发、25号苏兆征、29号蔡和森、30号张国焘、51号刘伯承、138号徐特立等。满洲省委5名代表编号分别是：14号唐宏经、107号张任光、112号朱秀春、119号王福全、110号于治勋。②

关于朱秀春还有一段小插曲。正式会议召开前，秘书长周恩

① 吴铁英、徐占信编：《满洲里革命老区要览》，内蒙古出版集团内蒙古文化出版社2014年6月版，第3章。

② 徐鑫、徐占信编著：《红色之路—哈尔滨——满洲里国际秘密交通线》，天马有限出版公司2011年9月版，第5章。

来得知朱秀春是共青团员，就批评唐宏经为什么把朱秀春选为党代表。就这样，在会前朱秀春被批准吸收为中共党员，他的介绍人是唐宏经和张任光（其他代表团有郭金祥、姜永和二名团员也在会前入党）。

1928年6月18日，中共六大正式举行。瞿秋白代表中央委员会致开幕词并作政治报告；周恩来作组织问题和军事问题报告；李立三作农民土地问题报告；向忠发作职工运动报告；布哈林作了世界革命形势与中共的任务报告。大会修改了党的章程，讨论通过了《政治决议案》《土地问题决议案》《农民运动决议案》《职工运动决议案》《苏维埃政权组织问题决议案》等18个文件，是中共历次全国代表大会形成文件最多的一次。中共六大系统地总结了第一次国内革命战争的经验教训，批判了右倾机会主义和“左”倾盲动错误，明确了中国社会性质和革命性质，制定了党在新时期的路线、方针、政策，在危急时刻，中国共产党领导中国革命走上了复兴和发展的道路。大会选举产生了中共六届中央委员会，选出中央委员23人：杨殷、顾顺章、向忠发、彭湃、徐锡根、卢福坦、李源、张金保、苏兆征、关向应、罗登贤、毛泽东、杨福涛、周恩来、李涤生、蔡和森、项英、任弼时、余茂怀、王藻文、瞿秋白、李立三、张国焘；候补委员13人：徐兰芝、王凤飞、王灼、唐宏经、刘坚予、夏文法、史文彬、李子芬、周秀珠、甘卓棠、邓中夏、罗章龙、王仲一。大会选出中央审查委员会正式委员3人：刘少奇、阮啸仙、池津川；候补委员2人：叶开寅、张昆弟；书记刘少奇。

7月11日，中共六大闭幕。19日，中共六届一中全会召开。会议选举中央政治局委员七人：向忠发、周恩来、苏兆征、项英、瞿秋白、张国焘、蔡和森；中央政治局候补委员7人：李立三、澎湃、杨殷、罗登贤、关向应、徐锡根、卢福坦。选举中央政治局常委5人：向忠发、周恩来、苏兆征、项英、蔡和森；候补常委3人：李立三、徐锡根、杨殷。向忠发[①]为中央政治局主席、政治局常委主席。20日，中央政治局举行第一次会议，研究确定中央领导机构设置和人事分工。周恩来为中央秘书长兼中央组织部长，蔡和森为中央宣传部长，苏兆征为中央职工运动委员会书记，李立三为中央农民运动委员书记，杨殷为中央军事部长，张金宝为中央妇女运动委员会书记。

中共六大结束后，除一部分留下参加共产国际、赤色职工国际、少共国际召开的会议外，大部分代表回国返回工作岗位。中共六大代表回国事宜由共产国际和苏共所属地下交通网络全权负责，中共组织予以配合。中共六大会后，中央派与会代表龚饮冰[②]首批回国，在哈尔滨设立交通站，接待回国的代表返回工作岗位。返程线路主要有三条：一是取道欧洲，以富商或留学生名义回国，因开销巨大极少有人走此路线；二是乘国际快车至满洲里（行程九天）回国；三是乘西伯利亚快车（行程12天）至海参崴附近塞旦卡车站下车，转乘马车或徒步至绥芬河（位于中俄边界“五站”）入中国境。过境时，代表们多是三四人一组，由交通员带领并提供普通服装，进入中国境后在绥芬河暂短休整，再由交通站安排乘火车至哈尔滨，分头返回工作岗位。代表回国线路以绥芬河较多，共51名。满洲省委代表团的5人在唐宏经带领下，回程走绥芬河线路。

周恩来在中共六大结束后，又参加了在莫斯科召开的共产国际第六次代表大会，直到1928年10月回国。同行的有邓颖超、

---

① 向忠发（1880—1931），湖北汉川人，1894年进汉阳兵工厂当学徒工，后入造币厂做工。1922年加入中国共产党，曾被派到湖北省工会工作，后任武汉工人纠察队总指挥、武汉工会委员长。中共五大当选中央委员，中共八七会议上当选中央临时政治局委员。1927—1928年向忠发作为工农代表团领导人在苏联期间的工作得到共产国际的认可。1928年当选共产国际执行委员和主席团成员。中共六届一中全会当选中央政治局主席，中央政治局常务委员会主席（实际上并没起到中共中央主要领导人的作用）。1931年向忠发被捕叛变，被蒋介石下令处死。

② 中共中央党史研究室：《中国共产党历史》第一卷（1921—1949），中共党史出版社2002版，第312页。

王德三、罗章龙。他们在绥芬河越过国境时，是藏在拉草的马车里越过国境线。至1928年底，中共六大代表均安全返回国内。

20世纪90年代末，我与工运史专家刘功成先生到大连青云街看望采访年已97岁的唐宏经老前辈。他身体尚硬朗，头脑清晰，谈起20年代的工人运动时仍慷慨激昂，但提起他当选中共六大代表及护送部分代表出境之事，老人家似乎不愿多说，只是简要地述说在满洲里带领几位代表找俄国人赶的马车，绕大圈子过桥洞最后出境的往事。1928年7月下旬唐宏经回国后，向省委传达了中共六大精神，以饱满的热情投入工作中。1928年11月，唐宏经被捕入狱，他坚守党的秘密没有暴露身份，经组织营救于1929年8月出狱。同年9月，被任命为中共满洲省委常委，省职工运动委员会书记。1930年12月，任中共满洲省北满特别委员会书记、哈尔滨市委书记。1931年1月，唐宏经赴上海参加中共六届四中全会。会上，共产国际把王明推上台，使“左”倾教条主义占据中央领导地位。早在1930年12月，以罗章龙为首的一些干部以全国总工会党组织为基础，反对中共六届三中全会和中央。罗章龙擅自成立“中央非常委员会”（即“第二中央”），企图分裂党，还派人到顺直、香港、满洲等地成立“第二党”进行分裂活动。1931年1月27日，罗章龙被开除党籍。唐宏经因参与派别活动亦被开除党籍，并从此改名唐韵超。1933年，唐韵超返回金州，在三十里堡从事果园经营，继续开展抗日宣传活动。1945年8月大连解放之初，旅大地区一度处于无政府状态，唐韵超与张洛书、朱秀春（两人均与党组织失去联系）等人发起成立大连职工总会，唐韵超当选大连首届职工总会委员长，总会迅速发展了360多个基层工会组织，会员达12万余人。工会组织为大连解放初期的社会稳定和保护工厂机器设备免遭破坏、迅速恢复生产，做出重大贡献。1945年11月，唐韵超重新加入中国共产党，任中共大连市委、旅大地委委员，负责职工总会工作。1946年1月，当选大连市参议会议长。1947年6月任中共旅大地委常委。1948年1月，唐韵超调任东北行政委员会劳动局长，1949年8月任东北人民政府劳动总局局长。中华人民共和国成立后，任中华全国总工会常委兼劳动保护部部长。1952年“三反”至“文化大革命”期间唐老曾受到不公正待遇。“文化大革命”结束后，中共中央为其落实政策恢复名誉，1983年10月离休。晚年唐老生活幸福。2005年2月16日唐老在大连病逝，享年104岁。

【责任编辑：周爱民】

[作者：王万涛　大连市近代史研究所　客座研究员　大连　116041]

特殊解放区时期大连“青联”组织的来龙去脉

——从青年联合会到青年团的建立

刘功成

摘　要：特殊解放区时期，大连“青联”组织兴旺发达。在其存在的3年时间里，为民主大连建设作出积极贡献。它从何而来，归结何处？笔者经过大量调查研究，终于搞清它的来龙去脉及其组织发展的主要节点。

关键词：特殊解放区　大连“青联”组织　来龙去脉

一、大连市青年联合会与关东青年联合总会的建立

1945年8月22日，苏联红军从日本帝国主义铁蹄下解放大连，并对大连地区实行军事管制，到1949年10月1日中华人民共和国成立，这一历史时期的大连地区被称为特殊解放区。

特殊解放区时期，大连“青联”组织的建立与中华青年会有着不解之缘。1920 年 7 月 1 日成立的中华青年会是大连地区建立最早的中国人社会教育团体。它在大连历史上最先亮出“中华”大旗，开办学校，对大连青少年进行爱国主义教育和国民意识教育。1945 年大连市民主政权刚建立，原中华青年会的一些进步会员立即成立中华青年会同学会筹备会，响应市政府 11 月 12 日《告全市青年书》的号召，于 11 月 25 日发表《告全体同学书》，号召校友组织起来，为新大连的建设作贡献。

1945 年 12 月 18 日，中华青年会同学会成立。随即在大连实业学校开办中青小学，吸纳失学者就学；主办冬季市民足、篮球比赛等体育活动，振奋市民建设民主大连的革命精神。1946 年 7 月 21 日，中华青年会同学会举行会员大会，通过组建大连市民主青年联合会的议条。同年 8 月 25 日，大连市民主青年联合会成立大会召开，通过纲领、章程、组织条例，选举产生常委及正副会长。大连市民主青年联合会（以下简称“大连青联”）是由大连中华青年会同学会、商习同学会、师讲同学会等团体共同发起成立。会长于明，副会长白全武、车长宽等大连青联领导人都是刚加入中国共产党的青年，他们及时把党的指示贯彻到大连青联这个群众性组织当中，保证了大连青联的前进方向和健康发展。

1946 年 10 月 5 日，大连青联召开第五次常委会，通过发展会员、建立分会的决定。同年 12 月 10 日，大连青联开始会员登记工作，首先由集体会员登记。至年底，大连日报社、大连广播电台、大连职工总会、大连船渠社、新生时报、电讯社、大连建国学院、市女中、市初中、同利公司等单位相继成立青联分会，会员合计 2575 名。

1947 年 4 月 9 日，大连青联执委会决定发起成立关东青联总会，并向旅顺市青联、金县青联发出号召，全文如下：

自从大连青联成立以来，已经半年多了，大连绝大多数的青年朋友团结在民主青联的旗帜之下。但是整个关东地区，除大连外，尚有旅金青联组织。因为我们没有很好地取得联系，所以没有把我们的工作做得更好。为了适应关东地区人民的迫切需要，关东公署已经成立了。我们大连青联也愿意早一天和关东地区所有的青年团结起来。为了促进国内民主，进一步建设旅大而奋斗。因此，我们旅大金各地的青年团体应该联合起来，建立一个统一的领导机构。

我们热诚地期待你们的回响！①

大连青联成立关东民主青年联合总会倡议得到旅顺市青联（1945年10月成立，会长刘东升）、金县青联（筹委会）的积极响应。1947年5月7—8日，关东青联第一次代表大会于辽东饭店（今大连饭店）召开。出席代表100余人。大会选举产生关东民主青年联合总会（以下简称关东青联）第一届执行委员会，于明等15人当选为执委。会议通过《关东青年联合会组织章程》，发表《代表大会宣言》和《代表大会致敬电》（包括《致世界民主青年联盟》《致全国各地青年组织》《致关东公署》）等文件；宣告："我们关东地区青年为了加强团结，统一领导，在大连举行了代表大会，成立了关东青联总会。"②"我关东青联总会今后愿在建立和平、民主、独立的新中国的大旗下，与全国青年携手共同向前挺进。"③"我们誓在关东公署的领导下，提高文化，加强学习，以献身关东民主建设事业。"④5月9日，关东青联一届一次执委会议选举于明为会长，李曦沐、刘东升为副会

① 《大连青联发起成立关东青联总会倡议》，1947年4月9日，共青团大连市委员会编著：《大连市志·青年团志》，大连出版社2001年版，第614页。

② 《关东青联代表大会宣言》，共青团大连市委员会编著：《大连市志·青年团志》，第617页。

③ 《致全国各地青年组织电》，共青团大连市委员会编著：《大连市志·青年团志》，第617页。

④ 《致关东公署电》，共青团大连市委员会编著：《大连市志·青年团志》，第617页。

长；讨论关东青联总会组织机构建立事宜，做出开展勤学、奖学活动，尤其要在青年中着重开展助学活动的决议。5月17日，金县民主青年联合会成立。选举田宜恭为会长，张永富、王家芳为副会长。6月1日，大连县民主青年联合会成立，选举程志迈为会长，乔世国为副会长。至此大连地区（时称“关东地区”）的各市县“青联”组织都建立起来了。

二、关东青年联合总会大力加强组织建设

1947年5月7日，关东青联总会成立大会通过的《关东青年联合会组织章程》规定“本会于各市、县、生产单位及区设立民主青年联合会（以下简称青联）及青联分会”①，“凡中国籍之青年，同意本会章程，服从本会纪律，自十四岁至二十五岁者，不分性别、民族、信仰、阶级、党派得为本会会员”②，同年6月1日，关东青联第一次常委会会议作出《关于目前工作的指示》。其中特别强调：要加强组织建设。“现在的中心任务是发展会员巩固青联。”“各级青联应积极培养模范会员。总会特决定培养模范会员标准：①在思想上——不仅仅是拥护民主、拥护民主政府，而且要实际地献身于民主事业；②作风上——要切实朴素，在各个岗位上，起模范作用；③参加一定活动——清除空喊口号的毛病，实际参加各种工作；④自我批评——每个青联会员在会议上，或会员与会员之间，必须使用这个批评与自我批评的武器来改正我们不良倾向及错误缺点；⑤努力学习——每个会员应该不断地虚心学习以提高我们的文化、政治水平；⑥团结群众——我们青联时时刻刻不能离开群众，要没有群众拥护，也就不能够有巩固和发展的青联，所以必须团结广大群众和我们一

① 《关东青年联合会组织章程》，共青团大连市委员会编著：《大连市志·青年团志》，第616页。

② 《关东青年联合会组织章程》，共青团大连市委员会编著：《大连市志·青年团志》，第616页。

道为民主事业而奋斗。”[①] 从这个模范会员标准可以看出，关东青联不是一般的社会青年团体，而具有进步青年组织的性质。

大连地区各青联组织认真贯彻关东青联第一次常委会作出的《关于目前工作的指示》，大力加强组织建设，青联组织发展很快。7 月，大连市、旅顺市拥有会员近 2 万名。青联分会“在学校及文化机关方面几乎全部建立起来，在工场及商店方面也有小部分建立”。

1947 年 11 月 17 日，中共旅大地委召开执委会，成立群团联合党团（包括关东青联、关东妇联、中苏友协等团体的党组）。群团联合党团执委会由谭立、于明、王群、王玄、卢正义、江清风 6 人组成，谭立任书记。由于加强了党的统一领导，关东青联组织沿着正确方向发展更加迅速。

1948 年伊始，《关东青联一九四八年工作指示》明确规定：“关东青联总会为了完成一九四八年关东民主青年的新任务，将做重大的改进，决定巩固组织，扩大劳动青年工作，加强知识青年与劳动人民（工农）结合，为进步青年谋出路，树立优良传统与高度威信，统一青年运动领导。”在“组织工作”方面提出，“目前中心任务是巩固学校青联，发展工农青联。A. 今后吸收会员须在遵守组织章程与志愿原则下，尽量吸收入会，并编成小组，进行一定工作和教育。B. 已入会者，照组织章程重新进行教育并登记清楚工作……”[②]

大连市、旅顺市、金县的青联组织对《关东青联一九四八年工作指示》都进行了认真的贯彻落实。

1948 年 2 月 4 日，大连中华青年会同学会并入关东青联，完成其历史使命。2 月上旬，大连青联发出整会指示。2 月底，在

---

① 《关东青联常委会关于目前工作的指示》，共青团大连市委员会编著：《大连市志 · 青年团志》，第 619 页。

② 《关东青联一九四八年工作指示》，共青团大连市委员会编著：《大连市志 · 青年团志》，第 620 页。

工专分会进行整顿分会和会员、提高会员标准试点。大连地区各分会根据工专的经验开展整顿工作。年末，整顿青联分会（支会）和提高会员标准试点工作达到高潮。整顿中强调要把青联组织提高一步，发展成在毛泽东旗帜下，先进性和群众性相统一的青年核心，已建分会和新建分会全部要按新的组织原则组建，所有会员和申请入会青年都要按新颁布的会员标准经民主评议入会。

1948年3月，中共旅大区党委为培养建团骨干，经中共中央东北局青委书记蒋南翔同意，派张凤桐、刘敏润、冷毅等8名关东青联骨干，从大连出发绕道朝鲜，于5月到达哈尔滨东北团校学习。6月23日，关东青联召开全体干部会议，传达东北解放区青年工作会议精神，决定继续整顿青联分会、支会。10月中旬，大连青联有重点地在学校、工厂分会组织学习《韩天石同志在东北解放区青年工作会议上的报告》精神及有关青年工作的文件。

1948年10月19日，中共旅大地委常委会决定，地委设青年工作委员会。由丁哲民、沈浩、于明、李曦沐、张凤桐、杨振亚、刘东升、郭铭、韩树英组成；郭铭、沈浩、于明、张凤桐、杨振亚为常委，郭铭任书记（1949年7月—1951年3月，刘南生为书记）。

在中共旅大地委的领导下，1947年5月至1949年6月，大连地区青联组织蓬勃发展，不断壮大。青联会员数，1949年6月，大连青联和金县青联的确切统计为16030人（加上大连市各单位、旅顺市的不精确统计为25701人）。

1949年1月1日，中共中央公布《关于建立中国新民主主义青年团的决议》和《中国新民主主义青年团团章（草案）》。据此，中共旅大地委于1月25日发出《关于青年工作的指示》，提出：开始建团工作，团在组织形式上仍保留“青年联合会”名义。这就是说，大连的青年团组织是在“青联”组织的基础上建立和发展起来的。因受苏联政府与中华民国政府签订的《中苏同盟条约》和苏联驻军旅大实行军事管制等因素的影响，大连特殊解放区的建团工作比东北各地开展较晚，但因为有“青联”组织的广大群众基础，所以发展迅速。

1949 年 3 月 17 日，中共旅大区党委根据中共中央东北局发出的《关于建立中国新民主主义青年团的决议》，成立中国新民主主义青年团旅大区团筹委会。6 月 6 日，中共旅大区党委青委发出《关于“七一”正式成立中国新民主主义青年团旅大区团委的通知》。1949 年 7 月 1—2 日，中国新民主主义青年团旅大区第一次代表大会在毛泽东俱乐部（今工人文化宫）隆重召开，成立中国新民主主义青年团旅大区委员会（共青团大连市委的前身）。

关东青联机构初设秘书处、组织部、宣传部、编辑部、总务部。1948 年初增设《民主青年》杂志编委会，组织部下设职业介绍科，宣传部下设体育科，总务部下设发行科。1949 年 4 月 1 日中共旅大区党委公开党的组织之后，关东青联更名旅大民主青年联合总会。同年 7 月 1 日，青年团旅大区委员会成立后，旅大民主青年联合总会并入团旅大区委（设青联办公室），大连地区青年运动进入新的历史时期。

三、大连地区“青联”组织主要社会活动

大连特殊解放区时期的“青联”（包括大连市青联、旅顺市青联、金县青联、关东青联总会，统称“青联”）组织，注重开展符合青年特点的经常性活动，以提高青年的政治觉悟，把各界青年的思想统一到保卫地方民主政权、建设新大连上来。据此，各级青联积极开展时事政策教育活动和革命纪念活动，通过举办联欢会、夏令营、冬令营，参观工厂、农村，学习党的路线、方针、政策，凝聚青年，教育青年，为大连社会发展服务，为党政中心工作服务，为青年成长成才服务。

纠正青年中的盲目“正统”观念，是特殊解放区时期大连

"青联"组织社会活动的突出内容。

1945年"八一五"至1947年末这段历史时期，大连部分青年，特别是在青年知识分子和青年学生中一度存在盲目"正统"观念。所谓"正统"观念，即蒋介石所主张的中国只能有一个党（国民党）、一个领袖（蒋介石）、一个主义（三民主义）。这是大连解放后中国共产党同国民党反动派争夺青年的主要思想障碍。

大连"青联"组织为扭转青年盲目"正统"观念做了大量工作。1946年8月，大连青联成立后，通过组织青年举行庆祝"九三"胜利纪念等活动，以开办青年俱乐部等形式，教育青年，扭转盲目"正统"观念。1947年5月，关东青联成立后，除在大型节日，如国际青年节、五四青年节、"一二·九"纪念日、孙中山诞辰日、列宁诞辰日组织青年活动外，定期举办各种讨论会、时事报告会、演讲会，歌咏比赛，开办夜校，讲解中国近代史和人生哲学，把大批青年知识分子团结在青联组织周围，利用多种手段宣传国统区的黑暗、解放区的光明；邀请来自"国统区"和跑到"国统区"后又回到大连的青年，座谈见闻和体会。同年7月19日，大连青联6名会员从辽南回连，在座谈会上介绍亲眼所见的"国统区"景况。金县青联组织200多名青年教师和学生，越过石河驿踏访辽南，目睹国民党军队洗劫后的惨状，听老百姓对国民党反动派的血泪控诉，并将参观的青年知识分子组成宣传队，在金县青年及各阶层人民中讲述亲眼所见国民党残害人民的罪状，揭露国民党的反动本质，用事实教育青年。大连地区其他青联分会也相继组织青年知识分子参观遭劫后的辽南，回来后也召开报告会、座谈会。这些措施对纠正青年中的盲目"正统"观念，正确认识和拥护中国共产党，起到很大作用。

1947年9月，中共旅大地委召开青年工作会议。总结一年来的青年工作经验教训，明确青年在社会中的地位和作用及今后旅大青年工作的方针，即为实现独立、和平、民主的政治任务，继续教育与团结广大青年共同奋斗。大连青联贯彻会议精神，开展符合青年特点的经常性活动。9 月 21 日，创办以主要讲解国内外时事、生产教育、青年修养等问题为主要内容的“星期讲座”（至1948 年11 月下旬，举办“星期讲座”50 期，听众近20万人次）。

经过中共大连地方党、政府、青联组织的正面教育，1947年末，随着国民政府接收大连的企图破产和东北人民解放战争的节节胜利，盲目“正统”观念在大连青年中基本上被清除。

发挥青年刊物导向作用，是特殊解放区时期大连“青联”组织社会活动的重要方式。青联会刊《大连青年》《民主青年》《旅大青年》，始终坚持正确的政治方向，宣传共产党主张，宣传马列主义，宣传中国革命历史，教育引导大连青年走向革命道路。

1946 年 9 月 18 日，大连青联第三次执委会决定创办《大连青年》杂志（月刊，16 开本）和《新少年》副刊。11 月 10 日，《大连青年》创刊号出版，第一期为鲁迅 10 周年祭特辑。第二期为纪念“一二·九”运动特辑。1947 年 5 月 1 日，《大连青年》改为半月刊。同年 7 月，主办单位由大连青联改为关东青联，杂志更名为《民主青年》，期序沿用（第 11 期，更名后共出版 222期）。1948 年 1 月 21 日，改为旬刊。1949 年 7 月 1 日，中国新民主主义青年团旅大区委员会成立，杂志主办单位由关东青联改为青年团旅大区委，刊物更名为《旅大青年》（共出版 30 期），成为团旅大区委机关刊物。

《大连青年》《民主青年》《旅大青年》以知识青年为主要读者对象。栏目设置主要有国内形势、国际时事、马列主义基本理论、名人纪念特辑、青年园地、青运动态等；大力宣传如何认识抗战胜利后国内局势和国际形势，如何追求真理与进步，如何参加革命和建设，如何开展青年运动等。先后发表《爱祖国与追求真理》《我们究竟走什么道路》《对目前国际形势的基本认识》《论目前国内形势》等近百篇对青年知识分子进行正面教育的政论性文章；通过《时事报告会》《星期讲座》等栏目，连续发表介绍各个解放区的文章，增强共产党对大连青年的向心力和凝聚力，使大多数知识青年向着无产阶级革命方面转变。总而言之，《大连青年》《民主青年》《旅大青年》积极配合党的中心工作，在革命理论教育、科学文化学习、发动青年参加革命斗争和经济建设、指导青年工作等方面均发挥了正确的导向作用。

【责任编辑：周爱民】

［**作者：**刘功成 大连市近代史研究所 客座研究员 大连 116011］

战后《新华日报》关于东北问题的评论与报道

温明成 袁晓虎

摘 要：1938年创刊的《新华日报》是战时在国统区最有影响力的中共传媒，战后《新华日报》凭借其影响力，继续引领和平民主运动，有力配合了人民解放的自卫战争。在东北解放战争问题上，《新华日报》发表社论、报道东北局势，为后方人民拨开迷雾、认清时局创造了条件，提供了新闻，揭露了国民党的反动本质，争取了和平力量，成为当时和平民主运动的重要力量。

关键词：南方局 新华日报 东北解放战争 舆论导向

1938年1月11日，经过南京、武汉两地的筹划，中共中央机关报《新华日报》出版面世。《新华日报》是整个抗日战争和解放战争时期中国共产党在国民党统治区公开出版的唯一报刊。创刊之后，大力宣传中共全面抗战的路线方针政策，如经常发表毛泽东、朱德、周恩来、刘少奇等党的领导人的文章，为后方封闭的政治环境带来新鲜的空气。同时，《新华日报》对中国人民的抗击日寇的浴血奋战进行长期、详细的报道，如今集结成册的

《抗战烽火录》《血捍滇缅路〈新华日报〉滇缅战区报道汇编》[1]等书籍正是当年报道的精华，这些真实且震撼人心的报道更坚定了后方人民坚持抗战的信心与决心。可以说，《新华日报》的创立，是抗日民族统一战线的实现与胜利，是我党宣传工作的重大突破，她无疑是当时国统区最具影响力的传媒之一。

抗战胜利后，《新华日报》利用自己独特的影响力，在开展宣传文化活动、争取和平民主的斗争中同样发挥了不可取代的重要作用。

1945年8月抗战胜利前后，国内局势风云变幻。国民党当局电邀毛泽东去渝和谈，南方局适时领导进步文化界，开展声势浩大、持续不断的和平民主运动，配合了党在重庆谈判和政治协商会议中的斗争。其间，《新华日报》除了及时报道相关新闻，还发表社论，为建立和平、团结、民主的新中国而制造相关的舆论环境。[2] 至全面内战爆发，《新华日报》继续坚持文化斗争，揭露国民党政府的本质，争取人民力量，为第二条战线壮大添砖加瓦，舆论宣传有力地配合了正义的人民解放战争。

一、《新华日报》宣示中共对东北问题的态度

抗战胜利后，国民党政府拥有约240万人的全系美国武器装备的现代化军队。[3] 相比较，中共方面也有军力的壮大，至1943

---

① 穆英杰主编：《血捍滇缅路〈新华日报〉滇缅战区报道汇编1939—1945》，云南大学出版社2017年版；新闻研究所中国报刊史研究室：《抗战烽火录——〈新华日报〉通讯选》，新华出版社1985年版。

② 《迎毛泽东同志来渝》，重庆《新华日报》，1945年8月29日，第二版；《和平团结、民主统一的基础——国民党政府与中国共产党代表会谈结果》，重庆《新华日报》，1945年10月12日，第二版等。

③ 蒋介石在1944年同意由美国训练和装备39个重新裁减整训的师，至抗战胜利，美国共向240万国民党军队提供美式装备，他们当中大部分都投入到内战战场当中。见马建国：《抗日战争时期的中美军事合作1937—1945》，华中师范大学中国近代史研究所2004年博士论文。

年抗战胜利前，“根据地的人口，又已上升到8000余万，军队又有了47万，民兵227万，党员发展到了90多万”①。国共双方在重庆和谈之时，东北问题已因其敏感性一触即发。

在东北沦陷时期，中共便已派出共产党员坚持在东北斗争。1945年11月30日的《新华日报》曾刊发《中国共产党对东北问题的态度》的社论谈到东北问题，文章指出：“1938年初以来即由八路军与人民一起创立的冀热辽解放区，是从‘九一八’以来就在那的义勇军、地下党、坚持抗日斗争十四年（的地方），因而中国共产党是得到东北人民拥护的，在东北有她的重要地位。”②

早在1942年毛泽东致刘少奇的信中便提出东北问题的观点，他认为，“因此就须估计日本战败从中国撤退时，新四军及黄河以南部队须集中到华北去，甚或整个八路新四须集中到东三省去，方能取得国共继续合作的条件”③。

中共中央在抗战之时就提出东北问题，绝非偶然，源自其对时局的清醒判断。战后虽有重庆和谈，然而中共清醒地认识到，这是国民党政府的拖延手段，为此，中共要具备与其抗争、谈判的实力，壮大队伍，扩大解放区区域，这才引出东北问题的重要性。

对此中共早有准备，首先是军力的壮大。同时扩大解放区，甚至展开城市工作、占据交通要道。这其中，因为冀察热辽鲁等地区与东北的地缘关系，成为突出考虑的重点。1941年，日本军部最终选择南下战役，因此“给我党在山东、华中巩固扩大根据地以有利条件”，中共中央认为，在努力削弱反共力量同时，

① 毛泽东：《学习和时局》，中共中央文献研究室中央档案馆编：《建党以来重要文献选编》第21册，中央文献出版社2011年版，第196页。

② 《中国共产党对东北问题的态度》，重庆《新华日报》，1945年11月30日，第二版。

③ 毛泽东：《毛泽东军事文集》第2卷，军事科学出版社、中央文献出版社1993年版，第681—682页。

要“建设比较巩固的根据地”[①]；1944年要求晋察冀部队应努力向“北、绥东、察哈尔、热河及冀东敌占区发展，扩大解放区”[②]。另外，开展城市工作也提上日程，1944年，下发城市工作的指示，“驱逐日寇，我党才能胜任”，因此“各局各委必须把城市工作与根据地工作作为自己同等重要的两大任务，而负起准备夺取所属一切大中小城市与交通要道的责任来”[③]。1942年提出的“满洲问题”也在1944年进入实际工作程序中。1944年，中央给晋察冀分局的指示提到，“要动员和领导一切可能的力量开展满洲工作，（分属晋察冀分局下的）3个委员会直接受中央城市工作部领导。组织若不健全，也先指定一二得力干部进行工作，再逐渐充实”[④]。与辽东半岛相望，同晋察冀同样具有对东北优势地缘的山东，也收到同样的指示。[⑤]

战后的东北，对国共双方都有着强烈的吸引力。1945年8月8日，苏联红军对日宣战进军东北，中共的队伍也迅速从晋察冀鲁豫解放区推进，从1945年9月上旬开始，至当年11月，“由关内各解放区调往东北的部队共11万人，与此同时，又抽调

---

① 《毛泽东等关于对山东华中战略部署给朱瑞等的意见》（1941年4月5日），中央档案馆编：《中共中央文件选集1943—1944》第14册，中共中央党校出版社1992年版，第198页。

② 《晋察冀部队应努力向日军占领区发展》，（1944年12月18日），中央档案馆编：《中共中央文件选集1943—1944》第14册，中共中央党校出版社1992年版，第44页。

③ 《中央关于城市工作的指示》（1944年6月5日），中央档案馆编：《中共中央文件选集1943—1944》第14册，中共中央党校出版社1992年版，第243页。

④ 《中央关于开展满洲工作给晋察冀分局的指示》（1944年9月4日），中央档案馆编：《中共中央文件选集1943—1944》第14册，中共中央党校出版社1992年版，第321页。

⑤ 《中央关于开展满洲工作给山东分局的指示》（1944年9月4日），中央档案馆编：《中共中央文件选集1943—1944》第14册，中共中央党校出版社1992年版，第322页。

2万干部赶赴东北"①。同时，当年撤入苏联的东北抗联人员也跟随苏军进入东北。丘维林致索罗金函写道"在苏联进驻时，可让他们在省会和县城卫戍司令部的合法机构中担任军事代表的副手，也可加入地方保安团，或者只是作为当地的居民"②。因为有着共同的信仰，也让初期进入东北城市的中共部队，在与苏方的协商中，最终得到许可。

在国民党方面，同样急于出兵东北。初时，"国军接收东北所用兵力，为5个军，即第十三军、第五十二军、第九十四军、第三十军、第四十军"，然而出兵之始，国民政府得知中共抢占先机，惊怒不止，为使东北纳入其囊中，国民政府决定派出征战印缅的远征军精英部队。于是，"增加东北接收兵，将新一军、新六军、第七十一军、第六十军、第九十三军、第五十四军与第九十九军等部队"派往东北。③国民党一次性向东北派出如此多嫡系重兵，可见其对东北势在必得。

中共因为急于赴东北，故行装极简，许多部队作农民打扮，"官兵疲劳，地形不熟，不得休整，势将处于被动"④。而国民党的中央嫡系部队的装备，是纯美式军械，还有全套冬季作战被服的准备。国民党因葫芦岛登陆失败，转由山海关出关时，与解放军遭遇，1945年11月18日重庆《新华日报》刊发《国民党军和伪军配合　攻占山海关》文章报道，"国民党军队六七万人，

---

① 《中国人民解放军军史》编写组编：《中国人民解放军军史》（第2卷，1937年7月—1945年9月），军事科学出版社2010年版，第15、17页。

② 《丘维林致索罗金函：第八十八旅人员在满洲和朝鲜的安排》（1945年9月2号），沈志华主编：《俄罗斯解密档案选编·中苏关系》（第1卷1945.1—1949.2），东方出版中心2015年版，第74页。

③ 《军事委员会副参谋总长白崇禧有关东北接收情形报告——民国三十五年四月一日在国防最高委员会第186次常务会议报告》，秦孝仪主编《中华民国重要史料初编·战后中国》（四），中国国民党"中央委员会"党史委员会1981年版，第216页。

④ 《从内线作战着眼分批歼灭国民党三个军（1945年11月15日）》，毛泽东：《毛泽东军事文集》第3卷，第143—145页。

全面进攻山海关、九门口、黄土岩阵地，我奋起抵抗”①，东北解放战争拉开帷幕。

二、《新华日报》对东北问题的评论与报道

《新华日报》关于东北解放战场的社论与报道，有力地配合了战争局势的发展，无论是初期对民主政治的要求与呼唤，还是中期中共军队短暂退守和最后东北解放战场的全面胜利，《新华日报》都给予了密切的关注。

1945年11月3日，重庆《新华日报》刊登新华社发表的社论《建设东北必须实行民主》指出，“所以我们现在去接收东北时，首先就应该认真看一看东北人民的意愿是什么，承认人民自卫武装，承认民选政府，实行民选制度，保护各党派各阶层的利益，就是在东北实施民主建设的起点”②。

11月24日，重庆《新华日报》发表社论《解决东北问题的途径》再次重申，“解决问题的真正途径就是实行孙中山先生所主张的民主自治”③。

11月30日，《新华日报》刊登《中国共产党对东北问题的态度》，刊发美国《纽约时报》、芝加哥《每日新闻报》，美联社、法国通讯社记者联合采访朱德的访谈录。朱德谈道，“由于国民党当局刻意以武力消灭人民已经得到的民主权利，他们称之为‘剿匪’。国民党当局经过美军的援助，硬把他们的军队开入自1938年初以来即由八路军与人民一起创立的冀热辽解放区。我赞成东北人民成立地方性的民主联合政府的要求，在东北地方性的民主联合政府中，从‘九一八’以来就在那的义勇军、地

① 《国民党军和伪军配合 攻占山海关》，重庆《新华日报》，1945年11月18日，第二版。

② 《建设东北必须实行民主》，重庆《新华日报》，1945年11月3日，第二版。

③ 《解决东北问题的途径》，重庆《新华日报》，1945年11月24日，第二版。

下党，坚持抗日斗争十四年，因而得到东北人民拥护的中国共产党，将有它的重要地位”①。

《新华日报》初期对东北解放战场的社论与报道基本奠定了其后的基调。

1946年春夏间，东北解放战场的局势对中共军队非常不利。伴随国民党在东北的全面出兵，东北民主联军放弃了山海关、锦州，随即因为苏军的撤军与国民政府对苏的外交，中共的组织开始陆续撤出中国长春铁路沿线各大城市。第一次四平战役后，林彪决定撤兵，中共中央当时要求东北民主联军“坚守公主岭或拼守长春”②，但很快便发生了王继芳叛敌事件，东北民主联军重要的作战资料被其一并献出。国民党军队借其机械化优势，对已经疲劳不堪的东北民主联军狂轰滥炸一路包围追击，因此，驻公主岭或长春计划作罢，主力部队全部撤往松花江北岸进行整顿。

《新华日报》在重庆的社论，几番呼唤和平，引起民众重视。如1946年2月20日的社论《东北问题必须政治解决》，不卑不亢地提出“有人说日本占领东北十四年未闻有中共所领导的军队在东北，稍微调查一下，就可以知道，自从我国正规军因不抵抗而退出东北，直到东北收复为止，东北人民的抗日斗争从未断过。杨靖宇、赵尚志、周保中、李延禄等都是共产党员，都是抗联有名的领袖。岂容轻轻一笔抹杀？我们足以自豪，我们只有烈士，没有降将”。社论的中心谈到，国民党政府必须承认“东北现有的抗日民主部队，使之与国民党军队共维地方治安；对于东北各地民主自治政府给予承认”③。

之后，《新华日报》社论一直持此和平、民主又团结的观

---

① 《中国共产党对东北问题的态度》，重庆《新华日报》，1945年11月30日，第二版。

② 1946年5月25日，中共中央致林彪、彭真电。

③ 《东北问题必需政治解决》，重庆《新华日报》，1946年2月20日，第二版。

点，且再三强调东北不应有内战，还政于民。[①]

国民党军队对解放军的进攻，以及解放军对国民党军队的英勇还击，也是《新华日报》关注的重点。这些报道在西部甚为珍贵，许多持中间立场或国民党把持的报道，完全不能真实再现东北解放战场的激烈战况，而《新华日报》的报道，则为读者带来了真实的1946年的战场新闻。

如1946年1月2日的《新华日报》刊文《杜聿明亲率大军进攻朝阳图窥承德》报道，“杜聿明本人亲自监督进兵朝阳，与距离锦州西北五十五英里的北票。中国装备与训练最精良的三个师，计划由美国运输机海运至满洲”[②]。

5月14日刊文《疯狂进攻四平街》报道了四平街战役的情况，报道“全副美式装备的国民党军队，出动飞机坦克，疯狂进攻四平街”[③]。

有读者在看到四平街战况后来到报社，捐款一万元，指定捐给四平街守军。并说，“国民党反动派手执美国人给他的武器，不打日本，却打自己人是极可耻的”[④]。1946年5月18日的《新华日报》刊文《读者捐款给民主联军》报道了这一消息。

另外，1946年4月30日的《新华日报》也刊文《民主联军固守四平街》，报道了前线中共部队战士的顽强抵抗，“新一军新三十师、五十师和五十二军的一九五师、六十军的一八二师等国民党部队向四平进犯，我守军奋勇抵抗，将其击退，遗尸百余，缴获小炮二十二门，重机枪一，轻机枪四，冲锋枪七，步枪

---

① 《东北主权在于东北人民》，重庆《新华日报》，1946年4月4日，第二版；《不让东北内战再打下去》，重庆《新华日报》，1946年4月30日，第二版；《是谁在破坏》，重庆《新华日报》，1946年6月18日，第二版。

② 《杜聿明亲率大军进攻朝阳图窥承德》，重庆《新华日报》，1946年1月2日，第二版。

③ 《疯狂进攻四平街》，重庆《新华日报》，1946年5月14日，第二版。

④ 《读者捐款给民主联军》，重庆《新华日报》，1946年5月18日，第三版。

数十支”[①]。

这其中，要数1946年5月21日重庆《新华日报》刊登的《林彪将军访问记》一文，新华社记者在前线对林彪的访问最轰动，林彪说道：“反动派在这里用了他们最精锐的第一军，可是他们在四平以南就受到了消灭和挫折，他们认为我们是不能打防御战的，现在我们前线对峙只有50米，对方讲话都听得到，他们还以飞机大炮坦克发动攻势，但我们不怕他们的进攻，新一军可以感受到，当他们到东北进行反民主和平的内战的时候，已经碰了硬钉子。”[②]

与此同时，较早报道解放后的大连的消息，则是连续登上《新华日报》，如1946年1月4日《大连解放后市面趋繁荣》一文报道“大连市面一天天活跃起来，大街上可听到商贩一片叫卖声，本市的经济由中国人领导，商业从日本压迫下解放出来，中国人组织了自己的商会”[③]；1月30日《解放后的大连》一文统计出“大连解放后，工厂迅速恢复生产，约有三分之一复工，职工运动也蓬勃发展”。[④] 大连因此也成为东北解放战场以至于华北解放战场的坚强后盾，兵工厂的兵器源源运往前线、医疗队赶赴解放战场，都成为解放战争时期的美谈。

1947年，东北解放战场拨开云雾，战场局势为中共军队所主导。早在1946年9月，重庆《新华日报》刊文《东北农民获得翻身　各地村阪改换新名》报道，已经解放的黑龙江一些村庄，便纷纷“改名为民主、翻身、团结村”[⑤] 等；1947年1月28日刊文《哈市新年景象》，对哈尔滨元旦阳历年的报道，更是喜气洋洋，“哈尔滨市的秧歌队、高跷队，在零下三十四度的严

---

① 《民主联军固守四平街》，重庆《新华日报》，1946年4月30日，第二版。

② 《林彪将军访问记》，重庆《新华日报》，1946年5月21日，第二版。

③ 《大连解放后市面趋繁荣》，重庆《新华日报》，1946年1月4日，第二版。

④ 《解放后的大连》，重庆《新华日报》，1946年1月30日，第二版。

⑤ 《东北农民获得翻身　各地村阪改换新名》，重庆《新华日报》，1946年9月18日，第二版。

寒中出现，表演延安革命戏剧，生动表现一年来东北人民的新生活，而哈市十六名妇女，携带毛巾牙刷等慰劳品慰劳驻军”①。新政权的洋洋生机尽现后方读者的视野中。

1947年2月，国民党当局查封《新华日报》社。中共人员于3月8、9两日分乘飞机飞往延安，《新华日报》结束了在重庆的使命。随着辽沈战役的胜利，《新华日报》关注的东北问题成为历史。然而，当年的《新华日报》关于东北问题的社论与报道，有力地配合了战争局势的发展，为后方民众认清时局、揭露国民党的反动本质、争取民主和平力量发挥了积极作用，所以深深扎根于民众心中。

【责任编辑：周爱民】

[作者：温明成 大连市委党史研究室党史处 处长
袁晓虎 大连市委党史研究室资料处 处长 大连 116002]

① 《哈市新年景象》，重庆《新华日报》，1947年1月28日，第二版。

苦难熔铸的青春丰碑

——1946年11月创刊的《大连青年》

王红卫

摘　要：大连历来重视青少年文化期刊建设。《大连青年》是新中国成立前，1946年11月党领导下的大连民主青年联合会创办的青年综合类期刊，《大连青年》作为青年团团刊，传播广泛，影响深远，它记录了甲午战争、日俄战争、抗日战争列强铁蹄下浴血斗争的大连青年奋斗足迹，见证并记录大连翻身解放、改革发展、建设繁荣的沧桑巨变，清晰镌刻时代的潮涌与感动，是大连城市历史文化研究的重要介质。

关键词：新中国成立前　大连青年　青年团团刊

《大连青年》是新中国成立前，党领导下的大连民主青年联合会创办的青年综合类期刊。七十载春秋，如历史坐标，创造时代，熔铸丰碑。

大连呼唤青年期刊。1923年2月，同盟会会员、孙中山先生秘书、大连新文化运动旗手傅立鱼，在大连创办影响深远、载入中国期刊史册的青年期刊《新文化》，孙中山先生为创刊号题词："宣传文化。"[①] 1924年，《新文化》更名为《青年翼》，李大钊先生在《青年翼》第五卷第三号上发表《史学与哲学》，推进启蒙思想教育。1925年1月，该刊正式以大连中华青年会会刊名义出版发行，在青年中传播新文化、新思想。1944年4月，《青年层》创刊。1945年9月，《星群》创刊。1948年12月，《青年生活》创刊。文化自觉、政治翻身，是大连青年的强烈诉求。1946年11月，党领导下的大连民主青年联合会创办会刊《大连青年》杂志，次年6月创办《新少年》报，大连青年运动史翻开崭新的一页。

一、《大连青年》创刊的历史背景

百年前日俄殖民统治下的大连，中国人没有办中文报刊的权力。"俄国特别是日本在大连实行残酷政治压迫和疯狂经济掠夺的同时，在文化上野蛮地推行文化专制主义。"[②] "不经过统治机关批准，不准办报。要刊登的文章，当局如认为不妥，便不准发表。不听命令的，就下令停刊。"[③] 大连青年思想受到钳制，民族意识惨遭扼杀。1945年8月日本投降，遭受近半个世纪殖民统治的大连，终于获得解放，回到祖国怀抱。

1945年大连解放了，但历经苦难的大连人民的思想没有解放。被日俄殖民统治47年之久的大连人民，对蒋介石不抵抗主义、卖国投降政策及抗战真相了解极少，特别是"旅大青年相当严重而普遍地存在着盲目正统观念"[④]。"相当一部分人……认为

---

① 《大连市志·共青团志》，大连出版社2001版，第9页。

② 《大连城市历史文化研究》卷首语，北方联合出版传媒（集团）股份有限公司万卷出版公司，2017年12月版，第1页。

③ 李振远：《长夜·曙光——殖民统治时期大连的文化艺术》，大连出版社1999年版，第224页。

④ 丁哲民：《两年来旅大青年工作基本总结及青年团今后的任务》，1949年7月。

国民党是抗战的‘主力’，蒋介石是‘英雄’。”① “敌人疯狂地向解放区进攻，对青年进行思想教育曾是很困难……”② 严峻的政治形势，迫切要求旅大地方党组织、青联组织深入开展肃清盲目正统观念、树立只有共产党才能救中国的思想教育。党中央《关于发展文化运动的指示》要求各地党委“注意组织报纸、刊物、书籍的发行工作，要有专门的运输机关与运输掩护部队，要把运输文化食粮看得比运输被服弹药还重要”。旅大苏军当局奉行“铁皮西瓜政策”，“外边越青越好，内部越红越好”，大连党的组织不公开，广大市民及青年工作需要通过青联组织去推动。时任市教育局干部、后任团旅大区（市）委副书记的范垂华，身为中共党员，但党员身份是保密的。在党的领导下，大连各级青联组织迅速荡涤帝国主义殖民文化及封建文化残余影响，大连民主青年联合会第三次执委会于1946年9月18日研究决定，筹备创办《大连青年》杂志。经过两个月紧张工作，11月10日《大连青年》创刊号出版，月刊，16开，四封彩色，内页单色，24页，公开发行，“大连民主青年联合会编辑出版”③。《大连青年》创办初期极端艰苦。主编于明既要做好大连日报副社长工作，又要兼职做好《大连青年》组稿、编稿工作，还要写稿，都是自己一个人干。到1949年7月建团，增加到六七个人，大家政治热情饱满，工作积极性高，经常加班到深夜。共产党员、《民主青年》副主编隋阜，“为了我们前程辽阔青春无限的青年工作，为了《民主青年》杂志的几万读者，无限忠诚地贡献了自己的生命”④，年仅20岁。这是播撒理想、彰显信念、超越自我、不忘初心的远征，在战火纷飞、生死存亡中傲然挺立的信念之花，从苦难走向理想的征程中格外绚丽，让后人永志不忘、砥

① 大连市政协文史资料委员会编：《大连文史资料》（第七辑），内部资料，1990年版。

② 丁哲民：《两年来旅大青年工作基本总结及青年团今后的任务》，1949年7月。

③ 姜长喜等主编：《辽宁期刊史》，辽宁人民出版社2011年版，第142页。

④ 于明：《怀念青联机关的战友隋阜》，1989年6月。

砺前行。

二、《大连青年》的发展困难

《大连青年》从创刊，到1955年12月16日终刊号，历时9年2个月，其间两次易名，两次改版，共出版262期，包括《大连青年》10期，《民主青年》222期，《旅大青年》30期，发行总量3668527册。《大连青年》创刊时16开本，是大连民主青年联合会机关刊物。1947年5月，关东民主青年联合总会成立，7月份起移交给关东青联，《大连青年》更名为《民主青年》。1949年7月1日，中国新民主主义青年团旅大区委员会成立，《民主青年》转为团区委机关刊。1953年1月16日改为32开本。1954年10月1日更名为《旅大青年》，改为25开本。1955年底，因纸张供应紧张，按照中共辽宁省委决定，《旅大青年》与团省委《青年团员》杂志合并，《旅大青年》停刊，编辑、记者大部分调至青年团员杂志社。

在《大连青年》《民主青年》《旅大青年》行刊期间，按照中共旅大市委各个时期的工作方针，在大连青联、关东青联和青年团旅大市委直接领导下，在国家独立与民主解放和社会主义革命与建设中发挥了重要作用。

1946年11月至1949年6月大连建团前，《大连青年》以知识青年和青年学生为主要对象，进行启蒙的爱国主义教育、国内外形势教育、阶级教育和马克思主义教育。1947年6月1日，《关东青联常委会关于目前工作的指示》："经总会第一次常委会决定将大连青联编印之《大连青年》杂志，自7月1日起，转归总会编印，并更名为《民主青年》。"①《关东青联1948年工作指示》："民主青年与新少年为本会最好宣传武器，青少年之唯一刊物，再一次郑重要求各级青联重视起来，大家编，大家写稿，

① 《大连市志·共青团志》，大连出版社2001版，第619页。

大家发行。今后挑起竞赛，适当地发扬与批评。”① 根据青年思想实际，宣传如何认识抗战后的国内形势、国际形势，如何追求真理与进步，如何迎接革命和建设任务以及对青年运动工作的指导等课题。如：《爱祖国与追求真理》(严文井)、《论正统》(林涛)、《肃清正统观念，树立革命思想》(丁坚)、《目前国内形势的我见》(雪光)、《改革土地问题刍议》(张克约)、《艰苦深入的学习，澄清时局中的糊涂观念》(谢青)、《谁是中山主义的执行者》(袁牧化)、《提高一步，深入下去，为做好关东青联工作而奋斗》《发扬青联的进步性与群众性》(关东青联总会)、《东北局关于执行中央关于建立新青团决议的指示》《旅大建团的任务》（丁哲民)、《关于建团组织问题的几点认识》（于明）等。

1949 年 7 月 1 日，团旅大区委成立，至 1952 年末，为《民主青年》时期。宣传重点转移到以工业生产为中心，读者对象变为以青年工人和基层团干部为主，杂志内容主要是围绕着工业生产建设、抗美援朝、政治运动（镇压反革命、三反五反、土地调剂等)、全面建立和发展团的组织，开展马列主义毛泽东思想教育。如：《在增产节约运动中，我们团员青年要做什么》（丁哲民)、《大力推广先进小组生产经验》(张凤桐)、《关于团在生产工作中的工作方法的意见》（于明)、《认真做好质量大检查工作》(张凤桐)、“美国侵华史”画刊（池星)、《旅大青年在朝鲜前线》(刘敏润，团市委参加抗美援朝干部）等。1950 年国庆节，中国人民志愿军出国作战前夕，发表了由当时在大连休养的中宣部部长陆定一亲笔阅改的《热爱祖国，保卫祖国》（第 111 期）国庆重要社论。编辑部还以“我们应该怎样爱国”为题召开座谈会，畅谈热爱祖国，揭露美帝反动侵略本质，开辟“工厂就是战场，机器就是武器、做出生产成绩打击美国强盗”专栏，报道广大青年支援抗美援朝事迹。全面开展团建工作宣传，是这

① 《大连市志 · 共青团志》，大连出版社 2001 版，第 622 页。

一时期突出特点。

1953年1月，改版后的《民主青年》和《旅大青年》，主要开展了社会主义过渡时期总路线和大规模经济建设宣传、政治运动宣传和共产主义道德品质教育。如《过渡时期的总路线总任务》（编辑部）、《积极学习和宣传国家在过渡时期的总路线总任务，鼓舞和推动广大团员青年，完成和超额完成国家生产计划与增产节约的任务》（本社）、《在大规模经济建设中发挥党的助手作用》（本社）、《组织青年生产班、组与青年突击队，发挥青年工人在劳动竞赛中的突出作用》（尚叶荣）、《青年们，热烈参与技术革新运动》（冯光）、《以高度革命警惕性的精神去教育青年》（尚叶荣）、《把自己培养成为一个具有高度共产主义道德品质的人》（本社）等。编辑部组织召开"怎样培养我们的共产主义道德品质问题""什么是青春，我们应该怎样对待它""两种结果是怎样造成的""有些人为什么不遵守劳动纪律"等读者笔谈讨论会。

三、《大连青年》的社会影响和历史贡献

《大连青年》（《民主青年》《旅大青年》）从诞生到终刊，始终是在中共大连地委及后来的中共旅大区委、中共旅大市委领导与关怀下开展编辑出版工作。杂志按照地委指示创办，重要稿件由地委宣传部审定。起初由地委宣传部长袁牧化审稿，后由宣传科长阅稿，袁牧化定稿。1948年地委批评杂志存在"老年化"倾向，关东青联根据地委指示，调整编辑部干部，认真落实改进工作。1950年新年号上，中共旅大区党委书记欧阳钦和旅大行政公署主席韩光亲自为杂志题词，勉励青年。1950年新号杂志上，刊发了时任中央人民政府政务院副总理、文化教育委员会主任、中国科学院院长郭沫若应《民主青年》邀请写来的"向斯大林学习"题词，并附热情洋溢的信："旅大区团委民主青年社的《民主青年》创刊已经3年了，朋友们写信来要我在1950年

新年特大号上写几句话，我是非常高兴的。”“旅大区之得有今天，《民主青年》之得以出版而届满 3 年，无一不应该感谢斯大林。”“……我就借着这个机会”题词，“作为对于旅大区青年同志的礼物吧。”① 1954 年，郭沫若为《民主青年》题写刊名。

《大连青年》杂志，及前后创办的大连青少年类杂志，尽管先后停刊，但大连始终没有停歇过对青年期刊的执着追求，对青少年本土文化的积极培育。1982 年《大连团讯》创刊，3 月 4 日，中共辽宁省委第一书记郭峰在《大连团讯》第 3 期《大连团市委活动月工作抓得实》、第 8 期《团大连市委发出关于加强对失足青少年教育工作的通知》上分别批示，高度评价大连共青团工作，并作出重要指示。《大连团讯》编增附刊《参阅资料》，八十年代末停刊。1999 年 5 月，《大连团讯》更名为《大连青年》。2004 年 1 月，《大连青年》更名为《大连青年工作》。1993 年 1 月，少儿综合类期刊《少年大世界》创刊，2004 年 5 月青少年科普类期刊《青少年科苑》创刊，大连青少年文化事业呈现新姿。

以《大连青年》《大连青年工作》为代表的大连青少年期刊走过 70 年坎坷历程。它记录了甲午战争、日俄战争、抗日战争列强铁蹄下浴血斗争的大连青年奋斗足迹，见证并记录了大连翻身解放、改革发展、建设繁荣的沧桑巨变，清晰镌刻时代的潮涌与感动。1924 年 4 月建团的大连，是辽宁地区第一个建立团组织的城市，涌现出关向应、魏长魁、金伯阳、安业民等大批民族英雄，刘立富、张存浩、卢盛和、朱维勤、王兴歧、王秀芹、贾福莲、辛福强、谭彦等大批时代楷模，开展了青年志愿者、青年文明社区、青年文明号、青年岗位能手、社会主义建设青年突击队、青年星火带头人、农村青年科技传播行动、大连学生“双学”活动、希望工程、奔小康团支部等大量特色工作。《旅大青年》编辑李国靖，是中国共产主义共青团团徽设计的重要贡献者、最后完成者。从全国来看，它也是罕有的既指导推动工作、

① 郭沫若：《民主青年》新年号，1950 年 1 月。

又深刻影响社会、并留下鲜明历史印记的团的机关刊物。《大连青年》（《民主青年》《旅大青年》）初创时期发行量仅1000册左右，后来精耕细作，深受欢迎，发行到3.2万册。

《大连青年》（《民主青年》《旅大青年》）既有大连本地青年读者，也有外省市以至一些边远地区，如黑龙江、内蒙古、新疆、四川、西藏等地的读者订阅，其中一部分是调到外地工作的大连青年。据反映，香港、国统区的进步青年也喜欢阅读。一位国民党统治沈阳时的地下学联同志说，当时的进步青年学生，很喜欢看《民主青年》。《民主青年》计划由10日刊改为半月刊，遭到读者强烈反对而作罢。各级领导关心、支持、爱护大连青年刊物，旅大区党委书记欧阳钦，旅大行政公署主席韩光，省委第一书记任仲夷、郭峰，政务院副总理郭沫若，中宣部部长陆定一等领导同志，沈雁冰（茅盾）、黄浅（俞铭黄）、雪苇、罗丹、罗峰、陈陇、方冰、林涛等文化界人士，大连历届党政领导，或题词、或致函、或寄语、或批示、或提供或修改稿件，对刊物和编辑工作给予高度评价，寄予殷切厚望。著名民主文化人士钱醉竹担任过主编。作为党和共青团组织领导下的青年综合类期刊、大连团的机关刊物，它培育并锤炼大批思想过硬、作风扎实的各级领导干部。作为新中国成立前行刊的红色文献、社会主义革命和建设中发挥重要作用的传媒载体，它当之无愧地成为大连城市历史文化研究的重要介质。它存在，是历史；它消失，也是历史。

“雄关漫道真如铁，而今迈步从头越”。从《大连青年》到《大连青年工作》，她走过了70年风雨历程。新时代大连青少年文化事业将展现蓬勃生机，迎接多元融合发展时代到来。

【责任编辑：周爱民】

[作者：王红卫　《大连市志·共青团志》主编　共青团大连市委宣传教育中心书记　大连　116011]

东北解放区公营商业发展述论

石攀峰

摘　要：东北解放区公营商业的发展经历了由少到多、由分散管理经营到集中统一管理经营的过程。公营商业积极开展对外贸易和区内贸易，通过购销业务和对合作社商业的指导与合作，调剂物资余缺，稳定市场物价，不仅增加了财政收入，支援了人民解放战争，而且也为新中国成立后国营商业的发展提供了经验。

关键词：东北解放区 公营商业　发展历程　作用

商业是联系生产和消费的桥梁，在解放区建设中，商业不只是起着沟通流通领域的作用，而且直接担负着供给军需民用、调节物资、掌握市场、平稳物价、支持财政的重大责任。随着东北解放区的建立、扩大和全境的解放，商业贸易也得到了迅速的恢复和发展。它为区内调剂物质余缺、物资交流，平稳市场物价，活跃经济，满足军民需求，扶植生产，增加财政收入等方面都起到了十分重要的作用。

一、东北解放区发展商业的基本方针

东北商业贸易在解放区建设中具有重要作用，陈云指出：

“开展商业贸易是重要的财政来源之一，建议把东北的大豆、高粱运往大连，换回南满地区生产的棉布、盐等商品，并立即开展对苏贸易。”① 1946年7月，陈云在《目前形势和任务的报告》中再次建议开展南北满之间的商品交换，以满足广大军民的需要。1946年冬季，经过与苏联政府的谈判，双方达成了贸易协议，用东北盛产的粮食、土产品与苏联的物资进行交换。从此，打开东北地区与苏联的贸易局面。

随着东北解放区的创建和发展，解放区内商业经济形态不仅有公营商业、合作社商业、私营商业，而且还有公私合营商业、侨资商业、个体商业以及在公营企业内自主决定而经营的“小公营商业”等，如何发挥好各种成分商业经济在解放区建设作用至关重要。1947年2月18日，东北财政委员会明确规定了政府对公私贸易所采取的基本政策是：“公营贸易公司的任务是掌握物质，调节市场价格，使解放区物价做到相对稳定，在政府自由贸易政策下，只要不是囤积居奇，不操纵物价，不违反政府法令，一律允许自由。”② 国营商店的业务方针：“在农村收买粮食、副产及工业原料，调整工业品与农业品价格（即减低工农产品价格的剪刀差额），供应农民生产资料与生活资料，以促成农业生产的发展；在城市为调剂粮食，保证职工和市民生活供给，大量推销国营产品及组织私营企业加工业，调剂城乡供求，稳定物价，与投机倒把的奸商作斗争。”③ 为充分发挥公私商业经济在解放区建设中的作用，东北行政委员会于1947年8月中旬到9月下旬在哈尔滨市又召开东北解放区财经会议，确定了东北统一财政经济政策是：“由分散走向统一，由零乱走向有组织，由盲目走向有计划有计算，从而依靠千万万人民，组织一切公私经济力

① 哈尔滨市档案馆编：《在通河干部座谈会上的报告》，载于《哈尔滨解放》，中国档案出版社2010年版，第134页。

② 《东北日报》1947年2月26日。

③ 东北解放区财政经济史编写组：《东北解放区财政经济史料资料选编》第三辑，黑龙江人民出版社1988年版，第215页。

量，发展生产，改善生活，支援前线大规模的人民解放战争。”①在这个统一财政政策中，党重申了公私贸易的方针政策，并在实际工作中认真纠正了侵犯私人工商业的错误。1948 年，东北局再次要求各地在建立公营商业的同时，要发展合作社商业，特别在广大农村建立和发展供销合作社为主的合作商业网，并在城镇、矿区建立公营商店。1949 年又进一步确定发展国营商业，扶植合作社商业、公私合营商业，领导私人商业，搞好市场物价，发展生产的商业工作方针。党和政府所制定的一系列方针政策的贯彻执行，对东北解放区各种类型的商业发展起到十分重要的指导作用。

二、东北解放区公营商业发展的四个阶段

1. 第一阶段：1945 年 8 月至 1946 年 11 月，分散经营，支持本省财政。

1945 年抗日战争取得胜利之时，中国共产党在开辟东北革命根据地的过程中，各省先后建立起受当地政府领导的贸易机构，机构名称不统一。其主要职责包括：采购各种军用物资与生活必需品，出卖没收的部分敌伪物资，以供军需；各省各地区间调剂部分民用物资，从本地区买到其他地区去卖；支持当地发行的地方货币（当时货币不统一，各省均可发行货币）。②资金来源于接收敌伪物资和地方银行的借款或地方财政拨款。1946 年 5 月，哈尔滨成立北满贸易总公司，其工作任务主要是收购布匹、棉花、皮毛等物资，接收清理敌产，以供军需不出卖货物。资金主要来源于接收敌产和银行借款。它与各省贸易机关没有领导关

① 《李富春同志在财经会议上的报告与总结》，《东北日报》1947 年 10 月 26 日。

② 东北解放区财政经济史编写组：《商业部历史叙述（1945—1949 年）》（1949 年 9 月），载于《东北解放区财政经济史料资料选编》第三辑，黑龙江人民出版社 1988 年版，第 234 页。

系，也无业务往来。在这个阶段，由于受国民党封锁，布、盐缺乏，粮食无销路，北满各地大豆当柴烧。1946年秋冬，从大连和朝鲜民主主义人民共和国交换回近30万匹布，仍解决不了冬衣问题。与此同时，解放区内各个省县之间，互设关卡，征收出入境税，阻碍了商品流通，影响了商业的发展。

2. 第二阶段：1946年12月至1947年7月，打通对外贸易渠道，以对外贸易为主，兼营内地商业。

1946年9月15日，北满贸易总公司合并于东北贸易总公司，归东北财经办事处领导。东北贸易总公司的主要任务是开展对外贸易，兼营内地商业。其具体任务为："组织收购和储运粮食；接收部分公粮出口；对苏出口粮食和土产品；接收进口物资交东北财经办事处直属之物资队，以供军需；推销进口日用工业品，调剂大城市粮食解决人民生活需要，平稳物价，支持财政；进口工业、交通器材，为修复铁路、恢复工业服务。"① 资金来源，固定资产主要是接收敌伪资产。流动资金主要依靠银行借款。东北银行借款355亿元（当时相当于20万吨粮，21.5万匹布），财政部拨公粮23.6万吨（当时未付款，后以进口物资抵偿），总计700余亿元。资金积累很快，一年间，交东北财经办事处利润53亿元（折合粮2.95万吨）。② 为了收购、保存、运输和出口粮食，成立了东北东兴公司。各省贸易公司配合东北东兴公司购粮，推销部分进口日用工业品，业务上的联系相当密切，但不是领导关系，各省贸易公司由各省政府领导。各市、县也都相继建立贸易公司，业务上受各省贸易公司领导。

3. 第三阶段：1947年3月至1948年11月，统一商业发展方针政策，统一经营管理。

---

① 朱建华主编：《东北解放区财政经济史稿》，黑龙江人民出版社，1987年，第344—345页。

② 东北解放区财政经济史编写组：商业部历史叙述（1945—1949年）（1949年9月），载于《东北解放区财政经济史料资料选编》第三辑，黑龙江人民出版社1988年版，第234页。

根据1947年8月东北解放区财政经济工作会议的决定，成立东北贸易管理总局，隶属东北行政委员会之财政委员会，领导全东北解放区的商业工作，各省贸易局在业务上隶属于东北贸易总局，至此国营商业的经营管理逐渐集中统一。东北贸易管理总局资产包括东北贸易总公司的资产和东北银行的借款。“东北银行又借款1657亿元，连同以前的借款共计2012亿元（折合粮307444吨，折合布559292匹），各省原贸易公司的资产也统归总局，计270亿元。以上总计2282亿元。”① 东北贸易管理总局经营业务的中心“还是在购粮出口”②。此阶段，供应城市的调剂粮近50万吨（调剂市场211944吨，公营企业工人用粮285030吨），部分保证了国营企业工人的实物供给，向国营工厂和私营工厂订货，供应市场需要，并开始调剂南北满物资，承担起对私营工商业的管理和平稳物价的职能。

4. 第四阶段：1948年11月至1949年9月，加强集中统一，加强组织性、计划性。

这个阶段东北商业的领导机关是东北行政委员会商业部、东北人民政府商业部。1948年7月，东北行政会议决定东北贸易管理总局改为东北行政委员会商业部，部长由财政部长叶季壮兼任，副部长王兴让、易秀湘。商业部“掌管对内对外贸易合作事业，工商政策等事宜”③，受东北行政委员会和东北财政经济委员会的双重领导。各省贸易管理局则依各地情况改为商业厅或工商厅，受商业部和各省、市政府双重领导。各县的贸易部门有的改为工商科，既管工商行政，又领导贸易业务，有的只有贸易公

---

① 朱建华主编：《东北解放区财政经济史稿》，黑龙江人民出版社1987年版，第346页。

② 东北解放区财政经济史编写组：《在东北完全解放形势下商业部门的新任务》，载于《东北解放区财政经济史料资料选编》第三辑，黑龙江人民出版社1988年版，第254页。

③ 朱建华主编：《东北解放区财政经济史稿》，黑龙江人民出版社1987年版，第346页。

司，不管行政。它们也受省商业厅（或工商厅）和县政府的双重领导。商业部的资金来源：原东北贸易总局盈利 8128 亿元，各省、市贸易盈利 11671 亿元；银行借款 6591 亿元，前期贸易利润 137 亿元，自有资金共计 19936 亿元（折合粮食 881031 吨）。[①] 这一阶段业务范围进一步扩大。商业部除设对外贸易处、商业处、合计处外，增设计划处、合作指导处、干部处。初步建立了计划工作系统，加强工商管理和市场管理工作，对干部的培训和对合作社的指导工作也有所加强。1949 年 6 月前分设粮食公司、燃料公司、鸡鸭公司、皮毛公司、土产公司。根据 1949 年 6 月各省、市商业厅（局）长会议的决定，于 8 月份划分专业公司，商业部下设立东北粮食（粮食运输）、百货、土产（包括皮毛、鸡鸭）、燃料总公司（各总公司之资产亦统属商业部）。各省设立粮食、百货、土产公司，受省商业厅领导。

解放战争时期的东北公营商业，在东北行政委员会和东北财政经济委员会的领导下，得到了巨大发展，成绩显著。从 1946 年 5 月哈尔滨市成立公营北满贸易公司到 1949 年 3 月上旬止，全区共有公营商店（包括商店、门市、营业所）达 6317 个，拥有工作人员 33174 人，分布于整个东北的重要城市，经营百货、粮食、燃料、土产，包括毛皮、特产、鸡鸭、肉蛋等业务。1949 年 3 月以后，公营商业网发展更快，据东北人民政府商业部经济计划局 1950 年 2 月统计，到 1949 年末，东北六省四市的公营商业系统“共有批发零售商店 325 处，零售商店 487 处，合计 812 处。另外，还有货仓 661 处，容积达 823260 平方米”。随着商业网点的形成，购销业务进一步得到发展。据统计，“1949 年公营商业部门收购农民粮食 170 万吨，收购土特产品折合粮食达 30 万吨；销售布匹 380 余万匹，等于 1948 年的 518.1%；销售煤炭

---

① 东北解放区财政经济史编写组：《商业部历史叙述（1945—1949 年）》（1949 年 9 月），载于《东北解放区财政经济史料资料选编》第三辑，黑龙江人民出版社 1988 年版，第 234 页。

700万吨，等于1948年的901.7%；销售食盐14万吨，等于1948年的125.8%；销售粮食5530吨，等于1948年的129.5%。仅1949年就上缴商业利润2080亿元”①。东北解放区公营商业在批发市场上占据了领导地位，有关布、纱、粮食、盐、煤等主要物资可以主动地调整物价，不为私商所左右，为东北财政收入不断增加做出了重大贡献。

三、东北解放区公营商业在解放区建设中的作用

东北解放区公营商业积极开展对外贸易，打开商品出口，换回各种军工用品，有力支援了人民解放战争。同时通过购销业务和对合作社商业的指导与合作，在调剂物资余缺、稳定市场物价方面起到积极的作用，更好地满足人民群众需求。

1. 公营商业积极开展对外贸易，促进解放区财政经济好转和满足军民物资需求

开展对外贸易是东北解放区公营商业的主要组成部分。它对东北解放区经济的恢复与发展、财政支出情况的好转、满足军民对各种物资的需要都具有十分重要的意义。东北解放区建立之初，因受到敌人的包围、封锁，开拓对外贸易困难重重。为打开贸易通道，在东北局的领导下，成立主管东北贸易的“东北贸易局”，各省市也分别成立了贸易局或贸易公司。与此同时，还专门设立了东北东兴公司、利民公司，开展具体的对外商贸业务往来，负责货物的接收、运输、保管、分拨等事宜。随着外贸业务的进一步扩大，在东北行政委员会内又设立了对外贸易处，直接领导外贸局以后又先后转为粮食、煤炭、鸡鸭、毛皮等公司。

首先打通了与苏联的贸易关系。1946年12月，中国东北贸易局东兴贸易公司与苏联签订了《商业合同》，各自向对方输出

---

① 刘禄开、钟廷豪编：《中国革命根据地商业史》，中国商业出版社1997年版，第303页。

价值东北流通券362亿元的物资。从1946年到1947年的一年时间内，我方向苏联出口各种粮食达到705000吨，另有其他物资，苏方向我提供各种工业品、医药、民用百货共达600余种，双方进出口贸易额达285亿元。在进口物资中，军用品占72%，民用品为28%。[①] 以后，东兴公司又与苏方签订第二、第三次《对苏贸易协定》。其后又发展同香港以及若干资本主义国家的商人的贸易往来，“从1948年秋开始至1949年9月，共来船15艘。与外商贸易，我方采取码头成交办法，给来船以25%的利润”[②]。在对外贸易过程中，贸易额不断增长。1947年同苏联贸易时，“全年贸易额为23044924美元，到1948年由于开展同其他国家的贸易往来，贸易额增长到53440103美元，到1949年全年贸易额达到8344822921美元”[③]。在对外贸易中，东北解放区输出的主要是大批剩余农副产品，进口的大部分是我们急需的军需、民用、工矿物资。对外贸易不仅支援了大规模的人民解放战争，又有力地推动了工农业生产及铁路交通运输事业的恢复与发展。

2. 积极搞好区内商业贸易，调剂物资余缺

东北解放区公营商业部门凭借其经济实力，在履行购销业务的同时，又积极搞好区内各种物资余缺的调剂。在东北既有如大连、哈尔滨那样的大城市，也拥有一批中小城市，物资余缺的调剂任务十分繁重。为了做好粮食调剂工作，1948年初，东北贸易总局发出了关于发展内地贸易调剂物资的指示，要求各省在征购粮食期间，注意内地贸易（省与省）之间调剂物资。1948春夏之交青黄不接之际，北满的松江、吉林、嫩江部分地区，哈尔滨附近的双城、阿城、拉林、肇源以及吉林省的榆树等地严重缺

① 刘禄开、钟廷豪编：《中国革命根据地商业史》，中国商业出版社1997年版，第304页。

② 吴承明、江泰主编：《中国企业史·近代卷》，企业管理出版社2004年版，第951页。

③ 朱建华主编：《东北解放区财政经济史稿》，黑龙江人民出版社1987年版，第416页。

粮。为了解决这些地方的粮食短缺，东北局下属各公营商业部门采取区内调剂解决，吉林、嫩江从省内调剂，松江由合江援助，南满缺粮地区由北满调剂2万吨，辽宁省运给安东辽南两省4万吨帮助解决。从1949年开始，东北地区粮食调剂工作由东北商业部分工负责解决哈尔滨、吉林、长春、沈阳、安东（今丹东）、锦州、齐齐哈尔、牡丹江、四平等大城市，确定调剂粮食数目，其余各省自行解决，小县城则依靠合作社和私商解决。据不完全统计，“1946年东北解放区内销粮食4911吨，1947年257276吨；1948年427895吨，1949年（到3月）114438吨。从1949年3月到8月的六个月内，共销售粮食66477吨”①。东北公营商业部门在调剂粮食余缺的同时，还采购大批布匹、食盐等急需物资，从而解决了群众穿衣、吃盐等问题。

3. 稳定市场物价，保障人民群众需求

1947年2月18日，东北财政委员会委员明确规定：“公营贸易公司的任务是掌握物资，调节市场价格，使解放区物价做到相对稳定。”② 在1947年和1948年春夏之际，东北解放区内曾因缺粮而引发市场物价波动。党和政府采取一系列行之有效的措施，在各地公营贸易部门帮助下，使市场物价得以控制并趋于平稳。如哈尔滨市政府为平稳粮价，依托国营公司，通过合作社进行粮食定量分配。齐齐哈尔、佳木斯、安东等城市也仿效哈尔滨的办法，一度实行粮食定量供应，保证了群众粮食供给，消除了群众的恐慌心理，对平稳物价起了一定作用。除了在粮食领域通过购销和配给等手段稳定物价外，还通过直接供应廉价物资、放手卖货、回笼货币等方式平稳物价。如哈尔滨在1948年春节前，哈市百货公司、东兴公司建立联合门市部13个，直接廉价供应市民春节物资，对于平稳物价起了一定作用。1949年春，东北

① 东北解放区财政经济史编写组：《历年推销物资统计表》，载于《东北解放区财政经济史料资料选编》第三辑，黑龙江人民出版社1988年版，第212页。

② 《东北日报》1947年2月26日。

财经委员会要求商业部门克服保守思想，放手卖货，回笼货币，平稳物价。据统计：公营商业采购总额为312726亿元，其中粮食104862亿元，土产18293亿元，百货73348亿元，花纱73129亿元，燃料46789亿元。卖货额243500亿元。通过公营商店和城市消费合作社就收回工薪券56698663分。[①] 从第二季度到第四季度，回笼货币128555亿元，从而平稳了物价，保证了职工生活必需品的供应。

伴随解放战争形势的发展，在党和东北地方政权的领导下，国营商业取得了长足发展，在规模上国营商店已遍及东北的所有大、中城市和县城，万人以上的城镇和重要工矿区多数也有了国营商店。在业务上不仅肩负重大的购销任务，调剂物资余缺、平稳物价等职能，还对合作社商业、私营商业等进行指导与合作，推动了东北解放区商业的大大发展，但在发展过程中也存在一些问题有待改善。

一是缺乏全区商业工作计划。1948年东北商业部成立前，东北地区商业工作基本处于各自分散状态，除了购粮实行统一领导加强计划管理外，没有全区商业工作的统筹计划。陈云强调："要使一切国营、公营企业，都经过调查研究和全盘筹划，在统一领导、统一计划之下进行生产。""按计划办事就可以提高生产，也可以为将来搞全国计划打下基础。"[②] 1948年商业部成立后并设立了计划处，各省商业厅也相继设立计划科，由此整个公营商业工作开始进入有计划的工作阶段。

二是无专门的管理人员，且工作积极性不高。公营商业的经营和管理人员大多属于兼职人员，不仅工作任务繁重，同时激励机制不合理，积极性不高，工作效率低下。如在收购方面，对积极为副产品找出路重视不够。如兴城、绥中的梨本来可以找到销

① 朱建华主编：《东北解放区财政经济史稿》，黑龙江人民出版社1987年版，第360页。

② 陈云：《陈云文选》第一卷，人民出版社1995年版，第365页。

路而未找，以致损失 20 多万斤；在销售方面一度推销国营工业产品不力，从 1949 年 3 月到 8 月积压产品物资达 6000 亿元，[①]严重影响了工业流动资金的周转。为此，建立了专人负责制与试行岗位责任制。如 1949 年哈尔滨商业主管部门在公营百货公司实行个人推销计划，试行超额奖励制度，效果很好。

三是商业机构设置不科学不合理。原有商业机构是按照行政区划设置，不是围绕区域经济发展和民众需求的具体特点出发布局网点。为此，吉林省商业厅较早进行了改革，改变过去按行政区划设立商业机构的做法，按照历史环境、交通条件、商品集散情况、群众习惯等合理布置网点，以减少不合理运流，加速商品与资金周转，便利群众。与此同时，改革、精简各级商业领导机构，充实调整业务队伍。经过改革，工作比较机动灵活，人员精减 600 多人，此项开支每月节约 6 亿元；商业销售量增加，大大超过以往纪录（第四季度平均每人销售 8 亿元）。吉林省的这个经验，对以后东北地区商业机构的调整与改革起了推动作用。

【责任编辑：周爱民】

［**作者**：石攀峰　成都师范学院　副教授　成都　611130］

① 朱建华主编：《东北解放区财政经济史稿》，黑龙江人民出版社 1987 年版，第 361 页。

暗夜里的潜行者

——大连情报处在解放战争中的历史贡献

葛 峰

摘 要：解放战争是中国共产党夺取新民主主义革命胜利的最后决战，我党领导下的情报工作人员也伴随着战争胜利的步伐，在国统区形成了较为严密的秘密工作网络，及时准确地向党中央提供了大量包括敌军作战计划、兵力部署等重要情报信息，他们在隐蔽战线取得了一系列辉煌的战果，谱写了一曲曲壮丽的凯歌，为我党在东北战场作战取得胜利起到了至关重要的作用。

关键词：中国共产党 解放战争 大连情报处

2017年12月3日，“纪念大连情报处成立70周年论坛”在北京国际关系学院举行，李克农上将之孙李凯城、中央调查部原部长孔原之子孔丹、国务院原秘书长罗青长之子罗援、大连情报处原处长冯铉之子冯航君、隐蔽战线烈士刘光典之子刘玉平及数十位大连情报处的后人汇聚一堂，深情回顾了父辈从事地下工作期间发生的感人故事。由此，隐匿历史长河数十载的一个驻大连的情报机构浮出水面。

为还原历史真相，再现革命先烈光辉形象，笔者通过查阅公开出版物，对这一情报机构的发展历程及其所取得的工作成果进行了一次浅层探索，旨在抛砖引玉，希望更多的历史爱好者参与其中，共同谱写我党隐蔽战线的辉煌历程，缅怀革命先烈的丰功伟绩。

一、成立大连情报处的历史背景

1941 年 9 月，中共中央在原中央社会部的基础上，整合军委总参谋部二局，及一局的二处和三处，成立了情报部，隶属中央调查研究委员会领导，工作任务一是进行一般的调查工作，系统地搜集有战略意义的公开半公开材料，二是进行秘密的情报工作，采集敌人各方面的军政机密消息。1943 年 3 月，中共中央政治局会议后，中央情报部与中央社会部合署办公。① 中共中央情报部的成立，表明了党中央对情报工作的高度重视，也标志着我党情报工作由“防”转“攻”。

日本投降后，为推翻国民党的反动统治，我党领导下的人民军队迅速向东北挺进，在东北各地积极推进建党、建政工作，解放战争由此拉开了序幕。1946 年冬，国民党军队开始在东北各战场占据主动，一度向南推进到瓦房店和普兰店一带，因当时石河驿以南的大连地区有苏军驻扎，故国民党军队未再向南进占。我党领导下的人民军队大部退守山区，与国民党军队进行周旋。党中央认识到东北战场上情报工作的重要性，一份可靠的情报甚至就能决定一场战役的胜负和决定接下来的战争局势。同时，分管情报工作的中共中央东北局社会部第二部长邹大鹏②，预见到解放战争的胜利所需时间不会很长，对以美帝国主义为主要目标的国外情报工作也必须

---

① 张静如、梁志祥主编：《中国共产党通志》（第 2 卷），中央文献出版社 2001 年版，第 170 页。

② 邹大鹏（1909—1967），抗日战争期间先后任中共中央晋绥分局调查局副局长、中共胶东区党委情报部部长。1944 年 10 月，中共中央社会部派邹大鹏赴胶东任区党委联络部长，发展东北的情报工作。

早做打算，随即他向中共中央提出了有关工作建议。

大连位于辽东半岛南端，地处黄渤海之滨，背依东北腹地，与山东半岛和朝鲜半岛隔海相望，对外交通方便快捷，并且当时的大连由苏军军事管制，我党牢牢掌握着地方政权。得天独厚的区位优势，让大连成为党中央布设在东北地区的重要情报据点。

二、大连情报处的筹建

经过一段时间的筹备，直属中共中央情报部领导的大连情报处于1947年3月在大连成立，办公地点设在大连市松山町，中共中央东北局社会部副部长冯铉（化名“肖立”）[①] 兼任处长，马次青（化名“马明伦”）[②] 任副处长，并先后充实了彭华[③]、王清生[④]、萧向前[⑤]等一批骨干力量。不久，旅大地委设立了情报部，吴诚[⑥]被中共南满分局任命为部长（后调任大连情报处副处长），旅大地委情报部于1947年9月23日被撤销。[⑦]

---

① 冯铉（1915—1986），1936年由苏联学习回国后任新疆“新兵营”政治处主任，1940年回延安任中共中央社会部一室主任，1946年初调任军事调处执行部中共代表团秘书处处长，1946年7月赴东北地区工作。

② 马次青（1908—1991），1938年11月入延安马列学院和中共中央党校学习和从事研究工作，1942年任中共中央情报部四室敌伪组副组长，1945年12月调任中共晋冀鲁豫中央局国军工作部三室副主任，1946年4月调任军事调处执行部秘书。

③ 彭华（1920—1990），曾任军事调处执行部中共代表团干事，后调任大连情报处科长。

④ 王清生（1914—2009），曾任军事调处执行部广东执行小组及国际救济总署烟台办事处电台负责人，后调任大连情报处电台副台长。

⑤ 萧向前（1918—2009），抗日战争期间以银行职员身份为掩护，在沈阳做党的地下情报工作，后调任大连情报处工作。

⑥ 吴诚（1907—1991），1934年12月由苏联学习回国后在新疆塔城组织党的秘密交通站，1936年7月赴香港建立党的秘密交通站，1938年8月在延安的中央社会部第二期训练班学习，1939年10月后历任中央社会部二室机要交通员、延安至西安秘密交通科科长、中央苏区工作委员会农场场长兼书记等职，1943年7月任毛主席住处的收发科科长，1945年8月赴华中地区工作。

⑦ 大连市档案馆编：《大连市档案馆指南》，中国档案出版社1996年版，第21页。

大连情报处的内设机构，仅能从当年的工作人员公开简历中了解到下设有一科和二科（具体工作职能不详）。此外，按照中共中央情报部针对电台工作提出“必须建立通信联系工作，这是一切工作的命脉。要尽一切可能建立秘密的与外围的电台，就成为一切工作的钥匙”的[①]专门指示，大连情报处还设有电台与外界联络。据统计，1947年至1950年间，在大连情报处机关工作过的人员199人，派出的情工人员426人，另有企业人员118人。大连情报处情工人员的活动地区十分广泛，包括沈阳、锦州、平泉、鞍山、天津、抚顺、青岛、北京、上海、香港、台湾及境外的一些重要国家。[②]

大连情报处在工作中贯彻执行邹大鹏提出的“长期内线，精干隐蔽，以内线为取得情报的主要手段，以配合解放战争取得军政战略情报为主要目的”的情报工作方针，把发展国统区情报组织和开展国外情报工作列为主要任务。随着我党领导下的人民军队在东北战场上取得了一个又一个重大胜利，东北亚的国际局势也随之发生着重大变化，大连情报处的业务范围和队伍也都急速扩大，这些奋斗在隐蔽战线的同志们用他们艰苦卓绝的努力，积极配合了人民军队准确有力地打击了国民党军队，为解放战争做出了特殊的贡献，为我党情报组织调查研究国外情报打下了良好基础。

三、大连情报处的辉煌成果

大连情报处在国外开展情报工作的情况鲜为人知，仅将萧向前[③]和金龙浩[④]简历中提到的一些情况抄录如下：“萧向前于1948

① 周进、常颖、冯雪利、乔克：《地火燃九城——抗战时期中共北平地下斗争》，北京联合出版公司2015年版，第117页

② 《人性的炼狱　党性的熔炉——隐蔽战线后代恳谈会》，《炎黄春秋》2018年第12期，第65页

③ 《台安县志》编纂委员会编：《台安县志》（内部资料），辽宁画报社1981年版，第349页。

④ 中共吉林省委党史研究室编：《吉林党史人物传略》，吉林人民出版社2001年版，第570页。

年初由大连情报处调到朝鲜的中共中央东北局社会部平壤情报处工作”，“金龙浩于1948年8月由延吉县明月沟市公安分局调‘平壤利民公司’[①]工作，担任‘大连公安总局海外办事处’侦察员”。笔者查阅相关史料，未见有“平壤情报处”和“大连公安总局海外办事处”的记述，笔者倾向于这两个机构系大连情报处在境外工作据点的掩护性称谓。至于大连情报处在国内开展情报工作的情况，择几个事例可对其大致有所了解。

（一）策动国民党暂编五十八师师长王家善率部起义

1947年春，我党领导的人民军队开始在东北战场反攻，国民党军队节节败退，新一军、新六军退守沈阳、锦州等几个重点城市。国民党新六军安排王家善率部在辽河一带打游击，保护沈阳等大城市安全。这时营口并无国民党驻军，王家善主动请缨驻守营口，遂被任命为暂编五十八师师长防守营口。

为扫除屏障，中共中央东北局社会部研究决定，于1947年七八月间，相继派米国钧（化名“高远”）[②]、石迪[③]到盖平（今盖州市）、瓦房店一带开展工作，并于大石桥组建了辽南情报站，[④]石迪任副站长兼辽南军区政治部联络处副处长，[⑤]专门负责策反驻营口国民党暂编五十八师师长王家善。辽南情报站后改隶中央情报部大连情报处。

---

① “平壤利民公司”系我党在朝鲜的办事机构，对内称“中共中央东北局驻朝鲜办事处”，采取隐蔽与公开相结合的形式开展工作，下设秘书、商务、运输、会计和总务等机构，并设有电台保持与国内的联系，同时还在朝鲜境内的南浦、新义州、满浦和罗津设置了四个分办事处。

② 米国钧（1916— ），1943年毕业于东京工业大学，同年回国在沈阳开展情报搜集工作，解放战争期间曾先后任沈阳光华工厂厂长、大连电话局局长。

③ 石迪，曾任伪满军队上尉参谋及军官学校少校军官等职，1940年被派往日本留学随即加入中国共产党外围组织“救亡会”，1941年回国后隐蔽身份继续在伪满军队供职，日寇投降后受命我东北局社会部打入长春国民党东北党务专员办事处所属宣抚委员会任科长，并任“真勇社”代理社长，随后进入国民党军统局滨江组任情报科科长。

④ 国家安全部办公厅情报史研究处：《争取王家善起义概况》，《艰辛的历程——伪满军官学校的学生们》1994年第1辑，第375页。

⑤ 刘凤卓：《苍茫往事——回首走过的路》，1999年，第64页。

1947年10月，我东北民主联军发动秋季攻势。10月3日收复海城，随后猛攻营口，却因营口国民党军武器精锐，又有三艘军舰利炮相助，我军伤亡较重只得后撤。强攻不成，改以智取。石迪通过一段时间的工作，在国民党暂编五十八师内发展并组建了情报小组，组长廉政（五十八师作战科长），副组长为刘凤卓（五十八师三团团副），成员张海涛（五十八师三团副官）、赵百禄（五十八师三团一营副营长兼一连连长）和吴国璋（五十八师二团军需官）等。参加地下工作的有王明仁（国民党东北行辕驻营口情报官）、吴宗方和郭绍文等。

1947年秋，石迪与中共辽南省委社会部副部长兼辽南行政公署公安处副处长刘慈恺[①]取得联系，要求公安部门配合工作。刘慈恺此后写信给营口县公安局负责人马洪权[②]，指示其协助石迪策反王家善。[③] 此外，地方配合此项工作的还有汤池区区长母世忠等。

1948年1月下旬，马洪权派县公安局工作人员高文浩（与暂编五十八师三团团长戴逢源有亲戚关系）化装潜入国民党统治的营口，为争取王家善起义做联络工作。除此外，往返于大石桥和营口之间的交通员还有金万镒、邵荣环、班海、张志兴、沈锡良、赵忠海等。[④]

经过不懈的努力，王家善先后接到了石迪的两封来信，王家善据此提出需要明确两个问题：一是询问石迪是否是中共东北总部派来的，能否代表东北总部；二是询问石迪是否有电台，能否

---

① 刘慈恺（1918— ），土地革命时期任北平法商学院中共支部书记，抗日战争时期历任中共钟祥、京应县委书记、鄂豫边区委社会部副部长兼边区行署公安总局局长，解放战争期间任中原行署公安总局局长，后赴东北工作。

② 马洪权（1922—1998），1945年9月任中共营口市工委委员兼营口保安团副司令，1946年6月受命组建营口县公安局，营口解放后任营口市公安局代理局长。

③ 营口市公安局编史办公室：《营口公安历史长编（1945—1949）》，1987年，第32页。

④ 刘凤卓：《苍茫往事——回首走过的路》，1999年版，第64、65页。

和中共东北总部直接联系。石迪立即将情况向大连情报处汇报，随即得到大连方面的回电，之后石迪复信王家善说明了情况。王家善收到信件后表示愿意起义，并同意派代表谈判。石迪再次将情况向大连情报处汇报，大连方面回电“吴瑞林为全权代表，负责谈判工作”。

1948年2月23日，我方派辽南军区司令员吴瑞林①、参谋长金振钟②、大连情报处副处长马次青、辽南情报站副站长石迪，与王家善部代表在大石桥进行了第一次正式谈判，当时大连情报处发来一封电报“提高警惕，防止王家善缓兵待援”。2月24日双方又进行了第二次谈判，其间王家善的代表提出待国民党对营口空投物资并将物资收集后再起义，大连情报处随即又发来一封电报“东北局抓得很紧，要求越快越好，如果时间拖长，即使王家善诚心起义也会夜长梦多，难免发生意外，对起义不利，对王家善也不利”③。经过周密策划和精心准备，2月25日晚7时，三颗信号弹在营口市区腾空而起，驻营口国民党暂编五十八师师长王家善率部八千余人宣布起义，营口和平解放。

王家善率部起义是在东北战场上国民党军队的第一次整师起义，对东北战局有相当的震动。辽沈战役结束后，石迪同志获东北野战军政治委员罗荣桓同志电报嘉奖，并被记大功一次。东北全境解放后，东北野战军和东北军区参谋长刘亚楼赴大连情报处视察工作时，表扬这些无名英雄说：“你们提供的情报很有价值，对辽西战斗、辽沈战役帮助很大。”④

（二）密取情报，配合人民军队攻克锦州

---

① 吴瑞林（1915—1995），1932年10月参加中国工农红军，解放战争时期相继担任辽东军区参谋处处长、东北民主联军安东军区司令员、辽南军区司令员。

② 金振钟（1914—1992），1937年参加平西国民抗日军，解放战争时期相继担任辽东军区独立旅副旅长、辽南军区第二军分区副司令员、辽南军区参谋长。

③ 蔡惠霖、安枫、孙维吼：《崇高的使命——忆战斗在国民党营垒的岁月（上）》，军事科学出版社1990年版，第18、19页。

④ 刘凤卓：《苍茫往事——回首走过的路》，1999年，第274页。

锦州是山海关前一个重要据点，我军如果攻克锦州，就会切断国民党东北与华北的联系，将东北的国民党军队全部封闭，就地歼灭。

驻守锦州的是国民党东北“剿总”副总司令兼锦州指挥所主任范汉杰指挥的10万大军，他们依托城外四周高地构成支撑点式坚守据点，沿城垣构筑主阵地。与此同时，大连情报处已通过李志光①的关系，联系到了住在锦州城里的其父李善祥，通过李善祥资本家的身份，将锦州城内的南山生生果园作为我党情报工作人员的活动据点。大连情报处的滕杲（另有说法称其系中共中央东北局辽东分局驻大连情报站负责人）两次派马明德等人到锦州调查敌情，均住在李善祥处，并以亲戚关系做掩护搜集情报。其间相继获取了“长春突围计划”“傅作义援锦州由葫芦岛登陆计划”“廖耀湘兵团支援锦州、打通北宁线，向华北撤出主力的行动计划”等一系列战役情报，② 并及时传递给党中央。

1948年9月中下旬，我东北野战军攻占了锦州南北铁路上的诸要点，孤立并包围了锦州。10月4日确定攻城部署。10月9日开始外围作战，至13日全部扫清外围据点，控制了有利地带。14日10时向锦州城发起总攻，500门大炮向城墙和主要工事集中轰击，打开缺口，11时步兵开始冲击，迅速突破城垣，进入市区，展开巷战。15日拂晓在白云公园和中央银行会师，摧毁守军指挥部，攻占新城，继续向老城进攻，18时结束战斗，全歼守军。锦州的成功攻破，为辽沈战役的胜利发展奠定了基础。

（三）策反沈阳国民党警察火线投诚

---

① 李志光（1922—2013），1938年3月参加新四军军部战地服务团，后相继担任新四军军部侦察参谋、苏中联抗教导大队副大队长、苏中泰北办事处军事科科长、新四军浙东纵队中队长、司令部作战参谋。1946年2月调任辽北省开原县公安局局长。1946年9月调任旅大地委情报部负责情报工作，公开身份是关东海口管理处检查科科长。1947年4月调任旅大地委社会部，公开身份是关东海口管理处货管科科长。

② 中共锦州市委党史研究室、中共锦州市工委党史编研组编：《中共锦州市工委史》，1991年，第167页。

锦州战役后，国民党在东北战场的形势急转直下。1948年10月末，我东北野战军兵临沈阳城下，国民党沈阳市警察局局长毛文佐于10月30日潜逃，驻守沈阳的卫立煌彼时已惶惶不可终日。中共中央考虑到沈阳是历史名城，工业基础又好，遂下令必须和平解放沈阳，以减少破坏。这项重大的任务再次交给了大连情报处。

此时的国民党沈阳市警察局警察总队总队长华明武，早已被冯铉发展为我党的地下工作人员。华明武随即根据冯铉下达的“积极策动敌军起义或放下武器，相机配合解放军解放沈阳”指示，当机立断担任了国民党沈阳市警察局代理局长。10月31日，华明武召开各科、室负责人及各分局局长参加的紧急联系会议，就当前形势提出“放下武器，欢迎解放军进城”的主张，取得与会人员的拥护，并立即向各分局、派出所下达指令，通知全体人员放下武器，坚守岗位，维护城市秩序，欢迎解放军进城。

1948年11月1日上午11时，华明武又将警察总队二大队全体人员百余人召集在一起，宣布该队投诚起义，就地放下武器，将全部枪支送交东北野战军第四纵队第十一师。警察局系统放下武器投诚，这对顺利接收国民党警察机关、减少接收时的顽抗破坏、维护好治安秩序起到了积极的作用。①

（四）护送民主人士北上

1948年上半年，随着解放战争的胜利推进，国民党政权已是强弩之末。越来越多的民主党派人士站到坚决反对美蒋反动派、同共产党携手奋斗的立场上。一些爱国民主人士向中共中央建议尽快成立全国政权机关，以与国民党的总统选举相对抗。这些意见立即引起了毛泽东、周恩来等中共中央领导人的高度重视。中共中央随即筹备召开政治协商会议，并确定了包括李济深、冯玉祥、何香凝等77位著名民主人士在内的邀请名单。但这些民主人士中有不少尚在香港或需要通过香港回国。于是，周

---

① 曹淑媛：《接收国民党警察局建立人民公安机关》，《城市的接管与社会改造（沈阳卷）》，辽宁人民出版社2000年版，第236页。

恩来于1948年8月2日电报指示已从延安派驻大连的钱之光[①]，要他在大连租用苏联商船来往香港，以运载货物作为掩护，迎接民主人士北上。还指示钱之光秘密潜入香港，同中共在香港的负责人方方、章汉夫、潘汉年、连贯和夏衍等，共同负责在香港的各民主党派和无党派民主人士进入解放区的交通保障工作。同时指定冯铉配合钱之光做好民主人士北上线路的护送任务。

首批北上的民主人士有沈钧儒、谭平山、章伯钧、王绍鳌、蔡廷锴等十几人，由我党派章汉夫陪同，祝华[②]、徐德明[③]随船照顾。一行人于1948年9月12日晚在香港登上苏联"波尔塔瓦号"轮船，9月27日到达朝鲜罗津港，9月29日乘火车顺抵哈尔滨。1948年10月3日，毛泽东、朱德、周恩来联名致电沈钧儒一行，对他们这次北上的安全抵达表示慰问和欢迎。

第二批北上的民主人士有郭沫若、马叙伦、许广平母子、陈其尤、宦乡、曹孟君、韩练成、冯裕芳、翦伯赞等人，由我党派连贯陪同，王华生[④]随船护送。一行人于1948年10月底乘坐悬挂挪威国旗的"华中号"货船离港北上，11月中旬在丹东外海的大东沟抛锚乘小船上岸，后改乘火车经安东（今丹东）于12月6日到达沈阳。随后，周恩来特地电示钱之光"已经走了两批

---

① 钱之光（1900—1994），1945年任中共中央南方局委员，为重庆谈判做了大量的工作。1946年5月任中共中央南方局委员兼财经委员会副书记、八路军驻南京办事处处长、南京中共代表团办公厅主任。1947年3月到大连组织中华贸易总公司任总经理，后到香港组建华润集团总公司任董事长。

② 祝华（1913—），1940年到八路军重庆办事处工作，先后担任周恩来的司机、八路军重庆办事处仓库管理员、运输科科长及曾家岩50号周公馆馆长等职。

③ 从笔者掌握的史料中能找到两位"徐德明"：一位是在海辽轮起义后，登船亲切慰问全体人员的中共中央办公厅驻旅大办事处主任徐德明（公开身份是"中西药房"经理）；另一位是关东医院筹建初期为解决经费不足而开设的贸易机构——人和行的副经理徐德明（华东干部）。目前尚无法核实该人具体情况。

④ 王华生（1914—1991），抗日战争时期历任中共广东省委直接领导的梅县地下交通站站长、中共中央南方局南方工作委员会交通员。1946年5月调任南京中共代表团办公厅文书科科长，后随钱之光赴大连筹建"中华贸易总公司"，再赴香港组建"华润公司"。

人员，很可能引起外界注意，这次行动要更加谨慎，并提出了‘保密、谨慎、周到、安全’的八字原则”。

第三批北上的民主人士有李济深、茅盾夫妇、朱蕴山、章乃器、彭泽民、邓初民、洪深、施复亮、梅龚彬、孙起孟、吴茂荪、李民欣等，由我党派李嘉人陪同，龚饮冰、卢绪章随行，徐德明随船护送。周恩来事前通过电报指示大连的冯铉和刘昂①“这一批民主人士北上，要与苏联驻大连的有关部门交涉，租用他们的轮船，而且这次一定要在大连港靠岸。到达后，要安排在大连最好的旅馆，民主党派领导人要住单间，确保安全；要举行欢迎宴会，并请大连市委协助做好接待工作。还特地嘱咐，北方天气寒冷，要为他们准备好皮大衣、皮帽子、皮靴等”。这批民主人士于1948年12月26日登上苏朝合营的“阿尔丹号”货船北上，1949年1月7日抵达大连，1月10日到达沈阳。

第四批北上的民主人士有黄炎培夫妇、盛丕华及其子盛康年、姚维钧、俞寰澄等，刘恕②护送。因当时港英当局加紧了对进出港水陆交通的控制，故延迟到1949年3月14日才乘坐悬挂葡萄牙国旗的客货轮离港北上。由于天津已经解放，故船到天津后，一行人便上了岸，于3月25日直接到达北平。③

除上述几批重点护送外，还有一些民主人士经其他路线奔赴解放区。如1948年8月，最早从香港北上的胡愈之和沈慈九由潘汉年安排，假充华侨商人乘英国商船在朝鲜仁川登陆，然后转

① 刘昂（1910—2005），系钱之光之妻，1940年任中共中央南方局书记周恩来秘书，此后一直在国统区从事党的地下工作。1948年7月，接替钱之光主持大连中华贸易总公司工作。

② 刘恕（1915—2004），抗日战争时期历任八路军武汉办事处副官，延安救济总会会计科长，中共中央南方局财经委员会秘书长等职。1947年9月在香港从事党的地下工作，曾任香港华润公司会计部主任。

③ 钱之光、刘昂：《打开解放区对香港的通道》，《大连文史资料》第2辑，1985年，第5、6、7页。

道大连进入解放区；1949 年 3 月 20 日，致公党的黄鼎臣乘坐外轮“宝通号”北上；1949 年 4 月上旬，何香凝由女儿廖梦醒陪同，携儿子廖承志的两个孩子乘希腊“大西洋号”商船北上；1949 年 5 月 21 日，钱照昌等乘坐英商太古公司的“北海号”轮船离港赴天津；1949 年 5 月 28 日，陈嘉庚专程从新加坡转道香港北上；1949 年 8 月，黄琪翔化名乘外轮经朝鲜抵达北平。[①]

1949 年 4 月，钱之光将在大连的工作业务转移到了北平，中华贸易总公司也归入中央政府新组建的外贸部门。5 月初，钱之光向周恩来汇报这一阶段工作时，周总理褒奖“你们做了很多工作，接送民主人士的任务和开辟对外经济贸易的工作，都是做得很好的”。

（五）密运广东军用地图

1949 年初，潘汉年[②]在香港指示在港穗经商的我党地下工作人员叶文津[③]去广州找简竹坚（香港著名实业家简玉阶的女儿），取走简竹坚从国民党“剿匪”专员何巩处取来的广东省军用地图。

叶文津取走地图后，将其装入一个盛放瓷器的大木箱内，即于当日下午混过海关检查，乘坐商业货船前往香港。抵港后，潘汉年又指示叶文津乘坐希腊籍万吨货轮“大西洋号”，把这些军用地图混在中共中央购买的白报纸、印钞纸、电解铜、钢材、汽油、柴油等价值 70 多万港元的货物中，并于 1949 年 4 月上旬，押运货物一并护送何香凝等民主人士北上。

船抵塘沽口外，冯铉陪同廖承志及其夫人前去迎接，然后转往北平。叶文津和冯铉抵达北平后，立即将这些广东军用地图送

① 陈君慧编著：《影响中国的重大事件（第 4 册）》，吉林出版集团有限责任公司 2013 版，第 742 页。

② 潘汉年（1906—1977），抗日战争和解放战争时期，主要从事上层统战、国共谈判、民主党派、中国国民党将领起义投诚等统战工作。

③ 叶文津（1914—1980），1939 年 10 月从桂林飞赴香港，调往中共社会部系统工作，在廖承志和潘汉年领导下，奔走于广州、上海等地，从事党的地下情报工作。

到西郊某地，亲手将军用地图交给李克农。李克农非常高兴地说“你们的工作很好，对解放广东立下了大功”①。

（六）潜入台湾获取情报

随着国民党军队在大陆的节节败退，中国的大部分地区已经解放，革命形势一片大好。此时，撤退到台湾岛上的蒋介石为保住自己的最后生存空间，将大量国民党军、警、特、宪收罗起来，成立了以陈诚、王昇、郑介民、毛人凤等人领导的特务班子，在台湾实行白色恐怖统治。当时，中共中央社会部已在台中市建立了情报点，并搜集到了一批珍贵情报。但由于情报点尚未建立电台，要取回这些情报，只能派交通员赴台，这个任务落在了由大连情报处转到北平工作的刘光典②身上。

刘光典受领任务后，于1949年6月离开北平前往香港做出发前的准备，10月25日第一次赴台，11月27日顺利将情报带回香港。1949年12月10日，洪国式奉命进入台湾开展情报工作。1950年1月6日，组织上派刘光典作为洪国式的通信员再次赴台执行任务。但此时的台湾形势已大变。1月29日，中共台湾省工委书记蔡孝乾被国民党特务组织抓获，随即叛变，致使台湾的中共地下党组织遭到严重破坏，许多共产党人被捕并被杀害，形势愈发严峻。而在此前，国民党特务组织的两名“反谍”人员已渗入洪国式领导的情报组，掌握了成员的组成和活动规律，国民党特务组织对洪国式情报组的围捕已箭在弦上。刘光典在台湾取得情报后，终因国民党特务组织的围捕而无法离开台湾，于1954年2月13日在台南与高雄的交界处沟坪被敌人捕获，并于1959年2月4日在台北遇害。

如今，刘光典烈士的一半骨灰已被安放在北京八宝山革

① 叶振锵：《经过长期斗争考验的老干部叶文津》，《东莞文史资料选辑》1990年第18辑，第46、47页。

② 刘光典（1922—1959），1947年初参加大连市委社会部工作，经短暂培训后与洪国式赴上海筹建情报站，1947年秋奉调到沈阳筹建情报站，1948年6月转移到北平做情报工作。

命公墓骨灰陈列室，烈士的名字也已镌刻在北京西山无名英雄纪念广场为在台牺牲的革命烈士们修建的无名烈士墓碑上。

四、大连情报处的迁移改制

随着解放战争的胜利，大连情报处也完成了在大连这座城市的历史使命，于1949年5月整建制迁移到刚刚解放的天津市，改制为军委总情报部联络部驻天津办事处（天津局）。[①] 与此同时，还在天津注册成立了自己的贸易公司——华孚公司，办公地点设在曲阜道80号，负责人李子逊。[②] 当时的华孚公司主要任务是向我党设在境外的商行下达经营党所需军事物资的工作指示，同时指导境外商行兼做情报工作。[③]

1951年，迁移改制后的天津办事处再次承接了来自党中央的一项特别重大的任务。当时日、美在日本本土对日本共产党进行整肃，日共领袖冈野进和德田球一的人身安全处于极度危险之中。中共中央决定担负起国际人道主义义务，对两位日共领袖加以保护，并护送两人经秘密途径来华。但由于日美的严密封锁，加之日共的这两位领袖又是经常抛头露面的公众人物，所以使得偷渡的难度非常大。但事关重大，为确保万无一失，时任军委总情报部联络部部长邹大鹏主持策划，并与天津办事处的马次青、吴诚等同志多次精心研究、周密布置，最终克服了许多困难，迂回曲折，经秘密交通线各个环节的巧妙掩护和对接，胜利完成了任务。为此，中央军委为具体经办此事的主要领导马次青、吴诚

---

① 王健英编著：《中国共产党组织史资料汇编·领导机构沿革和成员名录·从一大至十四大（增订本）》，中共中央党校出版社1995年版，第937页。

② 刘卯忠、陈健：《天津的民营航业》，《天津文史资料选辑》1997年第1辑，第125页。

③ 叶振锵：《经过长期斗争考验的老干部叶文津》，《东莞文史资料选辑》1990年第18辑，第47页。

记大功，中央军委总情报部联络部又为负责具体工作的潘清平[①]、石志纯等9人记大功，中共中央领导人周恩来、朱德、聂荣臻还分别写信祝贺、题词表扬。[②]

奋战在隐蔽战线的同志们，坚定地在黑暗里守望心中的太阳，在虎穴中忍辱负重，周旋待机，毙敌于无形。解放战争已过去70年，大连情报处外迁也已70年，他们的身影渐渐远去，他们中很多人的名字无人知晓，但他们的功勋永垂不朽。

【责任编辑：周爱民】

［作者：葛峰　大连市公安局政治部宣传处　大连　116000］

① 潘清平（1917—1995），1941年秋调到中共北方局工作并在社会部学习，1942年被分配到大连做秘密工作，1947年任大连情报处二科科长。

② 金志宇：《紧急营救日共领袖来华》，《文史博览》2013年第1期。

“无风港湾”里的无名枪声

刘志民

摘 要：1931年12月27日，在日本殖民统治的大连，一支日本宪兵骑警巡逻队在夜间巡逻时遭到袭击，一名骑警毙命。袭击者是谁，一直没有查出，成为一个谜，或许是个永远的谜。但是，这个谜应该记录在大连人民反抗日本殖民统治的史册里。

关键词：“无风港湾” 无名枪声

笔者在翻阅由20世纪60年代大连党史工作者译出的日本关东厅档案案卷①时，被一张只有大半页内容的泛黄案卷纸所吸引。案卷概要记录了1931年日本宪兵骑警在大连街头巡逻被袭横尸的经过。当时，日本殖民当局将大连自诩为“无风港湾”，而这一记让日本宪兵殒命的枪击事件，却成了一桩令其胆寒无头案。

“无风港湾”里响起枪声

自1905年日本将旅大变为其殖民地后，便在旅顺、大连分

① 编号0135号。

别设立政治军事统治机构、经济掠夺机构以及建起诸多垄断大连经济的工厂、码头、铁路、银行、商社等。于是大量的日本军政人员、商人、技术人员、工人及家属移居旅大。

为强化其治安秩序，日本统治者沿袭俄国统治时期大连市功能划分办法，制定《大连专管地区设定规则》，划分出军用地区，日本人居住区、中国人居住区等三个比较严格的区间。① 军用地区位于今大连铁路东站、中山广场、延安路三点连线以东的地区；日本人区是城市商业、金融、交通和文化中心区域，东起今二七广场附近，西至今劳动公园，北起铁道线，南至南山脚下；中国人区位于今劳动公园以西的北京街一带，这里当时的环境是地势高低起伏较大，出行不甚方便。日本殖民统治当局借口“下层中国人的一般杂居，在卫生风纪方面有值得忧虑之处”，于是下令将已居住在日本人区内的中国人，一律强行迁移到规定的中国人居住区内。

此外，1911年至1925年间，日本殖民统治者在大连市寺儿沟用红砖砌成百余栋楼房群，四周砌有高大围墙，俗称“红房子”，成为大连码头工人集中居住区。红房子建筑面积只有4.8万平方米，却挤住3.5万多工人。“红房子”四周被围墙、铁丝网包围着，工人上下班必经的北门的对面是日本警察官吏派出所，墙外是工头、刑事、巡捕住宅。

日本殖民当局通过实行把中国人同日本人隔离的种族政策，使少数日本人占据着市区中心广大的区域，而人数10倍于日本人的中国人却挤在不到日本人居住区四分之一的狭窄区域内。日本警察将中国人居住区变为进行残酷统治的区域，一个时期内大连市区民间抗日活动得到了控制，尤其是日本人居住区更显平安，大连市区的治安环境被日本统治当局誉为“无风港湾”。

然而，就是在戒备森严的军用地区的港湾桥附近，一个日本

① 郭铁柱、关捷：《日本殖民统治大连四十年史》上册，社会科学文献出版社2008年版，第568页

宪兵队骑警遇袭身亡，时间定格在1931年12月27日凌晨2时。

开枪的英雄，你是谁?

据日本关东厅档案记载："昭和6年12月26日夜2点，小野美骑兵中尉指挥的巡逻队，行至龙田町（今港湾桥）附近，突然有好像便衣队般的人，从暗处发射手枪，走在前头的小野一等兵胸部受贯穿伤，陷于濒死状态，经军医施救急治疗，终于27日凌晨3时死去。宪兵队长闻警，立即部署，搜查凶犯，但无结果。"

这段文字简要叙述日本宪兵骑警巡逻队遇袭的经过。然而，它留给后人的信息量太少，让日警殒命的系何人、何组织所为?一切无从知晓。但从简单的记录中可以推断出，巡逻队的其余骑警一定没有发现射击人，也没有找到现场目击人，因为事发时间在夜间，或许除了被袭者外不会再有第三人。黑夜掩护了袭击者，也让日本骑警胯下的战马失去了效力。

之后，据日宪兵队档案记载，日本殖民者实行全城戒严，挨屋搜捕、道路设卡等种种手段，没有找到袭击者。又请求日本驻朝鲜的宪兵队派专家来连协助破案，依然没有发现任何蛛丝马迹。此外，也可以推断，袭击者是一名射击技术优良的枪手，在漆黑的夜间，用手枪在不近的距离内，一枪击中骑着战马移动的日警胸部。虽然未能让其当即毙命，却也是让其无可救药。袭击者极有可能是来自组织里的人，但也不排除为独行的孤胆义士。

大连日警遇袭是发生在九一八事变后的不久，当时东北乃至全国抗日组织风起云涌，如果袭击者是抗日组织内的成员，那么，他（她）会是哪个组织的?会是中共领导的抗日组织成员吗?

笔者从中共大连党组织领导的抗日活动包括国际情报组领导的抗日放火团以及声势浩大的民间自发组织的庄河大刀会等资料里，找不出袭击者的踪迹。

会是国民党政府派遣的特工吗？国民党政府在大连也有若干抗日地下组织，但从未对此事有过负责的声明，即便是在抗日战争胜利后。而档案文中提到“突然有好像便衣队般的人”成为袭击者身份的焦点。所说的便衣队实际是指张学良东北军的便衣队。

九一八事变后，日本关东军占领全东北，为了制造政治谎言，避免国际谴责，日本关东军扶持末代皇帝爱新觉罗·溥仪于1932年3月9日成立了傀儡政权——伪满洲国。把大连视为日本关东州的日本殖民统治者，大肆组织庆祝伪满洲国成立的活动，使得大连市内到处贴有庆祝伪满洲国成立的宣传单。可是只一天工夫，宣传单就全被撕掉。大连日本宪兵队经侦查判定系东北军张学良便衣队所为，也由此将日警遇袭与张学良便衣队联系起来。

但这也仅仅是推断，没有确凿的证据。我们设想袭击者是一个20多岁血气方刚的青年，如此的话，如今他（她）该是早已过百岁的老人了。不过，按照常理推论，他（她）应不在人世了……总之，我们大连应欠他（她）一枚英雄的勋章。

1931年12月某夜的一声枪响，让日本骑警人仰马翻于大连街头，该是大连轰动性的头号新闻了。当时生活在大连的人们也一定知晓该事件，或许还会产生一些演绎的传闻。然而，时过境迁，岁月沧桑淡化了人们记忆，又因为袭击者无名、无影，以致这件事渐渐远离了人群，只成了残留在敌人档案里的一页纸。由于年代久远，我们或许已经无法知道袭击者的身份，但确应知道和了解大连街头曾有过的这一幕——面对入侵者而发出的无畏攻击。

【责任编辑：周爱民】

［作者：刘志民　中共大连市委党史研究室　大连　116002］

“刘、唐撤退事件”的深层因素分析

刘彦伯

摘　要：“刘、唐撤退事件”是旅大特殊解放区时期，中共旅大地委处理与苏联红军驻旅大司令部之间关系的代表性事件。该事件表面上起源于中苏之间在特殊解放区初期所积累的各种矛盾，但从深层次分析，不论是苏军方面有针对性地提出“撤退”刘、唐的要求，还是中共方面建立在深刻自省基础上的妥协，其反映的一方面是双方对旅大地区战略定位的根本性区别，另一方面也是对自身核心利益的坚决维护。此外，事件的发生表面上看是矛盾的爆发，但同时，亦可谓特殊解放区时期中苏关系逐渐向好的转折点。

关键词：“刘、唐撤退事件”　中国共产党　苏联红军

1947年10月30日，根据中共东北局的指示，应苏联红军驻旅大司令部的要求，中共旅大地委在讨论了苏联方面提出的关于“撤退”刘顺元、唐韵超两位同志的问题后，做出了《关于刘顺元、唐韵超两同志撤退问题的报告》，将二位同志调离现任岗位，不再担任旅大地区的党政职务，是为“刘、唐撤退事件”。在“撤退”之前，二人均在旅大地区担任要职。刘顺元是中共旅大

地委常委，中共旅大地委副书记，关东公署副主席；唐韵超同样为中共旅大地委常委，旅大地区职工总会主席。不论是在党内还是在人民群众当中，两位同志都经验丰富、深孚众望，他们的“撤退”对当时年轻的中共旅大地委是一种损失，甚至不得不因此而做出“伤筋动骨”的组织变动。因为，除了刘、唐两位同志“撤退”以外，还有其他一些同志也随之做出了工作调整，其中就包括时任中共旅大地委常委、社会部部长边章五和中共旅大地委委员，时任旅大市政府副市长陈云涛等人。也就是说，刚刚恢复不到两年的旅大地方党组织，不得不面临一次重大的人事改组[①]。由此可见，“刘、唐撤退事件”在当时影响颇大。相比于此，学界对于这个历史事件的研究则相对有限，其成果散见于一些通史性著作和专题研究当中。[②] 尽管从这些研究成果中可以梳理出事件的前因后果，但是该事件的历史背景、深层原因及对当时以及随后中苏关系走向的影响，都有继续研究的空间。本文拟从这几个问题出发，提出初步的见解，以求方家斧正。

一

在“刘、唐撤退事件”过程中，苏联红军驻旅大司令部发挥了巨大的影响作用，是整个事件的主导。而事件之所以会发生，实际上是对中国共产党与苏联红军方面由来已久的矛盾的一种折射。1945年8月22日，苏联红军根据《雅尔塔协定》相关

---

① 详见：大连市史志办公室编：《中共大连市委历届委员名录》，中共党史出版社2009年版，第304页。

② 相关研究包括：王元新、王万涛主编：《大连特殊解放区》，国家行政学院出版社2018年版，第91—93页；李秀芳：《旅大地区苏联与中共关系的演变和发展：1945.8—1950.2》，华东师范大学博士论文，2011年，第165—168页；党霞：《合作与冲突：旅大地区苏联与中共关系考察（1945—1949）》，华东师范大学硕士学位论文，2010年，第79—83页；汪朝光：《战后中共与苏联在旅大关系研究》，《中共党史资料》2008年第4期，等等。

条款的规定进驻旅大，并实行军事管制。中国共产党方面也不失时机地派遣力量来到大连“抢形势，搭架子”。双方虽然在旅大地区的解放以及城市建设、经济恢复等方面有很好的合作，但是，矛盾也始终如影随形。①

矛盾的核心在于，双方对于旅大地区的战略定位存在巨大差异。从苏联红军方面来看，驻军旅大本质上是自19世纪中晚期沙皇俄国希望在远东拥有一座深水不冻港的利益诉求的延续。时至二战结束，继之而来的苏联希望通过旅大这个战略支点，进一步染指远东，对抗美国。同时，为了这样的战略和利益诉求，又不能公开与受美国支持的中国国民党政府彻底“撕破脸皮”。所以，他们希望能够借助外部的某些力量，帮助他们完成城市管理、保境安民的工作，并成为苏联红军与其他势力对抗的“缓冲带”。中国共产党显然是不二人选。

然而，在中国共产党看来，旅大地区更应该成为支援解放战争的后方基地。实际上，中国共产党的力量是在苏联方面的大力支持下才在旅大站稳脚跟的。尽管由于苏联与国民党政府之间签署的友好条约的限制，中国共产党的组织不能够公开活动，但在苏联红军的羽翼下，共产党牢牢控制了旅大的政权机关，使旅大成为那一个时期中国共产党所实际控制的第一座大城市。这为中国共产党利用城市资源，通过军工生产、商业贸易等形式为解放战争提供支援带来了极大的便利。因此，旅大地委在东北局的领导下，“把大连不仅仅当作自己的大连、东北的大连，而是当作全国的大连来经营”②。而在此实行军事管制的苏联红军，自然被认为是这片隐秘后方基地的最佳“门卫”。

与此同时，双方在心理上也存在巨大的差异。苏联红军是以胜利者和解放者的姿态进驻旅大的。趾高气扬的态度再加之一度

① 关于特殊解放区时期的中苏矛盾，可参见拙作《中共与苏联在旅大特殊解放区的矛盾与妥协》，大连市近代史研究所、旅顺日俄监狱旧址博物馆编：《大连近代史研究》第14卷，辽宁人民出版社2017年版，第317—328页。

② 王元新、王万涛主编：《大连特殊解放区》，第91页。

败坏的军纪，给苏联红军的形象带来了极为负面的影响。而旅大地区的民众，对几十年前沙皇俄国侵略中国的历史仍存有记忆。一时间，“解放者”与“侵略者”的形象发生了交错，自然也会产生心理上的波动。此外，在苏联红军与中国共产党的合作过程中，双方工作风格上的差异抑或是沟通上的不畅，尤其是苏联方面暴露出的某些“沙文主义”的作风，诸如“遇事干预过多，命令多于说服，强制多于协商，听不得中国同志意见，缺乏自我批评”等，确实也进一步加深了双方的误解和隔阂。① 双方的矛盾，就这样不断地积累着。

矛盾自然是双方面的，但当时的苏联红军驻旅大司令部并不这样认为。1947年9月17日，时任苏联红军驻旅大警备司令部司令官巴申，代表苏军总司令部与时任中共东北民主联军总政治部秘书长杜平进行了一番谈话。谈话中，苏联方面尖锐地指出，“几个月来你们党委领导有错误，这个错误是与苏军关系不好”②。巴申将造成中共与苏军之间矛盾的原因完全归咎于中共方面，点名“批评”了刘顺元、唐韵超，并列举了一系列所谓的“罪状”，诸如：不拥护关东公署，消极怠工，不承认苏军的监督，妨碍司令部决策，以及鼓动民众反苏，等等。苏军方面明确要求撤退二人，同时指出，“刘顺元是大干部，我们不好解决，请你电告东北局”③。

实际上，苏联方面此举是颇为不妥的。一方面，苏联方面既然提出是中共党委的领导有问题，其所指的必然是旅大地委，若是真的希望就工作方面提出意见和建议，谈话的对象也应当是以时任旅大地委书记韩光为代表的旅大地委的领导同志，而不应当越过他们将问题直接反映给中共方面的上级组织；另一方面，这次谈话显然是“预谋已久”，但所选择的时机又十分偶然。实际

① 王元新、王万涛主编：《大连特殊解放区》，第93—94页。

② 《巴申与杜平谈话纪要》，大连市史志办公室编：《苏联红军在旅大》，内部发行，第278页。

③ 《巴申与杜平谈话纪要》，大连市史志办公室编：《苏联红军在旅大》，第279页。

上，苏军方面对杜平来旅大的目的并不知晓，只是以为他是来检查工作的，所以做了非常正式的谈话。这次谈话实属突然袭击。但从内容来看，又很明显是长期以来所积累的各种不满的宣泄，所列举的事例又十分充分，不容辩驳，一时间使中共方面确实感到措手不及。在中共旅大地委《关于刘顺元、唐韵超两同志撤退问题的报告》中也指出，“他们（指苏联红军）这一建议提出，并非偶然的，而是长期的积累”①。因此，这次谈话与其说是对以往双方矛盾的抱怨以及对今后发展方向的建议，不如说是一次“最后通牒”。

二

苏联红军方面咄咄逼人，中共方面则需要多方权衡，慎重考虑。实际上，在对待苏联的问题上，中共方面已经定下了以苏为主的“基调”。以苏为主实为客观条件使然，时任旅大地委书记韩光就曾经回忆道，我党在旅大地区，“既要放手开展工作，又要照顾到苏联方面的外交影响”，既要贯彻我党的政策、主张，又不能完全照搬老解放区的那一套做法。“大连的情况特殊，要注意政策和策略”；若完全不照顾苏联方面的利益，“与苏联驻军当局顶牛，就会使我方受到更多的限制，不利于与我们稳固扎根和进行恢复发展生产、支援解放战争前线的工作”②。这些认识代表了中共中央以及东北局的对苏政策主张，也是当时旅大地委内部的主流。

在“刘、唐撤退事件”发生前的1947年4月，旅大地区成立了“中苏友好协会”。借此机会，中共旅大地委对以往的对苏关系进行了反思，并提出，“促进中苏永久友好，是我旅大党的

① 《关于刘顺元、唐韵超两同志撤退问题的报告》，大连市史志办公室编：《中共大连地方组织文献选编（1926—1949）》，中共党史出版社2009年版，第130页。

② 韩光：《关于旅大地区解放初期若干情况的说明》，中共吉林省委党史研究室、吉林省东北抗日联军研究基金会编：《韩光党史工作文集》，中央文献出版社1997年版，第35页。

重要政治任务”[①]。随后，1947 年 5 月，中共中央东北局就在《关于大连工作的决定》中指出，“一切布置以服从苏方之外交为主，作长期打算”[②]。尽管中共方面这一连串的表态表面上看是为了尽快改善与苏军的关系，以应对即将到来的所谓“国民党视察团”，但是，这确实表明了中国共产党处理对苏关系的基本原则。表面上看，中苏之间似乎相安无事，风平浪静，但是，在实际工作当中，一些不可避免的摩擦使双方的矛盾不断发酵。

在中共党内，关于对苏关系的问题，也确实存在不同声音。有一部分同志认为，“以苏为主即是以我为奴”。不论以任何方式来审视，这种观点显然是有失偏颇的。但如果置于当时的历史条件下，尤其是在当时中苏存在矛盾的背景下，这种观点在某种程度上也可以被理解。因为，苏军过于强势，不论是事实上的军事存在，还是随之而来的心理上的优势，都不由得让人感到担心。再加之苏军某些“沙文主义”的作风，甚至事无巨细都要由苏军过问和监督，就更加令中共的同志们感到不快。刘顺元就曾经公开表示，苏军的做法很难接受，“这种做法我看不惯，经常提意见，久了关系就不好处，别扭”[③]。由此可见，尽管中共方面确立了处理对苏关系的基本原则，但在具体事件、具体人身上，也难免有偏差。

1947 年 9 月 25 日到 10 月 10 日，中共旅大地委举行执委会会议，会议的主要内容是“关于旅大地区的形势、特点和党的任务”[④]，其中的重要议题之一就是反思以往对苏关系，以及讨论

---

① 《中共旅大地委关于加强中苏友好协会工作的决定》，大连市史志办公室编：《中共大连地方组织文献选编（1926—1949）》，第 122 页。

② 《关于大连工作的决定》，中共中央东北局办公厅秘书处编印：《中共中央东北局重要档案汇编》，中央档案馆。转引自，汪朝光：《战后中共与苏联在旅大关系研究》，第 115 页。

③ 刘顺元：《中共大连党组织与驻连苏军关系》，大连市史志办公室编：《苏联红军在旅大》，第 77 页。

④ 韩光：《旅大八年》，中共吉林省委党史研究室、吉林省东北抗日联军研究基金会编：《韩光党史工作文集》，第 372 页。

苏联方面所提出的关于撤退刘、唐的问题，史称“十月会议”。一般认为，这次会议是特殊解放区时期，中共与苏联驻军关系的拐点，自此以后，双方关系开始逐渐向好。① 但正是在这次会议上，中共内部的两种不同观点，发生了激烈的交锋。地委书记韩光认为，“中国共产党应该为巩固苏军的根据地服务，根据苏军根据地来建设，而不是在这里建设我们那一套解放区”②。这是典型的“以苏为主”的观点，是中共旅大地委一贯立场的再一次重申；持反对意见的地委副书记刘顺元则继续坚持己见，他“承认总的方面应该服从莫斯科的政策，但是在具体执行上，因为这里是中国地区，没有中共的积极建议和苏方同志的尊重听取，事情是办不好的”，“对苏关系我们的确应当检讨，但单方面检讨是不能解决实际问题的”③。客观来说，刘顺元的观点并无不妥之处。但是，列席会议的有两名精通汉语的苏军代表，这番发言无疑加剧了他们对于刘顺元的不满。

“十月会议”最终通过了《关于目前形势和党的任务》的报告，重新评估了旅大地区的形势，确定了党在旅大地区工作的总方针④。在对苏关系上，继续坚持以苏为主的既定方针。关于刘顺元和唐韵超的问题，旅大地委最终达成妥协，将二人调离旅大，同时将曾经对苏军当局表示过强烈不满的边章五、陈云涛等人调离现任岗位。“刘、唐撤退事件”告一段落，中共旅大地委的最终决定无疑是十分痛苦的，此举“终将给工作以损失”⑤，但同时也是审时度势的明智之举。

---

① 《中共旅大区党委关于三年来中苏关系的总结报告》，大连市史志办公室编：《中共大连地方组织文献选编（1926—1949）》，第240—243页。

② 丁群：《刘顺元传》，江苏人民出版社1999年版，第207页。

③ 丁群：《刘顺元传》，第203—204页。

④ 《关东目前形势和党的任务》，大连市史志办公室编：《苏联红军在旅大》，第284页。

⑤ 《关于刘顺元、唐韵超两同志撤退问题的报告》，大连市史志办公室编：《中共大连地方组织文献选编（1926—1949）》，第130页。

三

“刘、唐撤退事件”的解决方式，最终实现了苏军的主要意图，中共方面也是在无损大局和核心诉求的前提下，做出了适当的妥协。问题在于，中苏双方在旅大特殊解放区的矛盾由来已久，而且中共内部对苏军的不满也绝不仅仅是个案。按照当时中共旅大地委的理解“某方此举实际上不仅是对两个同志的批评(或处分)，应看成是对整个地委的”[①]。那么，一个长期被忽略的问题是，为什么苏军方面唯独提出撤退刘顺元和唐韵超，这两人又有何特殊之处？

如果仅从个人方面来寻找原因，刘、唐确实是对苏军表达不满最为激烈的中共干部。刘顺元对苏军方面干涉旅大地区政府部门的人事任命、财政支出甚至日常事务，存在很大的意见，曾经多次直接与苏军代表之间发生冲突。可能是性格使然，也可能是双方沟通上存在问题，刘顺元几次向苏军反映的问题不但没有解决，反而使苏军对他的印象急转直下。就连刘顺元的某些个人习惯，也被认为是对苏军的挑衅和不敬。例如：由于共产党人在当时必须隐蔽身份，所以在政府任职的共产党人必须装扮成无党派的样子，并且穿西装、梳油头。刘顺元久在农村开展根据地建设工作，对此极为不习惯，所以在公开场合也保持穿布鞋的习惯，胡子刮得也并不及时。这种在刘顺元看来“还说得过去”的邋遢，在苏军眼里就成了有意而为之。[②] 而唐韵超则是另一种状况。唐韵超长期在大连地区从事工人运动，曾经领导过著名的“四二七”大罢工，在旅大工人心目中，地位非常之高，而他也确实处处为工人的利益着想。他曾经多次公开就工人待遇及劳动

---

① 《关于刘顺元、唐韵超两同志撤退问题的报告》，大连市史志办公室编：《中共大连地方组织文献选编（1926—1949）》，第130页。

② 刘顺元：《中共大连党组织与驻连苏军关系》，大连市史志办公室编：《苏联红军在旅大》，第76页。

保障问题向苏军当局提出意见，甚至曾在苏联远东区司令部派员视察旅大工作的时候，公开发表演说表达诉求。[①] 在苏联红军看来，唐韵超的存在，严重影响了苏联红军在旅大的威信，唐甚至有鼓动工人反苏、自任“领袖”的倾向。[②]

当然，这些都是苏联红军方面一厢情愿的“臆想”，而这些个人原因也确实不足以使苏联方面如此大费周章。但是，如果考虑到二人在中共旅大地委，以及在当时的关东公署所担任的职位和分管的工作，苏联方面的意图和目的就表现得再明显不过了。刘顺元在当时的旅大地委担任副书记，分管财经工作。而经济问题，自始至终都是中苏之间在特殊解放区的矛盾焦点。在这个问题上，双方最初的做法实际上都无益于旅大地区经济的恢复，但彼此之间又充满着相互的指责和不信任。首先是苏联红军，在出兵东北的过程中，从长春、沈阳等工业城市拆卸了大量的机械运回苏联国内。在旅大虽然有所收敛，但重要的企业和战略物资也都被他们牢牢掌握，此举伤害了中国人民的感情；中共方面最初也希望能够从旅大地区获得更多的战略资源，以支援全国的解放战争。所以各大军区，各个根据地都派人来大连，设立办事处，四处收集物资。总体上，在 1947 年“十月会议”之前，这些行为没有得到统一的约束和规范。苏联方面表面上指责中共的做法是“杀鸡取卵”（中共方面在某种程度上也承认这种说法），但实际上还是自身的经济利益受到了挑战。

更为严重的是解决旅大地区的经济困难问题。特殊解放区初期，旅大地区缺粮、缺钱，经济秩序极度混乱。中共在解决经济困难这个问题上，做了非常多的工作，但是，资金的捉襟见肘，始终是个巨大的困难。为了获得资金支持，几乎是唯一的解决方案就是向驻旅大苏军进行抵押贷款。当时可以用于抵

① 唐韵超：《日本投降后苏军在大连的情况》，大连市史志办公室编：《苏联红军在旅大》，第 88 页。

② 《巴申与杜平谈话纪要》，大连市史志办公室编：《苏联红军在旅大》，第 279—280 页。

押的物品，就只有旅大地委所掌握的黄金。此举正中苏联红军下怀，由此便产生了“全世界银行贷款中抵押贷款的唯一现象”，即：贷款所支付的利息，必须从作为抵押物的黄金中扣除。[①] 这样，即便在未来，中共有了足够的偿还能力，而作为抵押的黄金，却全部作为利息进了苏联人的腰包。此举又一次伤害了中国人民的感情。而苏联方面这种“背信弃义”的做法和不讲诚信的行为，也直接体现在苏营以及中苏合营企业运行中，直接影响到了广大工人的切身利益。面对这样的状况，唐韵超自然会挺身而出，因为他所担任的是旅大地区总工会主席，分管工人运动。

因此，苏联方面提出“撤退”刘顺元、唐韵超，主要原因是其核心的经济利益受到了挑战，苏联方面当然不会允许在财经工作和劳工管理方面出现不同的声音。由此可见，苏联方面面对中共近乎普遍的不满情绪时，唯独提出“撤退”刘顺元和唐韵超，除了二人强硬的态度以外，更重要的还是考虑到如何能够更好地维护自身的利益。

四

“刘、唐撤退事件”在当时并未向群众公开，以避免引起不必要的误会和谣言，相关事宜的处理和人事调动均以十分低调的形式进行。虽然当时的中共旅大地委在处理这件事情时也承认，这样的结果会对工作造成不可逆的影响，但这毕竟是从大局出发，多方权衡之后才作出的决定。

从个人角度来说，事件的两位当事人，都受到了不同程度的影响。刘顺元离开旅大以后，曾经担任山东省委书记。但当时的苏共中央却以在旅大曾经发生的事情为由，向中共中央施压，认为刘顺元不适合担任正职。这种消极的影响直到赫鲁晓夫上台才

---

① 李一氓：《李一氓回忆录》，人民出版社2001年版，第369页。

逐渐消失。[①] 唐韵超虽然在此之后仍在东北局任职，但是到1955年苏联红军撤出旅大之前，再也没有回来过，甚至他个人还一度背负着“反苏”的名号，遭到处分。[②] 除此之外，边章五、陈云涛等同志，也都以身体原因等理由，或者调离岗位，或者被安排休养。

然而，如果把“刘、唐撤退事件”放在整个中苏关系史上来考察，这个不太和谐但也不太起眼的休止符，曾被认为是中共与苏联在特殊解放区时期矛盾的爆发点。[③] 但从事件本身和随后中苏关系的发展进程来看，这次事件更像是一个转折点。中共方面在以苏为主的大前提下，深刻讨论并反思了来自苏联方面的意见，得出结论，“必须和某方（苏联红军）取得一致，搞好关系，同心协力搞好工作……工作搞好，某方的关系也就会好。搞好工作的关键，是首先搞好财经工作”[④]。这说明，旅大地委对苏军方面的利益诉求也同样做到了心知肚明，从而确定了旅大地委今后工作的出发点。因此，中共旅大地委今后的工作应当确定为，“建设与巩固苏军关东海军军事根据地，并在服从这一条件下，建设与巩固我们党的隐蔽后方”[⑤]。同时，对于苏联方面在工作中存在的问题，旅大地委也同样了然于胸。“撤退”事件发生的半年后，1948年3月，中共方面通过官方途径正式就这些问题向苏联方面提出了自己的意见。在重申中共以苏为主的政策基调，充分肯定双方合作成果的基础上，中肯地指出了苏联方面的工作作风上存在的问题。诸如：“苏军事无大小……都要过问，甚至直接干涉；工作作风存有形式主义的缺点；在政令推行

① 刘顺元：《中共大连党组织与驻连苏军关系》，大连市史志办公室编：《苏联红军在旅大》，第77页。

② 唐韵超：《日本投降后苏军在大连的情况》，大连市史志办公室编：《苏联红军在旅大》，第88页。

③ 党霞：《合作与冲突：旅大地区苏联与中共关系考察（1945—1949）》，第79页。

④ 《关于刘顺元、唐韵超两同志撤退问题的报告》，大连市史志办公室编：《中共大连地方组织文献选编（1926—1949）》，第131—132页。

⑤ 《关东目前形势和党的任务》，大连市史志办公室编：《苏联红军在旅大》，第286页。

上方式粗暴”，等等。[①] 这份意见可谓有礼有节，不卑不亢，其目的是希望双方同志能够“开诚布公，亲密无间”，共同克服双方关系上的缺点。[②]

可喜的是，中共方面得到了苏联红军积极的回应。“过去双方关系不够密切，尤其是苏联的同志未经常找中国的同志，找地委的同志交换意见、讨论工作……这是不对的，我们应当进行自我批评，同时更多地听取地委同志对我们的批评，向我们提意见，我们保证诚恳地接受。”[③] 苏军方面态度的反转，一方面说明在“撤退”事件之后，他们也对双方关系的处理方式进行了反思；另一方面也表明，与中共修好符合当时驻旅大苏军以及苏联的核心利益。自此之后，中苏双方都表现出了积极的姿态，不但中共旅大地委始终坚持以苏为主的总体原则，苏联方面也不断反思他们曾经的所作所为，不断调整着其处理与中共关系的方式。在此之后，双方从高层到基层，相互之间的联系与合作日益紧密，实际上可以视作是新中国在处理对苏事务上的一种预演。同时，也为两国在50年代进入关系的“蜜月期”打下了良好的基础。

【责任编辑：周爱民】

[**作者：**刘彦伯 中共大连市委党校党史党建教研部 副教授 大连 116013]

---

① 《中共旅大地委关于联共与中共同志在完成巩固关东苏联海军军事根据地共同任务中的工作关系问题的几点意见》，大连市史志办公室编：《中共大连地方组织文献选编（1926—1949）》，第145—147页。

② 《中共旅大地委关于联共与中共同志在完成巩固关东苏联海军军事根据地共同任务中的工作关系问题的几点意见》，大连市史志办公室编：《中共大连地方组织文献选编（1926—1949）》，第149页。

③ 《韩光、袁牧化与巴申同志、安特罗波夫同志谈话记录摘要》，大连市史志办公室编：《中共大连地方组织文献选编（1926—1949）》，第151页。

监狱史研究

大连近代史研究 第16卷

明朝苏三监狱的建筑伦理功能

王志亮

摘　要：在我国的历史上，保留至今的遗留监狱屈指可数，历史越久远越罕见，就其监狱建筑伦理功能而言，尤以明朝苏三监狱最为典型，这是中国传统刑狱文化的典型代表。

关键词：明朝　监狱　建筑　功能

在山西省洪洞县城内旧县衙的西南隅坐落着一座明朝时期的监狱，这座监狱建于明洪武元年至洪武二年（1368—1369年），俗称“苏三监狱”，遗憾的是在十年动乱中被拆毁。1984年复修后的苏三监狱，完全保持了原先的规模和布局、体容和面貌、物体和结构，仍不失为原始的监狱建筑，其特有的建筑凸现了监狱建筑的伦理功能。

一、监狱建筑的思想表征功能

监狱建筑是一个和谐的整体，这意味着监狱在建造完成时应该与其设计的初衷是一致的，它成功地体现出人们在设计它时想要表达的意图。按照这个思维逻辑就不难理解苏三监狱为何建在明朝之初的原因了。苏三监狱之所以始建于明太祖朱元璋洪武初年，是因为要体现朱元璋的“刑乱国用重典思想”。明朝建立后，朱元璋采取了奖励垦荒、减轻赋税等措施，来恢复和发展经济，但同时以朱元璋为代表的封建地主阶级疯狂地兼并土地、掠夺农民。当时全国还没有统一，元朝的残余势力还依然存在，不时进行反对明朝的活动。有鉴于此，朱元璋认为他刚刚建起的明朝是个“乱世”，并强调指出“吾治乱世，刑不得不重”“胡元以宽而失，朕收平中国，非猛不可”。《明史·刑法志》有“始太祖惩元纵驰之后，刑用重典”的明确载记。

在“刑乱国用重典思想”指导下，为了调整、控制明初的各种社会关系和矛盾，巩固封建统治秩序，朱元璋竭力提升皇权的专制程度，强化国家统治工具，把封建专制主义的皇帝中央集权制度推到了极端。建造监狱就成为强化国家统治工具的必备内容，不可或缺。苏三监狱由过厅、普监、死牢三个部分组成，门窗小而坚实，围墙高而厚，呈现出一种阴森可怖的景象，体现了朱元璋明王朝的“刑乱国用重典思想”。可以说，苏三监狱是朱元璋“刑乱国用重典思想”的物质固化体现。

明朝的法定刑沿用隋唐的五刑，《大明律》的《名例》中和《大明令》的《刑令》中规定了笞、杖、徒、流、死五种刑罚，除在律令规定刑名、刑种之外，还有大量的律外刑名和私刑。朱元璋以重典惩治地主阶级内部的异己分子和与朝廷争利的不法豪强、贪官污吏，他在《大诰》中承认的律外刑名就有族诛、凌迟、枭令、墨面文身、挑筋去指、去膝盖、剁指、断手、刖足、阉割为奴、斩趾枷令、常枷号令、枷项、游历、免死发广西、人口迁化外、全家抄没、戴罪还职、戴罪充书吏、戴罪读书、充罪工役及砌城准工等30余种。而且，明朝律例在五刑之外，又增加了枷号，并逐渐成为常用刑。枷号，也就是枷示，或叫作枷令，在罪犯颈项套枷，枷上标明犯人姓名、所犯罪状，令其在监外示众，备受羞辱痛苦的刑罚。这种刑罚从北周时开始施用，明朝发展为常用的重刑。这种刑罚的行刑场所基本在监狱门口或指定的官衙门旁，与狱内戴枷的戒护性质不同，一般采用朝枷夜放、昼施枷夜收监的方式。监外执行的期限有1至3个月或半年，甚至永远枷号。枷重可达120斤，犯人戴上示众不几日即死。

皇帝和宦官为了滥施淫威，常把枷号作为羞辱大臣的惩罚。至于《大诰》中创设的常枷号令、斩趾枷令、枷项游历等名目更多，不仅罪犯戴枷监外行刑，兼受肉刑、羞辱于一身，而且常枷号至死。据《大诰》所载，朱元璋施用各种酷刑。例如，金华府县官张惟一“故纵皂隶王讨孙等殴打舍人，事觉，皂隶断手”。“御史王式文等徇情妄出绍兴府余姚县吏叶邑妄告他人之罪，被墨面文身，挑筋去指”。应天府上元、江宁两县民刘二、军丁王九儿等十四名，暗出京师百里地，私立牙行，恃强阻客，被“常枷号令，至死而后已”。

二、监狱建筑的现实再现功能

建筑的魅力需要通过表现力和再现之间的张力得以体现。建筑的现实再现功能，赋予了监狱建筑的描绘功能，监狱建筑的描绘功能是通过一定的符号来表达的。苏三监狱是我国唯一保存完整的明代县衙监狱，有着重要的历史价值。苏三监狱的历史价值，是通过一定的符号来表达的。在这里一定的符号，一则就是监狱建筑本身，二则是监狱运行的法律依据。正是由于这些符号的存在，使苏三监狱具有现实再现功能，再现了明代的刑罚制度，成为研究明代刑律法典的重要佐证之一。

有狱则有断狱之律，有律则有执律之具。这所监狱始建于明太祖朱元璋洪武初年，与朱元璋制定的《大明律》属于同期产品。在“治乱世用重典”的重刑思想指导下，朱元璋以《唐律》为蓝本，首列“十恶”，以“凌迟”处死等刑罚镇压人民的反抗，规定人民要服从官府；奴婢、雇工、佃户服从主人，有敢侵犯者要处以各种刑罚，以保护地主阶级私有制和政治特权。对犯了所谓的“谋反”“谋大逆之罪者”，在行刑上极为残酷。规定不分“主犯”“从犯”一律凌迟处死，祖父、父子、孙、兄及同居之人，年在十六岁以上者全处斩刑（《明律》卷12《刑律·盗贼》），可见初期《明律》之残酷程度。《大明律》之后，朱元璋又相继颁布了《大诰三篇》，用以解释《明律》，恐吓人民，要他们安分守已。

正德年间苏三在洪洞蒙冤入狱时，明王朝的皇帝宝座上已经轮到了第十一位皇帝。距建造狱时虽已120余年，然官府仍然沿用明太祖之刑律。“幸”判官王知县断案时贪赃枉法，心有余悸，情知此案日后有纠葛，不敢立即“处”苏三以“凌迟”，将她打入阴森森的“虎头牢”里，缧绁拘挛，囚而不斩……但从固若金汤的枕头窑囚室和道道绳痕的“苏三井”口看，苏三这一弱女子所受的折磨之苦，虽说后来其情人王景隆中举理案方将冤狱大白，但在去太原复审时也没有逃脱“桁场”之刑。造成“苏三冤狱”的罪犯皮氏、赵监生等人，他们也没有逃脱《明律》的制裁。《警世通言》里写得十分清楚：“刘推官情知王公子就是本院，提笔定罪：皮氏凌迟处死，赵昂斩罪非轻，王婆赎药是通情，杖责霞名示警。王知县贪酷罢职，追赃不恕衙门。苏淮买良为贱合充军，一称金二月立枷定罪。”虽明王朝的刑法颇酷，然而也分轻重。从诬陷苏三冤狱的罪犯皮氏、赵昂、王婆、霞名等有关此案的“判决”词和洪洞县的明代监狱看，明朝的量刑极为分明。皮氏与赵昂勾奸谋杀人命，必当“偿命”，然偿命者也有区别：一个“凌迟处死”，一个“斩罪非轻”。这说明“犯法羁狱”有主有从，苏三监狱也有普通牢房和“死牢囚室”之分。

三、监狱建筑的空间语言功能

苏三监狱总面积有610平方米，由过厅、普监、死牢三部分组成；四周狱墙体厚约1.1米，最厚的要算院内的南围墙，墙高1.8丈，厚1.7米，内灌流沙，借助沙的流动性，防止犯人打洞外逃。监狱有两道门，两层围墙，墙垣高耸。穿过过厅就是普监，由东西相对的两排监房形成一条狭窄的南北通道，两边有窑式牢房12间，上面檐口外天网密布且挂有很多响铃，是谓“天罗地网”。顺过道南行到尽头有两间禁房，是狱卒的住所。禁房两侧竖立着一尊刻有“复修苏三监狱碑记”的石碑，记载着苏三的身世和古监的沿革历史。禁房东侧是死囚牢。西侧有狱神庙、死囚洞，东侧便是死囚牢。死囚牢门上画有古代传说中的一种动物头形，名为狴犴（龙的九子），青面獠牙，狰狞可怖，以示威慑；图形又因其很像虎头，故俗称“虎头牢”。狴犴像下面是一个低小的门洞，犹如虎口，门的结构是双墙双门，两道门扇一朝左开，一朝右开，是明代标准的死囚牢门。门高不足3尺，墙厚足有2米，进门者需弯腰屈膝，入“虎口”，行数步，再过一门，方能进入死牢小院，死牢是关押死刑犯人的地方。牢院内有枕头窑一孔，隔为3间，西侧的1间是当年囚禁过苏三的窑洞。院内有水井及洗衣石槽，井口石上有历年犯人提水时绳子磨下的十几道明显的痕迹。苏三蒙冤住狱时曾在此打水洗衣，后人就称此井为“苏三井”，井口直径约23厘米，为防止犯人投井自杀而设计。

在监狱普通牢房西南面，“虎头门”对面有个狱神庙，其实不过是在狱墙上的半腰，死囚洞的右上方嵌着一个用砂石雕刻好的神龛，龛里有砖刻的3尊小小的神像，中间坐着的是位老者，表情和善，形态端庄。两旁是两个小鬼，则凶神恶煞，而且狰狞，鬼模鬼样。中间的老者，即所谓的狱神，过去监狱里有一条规矩，允许犯人们每天去参拜狱神。这位狱神是虞舜时的大臣皋陶，皋陶是当时的最高法官，他制定了中国最早的法典，用刑法断决案件，史载：“皋陶造狱，法律存也。”他是牢狱的首创者，是远古声名最著的刑狱之神。

苏三监狱是封建社会的行刑场所，作为珍贵文物古迹，是研究封建社会监狱规制的重要历史资料。苏三监狱的建筑布局作用卓然、含义深刻，完全封闭的环形建筑令人望而生畏、倍感沮丧。监狱建筑有其自己独特的空间语言，监狱建筑的内部空间既能为囚犯提供最低限度的生活所需，又能发挥令人窒息的惩罚和威慑作用；监狱建筑是对空间的分割与界定，监狱内部不管要建造什么、布局什么，“它都不可避免地有其社会意义”，有助于维护监狱内外的社会秩序，有助于解释和昭示监狱的本质。这应是现代监狱建筑吸取的监狱真谛之所在。

尽管我们生活的国度和社会有阶级或阶层、种族、宗教的不同，但监狱建筑的伦理功能是相同的。总之，监狱不是宾馆，囚犯在监狱里服刑，决不是在休闲度假，社会的文明程度无论多么发达，监狱都不应建成人们向往的地方，这应是苏三监狱建筑对我们的最大启示。

【责任编辑：周爱民】

[作者：王志亮　上海政法学院　教授　上海　201701]

明代诏狱的羁押环境与待囚情况考究

高　璐

摘　要：明代诏狱的羁押环境恶劣，采光、通风与卫生条件均不能满足囚犯的基本生存需要。而管理者对待囚犯的态度与方法亦突破了律条约束，虐囚、索贿的情况极为普遍。虽偶有法外施情，但难以代表整体情况。考察明代诏狱的羁押环境和待囚情况，既有助于深入理解明代诏狱中囚犯的实际生活处境，亦可以此窥见近代监狱环境“传统”由来与历史变迁。

关键词：明代诏狱　羁押环境　待囚情况　考究

明代立国之初，君主即以严刑峻法钳制臣属，这种钳制的外化表现之一就是锦衣卫镇抚司下设的诏狱。“诏”意为该监狱当中的罪犯均由皇帝亲自下诏书定罪，“具有表明皇权的神圣性和象征性的意义”①。其运转完全依靠权力掌握者与行使者的意愿，具有浓厚的人治属性。明代被逮入诏狱的囚犯在数量上非常可观，其中一些来自文官群体，具有较高的文化素养。这类囚犯在系狱生涯中多有著述，并详细记述了他们的生存境遇。结合史料

① 张忠炜：《“诏狱”辩名》，《史学月刊》2006年第5期，第117页。

可知，明代诏狱的客观羁押条件与人为的待囚情况均未能称善。

就现存记载来看，明代诏狱囚室狭小、逼仄，采光、通风不畅，卫生条件恶劣，而司官狱卒亦以凶狠闻名，往往虐囚、索贿。虽不乏通融周全、便宜行事的情况，但这些行为属于个例。通过梳理明代诏狱的羁押环境与待囚情况，有助于理解明代诏狱中囚犯的实际生活处境，亦可为明代监狱史和司法史研究提供有效样本，以此窥见中国监狱环境的“传统”与变迁。

一、明代诏狱的羁押环境

明代诏狱的客观羁押环境非常恶劣，囚室的采光、通风、面积、卫生等方面均不能满足囚犯的基本生存需要。据现有文献记载来看，明代诏狱中的囚室地势低洼，半入地下，“镇抚司狱，亦不比法司，其室卑入地”[①]。从明代诏狱中产生的文学史料里发现，即使在白天，其所居处的囚室也昏暗幽黑，与夜晚无异。王守仁下诏狱后，作《有室七章》组诗，言其居所曰：有室如簴，周之崇墉。窒如穴处，无秋无冬。耿彼屋漏，天光入之。瞻彼日月，何嗟及之。[②]

这种身处囚室不知昼夜、幽闭昏暗如在鬼蜮的情形在许多明代与诏狱相关的作品中都有体现，而诏狱中“幽室窵杳，门扉昼锁”的情况，不但有碍采光，也影响通风。久而久之，囚室之中气味难闻：久之，狱中秽气爵蒸，久在内者习不自知，从外乍进则臭不可堪。……此何等气象也？墐栊掩户，日影不通。尘留负鼠，隙引污风。一息淹淹，百虑忡忡。[③]

囚室内的气味不过使闻者皱眉而已，狱中犯人共用的厕所才真正是臭秽不堪。多人溷居，通风不畅，卫生条件恶劣的情况，

---

① 沈德符：《万历野获编》，中华书局1959年版，第538页。

② 王守仁：《王文成全书》卷十九，清文渊阁四库全书本。

③ 杨爵：《杨忠介集》卷七，清文渊阁四库全书本。

往往会导致狱中疫病流行。万历朝后期，诏狱中囚满为患，而神宗两年不进行热审，犯人淹系时久，转相积累，囚室不够用，“至将神庙悉行亵渎，公厅亦皆作践。杂嚣臭秽，瘟疫流行”①。

降及晚明，情势愈恶。熊廷弼谓之“初伏三日热异常，蒸骨流膏如探汤。矮屋墙逼风不入，宛转炙瓮何可当？”② 而冬天诏狱中又极为寒冷。黄淮诗中称冬夜囚室中是“被拥尘毡藉地铺，凝寒惨若在冰壶”③。聂豹亦称囚室中极其冷，以至于“铜垣铁壁冰峥嵘，发凋髭短指几脱”④。

诏狱囚室半入地下，一旦下雨，便蓄起雨水，数日不干。一些囚犯无论身体是否有伤，只能被半浸在冷水里。杨爵下诏狱之后称：“即今幽室窞杳，门扉昼锁，漫漫然与长夜无以异，下地冷水之上，肌肤凛烈。”⑤ 有的囚室年久失修，屋顶漏雨，每逢下雨还不得不移动床铺，李梦阳在《省愆赋》中谓之“幽屋破而下淋兮，床一夜而十徙”⑥。

实际上，屋顶漏雨、地上积水对囚犯而言，尚不足为虑，可虑者乃半夜之暴雨。我国为温带季风性气候，北方夏季夜晚往往暴雨如注，牢房的土墙被雨水长时间浸泡，难免松动倒塌，危及性命。黄淮有诗记述其事曰：“嗟余遭罪衅，历涉故多屯。不戒岩墙险，宁为知命人？仓皇鱼在辙，狼狈越依秦。赖有知心友，相看意甚真。”⑦

一般来讲，明代狱中的官监与民监应当是分开的。但是在中明以后，或许是囚室不足的缘故，下狱的犯官有时与平民溷居一处。杨爵自称在囚室中并非单独一人，尚有三五囚徒与自己环列

① 沈一贯：《敬事草》卷十三，明刻本。
② 熊廷弼：《熊襄愍公集》卷十，清同治三年家祠重镌本。
③ 黄淮：《省愆集》卷下，清文渊阁四库全书本。
④ 聂豹：《双江聂先生文集》卷十二，明嘉靖四十三年吴凤瑞刻隆庆六年印本。
⑤ 杨爵：《杨忠介集》卷四。
⑥ 李梦阳：《空同集》卷一。
⑦ 黄淮：《省愆集》卷上，清文渊阁四库全书本。

而偕坐,“或十三四龄,口尚乳臭之竖子;或八九十岁,须眉皓然之老翁”①。晚明熊廷弼亦对子弟述及自己下狱后之情形,称“冻囚哭我侧,冤鬼号我旁”②。则杨、熊二人下狱之后曾经在官民混杂的多人囚室中待过一段时日。不仅如此,晚明时期的一些囚室非常狭窄。郑鄤有诗述及了自己在诏狱中的居处环境,称其“譬似牵舟一叶过,卜居非屋亦非河。不堪铃柝催眠早,犹有砧声入梦多”③。除了要克服狱中昏暗潮湿、肮脏逼仄的环境之外,囚犯要扛枷戴锁。聂豹在《幽拘操》中自称在诏狱里“纷校卒之凌咄兮,抱桎梏以为亲”④,说的就是下狱羁押时要戴上刑具。王云凤摹其情状为“步蝉联”⑤,即谓行走之时因脚镣牵绊而拖拉连赘之情状。杨爵下诏狱之后,自称被“昼夜柙锁”,以至于“右胫前为柙木转磕成疮”⑥。不仅如此,诏狱中于上夜之时,还要再加一层禁锢,将犯人锁在一起以防逃脱,杨爵记述其事曰:“每夜初上,锁腰络,曰群捆,曰生根,一人立而唱之,数人缚而为之。”⑦

二、明代诏狱的待囚情况

《明史·刑法志》载:“锦衣卫狱者,世所称诏狱也。”⑧ 可知明代诏狱实际是锦衣卫镇抚司下设的监狱。诏狱中的日常事务由锦衣卫镇抚司的司官和狱卒负责,东西厂则时时派人诣狱巡视。这些管理者对待囚犯的态度与方法则基本不受实际律条的约

① 杨爵:《杨忠介集》卷七,清文渊阁四库全书本。
② 熊廷弼:《熊襄愍公集》卷十,清同治三年家祠重镌本。
③ 郑鄤:《峚阳草堂诗文集》诗集卷十六,民国二十一年活字本。
④ 聂豹:《双江聂先生文集》卷十二,明嘉靖四十三年吴凤瑞刻隆庆六年印本。
⑤ 王云凤:《博趣斋稿》卷九,明刻本。
⑥ 杨爵:《杨忠介集》卷三,清文渊阁四库全书本。
⑦ 杨爵:《杨忠介集》卷四。
⑧ 张廷玉:《明史》,中华书局 1974 年版,第 2334 页。

束，虐囚、索贿的情况极为普遍。虽偶有法外施情，但属于个例，难以代表整体情况。

就现存文献记载来看，明代囚犯与诏狱管理者的关系，在逮捕之初就已经建立。如果这些囚犯的身份是文官，需要向缇骑缴纳一定数目的银两，之后才能启程赴狱。在许多文献记叙中，一般认为是锦衣卫校吏借开读驾帖的名义勒索贿赂。晚明李应升被逮，诏书至郡后，“时缇骑需索甚奢，逼勒不肯开读（驾帖），而阖郡士民攘臂奋呼欲逐缇骑而甘心焉。赖郡侯曾公二云力为调护，又捐俸慨助以饱缇骑之欲，得毋及于变”①。不过，另一些诗文为我们透露出了别样的信息。晚明高出在《游肩生侍御谈旗尉郑君高义感而赋赠》诗中称“请辞分例或未可”②，这个“分例”指的就是锦衣卫逮人时向被逮者所收取的贿赂。但值得注意的是，根据高出的描述，这个“分例”即使是锦衣卫旗尉有意请辞都未必能免去，以至于郑旗尉“心内伤”“意彷徨”。那么，如果这些收来的银两不是直接成为此次“公干”补贴的话，就是作为成例最终上交给镇抚司，抑或二者都有。这也正是让郑旗尉感到为难的原因。诗中的记载使得我们产生了这样一种印象：至少在晚明时期，尽管有政府的常俸和传驿制度的配合，但普通校吏的收入或许并不足以抵销缉拿逮系的耗费，同时镇抚司收入的一部分可能也正是来自于这类灰色“效益”。由此就形成了向受逮文官索取“分例”，受逮者缴纳了银两，逮人者才能押解犯官启程。如果偏巧这个受逮者家无余财，以至于举县措资，而校吏又勒索不休，那么就会给人一种大好大坏的直观判断。除个人道德品行之外，这种社会矛盾的产生根源，一方面是由于中央行政效能的乏力和监管制度的缺失，另一方面恐怕和晚明时期银根紧缩的实际财政状况也不无关联。再回到高出的诗作来看，索要来的“分例”当然不归郑旗尉一人所有，即使他自己出于高义，

---

① 李应升：《落落斋遗集》卷九，明崇祯刻本。

② 高出：《镜山庵集》卷二十二，明天启刻本。

声称自己此次出差就当是义务劳动，也不能不顾及其他校吏的收入，以及如何向镇抚司交代等实际问题。因此他只能采取一个折中的办法，也就是“数金于我终不私，前途解赠更扶将”①。这种情况即使受逮者也能够理解，以至于让他们在下狱之后都不无感激地回忆这位郑旗尉的帮助，称“扶将劳苦劝加餐，孤臣惟赖尔平安。仍分俸米佐橐饘，余亦感之泪泛澜”。②

这些受逮者在下狱之后，往往还要度过一段漫长的羁系生涯，因此与狱中管理者的关系就直接决定他们的生存处境。“尘埃之中，古今一体”，明代士人下诏狱后所受到的困辱，于史乘之中俯拾皆是。杨爵下诏狱后，曾遇到过狱吏的刻意刁难。他在《漫录》当中写道：予系此四十一月矣，逻者日在侧，觇予动作。有甚厚予携壶酌以伸问者。后一人来，甚横逆。予卧于旧门板上，阻之以席，其人皆扯毁之，谓予罪人，不宜如此。又往往发其厚予者，使人知之曰，某日某皆潜献其处者。盖令其得罪以见，已薄之为是。③

又有向囚犯索贿者，杨爵谓，“此辈以守狱求贿为生理”④。而袁袠则以“束缚窘辱，得赂则生，不赂则死。赂多则削重以为轻，赂少则诬虚以为实”⑤ 来描述这种情形。若囚徒未能及时给付，则不免受其凌辱。更有甚者，毙命其手。天顺朝锦衣卫指挥使马顺在诏狱中杀害文臣刘球，肢解后就地掩埋：……会编修董璘上言太常用道流不称，请自为卿，忤旨下诏狱。锦衣使马顺亦阿振，曰（刘）球为璘地，故疏重祀臣，与璘通。振悦之，乃诬服璘，矫旨从朝班中捽出球下之狱，嗾顺夜杀之。迟明，顺小校持刀推狱门。球、璘方同卧，小校扼之急，球大呼曰：“太祖太宗，明灵在天，何得擅杀我？”小校刺球颈出血，顺前踢仆之，

① 高出：《镜山庵集》卷二十二。
② 高出：《镜山庵集》卷二十二。
③ 杨爵：《杨忠介集》卷六，清文渊阁四库全书本。
④ 杨爵：《杨忠介集》卷三。
⑤ 袁袠：《世纬》卷上，清《知不足斋丛书》本。

相与支解，掘而瘗之狱中。璘从旁匿其血裙，球子釪、钺求球尸，仅得一臂，乃裹臂裙以实椟。①

此事亦为后来史官所采信，并见载于万斯同《明史》卷二百十九、张廷玉《明史》卷一百六十二、陈鹤《明纪》卷十三、夏燮《明通鉴》卷二十三、谷应泰《明史纪事本末》卷二十九等诸类史料中，内容与《名山藏》大体相同。晚明天启朝杨涟、左光斗、魏大中等人以党争失利被逮下诏狱，受刑之后，被狱卒叶文仲杀害，其事见载于《诏狱惨言》。

然而事有正反，诏狱中亦不乏囚犯得到管理者保护的情况。初明李时勉下诏狱之后，曾因一位锦衣卫千户的秘密救护而保全了性命。据张廷玉《明史·李时勉传》载：……（按，李时勉）洪熙元年复上疏言事，仁宗怒甚。召至便殿，对不屈。命武士扑以金瓜，胁折者三，曳出几死。明日改交趾道御史，命日虑一囚，言一事。章三上，乃下锦衣卫狱。时勉于锦衣千户某有恩，千户适莅狱，密召医，疗以海外血竭，得不死。②

血竭乃中药名，又名骐驎竭。李时珍《本草纲目》卷三十四“骐驎竭”条载：“此物如干血，故谓之血竭。”③不仅如此，李时勉在狱中养伤，也时常得到锦衣卫官吏的馈赠，写有《张百户惠李》《齐百户送冰》《李指挥惠桃》等诗以纪事。无独有偶，杨爵下诏狱之后，亦曾受到过东厂使者苏宣、杨栋的周旋保全④。即使在晚明天启朝后期，诏狱的管理者也并非一概凶狠，据《诏狱惨言》载：“叶文仲为狱卒之冠，至狠至毒，次则颜紫，又次则郭元，二刘则诚实人也。”⑤而东林诸人下诏狱，亦不乏遇到狱卒礼遇的情况：……诸君子初入诏狱，狱卒持上下之

① 何乔远：《名山藏》卷六十三《臣林记》，明崇祯刻本。

② 张廷玉：《明史》，中华书局1974年版，第4422页。

③ 李时珍著，王庆国校注：《〈本草纲目〉（金陵本）新校注》，中国中医药出版社2013年版，第1057页。

④ 杨爵：《杨忠介集》卷三，清文渊阁四库全书本。

⑤ 金日昇：《颂天胪笔》卷二十一，明崇祯二年刻本。

礼颇严，后知诸君子不免于祸，遂席地对谈，既而坐诸君子之左右，笑语如友朋。①

如果下诏狱的文士与校吏狱卒相处融洽，也会为其作诗题赠。程文德有《狱卒求四时诗一笑答之》诗，夏言有《题秋箑赠楚望二首》诗、《题戴二翁墓表》诗、《高节篇》诗，郑鄤有《题画八首》诗，等等，不一而足。而李时勉《赠陈百户》诗，以其叙述详备真切，可以被视作这一类诗歌的代表作。②

在这里引出此类文献并不是为了洗刷明代诏狱管理者的恶名，而是感到在文史研究领域中，或许应当提防某些先入为主的印象。因为它们在立论的最初会影响研究者的判断，使其难以冷静、全面地建立一个多角度的视野去看待史实。

作为实体机构，锦衣卫官署位置在明代北京城的大明门以西。据《天府广记》卷二一载："（正统）八年建五府通政司锦衣卫于大明门之西。"③ 而其下辖的镇抚司狱亦位于此处。随着明朝灭亡，诏狱的运转也走到了尽头。南明孱弱短命，无力设立诏狱。根据杨宽《中国古代都城制度史研究》对清代北京官署布局变化的考证，清代建立以后，"于顺治二年（1645 年），取消锦衣卫，恢复銮仪司，用来专管銮舆仪仗。銮仪司即在原锦衣卫的部分旧址"。……原来明代锦衣卫官署占地较大，所设经历司、南北镇抚司等，均设在此。清代所设銮仪司不过使用其部分旧址，清代迁来的刑部也用其旧址。清代《刑部册》（《日下旧闻考》卷六三引）说："'刑部公署，国朝即明锦衣卫故址移建，大堂壁间旧有锦衣卫题名碑，后毁于火。'大理寺设在刑部以南，'传为明南镇抚司故址'（同上书卷'按语'）。南镇抚司也是锦衣卫的一部分。三法司中，只有都察院规模较大，不是原锦衣卫旧址所能容，设在原来明代通政司署旧址。"④

① 金日昇：《颂天胪笔》卷二十一。

② 李时勉：《古廉文集》卷十一，清文渊阁四库全书本。

③ 孙承泽：《天府广记》卷二十一，清钞本。

④ 杨宽：《中国古代都城制度史研究》，上海人民出版社 2016 年版，第 596 页。

据此看来，明代灭亡之后，锦衣卫官署用地被切割，分别用作銮仪司、刑部和大理寺等官署用地，锦衣卫北镇抚司下辖的监狱亦不复存在。清代大兴文字狱，但往往交由法司审理。因“诏”成狱的现象仍然存在，只是不再通过一个专门的实体监狱予以集中呈现。这种情况很难说是施政文明的进步，恐怕实际情况恰恰相反——由于清代君主的权力更为集中，文官的力量不足以与君权相抗衡，君主也不再需要借助像前朝那样粗暴简单的方法来钳制臣僚，而落史家以口实。

三、结语

正如笔者在前文所言，“尘埃之中，古今一体”。明代诏狱的环境与近代中国监狱环境有很多相似之处。如囚室的狭小与环境恶劣，甚至半入地下，与本书编辑单位旅顺监狱旧址的囚室环境大有类似之处；而待囚情况则类似于那些未施行近代文明制度的地区的监狱，如林政佑描写日殖台湾时期监狱的见闻，“从庄水治死后表情看起来受到惊吓且憔悴不堪，无以名状，足部有明显的溃烂，而且满是蛆虫，监狱官吏虽然知道但也只是给予绷带”①；至于羁押者与狱卒间的诗赠，则与安重根行刑前泰然自若赠日本看守，宪兵千叶十七的“为国献身军人本分”相类。梳理明代诏狱的羁押环境与待囚情况的同时，亦可见证中国监狱环境的“传统”与变迁，也是本文书写的一个初衷。

【责任编辑：周爱民】

[作者：高璐　兰州大学文学院　讲师　兰州　730020]

① 林政佑：《日殖时期台湾监狱制度的诞生》，大连近代史研究所：《大连近代史研究》第14卷，辽宁人民出版社2017年版，第452页。

旅顺监狱的独特性与历史价值

周爱民

摘　要： 旅顺监狱作为一座典型的殖民地性质的监狱，其独特的历史经历，在中国近代监狱史和司法史中都具有很重要的研究价值。其中独特性表现在建筑的殖民性、被关押者的国际性、制度的种族歧视性、刑罚的残酷性、作业的剥削性，是日本殖民当局残暴统治的直接体现。其历史价值体现在既是爱国主义教育的生动教材，又是帝国主义侵华史的铁证，相关律令在近代司法史研究中也具有一定价值，特别是对中国共产党的党史研究具有重要价值。

关键词： 旅顺监狱　独特性　历史价值

旅顺监狱始建于1902年，当时由俄国殖民当局兴建，目的是用于镇压中国人民的反抗斗争。甲午战争后，1905年日本侵占大连，殖民当局于1907年开始扩建并使用旅顺监狱，直至1945年投降，历时长达38年，在中国近代监狱史和司法史上留下了屈辱而沉重的一页。本文以旅顺监狱历史发展为例，通过对其在管理体系、刑罚制度、劳役压榨等各方面的研究，总结其存在的独特性，以及重要的历史价值。

一、旅顺监狱的独特性

(一)监狱建筑的殖民性

旅顺监狱从建筑总体上来说，无论是俄国原建部分，还是日本扩建部分都带有典型的欧式建筑特色，特别是日本在扩建过程中很大程度上有意沿用了监狱原有的建筑风格，使整个建筑浑然一体。但监狱作为一种特殊建筑，因为功能的需要，也有区别于其他建筑的自身特点。

旅顺监狱牢房主体楼的走向为东、中、西三面，呈放射状分布，其中东侧牢房87间，分上、中、下三层，中侧牢房84间，分上、下两层，西侧牢房82间，也分上、下两层。在三面牢房交汇处，设有中心看守台，可供值班看守同时监视。这种牢房分布格局反映了19世纪初英国人雷杰姆·边沁的辐射式监狱构想理念，其基本核心是：便于监控管理，防止被关押者逃走。

牢房的排列结构也极具特色，以中间廊道为界，左右两侧都有牢房，两面牢房的门相互交错分布，即此牢房之门对彼牢房之墙，彼此互不相望，更便于隔离封闭管理。楼上廊道中间铺设铁栅栏，其作用既便于空气流通及采光，又便于看守巡视、观察。牢房门上部（占整个门三分之一）为铁栅栏，靠近门锁处的铁栅栏加密；下半部（占整个门三分之二）为木质结构，门的右下角有供送饭用的一个小方孔。每间牢房面积15平方米、12平方米、10平方米、7平方米不等。暗牢部分建筑采用了半地穴式结构，具有隐蔽性，便于管理。

旅顺监狱的建筑用料全部采用的是砖木结构，但由于监狱修建经历了俄、日两个殖民统治时期，所以在用料方面也有所不同。俄国时期修建的监狱完全采用灰砖色样，而日本时期扩建部分则采用红砖建造。另外，俄国、日本建造的监狱虽说从风格上看都为起脊式屋顶，但俄国修建的监狱是黑色瓦棱铁屋顶，而日本扩建部分则是灰瓦屋顶。两种不同颜色的材质用于同一座监狱建筑，也是人们区分旅顺监狱殖民者在建筑方面前后较为明显的特征：一个陷进战争泥潭，牢笼半成；一个杀戮大开，魔窟血腥。既争夺又勾结，是殖民者的本性。

（二）监狱被关押者的国际性

旅顺监狱是俄国、日本两个帝国主义国家在中国共同修建的一座法西斯监狱，其规模之大，在世界历史上也是罕见的。同时，这里当年的被关押者，不仅仅有中国人，还有朝鲜人、反战的日本人，以及在大连地区从事反法西斯工作的俄国人、埃及人、美国人等。目前，我们根据已知的历史资料可以查到，先后有7个国家的抗日志士曾被关押或杀害在这里，像朝鲜著名的爱国志士安重根、申采浩、李会荣、崔兴植、柳相根等就是在这座魔窟里遭到囚禁和杀害的。另外，根据杨辅海的回忆资料记述，1942年间受苏联红军参谋部指挥的大连远东军事秘密部情报组被日本殖民当局破坏后，其主要成员就全部牺牲在旅顺监狱，他们中有来自中东地区的犹太人史比亚达、埃及人阿布都等。

大连远东军事秘密部情报组成立于1940年，受苏联红军参谋部领导，主要任务是搜集日本在大连地区的军事情报与经济情报等，负责人是史比亚达和阿布都。中国成员有杨辅海，系大连人，1941年由远东情报员范垂增（杨辅海的内兄）介绍参加情报组。1942年，史比亚达为了搜集情报便利，吸收一名日本人加入情报组。“1942年9月，日本人叛变了情报组，出卖了情报组全体人员。”① 日本大连宪兵队先后逮捕情报组成员14名，其中史比亚达、阿布都、范垂增、王国仁等9人被日本大连地方法院判处死刑，于1944年在旅顺监狱被绞杀。杨辅海被判刑7年，关押在旅顺监狱，1945年8月日本投降后出狱。

1944年秋，一名美国海军陆战队成员，从沈阳日本人控制下的远东盟军战俘营中成功逃脱，但非常不幸，在大连被日本关东军宪兵队捕获，关押在旅顺监狱，不久被秘密处死。见证者刘

① 郭富纯主编：《旅顺日俄监狱实录》，吉林人民出版社2003年版，第296页。

道径，旅顺人，1944 年 6 月至 1945 年 8 月 15 日在旅顺监狱用度系当小使。1944 年秋美国人被押解到旅顺监狱前办公楼时，刘道径正好从办公楼的大门口经过，对这一幕记忆非常深刻。2013 年 3 月 19 日，为了筹拍《大连往事——旅顺日俄监狱揭秘》，我们再次采访刘道径老人，他依稀记得“那时天气刚刚转凉，美国人个子很高，长得很魁梧”。

（三）监狱制度的种族歧视性

在日本殖民统治大连期间，为了保障侵略战争的需要和对日本人的供应，在经济方面实行准战时体制，1937 年之后转向战时体制，其中规定中国人不准吃大米，发现谁吃了大米，就以“经济犯”的罪名判刑入狱。因此，当时有很多中国人就是以这种罪名被关押在旅顺监狱。被关押者在狱中的待遇也是不一样的，比如在饮食方面，狱中规定日本人可以吃大米，朝鲜等国人可以吃小米，而中国人只能吃高粱米和橡子面。更苛刻的是在狱中对中国人实行罚饭制度。

罚饭是狱中最普遍的刑罚方式。被关押者的每顿饭量根据劳动强度和所谓的表现好坏而分为七等，一等饭最多，七等饭最少。凡是违反“狱规”的人，饭量则被减少三分之一，时间是 3 天或 1 周。当时，狱中关押的中国人的主食是高粱米。那又是什么样的高粱米呢？受害者宁学贤，是山东人，1938 年以“杀人未遂”的罪名被日本殖民当局逮捕，判刑 8 年关押于旅顺监狱。1940 年夏秋时节，宁学贤在狱中秘密加入中国共产党，1944 年 9 月 30 日出狱。宁学贤在新中国成立后曾写过《我的回忆》，从中我们可以了解到一些史实：高粱米做成熟饭吃的时候，颜色黑不黑，紫不紫的，我们都叫它“黑驴蛋子”，味道就像粮食发霉了的味，米中含有一定数量的糠，还有虫子。一日 3 餐都有“菜”，早晨是“大酱汤”，这是根据日本人的吃饭习惯；午餐是咸菜和盐面；晚餐是酱油汤，我们都叫它“马尿汤”，闻其名知其质了。有时也有“好菜”，晚餐的菜用些大豆煮煮，或杀猪后剩下的碎肉绞成肉酱熬汤，能看到点儿油珠，或弄些小烂鱼也不洗加咸盐蒸出来，这些“好菜”，一个星期不定哪天能有一次到两次。鱼不洗，菜也不择，有时不仅菜里有蚂蚁、虫子，连人粪都出现在碗里。① 这就是日本法西斯的所谓“人性”。

（四）监狱刑罚的残酷性

旅顺监狱每间牢房的墙上都贴有一张中、朝、日三国文字的狱规，内容共计 11 条，其中规定：不准说话、不准倚墙、不准向外张望、只准跪坐于牢房的中间，对看守须表现出顺从和谨守礼仪的态度，等等。1906 年 9 月 1 日，殖民当局关东都督府制定了《笞刑执行及笞刑囚犯待遇规则》，明文规定对中国人实行“笞刑”。

所谓“笞刑”，就是肉刑，是旅顺监狱最野蛮的一种刑罚方式。这种起源于日本德川幕府时期的野蛮肉刑，自明治维新以后，已经在日本国内废除使用，但在其殖民地统治区，日本殖民当局仍公然使用。1907 年 9 月 26 日，日本殖民当局在《笞刑执行及笞刑囚犯待遇规则》的基础上，又公布《关东州罚款及笞刑处分令》，明确规定：“被处以三个月以下强劳处分时，对于中国人的犯罪，可按情况处以罚款或笞刑（即鞭刑）。”② 1908 年 9 月 30 日，日本殖民当局又补充公布了《关东州罚款及笞刑处分令施行细则》。该细则第二条和第四条明确规定：“笞刑执行时必须有医生对受刑者进行身体检查，以确认其身体状况能否施行笞刑……”“笞刑执行中，受刑者在身体健康明显受到危害时，应停止进行。”③ 但实际情况却与“细则”恰恰相反。被执行笞刑的人经常被打得皮开肉绽，死去活来，伤口还未痊愈又被接着打，更严重者被活活打死，这就是日本殖民者标榜的“对犯了轻刑的中国人”的刑罚。

另外《细则》还严格规定了制作笞具的标准，“用于执行笞

① 郭富纯主编：《旅顺日俄监狱实录》，吉林人民出版社 2003 年版，第 387 页。

② 郭富纯主编：《旅顺日俄监狱实录》，吉林人民出版社 2003 年版，第 26 页。

③ 郭富纯主编：《旅顺日俄监狱实录》，吉林人民出版社 2003 年版，第 28 页。

刑的笞具，长度为1尺8寸，厚2分5厘。笞头宽7分，柄部宽4分5厘。用削去竹节的竹片制成，先用麻纵向缠裹，在笞头处余出1寸2分，笞柄处余出6分。其余部分用麻丝紧密地横向缠裹，在其背部交结形成一条突出的棱线。再用5寸的布片对笞柄加以包裹，包裹后的笞头外径为2寸3分，笞柄为1寸5分"①。仅有这些还不够，日本殖民当局又规定在竹条内灌上铅，以增加笞具的重量，使笞刑带来的"功效"更显著，其手段之残忍令人发指。"笞刑比起短期刑罚和小额罚款效果更明显，在刑事政策上是很有必要的"②，一语道破日本殖民当局深谙笞刑的威力和效果，为进行垂死挣扎，竟开历史倒车，采用日本德川时代的肉刑来钳制和镇压中国人民，其刑罚的残酷性和复古性暴露无遗。

除此以外，狱中还有灌凉水，压杠子，过电，用棕绳头、皮鞭子、胶皮管子抽打，用竹板子、镐把、木棍打，用铁筷子、香烟头、香火烧肌肤，用猪鬃探马眼（尿道），等等，可谓是无所不用其极。

（五）监狱作业的剥削性

旅顺监狱的作业项目分为场房服役和监外服役。场房服役，主要是利用刑期长的被关押者生产军需品和日用品。为了获取暴利，日本殖民当局先后在监狱院内设置了被服、纺线、织布、洗衣、制鞋、印刷、机械、铁工、木工、军服等15座工场，形成了以官方运营为主体的作业模式，在如狼似虎的日本看守监视下，在棍棒和皮鞭的驱使下，每天有近千名被关押者从事十几个小时的繁重苦役。监外服役，监狱围墙外设有窑场、菜地、林场等，主要强迫被判短期徒刑者为其生产砖瓦、木材、蔬菜等。据1936年日本殖民当局编辑出版的《刑务要览》记载，当年监狱作业获取利润达8.6万日元（这在当时可以购买到4万袋面粉）。

① 郭富纯主编:《旅顺日俄监狱实录》，吉林人民出版社2003年版，第28页。
② 郭富纯主编:《旅顺日俄监狱实录》，吉林人民出版社2003年版，第78页。

到1940年监狱作业取得利润提高到20余万日元，而1944年至1945年日本战败投降前夕仅一年中，监狱作业取得利润猛增到53万日元。日本殖民当局就是从这些非常廉价的劳动力身上，榨取丰厚的剩余价值。

窑场是旅顺监狱监外作业中自始至终获利的项目，也是被关押者在服苦役中的死亡之地。最初，为给监狱扩建工程提供砖瓦，日本殖民当局在监狱北墙外开辟了窑场，后来逐步扩大到3.4万平方米，刑期短的被关押者在那里制砖坯、抬砖、垒砖。按照监狱规定，在监外干活的被关押者，单个人时，脚镣上拴着11公斤重的镣球（日称坠铁）；两个人干活时，用一条铁链子拴在一起，是从两个脚脖子套上后，用锁头锁在后腰上。在窑场抬砖，一次要抬100多块，木杠把人的两肩磨得流血化脓，稍有怠慢，看守便以“怠工”为名抡起镐把毒打。许多被关押者在窑场服役竟做不到一个星期，便活活累死或被打死。

当年在旅顺监狱附近居住的郭淑云，每天要给日本看守送饭，并只准送到监狱门口。在送饭过程中，她经常看到日本看守打人，看守用扁担压着被关押者，用竹条抽打，开始人还喊叫，后来就没有声了。看守平时把竹条戴在腰上，竹条外面是用白绳子缠的，他们专门用这东西打人，打的时候竹条直颤。

旅顺监狱作为日本殖民统治区关东州内最直接的镇压工具，其独特的性质，即建筑的殖民性、被关押者的国际性、制度的种族歧视性、刑罚的残酷性、作业的剥削性，是残暴统治的直接体现，其48年的罪恶历史就是一部帝国主义侵华史，一部日本殖民统治史，更是一部日本帝国主义反人类史。旅顺监狱的历史不仅是中国近代史的物证，同时也是世界近代史的见证。

二、旅顺监狱的历史价值

（一）旅顺监狱遗址是爱国主义教育的生动教材

旅顺监狱的历史，不仅记录着帝国主义侵略、镇压、残害中国人民和抗日志士的暴行，更通过对侵略者残暴行径的揭露，激励人们“勿忘国难，振兴中华”的决心。在旅顺监狱遗址的陈列中，牢房、虎凳、吊杠、绞索等，这铁一般的物证、血淋淋的史实，将殖民者血腥历史无声地演绎出来，激起无数爱好和平人们的愤慨，人们在痛恨帝国主义侵略者的同时，也为无数抗日志士和爱国同胞惨死在侵略者屠刀下而痛楚和震惊，更为那些为了祖国解放、人类幸福而大义凛然、视死如归的共产党人和革命志士献上最崇高的敬意。

旅顺监狱遗址作为重要的爱国主义教育教材，采用原汁原味的陈列方式来吸引观众，不夸张，不修饰，让观众在参观中思考、受教育，因为那一间间阴暗潮湿的牢房、那一副副冰冷的镣铐、那一条条吞噬过无数抗日志士和爱国同胞生命的绞索，向观众揭示的是近百年来中华民族苦难的泪、不屈的血和抗争的火，它带给观众心灵的震颤，是游览名山大川、欣赏奇珍异宝所无法企及的，它更能激发人们的爱国热情，让发奋图强、报效祖国成为每个中国人应尽的义务。所以，旅顺监狱旧址让爱国主义教育变得更生动、更形象、更深刻。

（二）旅顺监狱遗址是帝国主义侵华史的铁证

旅顺监狱形成之初，正值帝国主义侵华、争噬地盘、弱肉强食的背景下，它见证了俄国侵略旅大地区，见证了日俄战争。日俄战争的爆发，是俄日两个帝国主义国家在中国领土上进行的殖民战争，它严重损害了中国的主权，也给中国人民尤其是旅大地区人民带来深重的民族灾难。日俄战争后，日本殖民统治者残酷蹂躏中国人民，疯狂掠夺中国财富，使旅大人民生活在水深火热之中。同时，日本以旅大地区为根据地，向东三省乃至全中国扩张侵略，致使东三省沦陷 14 年之久。日本殖民统治将旅大地区与中华民族大家庭割裂开来，使得中国近代社会多元化、复杂化，加剧了中国近代社会的半殖民地化，对中国近代史产生了巨大影响。

旅顺监狱是俄日殖民统治的产物，伴随着日本帝国主义侵华铁蹄的到处践踏，这里关押着来自全国各地的抗日志士和爱国同胞，以及国际反法西斯战士。因此，旅顺监狱史就是一部帝国主义殖民统治史，也是帝国主义列强侵华和犯下反人类罪行的铁证。

（三）旅顺监狱相关律令在近代司法史研究中具有一定价值

旅顺监狱是殖民地司法机构的重要组成部分和执行机构，曾先后代表着俄国和日本的殖民统治利益，是法西斯专政的工具，因此与旅顺监狱相关的律令就成为近代司法史研究的一个重要组成部分，为近代司法制度史研究提供了翔实的史料。同时，旅顺监狱作为殖民统治性质的监狱，又是近代司法史的特殊产物，为近代殖民统治司法史的研究增加了浓重的一笔。

旅顺监狱在律令和刑罚的制定上都具有其特殊性，如律令和刑罚的制定，样本来源于日本国内相关法令，但在具体执行的过程中又不同于日本国内，在逐渐地融于本土化的过程中，又不断地显露出殖民特色。如前面提到的“笞刑”等，明文规定只适用于中国人，将日本法西斯制度的种族歧视性、刑罚的残酷性暴露无遗，从而进一步揭露了殖民统治司法史的特殊地域性、民族歧视性和反人类性。

（四）对中国共产党的党史研究具有重要价值

旅顺监狱的历史可以分为两个主题，其一是帝国主义侵略中国、镇压中国人民的苦难史，其二是中国共产党领导人民开展反侵略、反压迫的斗争史。

1926 年 1 月 15 日，中共大连地方组织成立。从 1928 年 5 月到 1937 年 8 月的 10 年间，中共大连地方组织屡遭日本殖民当局的破坏，邓鹤皋、纪守先、魏长魁、刘逢川、侯立鉴等许多共产党员被捕后关押在旅顺监狱。但无论是在敌人的法庭上，还是在监狱中，他们都表现了共产党人视死如归的高贵品质和顽强的斗争精神。共产党员翟清平、王其焕在旅顺监狱被关押期间，秘密发展爱国青年宁学贤入党，并成立“狱中党支部”，组织难友们同日本殖民当局进行不屈不挠的反抗斗争，为生活在白色恐怖统治下的难友们点燃了希望之火，看到了胜利的曙光。

“抗日放火团”是一个国际情报组织，其主要成员是中共党员，任务是烧毁日军在中国沿海地区的军用物资，在大连地区乃至全国的抗日斗争中起到了惊天地的作用。从1934年至1940年的6年间，“抗日放火团”在纪守先的指挥下，通过严密的组织、科学的手段，在日本各侵华基地先后放火百余次，其中在大连地区组织放火爆破达57次，烧毁日本军用物资2000多万日元，这是日军两个师团7.5万人全年的经费。抗日的烽火烧得日本侵略者焦头烂额。1940年6月，“抗日放火团”不幸遭到日本殖民当局的严重破坏，纪守先在上海法租界被捕，转押大连，后在旅顺监狱关押。在狱中，他受尽酷刑，仍坚贞不屈，并利用《满江红》填词作歌，鼓舞难友们的斗志。1942年12月9日，纪守先等9位抗日志士在旅顺监狱绞刑场上慷慨斥敌，英勇就义。

历史告诉我们：哪里有压迫，哪里就有反抗。旅顺监狱虽然可以关押抗日志士和爱国同胞的身躯，却消灭不了他们的反抗斗争和革命精神。因此单人越狱和集体暴狱时有发生。在狱中，共产党员领导难友们以各种方式同日本殖民当局展开英勇斗争。

无数革命先烈不屈不挠的斗争精神，表现出共产党人对党的一片赤诚，他们舍生忘死的英雄事迹，亦是中共党史中最重要的组成部分，为党史增添光彩，将永远激励后人，不忘初心，砥砺奋进。

【责任编辑：关国磊】

［**作者**：周爱民　旅顺日俄监狱旧址博物馆　研究馆员　大连　116041］

青岛“李村监狱”疏源

于廷广

摘　要：本文主要对建在青岛李村的百年老狱——青岛监狱在青岛前的历史沿革和主要时期的主体建筑进行了梳理，力求形成一幅清晰的变化脉络，让人们对青岛监狱的前身有一个比较完整的认识。全文分为两大部分：第一部分李村监狱建立及历史沿革，主要回顾了德国占领时期、日本第一次占领时期、北洋政府时期、国民党政府时期、日本二次占领时期、国民党接管时期，到青岛解放六大时期监狱的变化情况；第二部分李村监狱建筑及布局，主要记述了德国1903年初建、1928年北京政府扩建、1937年南京政府扩建三个时期监狱建筑的变化情况。青岛解放前监狱建筑建设情况主要发生在这三个阶段。重点放在考察德国建立的回字形建筑和北洋政府时期建立的丁字形建筑，这两个建筑可以说是百年老狱的主要标志。

关键词：李村监狱　回字形建筑　丁字形建筑

青岛监狱的前身俗称李村监狱，位于青岛市李沧区李村镇，李村河的北岸。自1903年建立以来百余年里其称谓多变，但在不同时代人们仍然称之为李村监狱。2008年青岛监狱整体搬迁到离此以北 20 公里的青岛市城阳区惜福镇，存在 105 年的李村监狱终于成为历史，青岛监狱自此不再与李村联系在一起。百年老狱，百年风雨，谱写了一部世事沧桑的历史。

提到李村监狱就不能不提到李村和李村大集。当青岛还是一个默默无闻的海边小渔村时，李村早已是物流发达、店铺林立、人气兴旺的小市镇，明代开市的李村大集远近闻名，每逢农历二、七，方圆百里的乡民蜂拥而至，集市在李村河沙滩，顺河延续十余里。时至今日，兴盛不衰。早在 1897 年德国占领青岛后，非常看重李村，专门修建了一条公路（即现在的台柳路，时称“中国第一条公路”）从市区通到李村。这也许是青岛监狱一直被人们称为李村监狱的缘由。

一、李村监狱建立及历史沿革

(一) 1903—1914 年，德占时期

德国人早就窥伺着胶州湾这块天然良港。1869 年，德国地质地理学家李希霍芬曾游历山东，对当地的矿产、地理进行调查，回国后出版《中国》一书，称胶州湾为中国北方最理想的港湾。1897 年，德国又派出海军部建筑顾问、海港工程督办、著名的海洋河道工程专家佛朗求斯潜入青岛，对胶州湾及其周边地带进行调查。德驻华公使曾向清政府提出“租借”胶州湾的要求，只是一时没有达到目的。

当时清政府驻法、俄、奥大使许景澄曾多次上书朝廷，阐明青岛位置之利害：青岛“其外群山环抱，口门狭仅三四里，口内有岛中峙，实为天然门户……溯自浙之温州以至于青齐滨海各处，非口门坦漫即港路浅狭，惟该港湾形势完善，又居冲要，为地利之所必争”。曾任登莱清兵备道兼东海关监督的盛宣怀也曾上书，建议“经营胶防”，谓“其地为水军第一要口也，为人占则南北洋隔绝矣”。清政府终于派出了登州总兵章高元，带着四个营的军队，在青岛建炮垒设兵营，还在前海修了一座栈桥作为

军用码头。

1897年（清光绪二十三年）11月，山东曹州巨野县发生两名德国传教士被杀事件，德国人以此为借口侵占了胶澳。当德国人的大炮逼近胶州湾时，这个总兵大人并没有动用一枪一炮，就将青岛拱手让给了德国人。“巨野教案”将小渔村改写为一个殖民城市。1898年，清政府被迫与德国人签订《胶澳租借条约》，除整个胶州湾外，还将崂山湾东半岛、白沙河、女姑口，至胶州湾西部的灵山卫、薛家岛等都划入了“租借地”。次年，德国人宣布青岛为自由港。“1899年德皇威廉二世命名胶州保护地的新市区为青岛”①，这是青岛首次作为城市的记录。

德国侵占青岛后，为了适应其殖民统治的需要，奴役中国人民，镇压中国人民的反抗，保护殖民者的特权和利益，德国殖民当局颁布了一系列维护其殖民统治的法令，设立了法院，殖民统治的工具——监狱也就随之产生。据胶澳总督呈德皇的《胶州地区发展备忘录》记载，1900年在青岛市常州路25号新建了一所监狱，专门收押欧洲人，时称“欧人监狱”（现已修葺并于2007年5月1日对外开放，成为青岛市法制教育基地）。在海滩地带将“海滩营房”进行改造，设立了用于羁押华人囚犯的临时性监狱和看守所，归警察局管辖。从当时的地图看，海滩营房位于青岛今泗水路与肥城路路口一带，是章高元驻防时期“骧武前营”的驻地。由于四面为土墙环绕，相对封闭，改建为监狱较为容易。德国殖民当局还认为，为适应长期占领统治青岛之需，建立高大的自行管辖的新监狱在今后几年内是不可避免的。于是，1903年又在青岛李村筹建了胶澳监狱（位于现青岛市李沧区夏庄路），作为专门羁押中国人、实行殖民统治的司法场所，时称李村华人监狱，为青岛李村监狱创建之始，押犯容额75名。该监狱于1903年10月开始收押犯人，通常被拘留3个月以上的刑事犯人，由海滩临时监狱转到此处关押。原址（临时性监狱）

① ［日］德增塘荷：《膠州湾》，日本东京词林社1914年版，第18—22页。

仅用作看守所，专门用于羁押听候判决、违警被拘禁，以及被判入狱3个月以下的中国犯人。监狱长由德国海军军官担任，看守长及看守由德国宪兵担任，另雇有华籍人员数名。这是山东半岛第一所由殖民者建立的专门关押中国人的近代监狱。

1912年1月，中华民国临时政府建立后，接管了清政府遗留下来的监狱和罪犯习艺所，但青岛李村监狱仍属德国殖民者管辖。

（二）1914—1922年，日占时期

第一次世界大战爆发后，日本赶走德国，于1914年（民国三年）11月强占青岛，实行军事管制。日军先于1914年7月就从德国宪兵手中接管了监狱。1917年11月废除了军政，施行民政，监狱成为民政长官管辖单位。司法工作由青岛守备军临时陆军军法会议及青岛守备军法院掌管。刑事审判不论日本臣民还是其他国民，只要在青岛守备军的管辖地域内，违犯了军令就进行审理。因此，这时期监狱关押的犯人除中国人外，还有少量日本人。

1914年11月日本占领青岛后，将原海滩华人看守所改为“青岛囚犯监押所”。1918年3月，日伪政府在监狱旧址设立了青岛囚犯监押所李村分监。1920年李村分监与青岛囚犯监押所分开独立，改称李村监押所，但在行刑上与以前无任何变化。监狱典狱长由宪兵将校担任，管理一切事务，兼指挥监督所属职员。看守长由宪兵士官担任，负责处理庶务及戒护事宜，指导各看守勤务。看守由宪兵上等兵担任，管理护送、守门事务。具体职员配额为：现役宪兵将校各一名，中士、下士各两名，上等兵七名，其他雇员、巡捕数名。

据记载，1921年6月在押人犯共140名，其中日本人18名、中国人122名，日本人犯主要有盗窃、诈骗、强盗、伤害罪，伪造文书行使罪次之，刑期3个月至5年不等，以6个月左右居多；中国人犯以强盗、盗窃为主，其次是侵占和有关赃物的罪行，刑期3年至10年的占大半，一年以下的很少。

（三）1923—1929 年，北洋政府时期

第一次世界大战结束后，由于青岛主权问题引发了著名的五四运动，迫使日本于 1922 年 2 月 4 日同中国政府签订了《解决山东悬案条约》。同年 12 月，日本侵略军撤出青岛，青岛由北洋军阀政府接管，青岛监狱亦由北洋军阀政府接收。由于当时青岛所处的特殊地位，司法行政由山东审判厅及检察厅领导。接收之初，司法部要求监狱"行政如何推进，看守如何选择，工场如何筹备以及人犯戒护、教诲、教育、给养、卫生、医药事项应即切实办理，以树风声"。北洋军阀政府认为："李村监狱系日人建造，一切结构多不完备，如工场、教诲堂等项均付阙如，若欲加以添设，限于经济势不可能。现在监狱制度采取感化主义，而教诲劳役实为行刑、感化之两大要素，仍命名为监狱未免名实不符，……拟将李村监狱改为青岛地检厅看守所分所，所有青岛法院判决之五等以下及罪质较轻之未决犯酌置拨入该分所羁押。"

1923 年 3 月，青岛李村监狱由山东高等检察厅接管，定名为山东第四监狱李村分监，专收轻刑犯。8 月 9 日，山东高等检察厅下令所有判决四等以下徒刑犯人，径送该分监执行。这期间由于政局不稳，军阀混战，青岛司法和监狱也处于停滞状态，一直延续到 1924 年，才在原址加以扩充改建，于 1925 年 6 月升格为山东第六监狱，隶属于山东高等检察厅，因容额较少并辟青岛看守所为兼代监狱，已决人犯禁于监狱，未决人犯置于看守所。

1926 年后，由于国民革命军北伐，（北京）国民政府濒于垮台，山东的监狱建设一度停滞。1928 年，国民政府司法机构改组，实行"宽政"，司法行政与监狱扩建有所进展，山东第六监狱由原隶属于山东高等检察厅改为隶属于山东高等法院，并继续在原址进行扩建，在监狱南部增建了丁字平房，日式结构，监狱容额达到 300 人。

（四）1929—1937 年，国民党统治时期

1929 年 4 月，南京国民政府接收青岛，同时接管监狱。1932 年 5 月，根据司法行政部命令，在狱内建分房室若干间，专供监

禁外籍犯使用。1932年7月，共有在押犯294名。1934年6月，由于山东第五监狱扩建改为山东省少年监狱，山东第六监狱依次递进称为山东第五监狱。1937年经司法行政部确定监狱为甲种监狱，容额1000人，主要收管山东即墨、胶县、诸城、日照、高密各县区域一年以上人犯。

（五）1938—1945年，日本二次占领时期

1938年1月，日本第二次侵占青岛，成立傀儡政权——青岛治安维持会，内设警察局、法院等司法机构，监狱亦被日伪政府接管，充当日本人欺压中国人民的工具。1939年7月正式成立青岛高等法院，山东第五监狱改称青岛监狱，隶属于青岛高等法院。5月，日伪政府司法部指令山东高等法院，视经济状况，酌量缓急修缮各新监及县监所。嗣后山东各监狱则一面维持使用，一面筹资修缮。1939年8月青岛监狱旧监部分先行修竣，于11月9日正式使用，收容青岛及胶县、即墨男女人犯共计284名（其中女犯6名、外国籍犯2名）。初期，监狱经费及人犯供应概由青岛特别市公署代为置办，1940年6月，改由华北政务委员会财务署拨发，正式列入预算。

1944年1月，据监狱呈报司法行政部华北事务署《人员事务分配调查表》记载，计有典狱长一名主管全监事务，下设一、二、三科：一科经办文牍、印信、会计事务；二科分管全监警戒及犯人戒护、检束事务；三科分管监犯作业，并监督全监一切事务。截至1944年底，监狱占地面积70亩，共有房屋117间，其中监房49间（男监45间，女监杂居监室2间，病监杂居监室2间），容额400名，职员看守56名，有裱糊、鞋工、农牧、洗濯、畜牧、制面、粉条、酱油等8处作业工场。

（六）1945—1949年，国民党统治时期

1945年8月15日，日本宣布无条件投降。同年9月，南京国民政府第二次统治青岛后，重建警察、审判、检察机构。1946年1月9日，山东省高等法院派人正式接管监狱，恢复为山东第五监狱。据史料记载，1946年底监狱作业有工场4处（缝纫、

农牧、洗濯、酱油)，每日平均作业人数50人。1948年1月，奉司法行政部一律依照所在地定名的指令，监狱定名为山东青岛监狱。同年2月，监狱共收容人犯600余名（含代管军事犯230余名），超过容额甚多。1948年夏秋之后，山东大部相继解放，除青岛监狱外，南京国民政府设在山东其他地区的监狱随之瓦解。

1949年6月2日，青岛获得解放，由中共青岛军事管制委员会接管法院系统，并于当日下午，派杨光明等17人组成军事接管小组，前往李村接管山东青岛监狱。军管小组接收典狱长徐承信及以下职员、看守、夫役共76人，以及全部监狱设施、文书、档案、作业器材等，除留用17名旧职人员外，其余遣散回籍。青岛解放前夕，监狱依据战时处理人犯办法等，已先后将全部人犯600余人疏通出狱，无一名在押人犯。接收监狱后，在监狱原址设立青岛监犯教育所，隶属青岛市人民法院，由杨光明任所长，下设总务股、管教股、生产股、戒护队。

二、李村监狱建筑及布局

截至1949年6月青岛解放，李村监狱较大规模的建设有三次，一是1903年德国始建，二是1928年北洋政府扩建，三是1937年国民政府扩建。以下分别做一下记述：

(一) 德国始建建筑及布局

1903年初由德国殖民当局所建的监狱主要分为南北两个部分，从邱炳奎著《青岛监狱史》中我们找到《青岛李村华人监狱旧址平面图》，其中北半部分包括行政区和监押区两大部分。监押区是罪犯服刑的主要场所，使用面积约2200平方米。主体建筑为回字形附带长廊式平房结构，根据在这里工作过的退休老干部的回忆，并结合房间尺寸估算，“回”字形建筑长宽均约30余米，占地面积不到1000平方米。

回字形建筑一面为墙体，三面为建筑，中心有一圆形花坛。

其中南北两面建筑主要由11间男性罪犯监房和看守宿舍及浴室组成。北面有监房5间加1间宿舍；南面有监房6间加1间宿舍、1间浴室，每间监房均为5人杂居间；东面，南北向建筑自南到北依次是教务所、医务所、宿舍、教诲堂、手工工场、刑室、厕所等。回字形建筑外面建有炊场、工场、刑室等。

行政区主要包括办公场所、接见室、宿舍等，值得注意的是女监和病监（各2间）设在行政区。

监狱总共设监房15间，容额75人。整体来看，德式监狱虽然不大但功能齐全，可谓麻雀虽小五脏俱全，体现了当时德国殖民当局的统治理念和西方近代监狱改良的思想。可惜的是该旧址未能保存下来，在20世纪80年代初期监狱大规模扩建改造中被拆除，现已无法实地考证。目前，仅保存有当时的德制监狱石质门牌一块，上书德文“华人监狱李村监所”字样，石质门牌现存青岛市博物馆。

（二）北洋政府扩建

因德国监狱容额有限，1928年，在德国人建立的建筑南边，北洋政府修建了丁字形平房建筑，即监狱的南半部分，其使用面积约2500平方米，建筑形式为红瓦、红砖、青石基，共有监房34间。另设有缝纫工场、糊盒工场等配套设施。经过此次扩建，监狱可押犯约300人。

现存丁字形监房的正门为一拱形结构，高3.1米，宽1.4米，顶部为拱形，弧顶长为1.9米。进入正门后，整个监房分为左、右（即丁字之一横）和正面（即丁字之一竖）三部分，日伪时期分别冠名为“义”“仁”“礼”。“义”部监房共有监室10间，“仁”部监房和“礼”部监房各有监室12间，共计34个监室。每个监室长3.7米、宽3.4米、高4米，为5人杂居间；监室门高1.9米、宽0.83米，为木质材料，内包铁皮，木门上方设有一个活门的观察窗口，通过推拉可开启关闭，中间一道门锁。从整个旧址外观来看，地基为崂山青色大理石条型材料，每块石条长1.7米、宽0.3米、厚0.15米，整个地基高1.5米；

墙体为红砖沙子混凝土；屋顶为红瓦（当地也叫牛舌瓦），屋檐为大方木材料。现在仅存的只有丁字形监房及监房南北两侧的工场。其他建筑随着监狱的变迁发展被一一拆除。

丁字形监房的主体建筑作为青岛监狱的一部分一直使用到2008年。“义”“仁”监房为狱内犯人医院，“礼”监房为侦查处的严管队，北工场为新入监服刑人员监房，南工场为生活处服刑人员监房。1961年监狱在该旧址平房之上仿照原样又增加了一层监房，成为二层楼房结构。2008年青岛监狱搬迁后，该部分建筑得以保留，作为历史遗迹被青岛市人民政府公布为文物保护单位。

（三）国民政府扩建

1937年春，本监于监房北部添购地基50余亩，为扩建新监之用，同年4月，监狱开始扩建，新监第一期工程新购置地围墙建成。同年6月，监狱新监第二期第一步工程：5人杂居监房8幢、工场4座及隔墙水井开工。新监设计容额600人，加上旧监部分可押犯近千人。

1937年7月7日，卢沟桥事变发生后，由于青岛时局紧张，工人纷纷逃避，工程无法进行，监房只建成大半，工场仅打好四座地基，完成了全部工程的三分之二。同年12月，国民政府在青岛实行“焦土抗战”，将日本在青岛的9个纱厂及港口部分起重设备炸毁，于12月27日撤出青岛。其间，监狱旧监丁字形监房34间，连同正在施工建设中的新监、工场共128间，全部毁于大火。

日本第二次占领青岛期间，主要对旧监部分做了修缮。1939年8月，青岛监狱旧监部分先行修竣，并于11月9日正式使用。1941年2月17日晚，“游匪”与监狱两名看守勾结，趁下班出大门之机，多名“匪徒”手持枪械闯进监狱，割断电话线，砸开监号门锁，放出人犯，致使220名犯人脱逃，其中打死1名，捕回27名。日本投降后，该事件真相大白，所谓“游匪”劫，实是国民党地下人员组织的一次营救行动。[1] 由于这次劫狱事件的发生，促使监狱加强戒护，加修瞭望台两处，工场加安铁窗，修复行刑室，警戒设施得到一定程度的改善。

1945年日本投降后，国民党政府接管监狱，主要使用旧监部分。青岛解放后，在新监旧址上建立了厂房，即二、五车间。2008年监狱搬迁后全被拆除，上面建起了商业大厦。

注：文中涉及历史资料，采自《山东省第二监狱史料简编》(资料现存监狱档案馆)。

【责任编辑：周爱民】

[作者：于廷广 青岛监狱 青岛 266000]

① 青岛《半岛都市报》2013年7月22日A42版。

历史方志文化研究

大连近代史研究　第16卷

贞松病鹤筑忠魂

——赞旅顺建港筑坞功臣袁保龄

周祥令

摘　要：在北洋海军成军131周年之际（1888—2019），当年的海军基地——旅顺港依旧坚固如初。2018年1月27日，号称“中国坞澳之冠”的旅顺船坞被载入首批中国工业遗产保护名录，为此让我们联想起当年建港筑坞的功臣——工程总办袁保龄，他呕心沥血，把英年献给国家的海防事业，国人为他点赞，没齿难忘。

关键词：旅顺　建港筑坞　袁保龄

1633年，当明将黄龙战殁于黄金山麓，预示着朝代的更迭；1889年，当清官袁保龄于旅顺港时在任上与世长辞，令小城百姓大为震惊：海疆安宁，是用命换来的！

追溯131年前，即1888年，当北洋海军正式成军的喜讯传遍神州大地，国人为之振奋。旅顺海军提督署的大门上，高悬着北洋海军大臣李鸿章题写的“海军公所”匾额，标志旅顺港从此是东北亚名声显赫的海军根据地，担负着舰队的后勤保障任务，舰艇的维修保养非这里莫属。从1885年到1888年，悉数北洋舰队先后从国外漂洋过海购进军舰 14 艘，加上原有的和从南洋调拨的大小舰艇合计 50 多艘，吨位约 5 万吨，[①] 配备官兵近 4000 人。

1888 年 9 月，海军衙门制定了《北洋海军章程》，这标志着北洋海军正式成军，[②] 遂于威海刘公岛予以正式宣布。这是近代中国海军发展史上最早达到成军标准的舰队，具有里程碑的重大意义。从此，威海港成为北洋舰队停泊舰艇的基地，旅顺港则成为后勤保障的基地，南北呼应，相得益彰。

海防新生力量诞生，国人为之精神振奋。清末爱国诗人黄遵宪有诗为证："海水一泓烟九点，壮哉此地实天险。炮台屹立如虎阚，红衣大将威望俨。下有深池列巨舰，晴天雷轰夜电闪。最高峰头纵远览，龙旗百丈迎风飐。长城万里此为堑……"[③] 好一幅海上长城的壮丽画卷。

一、出身名门　才具勤敏

追溯到此，令我们忆起那些为筹建海防基地而无私奉献的先辈们，特别是为建港筑坞修炮台而献身的功臣袁保龄，是一位令人肃然起敬的民族楷模。虽然后人没有在旅顺港畔为其树碑立传，但那巍峨挺拔的黄金山就是他的化身。

提起袁保龄这个名字，人们有些陌生，但是当告诉你他是袁世凯的叔父时，脑海里立刻会浮现出"袁大头"的身影。然而你别误会，他的确是个好人。百年前他奉朝廷之命到旅顺督建海防基地，把命都搭上，这种为国献身的高尚精神，令旅顺口人铭刻在心。

袁保龄（1841—1889），河南项城人，出身名门世家，21 岁

① 奚纪荣：《略论丁汝昌提出的"三洋"方针》，载《中国近代军事史论文集》，军事科学出版社 1987 年版，第 423 页。

② 胡立人等：《中国近代海军史》，大连出版社 1990 年版，第 120 页。

③ 李生辉等：《甲午战争诗歌选》，大连出版社 1994 年版，第 50 页。

中举人，是清代咸丰和同治年间钦差大臣、漕运总督（管理水道运输国有粮食的押运和上缴。总督是清代正二品，系综理军民要政的最高长官）袁甲三的次子。他勤奋好学，于25岁便进京任内阁中书（负责撰拟、记载等，官阶为从七品）13年。光绪八年十月三日（1882年11月13日）奉命到旅顺主持海防营务工程期间，恪尽职守，知难而进。

二、谙习戎机 博通经济

清廷之所以能选中他并委以重任，主要是北洋大臣李鸿章的举荐，认为他“谙习戎机，博通经济，才具勤敏”，所以才调他为第三任（前两任因不称职被撤换）旅顺港坞工程局总办。袁保龄胸怀伟略，途经烟台到达旅顺，身临其境，触景生情，深感“旅顺为北洋第一险要，可战可守”。身处海防重镇，尤知承担京津之安危，故在给友人信中写道：“去年孟冬，始来旅顺，周览形胜，实为渤海第一要隘，若经营有成，得精强水军巨舰长泊于此，西策津沽，北顾辽沈，可令环海群帮，不敢以片骚相窥。”①

袁保龄在旅顺主持港坞工程长达4年之久，许多基础工程均在他的督导下完成。特别是在组织、经费和工程技术方面，均能亲自过问，并能想方设法采取有效措施，保障各项工程在保质保量的前提下，按时完成，实践他自己的诺言，凡亲自经手的国防工程，绝不许有疏漏。

鉴于前两任海防工程总管均未能站住脚，袁保龄汲取前车之鉴，认为单枪匹马难成大业。于是便奏请长期跟随李鸿章的亲信刘含芳和他一起会同筹办，又请津海关道周馥代主施工。这样，在此后的4年实践中，关系处理得非常融洽，由于得到他们的鼎力相助，如鱼得水，得道多助。

① 袁保龄：《阁学公集》书札卷二，天津新华印刷局1911年版，第12页。

常言道新官上任三把火，为调动上下的积极性，他第一步先整顿工程局内部人员，凡尽职尽责者均加以重用，而对庸碌之辈不管有何后盾均行裁减。赏罚分明，充分发挥相互监督作用。

第二步注意和地方搞好关系，因为海防施工常常要得到地方的支持和协助，而当时旅顺地方行政属于金州副都统衙门管辖，关系疏通好了，有求必应。

第三步取信于民，为此首先从为民办实事着手。当他发现旅顺没有学校，就建议在马家屯（大坞东今郭家甸）兴办义学，教化于民。发现当地百姓贫困，军工紧迫之时，他还分配属下资助乡民植树养蚕，教民纺织，生产自救，深得民心。

第四步也是最叫他头疼的事，即如何和洋大人合作，因为当时工程需要引进大批新式机械和技术，所以先后雇用的洋员有20多人，有军事顾问、工程技术人员，但他们藐视中国人，傲慢成习，坚持我行我素。袁保龄不卑不亢，始终保持民族气节，双方签订合同，有约在先，违者严罚。由于用人有方，赏罚分明，遇事协商，使他们听从调遣，为我所用。

上述属于人际关系的处理，实际困难尚不仅如此，诸如工程量大、技术性强，时间紧迫而经费奇缺，需要精打细算，还得反复呈请。物资和工具严重不足，工程采用的大量花岗岩石材需要隔海到山东石矿采购、海运，等等。幸赖袁总办殚精竭虑，才逢凶化吉，把困难一一克服，保障海防工程顺利进行。

三、海防吃紧　工程逼近

怕狼来，狼果然来了。1884 年 8 月下旬，早已停泊在福建马尾港的法国军舰，竟乘我不备之机，突然袭击福建水师，11 艘舰艇被击沉，官兵伤亡 700 多人，导致福建水师覆灭，史称马江海战。[①]

真是防不胜防，闻此凶讯，袁保龄心急火燎，为防法国海军北上，在督办旅顺港东西两岸抢修10余座海岸炮台和弹药库的同时，又尽心竭力组建旅顺水雷营和设置水雷码头，保障和舰艇配套。为此，除了从本地艇勇中抽调40名学员，还应急从天津大沽水雷营调兵遣将。为了便于实战，又从当地选拔熟悉沿海地势、水性好的、捕捞海参的青年当向导。就这样凑成103名营员，营地设在黄金山北麓。成营后，为防不测，匆忙在旅顺港口内外水域布设47具水雷以救急。另外，在港口西沿岸布设旱雷124枚。为供舰船装卸水旱雷和电线，于黄金山北麓军舰进港处右侧岸边修筑石码头。[②]

旅顺港一切从无到有，百业待兴，袁保龄忙完水雷营又去建立鱼雷营。清政府动用白银548两，在旅顺港口西岸俗称黑砂子沟的地方购买民用地37亩，筹建鱼雷营仓库、泊岸、码头栈桥，还设弹药库、机械厂、煤厂、营房和鱼雷营学堂等。

四、彪炳史册昭示后人

人非机器，亦非圣贤，更何况长期超负荷。由于海滨潮湿，寒风袭人，加上水土不服，长期操劳成疾，实干家袁保龄于光绪十二年九月中旬（1886年10月）病倒了。十月三日禀报李鸿章，批准旅顺口工程局移交给刘含芳主持。病中遭受折磨的袁总办把痛苦埋在心里，而对海防工程的进展却始终牵肠挂肚，放心不下，幸好经过名医汪守正的诊治，身体逐渐恢复。

此时，旅顺建港筑坞工程所面临的技术性问题越来越复杂，袁保龄建议李鸿章采用招标方式聘请外国公司承包，英德法三国

① 胡立人等：《中国近代海军史》，大连出版社1990年版，第210页。

② 岳水文：《旅顺港史》，内部资料，第41页。

就此展开激烈竞争。1886年10月19日，根据竞标结果，法国辛迪加以工程费用要价最低、完工日期最短、完工后质量予以十年担保而中标。这是中国第一个面向国际招标项目。

袁保龄虽然出身名门，却严以自律，谦逊低调，常擅自省。他临危受命接管旅顺工程营建时，对土木工程、会计核算，乃至军舰炮台等各项技术一无所知，说自己对“河工”并无透彻的了解，就更不用说“海工”了。他虽然不是工程专家，却“位卑未敢忘忧国”，当国家需要的时候能挺身而出，知难而进，下决心一切从头学起。他以旅顺建港筑坞工程为己任，春夏秋冬忍辱负重，无片刻闲暇，自谓每夜“非交丑（时）不能熟睡。幸筋力顽壮，每日奔走尚不知疲”①，但面容已变得憔悴，鬓发也渐渐发白。

随着旅顺建港筑坞工程的不断深入进行，袁保龄的“心病”也逐渐产生。光绪十一年十二月九日（1886年1月13日），他在给李鸿章的《旅工重要陈奏派大员督办禀》折中，陈述内心苦衷道：“今旅顺船坞各工，殆亦非常之举也。工程机器用物，在参用洋法，绝无例案可循。洋员动以西国往事为言，若曲徇所请，则财力实有未能。体制又多不协，若专守常经，则巨工终无成效，转更贻笑远人。斟酌期间，颇难裁定。”②

袁保龄坚持原则，秉公办事，不徇私情，关于建筑港坞工程的对外承包就是典型的例证。德国人善威担任技术顾问，还充当帮办，由于他没有主持过这么巨大的工程，不仅缺乏经验，还与中国官员在工作中发生了许多分歧，使工程越来越麻烦。善威主张把工程承包给德国，袁保龄不同意，曾亲自到天津找到周馥说服李鸿章从德国人手中要回承包权，交给法国人，仅此一项工程就为国家节省资金17万两白银。另外，袁保龄还为“砖石之争”的事情大伤脑筋。善威主张用烧制的泥砖砌港周围和坞壁，并花重金从国外引进制砖机器生产砖。袁保龄坚信“石比砖坚硬”，

① 袁保龄：《阁学公集》书札卷二，天津新华印刷局1911年版，第52页。

② 袁保龄：《阁学公集》公牍卷八，天津华新印刷局1911年版，第40页。

所以双方相持不下，拖了4个月，最后通过实验才决定采用山东石岛的花岗岩条石，否则港坞哪能坚持使用到今天。他在给友人的信中提道，“九月间来津勾当公事，因洋员太不得力，与周运司筹度，另易能者。竭二十昼夜之力，笔秃唇焦，幸得就绪，即节公帑十七万余金”①，“龄再三争之不得，无日不怄气，此病根所由来也”②。

五、驾鹤西去港坞永存

1889年8月16日，建港筑坞功臣袁保龄因患脾泻、中风等症，医治无效，于旅顺防次英年早逝，年仅48岁。他在旅顺工作生活了7年，其中主持建港筑坞工程4年多时间，完成的工程主要包括：海门疏浚、拦潮大坝、船澳及泊岸工程、周边炮台、水雷营、鱼雷营、电报局、水陆医院及军港内部的道路、库房、码头、小型机器厂等。③ 袁保龄生前在《病中感赋一律》中吟道：“岁晚芳华歇，秋高雁影稀。贞松寒不改，病鹤倦南飞。一气天人近，抗心贤圣稀。愿闻提命切，方寸凛微微。”④ 诗中以贞松、病鹤自喻，抒发内心壮志未酬的忧国情怀。

惊闻得力助手袁总办仙逝，北洋大臣李鸿章在请恤片中称道：“旅顺口工程防务，该员出力为多，其功实未可没。”⑤ 光绪皇帝亲自《谕赐祭文》，生前事迹以“行状”形式入《国史列

---

① 袁保龄：《阁学公集》书札卷四，天津华新印刷局1911年版，第47页。

② 袁保龄：《阁学公集》书札卷四，天津华新印刷局1911年版，第49页。

③ 姜明：《龙旗飘扬的舰队——中国近代海军兴衰史》，三联书店2003年版，第286页。

④ 袁保龄：《阁学公集》诗稿遗拾，天津华新印刷局1911年版，第5页。

⑤ 袁保龄：《阁学公集》卷首，《直督奏片》，天津华新印刷局1911年版，第3页。

传》①，朝廷追赠以内阁学士。

1888 年 12 月 17 日，北洋海军正式成军。1890 年 11 月 10 日，旅顺港坞建设全工告竣。捷报频传，告慰建筑港坞功臣袁保龄当含笑九泉。

六、世事沧桑岁月峥嵘

在纪念北洋海军成军 131 周年之际，喜观“辽宁舰”航母编队驰骋海疆。喜事成双，不久又闻我国第二艘航母从大连造船厂码头起航，赴相关海域执行海上试验任务。回眸百年，从铁甲舰飞跃到航母编队起航，中华儿女经历几代人的浴血奋战，砥砺前行，才终于赢来了祖国万里海疆的安宁。

2018 年 1 月 27 日，“中国工业遗产保护名录”发布会在中国科技会堂举行。这批名录包含了创建于洋务运动时期的官办企业，也含有新中国成立后的 156 项重点建设项目，覆盖了造船、军工、铁路等门类，是具有代表性、突出价值的工业遗产，旅顺船坞位列其中。

它目前的主要遗存包括船坞、木作坊、吊运库房、船坞局办公楼、电报局、泵房、坞闸 1 部、台钳 3 部。入选理由是：近代中国最早的大型船舶企业之一；中国北方第一座近代船舶修造厂；由中、德、法三国参与设计和建造，是当时世界著名船坞之一；船坞架设了东北第一条国内电报线路和中国第一条国际电报线路，建成了国内第一条自来水管线，形成了东北第一批产业工人队伍，带动了大连城市的建立与发展，记载了旅顺口地区被俄国、日本占领期的苦难历程。

当我们在旅顺军港公园观览时，与执行任务进出港口的军舰、潜艇不期而遇时，请您在向年轻的水兵们致敬的同时，别忘

① 袁保龄：《阁学公集》卷首，《国史列传》篇，天津华新印刷局 1911 年版，第 7 页。

了为百年前建港的先辈们点个赞，是他们用生命和血汗为我们当今的海防事业打下坚固的基础，留下这笔珍贵的“近代国防工程遗产”。131年散去的是他们的生命，散不尽的是他们对祖国的眷恋和无限忠诚。

【责任编辑：薛志刚】

[**作者：**周祥令　大连市近代史研究所　客座研究员　大连　116041]

从口述资料看“海南丢”们的闯关东始末（1931—1945）

王　妮　白春阳

摘　要：在中国近代，有很多山东人走海路闯关东到了大连地区，他们被大连本地人称为“海南丢”。这些“海南丢”们不但数目庞大，而且有着特殊的时代背景和社会背景，很值得作为研究对象去研究。本文就是着眼于“海南丢”们闯关东这一较为普遍的历史行为，希望在搞清楚该行为的来龙去脉的同时，能从“海南丢”的身上发掘出一些宝贵的精神品质，便于今天的我们借鉴和学习。

关键词：“海南丢”　闯关东　灾难　战乱

一、调查的动机和展开情况

受柳田研究视角①的启发，笔者也尝试着眼于历史的真正推

① 为了纠正大正时期以尊皇思想为主导的国体史观，并对文献资料勾勒出来的日本历史形象进行完善，日本近代的民俗学家柳田国男采用了民间调查这一新的视角来考察历史史实。

动者——普通民众的生活，希望能通过民间调查取证，对人们的某个普遍的历史行为进行细节还原，在搞清楚该行为始末的同时，也发掘出一些对今天的生活有所启发的精神品质，便于我们借鉴和学习。

据史料记载，1740年乾隆帝为了维持满族固有的风俗和保护八旗生机，发布了全民封禁令，严禁出山海关。从此开始，近代山东人的出关就得“闯”了。之后山东人的闯关东可以说经历了三个高潮期，分别为：

1861年至辛亥革命前后：截至1911年，东北人口共有1841万人，其中约有1000万人是由山东、河北、河南省先后自发涌入的移民和垦民，且“其中以山东为最，约占70%至80%”。1924—1930年：这一时期移民东北的关内民众有550万人以上，山东人占80%左右。1939—1944年：在日本侵华期间，以各种方式去东北地区的山东劳工不下200万人。①

随着大量的山东人闯关到东北，渐渐在大连地区的民间兴起了“海南丢”这一称呼。这是大连本地人对从山海关内渡海到大连的山东人的称呼。因为这些山东人是从渤海南边过来的，是丢失了的后代，所以被称为“海南丢”②。另外，大连人的80%—90%是“海南丢”也是民间的共识。因此，笔者认为“海南丢”们的闯关东作为一个较为普遍的历史行为，具有社会背景特殊和研究数据多样的特点，很值得作为一个研究对象去调查研究。

以下是本研究的调查设计：③

---

① 山东商报编：《闯关东那些事儿》，中国工人出版社2009年版，第8—13页。

② 先锋国家历史杂志社主编：《国家历史——真相与往事》，九州出版社2009年版，第88页。但百度百科认为“那些为了活命而闯关东的山东人是从渤海海峡的南边被‘丢’过来的，所以才被称为‘海南丢儿’”，与本文所引用的解释有所不同。

③ 本研究因为考察对象的个体情况限制（主要是年龄问题），所以只能把考察的时间范围定为“1931—1945年”，也就是从日本发动九一八事变，完全控制中国东北开始到其战败为止。

调查对象：主要是那些祖籍为山东，父辈或者自己于1931—1945年之间有过闯关东经历的人。但因为考察目的的需要，考察对象中也有到大连时间为1945年以后的人。①

调查目的：保存历史史料；最大限度还原山东民众“闯关东”的始末，再现其生活的艰难；揭示当时国内外的黑暗势力对民众生活的侵扰；发掘山东民众的优良品质和传统的民族美德。

调查方式：田野调查，以口述资料的收集和整理为主。

调查时间：2018年3月—2019年2月

经过笔者的努力，收集到了有效的口述资料30篇，其中男性采访对象有16人，女性有14人，其年龄跨度为84—100岁，籍贯的分布覆盖了山东省大部分区域。

二、调查结果的整理和分析

以下是笔者从“闯关东的原因”“去的方式”“去后的生活状况”三个方面对所收集资料做的整理和分析。

（一）闯关东的原因分析

首先，人多地少，有的地区土地贫瘠，不适合耕种。如口述资料中提及：

山东很穷，没有粮食吃，一年能有三四个月没有粮食吃。没有粪肥，没有牲口干活，打的粮食少，活不下去了。我家兄妹10人。（山东蓬莱，男，1931年到大连）

那时候文登最穷，地不好，干了不行，湿了也不行，不打粮食，牟平相对富裕。（山东威海，男，1951年到大连）

那时候太穷了，吃不上穿不上，饿得都站不起来。过年的时候，屯里的领导就拿着麻袋挨家挨户地收吃的，一点一点的，给吃不上饭的人吃。卖粮的地方早上2点就开始排队，铁窗棂子都

① 因考虑到个人信息的私密性，所以将在引用的调查资料中隐去采访对象的姓名。

给挤穷了。我家只有一点地，不够吃。（山东诸城，女，1945 年后到大连）

没有地种，有地的也就 50 多亩（指地主），没有的就是二三亩。不够吃的。那时候一亩地很小，比现在小多了。（山东文登，男，1940 年到大连）

山东要饭的多。我们家没要饭，主要吃野菜，树叶子也吃过。也种地，租地主的地。不够吃的嘛，春天弄野菜煮着吃。（山东诸城，男，在大连出生，后于 1931 年返回山东，1937 年回到大连）

当时家里种地，但主要吃地瓜。吃地瓜干，有时候也吃野菜。地多的，打粮食多的，会拿去卖，少的自己吃都不够。（山东文登，女，1941 年到大连）

家里就我老爹爹，还有五个哥哥，四个姊妹，孩子多，家里穷，因为穷就来大连了，怎么过来我也不知道，那时候小啊，好像是挑着担子过来的。（原籍山东，1918 年生，很小便到了大连）

综合所收集的资料来看，采访对象中有多人是三代同堂，是由 5—10 多口人构成的大家庭。但是所拥有的土地几乎都是少得可怜，最少的是全家只有二三亩，多的也不过十几亩。据资料显示，1931 年山东的人口密度为 219. 29 人/平方公里，人均耕地面积为 2. 91 亩，有的地方甚至人均仅一亩有余。而据计算，人均 4 亩方够一年之食，所以很多被采访者说一年甚至 3—4 个月没有粮食吃应是当时的普遍现象。① 但与之形成鲜明对照的是同期辽宁省的人口密度和耕地数。据 1932 年的《满蒙年鉴》所载，辽宁省当时的人口密度约为 81. 77 人/平方公里，并且据 1929 年的《移植民教育》的耕地调查结果所示，1929 年辽宁省的可耕作但未开垦的土地面积少于黑龙江、吉林两省，数量为 39111633 亩，

① 孙合秀，杜晶：《从近代人地矛盾的角度考察山东移民东北的原因》，《山东农业大学学报（社会科学版）》2010 年第 4 期，第 58 页。

如此庞大的耕地数足以对无地或少地耕作的山东人构成巨大的吸引力。①

再者，各种黑暗势力横行，百姓们的正常生活无法维持。

日本兵经常进村扫荡，全家人害怕，到处躲藏，特别是我妈躲藏时受伤了都顾不上。日本兵经常来，生活不下去了，就到大连来了。(山东富平，女，1938 年到大连)

国民党来了就跑，二鬼子（属于日本队伍）来了也跑，怕被抓，抓去做壮丁。父亲开了个小饭馆被他们吃黄了，不干了。日本人经常带着二鬼子下来扫荡，抢东西。（山东蓬莱，男，1950 年到大连)

日本鬼子扫荡，半月十天就来一次，说要抄匪，就是抓共产党。村民都害怕，到处躲藏。(山东潍坊，男，1953 年到大连)

山东当时有很多土匪，挂着国民党的名，有正规编制，让我们缴纳公粮什么的，不缴纳就绑票，不给钱就撕票。日本人定期出来扫荡，八路军人不多，没有力量和他们面对面打，都是晚上出来。当时有警察、日本鬼子、“二狗子”(汪精卫的部队)，警察为日本鬼子和“二狗子”服务。扫荡就让当地的富户送东西过去。[山东掖县（今莱州)，男，1951 年到大连]

那时候叫中央军还是什么，假洋鬼子，进屋就抢东西。他们来得挺频繁，就在附近山上住着，挖的壕沟，到你家就是抢东西，抢东西吃。他们还去地主家吃好的，必须有饼。(山东烟台，女，1941 年到大连)

在山东那个生活困难，国民党的各种苛捐杂税，虽然有几亩地，但在灾荒的时候还是吃不饱饭，我们经常挖野菜吃。1943、1944 年的时候，国家穷得很，国民党的兵一个月来四五次，五六天来一次，不是要粮就是要钱，老百姓都过不了了。他们让村长去找老百姓交公粮，要不来就往死里打。（山东禹城，男，

① ［日］文部省实业学务局：《移植民教育》，1929。文中辽宁省的可耕未垦地亩数由笔者根据资料中的数据进行了单位换算。

1933年在大连出生）

当时小日本去了山东到处抓人，谁家有大姑娘小媳妇就抢，抢了就糟蹋，所以就跑出来了。（山东烟台，女，1929年到大连）

如资料所示，在1931—1945年期间，山东大地上存在着一些严重威胁人民财产和生命安全的黑暗势力，他们对百姓多重施压，置广大民众于水深火热之中。很多采访对象在讲述中都表现了对日本军队、国民党军队的憎恨和惧怕。其实不待被采访者讲述，1928年日本制造的“济南惨案”和1930年中国军阀在山东开始的“中原大战”等事件就足以说明他们无一不是带着恶意而来，置百姓的生死于不顾。而在此基础上，再加上当地一些邪恶势力（土匪和走狗）的猖獗，百姓的生活就愈是雪上加霜，举步维艰了。另外，近代山东匪患严重，到1930年，山东境内的土匪人数已经超过20万人。时人惊呼“鲁省已成匪世界”①。

其次，自然灾害频发。

当时山东自然灾害多，下大雨土地就涝了，没有生计，人们就来闯关东。（山东禹城，男，1933年在大连出生）

小时候黄河隔一两年就发大水，一发水就全淹了。黄河水从山东到渤海，有的年份不下雨就干旱，一下大雨就淹了，淹了就逃荒，男女老少，都背着铺盖，出来要饭吃。黄河两岸泥土好，一泛滥，连人带庄稼全被冲了。我虽然没去逃荒，但也是难以维持温饱，凑合着过。[山东掖县（今莱州），男，1943年到大连]

我家附近的一条大河发大水，家里种的粮食都被淹了，颗粒无收，没有吃的了，就去投奔我的一个姨，她早就去了大连。（山东高密，女，1936年到大连）

由资料可见，山东省在1931—1945年间自然灾害较多，其中尤以水害为重。例如资料中提到的黄河自从1855年在河南铜瓦厢决口，夺山东的大清河入渤海后，便给山东域内带来多起大

① 宋大鹏：《近代山东土匪问题研究》，硕士学位论文，2005年，第11页。

型水灾。据袁长极在《近代山东水旱自然灾害》中的统计，仅从1855年到1911年的56年时间内，黄河在山东就决口了424次。这些水灾对山东省的地理环境、农业生产以及靠漕运拉动的沿海经济带来了极坏的影响。①

最后，是这些山东移民在大连地区多有可投靠之处。

跟着母亲到了大连，投奔父亲。（山东莱西，男，1940年到大连）

到了皮口，老妈带着我们姊妹四个投奔到了爷爷的叔伯兄弟家。（山东蓬莱，女，1936年到大连）

到了大连，投奔我姨。（山东高密，女，1936年到大连）

我哥提前来了，在这边盖房子。我们有个老乡在大连开了个木匠铺子，做棺材卖，加上我们一家有10多口住在木匠铺子，人家管吃管住的，人特别好，不小气。［山东掖县（今莱州），男，1943年到大连］

村里有个人在大连学做服装，会日本话，我就跟他来大连了。后来失联了。（山东文登，男，1940年到大连）

从资料中我们可以得知，来东北的山东人最初投靠的几乎都是家人、亲戚、朋友或者同乡。可以看出，那些先到了关东的山东人对后来陆续到来的山东人来说不仅是一种身心的寄托，更是一种可以使他们闯出去的无形拉力。此外，《闯关东的那些事儿》认为山东人的这种喜欢投亲靠友的情况源于孔孟等儒家学说的影响，这种影响使得山东人形成了“强烈的宗族观念”和“浓厚的乡土情怀”，以至于他们外出后很喜欢“抱团而居”②。

（二）去的方式

以下是口述人的回忆：

1938年，我和我妈妈一起走了三次才成行。从烟台坐船，

① 张海防：《近代山东黄河水患的治理及其应对措施》，《兰台世界》2011年22期。

② 山东商报编：《闯关东那些事儿》，中国工人出版社2009年版，第7页。

先上一个小舢板，然后上了一个大船，是风船，船上面有旗杆一样的东西。然后坐到了大连。(山东富平，女，1938年到大连)

(1937年) 从青岛坐船返回大连，是日本人的轮船，中国哪有轮船。票价不一定，4块钱好像，我忘记了。那时候就是那个价，日本人定的价。(山东诸城，1925年大连出生，1931年回山东，1937年返回大连)

从龙口坐船，需要摆渡船摆渡到大船上。因为海边水浅，大船没法靠岸。有的也坐小风船，挂个大帆。(山东莱州，男，1951年到大连)

老妈带着我们姊妹4个在烟台待了8天，没有钱，没走成。后来好不容易才来了。(山东蓬莱，女，1936年到大连)

我们这里 (禹城市) 的人大多是从山东坐火车去天津，然后坐船来大连。(山东禹城，男，1933年在大连出生)

我们来大连的时候，走了十多天才到的烟台，没有钱坐车啊。我舅舅推个小车，中间一个轱辘，我妹妹和弟弟一边坐一个，推着走，晚上就钻进苞米地睡觉 (夏天)，晚上看不见道了。(山东莱西，男，1940年到大连)

大连有个人叫张本政，我们就坐他的船，船名叫“济通号”。从龙口上船，坐小摆渡船往大船上运，大船能坐几百人。[山东掖县 (今莱州)，男，1943年到大连]

从资料可以看出，多数人从山东到大连的方式是采用海路，而其出发的主要港口有烟台、青岛、黄县 (今龙口)。另据《满洲日日新闻》所述，芝罘也为当时山东人闯关东的主要出行港口之一，而其中以青岛的承载量为最。① 此外，虽然在第二次移民潮产生时，华北和东北地区的铁路就已经接通，但在1930年以后，多数闯关东的山东人为了省钱，还是会采取先走海路到大连，然后再从大连坐车北上的方式。并且据1930年日本人所做的调查显示，1930年多数闯关东者所带的路资不足15日元。这

① 《流入的山东苦力》，《满洲日日新闻》1917年6月11日。

些盘缠还多半是借高利贷而来，要不就是卖房卖地或靠亲友救济而来。这点钱也只够从青岛坐最廉价的三等舱到大连（耗资3.4日元），然后上岸转乘火车到沈阳（耗资6.16日元）或到吉林（耗资13.2日元）而已。而作为日本经营中国东北的核心机构——南满洲铁道株式会社却从1908年开始通过铁路运送闯关东的苦力而获利巨大。[①] 这一点通过《满洲日日新闻》报道也可以得到证实。文中记录了“满铁”通过运送山东移民短时间内便转亏为盈，甩掉了36万元的赤字，盈利100万元的“好消息”[②]。

（三）去之后的生存状况

房子上面那头是日本人，我们住在下坡，很脏。后来把妹妹也接来，挨饿受穷，三年后父亲去世，没钱治。老乡帮忙凑钱给埋葬了。后来我妈又生了个遗腹子，没办法做买卖了。卖鸡蛋，卖鱼什么的，卖卷烟。（山东富平，女，1938年到大连）

我大爷送我去我姐姐家，父母已经在大连去世。我姐姐和姐夫开了鞋铺。学着做鞋。那时候都是来逃生，干活挣钱，老家没有活干没有地种。还有来学手艺，做点小买卖。父母最初来大连就是在人力市场，揽点零活干，没有固定的职业。都是走到哪算哪，有亲戚投亲戚。大爷来得早，在旅顺租地种。（山东诸城，男，1925年在大连出生，1931年回了山东，1937年返回大连）

爸爸来大连给人抬轿子，捡煤核回去烧。没事干就去要饭，顾不上我，要到哪儿就睡到哪儿。我十岁被人抓去干劳工(1939)，做麻袋，不给钱，干不好挨揍。看着我们干活，有日本人也有狗腿子，干不好就用鞭子抽。（山东平度，女，1932年到大连）

俺爹老早就来大连了，在地主家的果园里打工。没有房子住我们，就也留在地主家里干活。日本人抓劳工，我妈让我去了，

① 先锋国家历史杂志社主编：《国家历史——真相与往事》，九州出版社2009年版，第75页。

② 《因山东移民激增，意外地大赚了一笔——高兴的满铁》，《满洲日日新闻》，1927年3月30日。

去清理船帮，在海边搭起来的棚子里蹲着休息。我弟弟生病了，还有气，但我妈不给治，就死了。（祖籍为山东，女，1931年在大连出生）

父亲母亲1928年闯关东到了大连。父亲是个泥瓦匠，带了10个山东人干活，生活还可以。（山东济南，男，1930年在大连出生）

哥哥们去的工厂都是日本人开的，有造船的，还有起重机的。厂子里有翻译，给你分配任务。一天12小时，早6点晚6点，中午半个小时的吃饭时间，管得很严格，干得不好就打你。（山东高密，女，1936年到大连）

当时大连的中国人还分本地人和外地人，本地人的户口上会写"明记"，意思说你的户口在本地，你的人也不流动了，待遇能好点。但像我们这些山东人，因为和山东有往来，经常往返于山东大连之间，户口本上就会写上"记留"，意思说你的户籍暂时留在此地，还会流动……但大连要是没有户口的话，他们就不配给粮食，没有户口就和没有粮票一样，所以一定要有户口。（祖籍山东，男，1934年生于大连）

1944年日本鬼子没投降我就回山东了，吃不上饭了，大连什么都断绝了，有点吃的就是犯私，狗腿子出来进去的监视着。回山东后，日子也难过。（山东潍坊，男，父辈早就到了大连，1929年在大连出生，后多次往返于山东大连之间）

如资料所示，"海南丢"们闯关东到了大连后其处境也是艰难异常，基本可以归纳为以下几种：

继续讨饭，或给别人干零工，继续饥一顿饱一顿地生活。

到私人家当学徒，学技能，不给钱，待遇非常差，还经常被师傅打，很多被打死或者病死。

到日本工厂干活，需要介绍人，否则不行。有工资，但不多。工作被监视，有时挨揍或者被搜身，没有基本人权。

日本战败前的几年，经常被抓去做劳工。或者为日本人家庭做家务，或者为日本工厂干活。都害怕被抓，开始逃回山东。

做小买卖，迫于生计，种地不能马上产粮，而且也没地，所以就做小买卖，赚点钱糊口。

有手艺的，可以联络同乡，一起揽活干。比如砖瓦匠或者木匠什么的，相对比较容易生存。

为了生存，有的女的会很快就在当地嫁人结婚。

接受在大连的家人或者同乡的救助，安顿下来后，再找活干。

其详细处境可以从《满洲日日新闻》一篇文章中窥见一斑。文中详细地描写了一些苦力们（主要是山东人）生活的艰辛。据描述，酷寒的冬夜，27 个苦力挤在一个简陋的窝棚里休息。窝棚用破木板和破铁皮搭建，里面什么都没有，连门都是用破草帘子代替。但就这样，苦力们还是有的谈笑，有的对弈，有的吹着木笛，似乎不为处境所困的样子。文章中虽然讽刺他们的精神已经麻木，行为中带着兽性，并说他们吹的曲子是“一流的亡国调”，但同时也对他们的乐天和幽默给予了赞赏。①

三、结语

综上所述，通过对收集到的资料的分析，我们对山东人的“闯关东”行为主要有以下几点认识：

山东人的“闯关东”是被迫而为之。这种被迫主要是由内部的推力，例如耕地面积问题、自然灾害问题、兵匪侵扰问题等形成。但同时，东北地区相对好点的谋生环境、去后有投靠之处等因素形成了一股无形的拉力，促使了山东人“闯关东”行为的发生。

山东人有很深的乡土情结和宗族观念，即便于异地艰难谋生，也仍能做到互帮互助，共渡难关，体现了中华民族的传统美德。

---

① 《下等支那人的赤贫生活》，《满洲日日新闻》，1913 年 2 月 21 日。

"闯关东"使山东人的"怕"从山东延续到了东北。怕吃不上饭，怕失去性命，这种"怕"对其心理造成了严重的影响，使其活得格外辛苦。但同时也可以看到，这种"怕"让他们可以吃万般苦，更加积极乐观面对生活，并且更加珍惜自己所拥有的"财富"。

同时，从资料中我们还可以看到：

八路军在山东的抗日活动强化了山东人的民族意识，使得他们也能积极对抗日本侵略。这种对抗即便在他们到了东北后也能体现出来。例如，1935—1940年活跃在大连地区的抗日放火团主要成员之一邹立升便是闯关东的山东人。他不仅自己积极完成组织交给的任务，还动员家人和同乡，获得他们的支持和配合，壮大放火团的力量。①

相较于东北地区，山东人当时的受教育程度普遍较低。其主要原因在于生活的穷困和战乱。

【责任编辑：薛志刚】

［作者：王　妮　大连外国语大学日本语学院　副教授　大连　116041
白春阳　大连外国语大学日本语学院　讲师　大连　116041］

① 素素：《旅顺口往事》，作家出版社2016年版，第372页。

大连甘井子地区的近代记忆
——基于对于连海老人的采访而成[①]

王小健

摘　要：大连甘井子区主要包括大连湾、南关岭、老甘井子等几个地区，由于辖区地理位置重要，自古为兵家所争，至今仍残存有明代驿站、墩台。大连湾更是近代大连守备的第一道防线，北洋水师曾经布置的六座炮台，如今仅留下几处残垣断壁。日本人为掠夺中国的战略物资，还修建了机械化装置的甘井子码头。这些过往虽然已成为历史，但却不应该湮灭，因为它也是大连近代历史的见证者和承载者。

关键词：大连湾　甘井子　阎世开　庞睦堂

一、大连湾炮台

大连湾位于大连市区东北，是辽东半岛第一大海湾，由众多小海湾连缀而成，海岸曲折，海岸线长72公里，水域面积约170

① 本文特别感谢于连海先生，他作为受访者，为本文提供了丰富的历史信息。

余平方公里。沿岸在自然地理上分布有和尚岛、棉花岛、前盐岛、后盐岛、小盐岛、大盐岛等半岛。

大连湾水深口宽，形势扼要，自1840年鸦片战争以来，英法战舰经常在大连湾沿海游弋、窥测，绘制海域地图，甚至抢劫中国船只，杀害中国船员。1858年（清咸丰八年）4月，清政府加强了对大连湾沿海口岸的防守，但未能阻止住英法军舰对大连湾的侵略。1860年（清咸丰十年）6月19日至21日，英舰23艘入侵和尚岛等海口。1877年（光绪三年）英国测量船再次对大连湾进行窥测。1879年（光绪五年）12月，清政府决定加强旅顺口和大连湾的海防。1880年（光绪六年）北洋大臣李鸿章上奏关于大连湾军港建设方案的奏折。3月1日，清政府命令李鸿章"备齐战舰于大连湾、烟台等处，择要扼扎，以固北洋门户"①。这是"大连湾"见之于文献的最早记载。6月，李鸿章委派北洋水师总教习英国副将葛雷森及哥嘉等人前往大连湾测量建港地点。因大连湾口门过宽，难以布置，决定全力经营旅顺口。1882年（光绪八年）3月，清政府设北洋水师，分驻旅顺口、威海卫、大连湾等处。

1887年至1893年（光绪十三年至光绪十九年）清政府斥巨资在大连湾沿岸修筑了6座炮台，包括5座海防炮台和1座陆防炮台。海防炮台以大连湾的和尚岛炮台为中心，分西炮台（碧海山庄主楼后侧）、中央炮台和东炮台，与和尚岛相对的是黄山炮台（大连石油七厂后山）和老龙头炮台（五二三厂院内东端），陆防炮台在徐家山顶（开发区马桥子西，银帆宾馆后身，炮台上有碑文），与和尚岛诸炮台形成掎角之势。6座炮台均修有盘山道，共配置火炮38门，其中24门为射程可达6公里的全方位射击的大口径新式海岸炮，组成比较完整的防御体系，以控制大连湾和大窑湾海面，以及金州至貔子窝的通道。同时在和尚岛西端（大连远洋渔业公司院内）筑有一座长100米、宽5米的铁架栈

① 《甘井子区志》，方志出版社1995年版，第13页。

桥，用于装卸物资弹药，俗称“李鸿章栈桥”。1888年（光绪十四年）、1891年（光绪十七年）和1894年（光绪二十年）李鸿章曾经3次视察大连湾炮台。除东炮台和中炮台在中日甲午战争和日俄战争中遭破坏外，其余炮台现留有残址。1894年甲午战争爆发，10月24日，日军从花园口（庄河明阳镇）强行登陆，11月6日攻占金州，7日凌晨，分三路向大连湾进犯。日军深知大连湾炮台坚固、武器精良、易守难攻，准备付出比夺取金州更大的代价来夺取大连湾。结果清军统领赵怀业贪生怕死，在金州城失陷当晚，竟弃台潜逃旅顺。清军中有许多新募兵丁未经训练，甚至不谙武器，只有少数官兵开炮轰击。和尚岛炮台发射200余发炮弹，日军受阻，派兵增援，当日8时攻占和尚岛炮台。接着日军又占领老龙头炮台。9日清晨，黄山炮台也落入敌手。清廷经营6载、耗资巨大的要塞，仅在旦夕之间为日军所破。同时落入日军之手的还有大连湾等处多年储备的新式大炮129门，机关炮6门，炮弹246万发，新枪600余支，子弹3381发，电发地雷200具，饷银80万两，大米320袋和军马85匹等，就连军事机密文件也被日军获取。日军按照缴获的《大连湾水域地雷铺设图》切断海底电缆，轻易地排除掉清军铺设的水雷，顺利驶入湾内，占据军用码头，使之成为海上主要补给基地，海军舰队也从花园口移驻大连湾。① 日军进而攻占旅顺，完成了对大连湾军事要地和旅顺口军港的占领。

老龙头炮台所在的龙头山位于大盐岛，因其外形酷似龙头，故称龙头山，又叫老龙头。山顶面向大海的悬崖峭壁上有一个巨大的岩洞，俗称“龙头口”，是个大型的石灰岩溶洞，溶洞里有垂挂的钟乳石和石笋，因为像花一样漂亮，民间称为“石花”，日本殖民期间将个大的、造型奇特的石花砸掉装箱运回国内。北洋水师在山顶修建炮台，与黄山炮台遥相呼应，李鸿章曾到炮台视察，现在在山上仍能找到炮台的残垣断壁（在五二三厂院内东

① 《甘井子区志》，方志出版社1995年版，第541页。

端)。黄山炮台在老龙头炮台西南的柳树沟，柳树沟后改称山中村，故又称山中村炮台，大连解放后属于海茂街道。海茂原名海猫，是由海猫屯而来。海猫，当地人指海鸥，在离海岸100多米远的海中有个小岛，或者仅仅算是一个小小的坨子，由于海鸥成群栖息在岛上，故称海猫坨子，其对岸的村子也跟着叫作海猫屯。除了海鸥外，还栖息着其他种类繁多、连当地人都叫不出名字的海鸟。海猫岛满潮时孤悬于大海之中，退潮后被一条蜿蜒地露出水面的沙岗与大陆连接起来，人蹚水就能过去，海岸边有很多石灰石岩结构的礁石。由于旅顺双岛湾也有个海猫岛，1946年有关部门将大连湾的海猫岛改称海茂岛，海猫屯也相应改称为海茂屯。海猫岛后来建有大连远洋渔业公司的船坞，后归属于石油七厂，在厂房扩建中被填平。

二、南关岭地区

南关岭在大连甘井子区北部，东邻大连湾镇。南关岭的关是指哈斯罕关。哈斯罕关位于辽东半岛中南部的金州湾与大连湾中甜水套湾之间大连地峡这一咽喉地带，是契丹辽国为防止女真人越海南下通宋，“在金州城南土城子、后关村、前关村、前盐村地峡一带设置土石关隘，称哈斯罕关”①。明代称之为南关铺，指金州卫城南的关堡。明嘉靖时修《辽东志》时在《古迹》条中记载：“哈斯关：金州城南十八里。旧有土城，南北抵海，长十五里，中有关口，通驿路。不知何代所筑，今为南关铺。”哈斯罕关所在位于大连地峡，是大连最狭窄的地方，黄渤海直线距离最短，陆地宽仅4.6公里，在前关屯向南可以看到黄海滔滔浪，在后关屯向北可以看到渤海滚滚水，一山观两海，有所谓“前关看南海，后关看北海”的说法。清代改称南关屯，明清时也有称哈斯关的。后来随着居民的增多，到清朝末年出现土城

① 韩悦行：《大连掌故》，大连出版社2007年版，第304页。

子、后南关岭、前南关岭等村落。南关岭又称“难过岭”，因为岭上地势崎岖，怪石林立，树木茂密，给出入行人带来不便。这里是控制南北交通的要冲，统治者向来在此屯兵把守。从唐朝开始这里就建有烽火台，烽火台的建设有标准的要求，明朝时每隔5里地建一处烽火台（又称墩台）。从现在的南关岭往东走五里地有个大土堆，高近两米，直径约有十几米，叫五里墩（现在大连北站附近），墩上有个烽火台，即土城子烽火台，与金州城相通讯。在建设烽火台的同时，还兴建传递信件的驿站，建设标准是每隔10里地建一驿站，故大连地区坊间便有了“五里一台，十里一堡”的说法，南三十里堡、北三十里堡就是以金州城为参考系，往南三十里为南三十里堡，往北三十里称北三十里堡。南关岭地理位置优越，北有群山环抱，南有自西向东流淌的一条大河，经泉水、二道沟奔向大海，如同保护关口的护城河，河上有座桥，桥头刻有“南三十里堡”几个大字，90年代城区扩建时被拆掉。1903年（清光绪二十九年）俄国修筑中东铁路南满支线，在哈斯罕关西南“南三十里堡”修筑火车站，为了与北三十里堡相区别，将南三十里堡改称南关岭。所以现在的南关岭并不是先前的南关岭，只是借名而已。

南关岭地区有条泉水河，从姚家山上过来，是条二百多米长、二三十米宽的大河套，水下有许多泉眼，泉水凛冽清澈。泉水向东南流经二道沟进入大盐岛海域，入海口处是个狭窄的通道，上面简单铺就一座石板桥。桥中间有二三个垛子作为支撑，上面铺了几块大石板，有二三米宽，大海涨潮时小桥就被潮水淹没，退潮时又露出来供路人行走。李鸿章当年到大连湾视察炮台时就经过此桥，故称“李鸿章桥”，20世纪80年代被破坏。大盐岛海边还有个光绪年间立的石碑，上写“要塞”两个字，现在也没有了。

大连解放前，在泉水河套西面有庞家四兄弟的四个大院，20世纪80年代拆掉，其中庞四爷——庞睦堂最有名。庞睦堂1882年生于大连湾柳树屯一个较富裕的农家，自幼聪颖，在私塾读了近10年书。日俄战争后，庞家举家迁到南关岭泉水屯，并在大连市内经营商业，开设钱庄、油坊。20年代初，庞家以庞睦堂为代表，成为大连市华商八大富豪之一。1923年庞睦堂当选为西岗商会会长，12年间连续4次连选连任，有“终身会长”之称。庞睦堂不仅经营有方，而且热心公益事业，是华商集团中不可多得的社会活动家。1924年4月，为了促进大连地区的商业发展，创办了实业补习夜校，培养华商从业人员。1926年4月又个人出资在堇町（今北京街）成立大连中华幼稚园，1933年更名为大连睦堂幼稚园，解决了华商子弟的学龄前教育问题，收费低廉，深受称赞。同年11月，他首倡募捐设立庇寒所兼施粥场以救济贫民。1927年冬又与大连商会共同发起捐款，在宏济善堂前空地建筑灵柩所和祭奠大礼堂一处，为中国各地商民在大连死亡者寄柩祭奠之用。1933年他又偕同副会长周子扬首先捐款日元千金，并以市会议员身份奔走筹划，终使市会通过，成立大连协和实业学校，解决大连华人子弟升中学的困难。① 在这些实业办学中，庞睦堂一直暗中抵制日本人的奴化教育，支持学校从上海购进商务印书馆、中华书局、开明书店出版的初、高小教科书，宣讲中国优秀传统文化，与日本殖民教育局斗智斗勇、暗中周旋。1935年1月，庞睦堂在泉水屯兴建睦堂机制造纸厂，利用泉水的水和芦苇造纸，为防止泥沙堆积，在泉水两侧砌墙，工厂当时有职工90人，造纸厂排出的污水经过滤后，由中间的水流子经芦苇荡流入海中。1940年庞睦堂逝世，享年58岁。去世后其长子庞永铭任厂长，1948年实行公私合营，工厂更名为连章造纸厂。

由泉水往西走分别是下沟、中沟（在日本的水源地附近）和上沟（在华南沃尔玛附近），总称三道沟，联通三沟有一条古道，三道沟一般多指中沟。抗日爱国志士阎世开的墓地一开始就在中沟。阎世开是本地人，清末咸丰年间出生于家境清贫的诗书

① 《甘井子区志》，方志出版社1995年版，第765页。

之家。其父阎学典，为人正直，一生致力于乡里私塾教育。阎世开子承父业，也成了一名乡村教师，并以身示范，因材施教，周边地区的少年纷纷慕名前来就学，为乡人所敬重。1894 年 11 月上旬，日军攻占金州、大连湾炮台，11 月 9 日，阎世开正要去南关岭教书，被日军所掳。日军师团长见其仪表不俗，认为必是地方名士，便许以重金，让他说出大连至旅顺的山川地势及进军路线，被严词拒绝。敌酋继以战刀相逼，仍面无惧色，并顺手抄起石砚朝日寇砸去，终被恼羞成怒的日寇拥至该村西山麓，残杀惨死。阎世开被害后，乡里为之礼殡，葬于村北向阳坡上，并竖碑一碣。1895 年初，阎世开遇难数月后，沈阳盐官张之汉闻听此事，深为所感，认为阎先生乃“奇士”，因作《阎生笔歌并序》，以褒其节，其中两句：“头可断，舌可抉，刃可蹈，笔可折。凛凛生气终不灭，吁嗟阎生古义烈！”[①] 在先生就难之地南关岭中沟村果树园里，立有“阎世开先生之墓”的石碑，供后人瞻仰，后移至乔山公墓。阎世开没有儿子，有两个女儿，举行立碑仪式时其外孙参加。

三、老甘井子

大连有四个入海口，分别被称为青嘴子、黑嘴子、红嘴子和黄嘴子。青嘴子在金州湾南岸石灰窑村东北。黑嘴子得名于从西山过来的一条河道——自由河，由于河水流经地区的土是黑色的，河水也成了黑色，黑水入海口就成了黑嘴子。往北走是红嘴子，在原大连纺织厂一带，由于山坡土是红色黏土，大连人称为黄膏泥，入海口被称为红嘴子。甘井子码头的入海口叫黄嘴子，因为海岸都是黄沙，适于洗海澡，故称黄嘴子。

甘井子远在 5000 多年前就有先民在此生息繁衍，以后历朝人口增减不一，至明末清初，由于各种原因，人烟稀少，呈现

① 韩悦行：《大连掌故》，大连出版社 2007 年版，第 19 页。

“有土无人”的状态。清朝初年奖励垦边，清政府先后颁布《辽东招民开垦条例》5个招民令，山东、河北等地居民陆续迁入。最早来的移民，落户在老甘井子海边（即老大化）所在地，所占都是良田，先来的先占，叫占山户，后来的靠着先来的，叫靠山户。由于到此居住的人越来越多，逐渐发展起来。靠山户中有个姓梁的占着东边地，由于地质不好，主要以打鱼为生。开始时吃的是河套水，不太卫生，后来在山坡上打了一口甜水井，水质甘甜，俗称甘井。水井离海岸有100多米，井水往外流到海里，井周围有湿地，景色优美，老梁家就在井边盖了一个大院，20世纪50年代老梁家大院改为老甘井子小学，后来拆掉了。20世纪初，日本殖民当局在甘井子东部沿海一带即老甘井子地区建工厂和码头，先后建成建材、化工、钢铁、炼油等工厂，形成以甘井子、椒房为中心的工业区。1926年将海边居民迁走，动工修建沉箱式钢梁高架栈桥甘井子煤码头，可同时停泊7000—10000吨级船舶4艘，机械化装卸，据说在当时是亚洲第一。高架栈桥由德国人设计，包括一个倒煤架子和一个翻煤架子，建在铁路上，下面有4个轮子，北边运来的煤，由倒煤架子上的抓斗抓到火车厢里，运往码头，车皮上来后，再由翻煤架子将车厢翻扣过来，将煤倒在运输带上，直接装运上船。高架桥宏伟高大，效率很高，1933年后，仅从甘井子煤码头运往日本的中国煤炭，就占日本年进口煤炭总量的60%—70%。[①] 20世纪80年代时被炸掉。

1933年日本人在甘井子成立满洲化学工业株式会社大连工场，简称“满化”。又在椒房地区盖了钢厂、碱厂。大化碱厂主要用于生产碱，制碱需要石灰石，当地就有石灰石矿。大连湾一带有连续相连的九座山，老百姓称其为长山山脉——很长的山脉，从龙头山到石矿山，共有九个山头，一个尾巴，俗称“九头凤尾山”。石矿山俗称“老虎”牙，因为石灰石矿容易产生溶洞，溶洞里有很多钟乳石，形状酷似老虎牙而得名。日本人勘探

① 《甘井子区志·总述》，方志出版社1995年版，第4页。

后，发现石灰石质量很好，就雇用上沟一个姓邵的大户开矿，开采的石灰石由俗称“轱辘码子”的翻斗车从山上往山下放，因为危险，后来就改修铁路，用火车将石灰石运到碱厂，石矿山现在已经挖到底了。

四、结语

在于连海老人的脑海中，大连湾既有美丽的滨海风光，也有壮美的湿地景观，孕育了朴素的乡土民情和众多的民间传说，更承载了近代殖民地的历史。可是这一切不应该只留在老人的记忆里，也不应该只是印刷在书本上的历史知识，而应该是我们能切身感受到的真实存在。因此，如何在城市建设中保护滨海风光和湿地景观、在经济发展中保护历史遗迹，确实值得用心思量，要知道缺少了海滨，大连就没有了特色，缺少了历史遗迹，大连就成了没有历史的城市，但这不是真实的大连。

【责任编辑：薛志刚】

［作者：王小健　大连大学历史学院　副教授　大连　116001］

大连有轨电车功能性刍议

——兼谈发展历程

隋 鹏

摘 要：大连有轨电车作为公共交通工具已运营110年。百余年来，大连有轨电车的符号特征愈加明显，早已不再是单一功能的交通工具。在近代大连历史发展轨迹中，有轨电车占有重要位置。作为城市代表性符号，大连有轨电车生发出的文化意义日益凸显，已经并继续塑造和涵养着大连这座年轻城市的人文精神。时至今日，大连有轨电车本身即具有明显的人文性特征，但同时其本源性功能依然被很好地保留，这使得大连不仅成为中国运营有轨电车时间最长的城市，也使得大连有轨电车在世界行业发展史上具有重要地位。目前，有一些观点认为，大连有轨电车不适应城市发展需要，本文从功能性角度出发，梳理历史脉络的同时，从符号学等角度，选取“溯源、流变、异化、重塑”四个维度，阐明了大连有轨电车的历史价值、现实意义、文化功能和发展必然。

关键词：大连有轨电车 功能性 文化符号

大连有轨电车是公共交通工具，自出现始，其就具备这一功能。百年来，尽管公共交通领域有许多新变化，但大连有轨电车仍然很好地保持了此功能的延续性。从历史维度看，世界范围内的有轨电车发展经历了“出现—繁荣—没落—复兴”的过程，其中复兴的重点就在公共交通工具之功能的落实上。

史料表明，公共交通的起源至少可以追溯到1826年的法国——公共马车的出现极大便利了有需要的居民。搭乘公共交通工具出行，既加快了出行的速度，还降低了快速出行的成本。于是，具备公共属性的交通工具成为人们的“新宠”，并逐渐普及开来。1831年，世界上第一辆装有发动机的公共汽车在英国问世。

有轨电车作为一种由电力驱动的轨道车辆，是随着近代工业的发展而出现的。1879年，德国工程师维尔纳·冯·西门子在柏林的博览会上首先尝试使用电力带动轨道车辆，这应该是目前可查的有关有轨电车的最早记录。此后，德国、俄国、加拿大、匈牙利、美国等都先后开通了有轨电车线路。

当有轨电车作为工业革命的新兴产物出现的时候，其功能就不言而喻地呈现出来——不同于已有形式的公共交通工具，它既节省了人力，又节约了能源，更重要的是，还大大提升了运输效率——这种新的公共交通工具被人们接受、认可和喜爱。

不难发现：1. 有轨电车的出现晚于公共汽车；2. 有轨电车按照公共交通工具的需要被设计；3. 有轨电车线路开通伊始，就具备公共属性；4. 有轨电车的出现，更好地满足了人们的出行需求，推动了公共交通事业的发展。显而易见，有轨电车首要的功能性特征即是：公共交通工具。

一、溯源：城市建设需要和交通工具本质

有轨电车出现的19世纪末20世纪初，正值列强掀起瓜分中国的狂潮。因甲午战败，1895年，清政府与日本签订《马关条

约》，其中割让辽东半岛给日本的内容与俄国欲在我国辽东沿海寻找常年不冻港的计划相悖，于是俄国联合德国和法国向日本施压，迫使日本允许清政府“付款‘赎’辽”并放弃权利。

翌年，俄国借口“还辽有功”，和清政府签订《中俄密约》；1898年，又与清政府先后签订《旅大租地条约》和《旅大租地续约》，强行租借辽东半岛南端；1899年，俄国单方面把旅大租地改称“关东州”，把“青泥洼”改称“达里尼”，还设立了下辖三区的“达里尼特别市”，旅大租地的城市化也被迫推进。

“达里尼”俄语意为“远方”，这个被定位为自由港、仿照巴黎市区规划建设的城市在1902年初具规模；而远在俄国的圣彼得堡，1879年有轨电车出现后，便成为开始尝试商业运营的第一梯队城市。直到2002年被澳大利亚墨尔本超越前，圣彼得堡一直拥有世界上最庞大的有轨电车系统。

1899年，德国西门子公司在北京修建的连接马家堡火车站与永定门的有轨电车线路还未投入运营便被毁，人力车夫首先发挥了重要作用。1904年，香港开通有轨电车线路；同年，比利时世昌洋行开始在天津修建有轨电车并在1906年6月开通运营。1908年，上海开通有轨电车线路。

1909年9月25日，大连开通有轨电车线路。这条大连城市公共交通和轨道交通史的发端线路，带有殖民统治的印痕。不过，尽管有轨电车是带着殖民侵略色彩进入大连的，但作为近代工业产品（公共交通工具），客观上促进了大连城市的发展；同时，在探讨其功能性时，也不应过分强调其阶级性。

必须要承认，大连有轨电车和北京的东交民巷、重庆的白公馆、南京的总统府等文化符号一样，都是对历史的见证。我们研究大连有轨电车的发展历程，目的是记录中国人民、大连人民不屈不挠和侵略者斗争以及自力更生、艰苦创业的过程，以期更好地在新时代开创未来。

大连有轨电车首条线路建成通车后，当年又相继修建完成并运营了4条线路。根据史料，截至1939年，大连市共有10条有轨电车线路运营，支线和郊区线也有合理增加，客观上推动了大连城市化进程。这些有轨电车线路，基本架构起城市公共交通复合线网，有轨电车公共交通工具之功能清晰明确。

二、流变：主体功能统领下的文化融渗

1945 年 2 月 4 日至 11 日，英美苏三国在没有邀请中国的情况下签订《雅尔塔协定》，瓜分战后远东势力范围，其中规定苏军在德国投降后三个月内对日本宣战，报酬包括获得旅大地区等地的控制权；5 月 8 日德国无条件投降；7 月 26 日中美英三国政府首脑发表《波茨坦公告》，敦促日本无条件投降，但日本拒绝。

同年 8 月 8 日，根据《雅尔塔协定》，苏军对日宣战，次日向驻守我东北的日本关东军发动全线进攻；苏军进攻日军的当天，中国共产党毛泽东同志发表了《对日寇的最后一战》，号召全国人民为夺取最后胜利而斗争；8 月 15 日，日本政府宣布无条件投降；8 月 22 日，大连解放。

投降后的大连日军在撤退前有意破坏了有轨电车车辆和运行系统。1946 年，新成立的大连市交通公司着手修复有轨电车车辆，恢复线路运营；1948 年，举办第一批有轨电车女驾驶员学习班；1949 年初，恢复运营线路进一步增加；1949 年 3 月，启用调整后的新线路图，共有 11 条线路运营。①

新中国成立后，在人民政府的领导下，大连有轨电车得到了长足发展。1951 年，电车工厂成功生产出我国第一辆自行设计制造的（1000 型）有轨电车；1983 年，我国第一辆六轴铰接式（DL—621 型）有轨电车研制成功；2000 年，我国第一辆 70%低地板双铰接式（DL6WA 型）现代有轨电车驶下生产线。②

---

① 隋鹏：《新中国成立前大连有轨电车线路略考》，《大连近代史研究》（第 15 卷），辽宁人民出版社 2018 年版，第 463—464 页。

② 大连公交客运集团电车分公司党委办公室：《电车百年历史回眸，跨越发展还看今朝》，内部资料。

大连有轨电车取得的一系列成果，不仅局限于车辆的研发制造，还包括线路规划、运输能力、人才培养、服务水平等诸多方面。成绩绝非一蹴而就，困难和挫折更是不胜枚举，这其中少不了历代大连有轨电车从业者的努力和付出——仅从大连解放后对有轨电车车辆、线路的修复就能略感一二。

其实，从通车之日起，有轨电车就成为大连公共交通的重要组成部分。不仅如此，大连解放前，有许多有轨电车司乘人员积极加入维护劳工权益的工会团社，一些人还参与了党的地下组织，在岗位上与日本侵略者作斗争。有轨电车作为服务于人的公共交通工具，自运营始，就天然地具备了社会性意指。

在日据时期，有轨电车车体被侵略者有意识地粉刷成不同颜色，用于区分乘车的乘客，即所谓“劳工车制度”。这种“以车分人”的方式，使有轨电车在一般公共交通工具之功能外，生发出具有侵略性的社会化、阶级化表象，其功能性也被迫出现扭曲。

尽管如此，大连有轨电车的公共交通工具功能也没有从其固有范畴中抽离出来。这一功能反而因城市扩张（公共交通发展）的需要，更加凸显。无论当时的侵略统治者赋予有轨电车什么样的含义，都是基于有轨电车公共交通工具的主体功能。试想，将不同颜色的有轨电车陈列起来并规定其意指，意义何在？

索绪尔在《普通语言学教程》中，阐述了能指和所指的概念，我们不妨对照探讨：关于“有轨电车”的能指，应该是被定义为“有轨电车”的车，即在轨道上行驶的电车；关于“有轨电车”的所指，则包含了功能性、社会性、人文性、历史性等多维度理解。不过，所指的多维度理解，并不意味着各维度的同等化。

能指的约定俗成性，使概念所指在对应意指作用的影响下，具备了不同层面的意义，即上述多维度理解。而这些理解，不是凭空产生，一定有一种是最早对应相应能指的，其他理解则依托这一理解存在或基于这一理解发展，亦即所指多维度的非同等化。

以大连有轨电车为例，其能指对应的所指，首要的便是公共交通工具；依托公共交通工具的基本功能（基于公共交通工具的基本存在），又产生了不同的理解维度，诸如“大连有轨电车是侵略者的象征”“大连有轨电车是城市历史文脉的一种表现”等迥异观点。

应该认识到，“负面能指堂而皇之地成为意指近代中国的代名词”①，在这种有强大引力的文化场域中，似乎舶来品难以逃脱“侵略色彩”。不过笔者认为，应当从不同历史时期分别探讨，一味否定或肯定，都不是辩证唯物主义的研究思路和方法。

还可以从符号学角度说明：有轨电车本身仅是一种交通工具，这一能指“在不同社会语境、文化语境、历史语境中完全可能意指着不同的所指，约定俗成的过程就是在符号的历史演变中将潜伏着不同动机的各种文化特征、社会特性偷偷地塞给符号，改变其所指”②。这里面，“偷偷”更强调潜移默化，不应含贬义。

这样看来，大连有轨电车的所指，可以以大连解放为过渡点——负面能指的逐渐消散，强化了所指新理解维度的产生，也挖掘出之前被负面能指掩盖了的某些所指维度。在大连有轨电车主体功能不改变的情况下，文化融渗朝着更积极的方向发展。

大连解放前的“劳工车制度”不可谓不是文化——作为一种侵略文化、殖民文化、糟粕文化，是客观存在；大连解放后的自力更生、艰苦奋斗也是一种文化——劳动人民当家作主，精神饱满、干劲十足。文化，在不知不觉中融入人们对符号的认知中；相应地，这种符号也被赋予一定的意义，被不断固化、解构、异化……

---

① 隋岩：《符号中国》，中国人民大学出版社 2014 年版，第 135 页。

② 隋岩：《符号中国》，第 13 页。

三、异化：功能误读和主体缺位

以公共交通工具为主体功能的大连有轨电车，在百余年的发展过程中，形成了地域性明显的广泛文化认同。前文提出大连有轨电车的功能性流变，主要是从不同历史时期角度，阐述大连有轨电车的文化指征。但无论如何流变，大连有轨电车的主体功能一直没有丧失，这也是大连有轨电车保持鲜明特色的重要原因。

从大连有轨电车本身看，首要功能性体现在实用价值和工具作用上，文化融渗的过程实质是其本体社会化的表现，通过社会中人的感知，展现出某种意识形态的结果。在这一过程中，自身生发、人文认同、环境涵养、时代培育等，均起到了一定的作用。

时至今日，仍然是地区重要公共交通工具的大连有轨电车，作为第二次工业革命地域代表性留存，早已不局限于公共交通功能，还生发出独具特色的“有轨电车文化”，其符号学视阈下的意指也更为多元；受此影响，对其功能性解读发生异化，“夸大利益性所指、忽略主体功能”越来越成为迫切需要纠正的问题。

所谓“利益性所指”，主要是指受短期利益、眼前利益、个人利益影响较大的某一所指。夸大这种所指的作用，极容易一叶障目、以偏概全，归根到底，是掩耳盗铃、目光短浅的表现。如一段时间以来出现的“变有轨电车公共交通线路为单纯旅游项目”的观点，就属于夸大利益性所指之作用的情况。

认为应该把大连有轨电车变为单纯旅游项目的观点为何不正确呢？首先，这种观点的逻辑起点是“有轨电车已经过时，不适应当下社会发展的需要”。那么，按照这一逻辑，出现时间早于有轨电车的公共汽车是否也已经过时，应该变成单纯的旅游项目呢？

其次，有观点认为“有轨电车占用道路资源、加重道路拥堵”。此观点等于承认“作为公共交通工具的大容量的有轨电车占用道路资源、加重道路拥堵”。依此反推，“容量小的公共或非公共交通工具不占用道路资源、不会加重道路拥堵”——似乎忽略了同等出行需求下，工具小容量必然多数量的问题。

再次，还可以从国际、国内、历史、当下和未来几个角度来论述。捷克首都布拉格有一个隶属于公交集团的公交博物馆，里面的展品有50%左右是不同年代、不同型号的有轨电车，这些有轨电车会参与线路运营。老车与新车并行，传统与现代交融，连接起城市的过去与未来。

现阶段我国的主要矛盾发生变化，人们生活水平不断提高。“人民日益增长的美好生活需要”自然包括对经济、政治、文化、生态等各层面的追求，究竟哪些地方、哪些方面“不平衡不充分发展”？许多不科学的发展方式、不冷静的前进模式或许值得我们基于现阶段的主要矛盾深入思考并做出调整。

历经百余年，大连形成的“有轨电车文化”特色鲜明；从现实因素考量，大连有轨电车受社会车辆不遵守交通规则影响而运行速度变慢、因保护不力导致多种型号车辆报废等问题的确存在。面对问题，不能熟视无睹，要从供给侧下手，从长远考虑，抓紧解决问题。

如今，我国许多城市在修建有轨电车。这里要注意两个方面的问题：一是绝大多数城市没有或者早已拆除有轨电车线路，现在是规划、新建或复建，这些城市的有轨电车文化先天不足；二是一直延续有轨电车营运的城市（香港、大连、长春）能否充分发掘并合理推动、引导有轨电车及其文化发展。

目前来看，有轨电车由于其自身的特点（这里更强调历史性、时代性、外观、运行方式等），在世界各地，都不仅只是公共交通工具，还是天然具备了观赏性、体验性的特色旅游项目。如何把握有轨电车的这些特点，并充分发掘、发展，是我们需要考虑的问题。

大连有轨电车部分服役车辆生产于20世纪三四十年代，是我国近代工业发展的重要代表，是极为珍贵的近代工业遗产。作为公共交通工具的老电车和建筑类文物不一样，不是陈列即保护，而是运行即保护——只有在路上行驶，发挥其公共交通工具的基本功能，才能不断焕发生机与活力。

我们认为，无论何时，大连有轨电车要想有长足发展，绝不能失去其作为公共交通工具的功能性特征；把有轨电车“只作为旅游线路或放在某个地方仅用作拍照”的观点和做法是不成熟、不合理的。大连有轨电车与城市景观的贴合性和高度和谐性，使其成为城市发展中无法缺位的重要存在。①

四、重塑：强化主体基础上的多元功能

大连有轨电车功能性的异化导致其在发挥主体作用上呈现出一些缺位的表现，在某些情况下甚至人为地使其远离核心功能。如，把一些车辆搬移至旅游景区和饭店，成为招徕游客和食客的招牌；再如，不顾现实情况和人民诉求，忽略主体功能性却过分渲染被异化了的功能性……这些问题亟待解决。

党的十九大报告指出，要把我们的国家建设成为富强民主文明和谐美丽的社会主义国家。建设美丽中国要做好各方面工作，统筹发展、协调发展是趋势和必然。为广大人民群众提供便捷的公共服务，在公共交通方面，提升出行质量和水平自是题中应有之意。

笔者认为，大连有轨电车在发展过程中，需要牢固树立起“核心功能意识”，尽管这种核心功能一直存在，但不能不从认识上强化起来。所谓“重塑”，也即这一层含义，要让被异化的功能校正航道，在主体不缺位、主体价值充分发挥的基础上，展现多元功能。

前文已述，大连有轨电车的核心功能就是公共交通工具，在

① 隋鹏：《新中国成立前大连有轨电车线路略考》，《大连近代史研究》（第15卷），辽宁人民出版社2018年版，第465页。

此基础上才生发出独具特色的文化内涵。如果仅强调其文化性而忽略其工具性，就会如釜底抽薪一般，让大连有轨电车走向消亡——从北京前门大街线路全长不足千米的充电式仿古有轨电车旅游项目上就可以看出。

或许有观点认为，单程票价 50 元的北京前门大街仿古有轨电车在创收上能起到不小作用。这种观点是被眼前利益蒙蔽了双眼的“短、平、快”错误义利观。仅从促进旅游经济发展的角度来说，大连有轨电车的公交化运营而非其他，会带动线路沿线、周边经济的发展，从长远来看更是有利无害的。

所以，大连有轨电车的发展，绝不能脱离主体功能——作为公共交通工具的公交线路需要长期保持并得到更好保护、运营；在强化核心功能、主体意识的同时，也不应该排斥多元功能共存，比如，可以加强有轨电车文化建设、创新服务内容和形式、与沿线景观景点充分联动等。

以创新服务内容和形式为例。乘务员可以通过进一步提升自身的服务能力，优化乘客的乘坐体验。比如：能够用比较标准的普通话服务；在人工报站中增加有关沿线景观景点的介绍（如“下一站是东关街，东关街区域有大连重要近代历史建筑群，包括解放前中国共产党地下联络站等建筑，有较高的历史价值”）等。

车厢文化也是一个重要方面，目前一些有轨电车车厢里有有关大连电车发展的介绍展板，用生动的图片和简要的文字向乘客介绍了大连有轨电车的发展历程，乘客普遍叫好。除此之外，车站站台处也可以借鉴这种形式，内容可以扩展到周边景观景点的介绍等。

与沿线景观景点联动方面，可由乘务员介绍，如“下一站是民生街，该站在 1909 年就已经设置。有去往宏济大舞台的乘客请下车，宏济大舞台建于 1911 年，现在是大连京剧院的演出剧场”；也可在车厢里放置沿线景观景点介绍服务卡；还可以使用车载电视播放相应介绍。总之，要充分发挥有轨电车的带动优势。

还有一种认为“传统有轨电车已经落后，现在仅发展现代有轨电车即可”的观点也值得商榷。传统有轨电车的维修、保养工作积累了大量的经验，不仅能够长久保持传统有轨电车的安全性，还能启发有轨电车技术的创新；反过来，新技术又可以促进传统车辆的维修、保养和保护。这也是“工匠精神”的一种体现。

有轨电车的技术革新化、外观现代化等变化不能成为只看变化、不顾过去的理由。大连有轨电车发展应该着重注意这一问题。近些年相关单位传出所谓“统一车型”的声音，需要警惕这种“文化自残”行为，单一的车型不代表“整齐统一”，恰恰是单调的表现，这是相关层面文化心理的缺位和审美品位的缺失。

大连有轨电车作为公共交通工具的主体功能不可丢失。认为“有轨电车造成拥堵”的看法是缺乏依据的。电汽混跑只要汽车遵守交通规则，一般情况下不会出现问题，因为有轨电车依轨运行。现实中的情况往往是，汽车不遵守交通规则，这必然会影响有轨电车通行速度，造成一定程度拥堵，问题根源不在有轨电车。

作为较大容量的公共交通运输工具，有轨电车能很好满足相当程度的客流需求，节能、环保、容量大可以说是最突出的优点。同时，大连有轨电车依托城市发展规划和蓝图，已经融入城市景观、城市文脉之中，其本身所具有的多元化功能也是非常难得的文化因子。没有理由不发展好、保护好大连有轨电车。

习近平总书记强调，“文化自信，是更基础、更广泛、更深厚的自信”。文化自信和道路自信、理论自信、制度自信一并指导着我们建设新时代伟大的社会主义中国。树立文化自信、建设美丽中国，是大事而绝非易事。展望未来，国家多次释放积极信号，许多利好促进有轨电车发展。

大连有轨电车之所以能在110年不间断发展，靠的就是锐意进取、勇于探索和不断改革的精神；大连有轨电车要想永续发展，必须要创新发展路径，在方式方法上多下功夫。目前，有必要深化有轨电车文化建设、服务能力和水平建设，推动大连有轨电车发展走向新的胜利。

有轨电车承载着城市的希望和梦想已经启程，走过艰苦曲折的日子，坚守自力更生的品格，把握开拓未来的机遇——让我们紧密团结在以习近平同志为核心的党中央周围，奋力开创社会主义现代化发展新局面，续写大连有轨电车发展的新华章！

【责任编辑：薛志刚】

[**作者**：隋　鹏　中央广播电视总台　播音员　100000]

从关东高等法院到大连市中级人民法院

——解放以后大连地区法院机构的建立、发展与演变

张旭涛

摘　要：大连地区的近现代法制史在中国是比较特殊的，对这一领域进行研究，具有独特的价值。本文通过对大连地区抗战胜利后法院机构的建立、发展与演变等情况进行梳理，揭示大连法院机构从殖民地法院到人民法院演变的曲折经历。

关键词：大连地方法院　关东高等法院　大连市中级人民法院

1945 年 8 月 15 日，日本政府宣布无条件投降。自此，日本帝国主义对大连地区长达 40 年的殖民统治宣告结束，大连地区迎来了解放。日本殖民统治的法院体系随着大连地区的解放而崩溃，随之而来的，是在中国共产党领导下，组建和发展的人民法院。本文对 1945 年大连地区解放以来，中国人民自己的法院，即人民法院的沿革进行梳理，帮助读者了解 70 多年来大连地区人民法院的建立、发展与演变。

一、日本统治时期的关东法院体系

日本统治大连地区期间，将今皮口以南的普兰店、金州、大连、旅顺等地区统称为关东州。

关东州的法院体制，几经调整，自1904年至1945年40年间，经历了军法专制的军政委员时期（1904年5月至1905年8月），军政统治下的司法委员时期（1905年8月至1906年6月），关东都督府领导的审理所时期（1906年9月至1908年9月），关东州法院时期（1906年9月至1908年9月），二审制法院时期（1908年10月至1924年12月）和三审制法院时期（1924年12月至1945年8月）。

从1924年12月开始确立三审制法院体系后，“在关东州高等法院中设立复审部和上告部，由关东州地方法院、高等法院复审部和高等法院上告部组成‘关东州’司法的中枢机构，分别行使初审、二审和三审法院的职权”①。

根据修改后的《关东州裁判令》，“地方法院作为一审法院，主要负责审判关东州内的民事、刑事案件和日本驻满洲领事官预审的案件。另外，地方法院对外务大臣指定的涉及外交方面的特定刑事案件，拥有裁判权。对这种案件，除了由3名审判官进行合议制审判外，也可以实行单独审判。高等法院复审部作为二审法院，其主要职责是负责审理不服地方法院和日本驻满洲领事官裁判的上诉案件。高等法院上告部，为三审即终审法院，行使日本大审院的职权，负责审理不服二审判决的上诉案件”②。

最初，关东高等法院和地方法院均设立于旅顺。1919年10月，为了应对纠纷与案件日益增多的大连局面，日本殖民当局在

① ［日］关东局编：《关东局施政三十年史》，第247页。转引自《日本殖民统治大连四十年史》（下册），社会科学文献出版社2008年版，第724页。

② 郭铁桩、关捷主编：《日本殖民统治大连四十年史》（下册），社会科学文献出版社2008年版，第724—725页。

大连设立了关东地方法院大连支厅。1923 年 8 月，关东地方法院由旅顺迁往大连，办公地址即位于今人民广场大连市中级人民法院现址，地方法院大连支厅废止。关东高等法院则一直保留在旅顺，直至 1945 年 8 月日本战败投降。

二、特殊解放区的大连地方法院与关东高等法院

日本战败投降后，根据《雅尔塔协定》，苏联红军进驻大连地区，实行军事管制。在中国共产党的领导下，大连地区作为特殊解放区，成为支援东北、山东、华北进行解放战争的重要后方基地。

1945 年 11 月 7 日，由中国共产党领导的大连市警察总局成立，其中内设的司法科负责主管大连地区的司法工作。同年 12 月 18 日，大连市政府附设了“地方法院接收委员会”，对日本殖民时代的关东地方法院进行接收。1946 年 1 月 30 日，大连市临时参议会决议成立大连地方法院。

1947 年初，国民党军队进攻普兰店，叫嚣“接收旅大”。1947 年 6 月 3 日，国民党政府组成国民政府旅大视察团，在团长、东北行辕副参谋长董彦平中将的率领下，乘“长治号”军舰从葫芦岛军港抵达旅顺军港，对旅顺市和大连市进行视察。这次视察，实际上是国民党政府为与中国共产党争夺旅大地区“接收”的一次努力。

为了防止大连落入国民党手中，中共旅大地委在此之前，进行了周密的安排。1947 年 4 月 3 日至 4 日，旅大行政联合办事处在旅顺市召开了关东地区各界人民代表大会，选举产生了统辖大连市、旅顺市、大连县和金县的最高行政机关，地方民主政府——关东公署。

1947 年 4 月 4 日，经关东各界人民代表大会决议，关东高等法院成立于旅顺。因原日本关东高等法院办公地址已经被新成立的关东公署占用，所以新成立的关东高等法院选旅顺洪光医院作

为办公地址，周旭东为院长，乔理清为首席检察官。关东高等法院是中国共产党进入城市以后设立的第一个检察机关。1947 年 6 月，关东高等法院搬迁至原日本旅顺警察署（今旅顺口区长江路 77 号）。1947 年 11 月 1 日，将原旅顺司法处改建为关东高等法院旅顺地方庭，办公地址为现旅顺日俄监狱旧址。1947 年 12 月，关东高等法院迁址大连，与大连地方法院合署办公。1948 年 1 月，关东高等法院设有审判庭、检察官室、司法行政处、编研室、秘书室、大连监狱、旅顺监狱，下辖大连地方法院，金州地方法院、旅顺地方庭，后旅顺地方庭改为旅顺地方法院。

时隔不到 2 年，曾经被日本帝国主义使用的关东高等法院这个名称被再次使用，不过，这个新的关东高等法院不再是日本帝国主义殖民统治旅顺、大连的工具，而是中国人民自己当家作主的法院，是真正的人民法院。所以直到今天，我们还能够看到一张具有重要意义的老照片，在关东高等法院旅顺地方庭的门口，旅顺民众向法庭赠匾，披红挂彩的牌匾上，赫然在目的是四个大字——“人民法院”！

三、法律适用的变迁

由于特殊的历史原因，在大连地区适用的法律几经变迁。在 1898 年俄国强租旅大之前，这里适用的是清朝的法律，比如《大清律例》。1898 年至 1904 年，适用过一段时间的俄国殖民法律。1904 年至 1945 年，适用的则是日本殖民法律。

从 1945 年至 1948 年 12 月期间，由于“我们党是在秘密状态下开展工作，因此，法院不能公开用解放区的政策，要用国民党的《六法》办案，用合法的形式打击反动势力，保卫人民利益，这就叫作以毒攻毒”[①]。所以，大连地方法院和关东高等法

① 辽宁省大连市中级人民法院院志领导小组办公室编：《大连法院史资料选编》，第 14 页。

院审理案件，适用的法律是国民党政府颁行的《六法全书》（宪法、民法、商法、刑法、刑事诉讼法、民事诉讼法合称六法），法官也适用国民党政府的称呼——推事。

从1948年12月开始，“全区审判工作扩大会议上，宣布停止使用‘六法’办案，判决不再引用‘六法’条文，一律用民主政府的政策法令为办案的依据”①。

1949年2月22日，中共中央发布《关于废除国民党的〈六法全书〉和确定解放区的司法原则的指示》，明确要求在全国范围内废除《六法全书》和国民党伪法统。在此之前，大连地区已经提前废除了《六法全书》和国民党伪法统了。

当然，直到今天，还有很多专家学者在撰文反思我们为当年废除《六法全书》而付出的代价。这就不在本文探讨范围之内了。

四、关东高等法院的首任院长周旭东

《大连法院史资料选编》和《大连法院史资料选编（二）》中收录有多位院长、副院长及工作人员撰写的文章和相关事迹，却唯独不见关东高等法院首任院长周旭东的事迹，这究竟是什么原因呢？

《大连法院史资料选编》关于周旭东在本院的最后记载是：1950年“七月二十九日，旅大行政公署奉东北人民政府令，决定调旅大行政公署人民法院院长周旭东到东北人民政府司法部工作。九月六日免去其职务”②。从此，《大连法院史资料选编》中再无周旭东的任何记载。

几年前，我拜访过大连市中级人民法院的退休干部尹永玉，

① 辽宁省大连市中级人民法院院志领导小组办公室编：《大连法院史资料选编》，第19页。

② 辽宁省大连市中级人民法院院志领导小组办公室编：《大连法院史资料选编》，第70页。

老人家曾经与周旭东共事。尹老向我回忆起周旭东在任的一则趣事：一名苏军战士酒后骚扰妇女，妇女慌不择路一头钻进了关东高等法院。一男一女两名法官赶紧阻止，不料苏军战士力大无比，一下子举起一把大椅子准备砸人，吓得两名法官一下子钻到了桌子底下。就在这关键时刻，周旭东冲了过来，用俄语大声呵斥苏军战士。苏军战士见到这位首长居然还说着一口流利的俄语，当时酒就醒了一半，立刻立正敬礼，束手就擒。

周旭东（1907—1954），曾用名周延生、周彦生。出生于黑龙江省勃利县。1931 年 9 月加入中国共产党，同年毕业于哈尔滨政法大学。历任抗日军队的军法处处长、中共绥宁中心县委宣传部部长。1934 年脱离抗日队伍。1935 年 4 月起先后任伪警佐、警务科长。1945 年任苏军翻译。1946 年重新入党。历任金县地方法院院长、关东高等法院院长、旅大行政公署人民法院院长、最高人民法院东北分院审判员。1954 年 12 月 20 日，因叛变投敌，贪赃枉法、包庇反革命分子被判处死刑，剥夺政治权利终身。①

五、几经更迭的法院

关东高等法院名称几经变更，1949 年 4 月 27 日改称旅大高等法院，1949 年 11 月 1 日改称旅大人民法院，后来又改称旅大行政公署人民法院、旅大市人民法院、旅大地区中级人民法院、旅大市中级人民法院，直至 1981 年 3 月 5 日，随着旅大市改名为大连市而正式改称为大连市中级人民法院。

在此期间，大连地区的法院和共和国的命运一样，跌宕起伏。在“镇反”“三反五反”“大跃进”“四清”等运动中，充分发挥了无产阶级革命专政的刀把子的作用，审判并判处了大汉奸张本政、迟子祥等人死刑。

① https：//baike. baidu. com/item/. 周旭东/8770540

“文化大革命”期间，1967年1月16日，旅大市中级人民法院被本单位“造反派”夺权，工作陷入瘫痪，刑事庭庭长陆彬被迫害致死。1967年4月12日，法院被军事管制，停止办公。1968年4月12日，法院干部被集中于旅顺办学习班。1969年6月，学习班结束后，法院的法官和家人们被下放到工厂劳动和农村插队。这段不堪回首的往事，历史上被称为“砸烂公检法”。

今天，我们沐浴在依法治国、建设社会主义法治国家的春风中，法律像空气一样，与我们片刻不能分离。我们再回过头来看，70多年来，大连地区人民法院的建立、发展和演变，是不是别有一番滋味在心头呢？

【责任编辑：薛志刚】

［作者：张旭涛　辽宁法大律师事务所　大连　116011］

张作霖与“二十一条”新论

关 伟 关 捷

摘 要：日本灭亡中国的“二十一条”有其远因，是16世纪日本统治者丰臣秀吉的“平定中国”思想，近因是日本乘第一次世界大战之机，急欲扩大侵华权益之政策。袁世凯接受除第五项外的其他全部条约要求，海内外的中国各阶层、各民族极其愤慨。时任二十七师师长张作霖同其他省份的都督和武人一样，对提出“二十一条”的日本表示强烈不满。认为张作霖抵制行为是为了当“东北王”，未免有些片面。

关键词：张作霖 “二十一条” 新论

一百年前，彻底反帝反封建的伟大爱国革命运动——五四运动中的一个口号是“废除二十一条”。自1915年“二十一条”出现，中国各阶层人民与之进行了坚决斗争，就连奉天督军兼省长张作霖也竭力抵制。近年中日报刊发表一些有关

“二十一条”的文章,[①] 但直接讨论其与张作霖关系的文章不多。各文章从不同角度对“二十一条”产生的背景、内容以及中国的抗争，做了较深入的分析，对进一步研究颇有启发，但也有不足之处。在记述其产生背景时，有的从 1868 年日本明治维新后的大陆政策谈起，有的从 1900 年的八国联军占领北京或 1904—1905 年日俄战争谈起，这就把 16 世纪日本统治者丰臣秀吉已萌发了“平定中国”的思想，声称要亲自“率军进入朝鲜，席卷明朝四百余州，以为皇国之版图”[②]的背景忽视了。谈到张作霖

① 黄自进:《从“二十一条要求”看吉野作造的日本在华权益观》,《“中央研究院”近代史研究所集刊》1994 年第 23 期。王秀华:《张作霖与二十一条交涉》,《社会科学辑刊》1995 年 04 期。张振鹍:《“二十一条”不是条约——评〈中国近代不平等条约选编与介绍〉》,《近代史研究》1999 年第 3 期。张振鹍:《再说“二十一条”不是条约——答郑则民先生》,《近代史研究》2000 年第 1 期。王海晨:《张作霖与“二十一条”交涉》,《历史研究》2002 年 02 期。张国平、吴佩林:《重论中日二十一条交涉与袁世凯帝制野心的关系》,《长春师范学院学报》2003 年第 02 期。王海晨:《从“满蒙交涉”看张作霖对日谋略》,《史学月刊》2004 年 08 期。马良玉:《袁世凯与“二十一条”》,《历史教学》2005 年第 2 期。苏全有:《袁世凯与〈二十一条〉新论》,《船山学刊》2005 年第 4 期。黄文治:《美国在中日二十一条交涉中态度的历史考察》,《安徽广播电视大学学报》2006 年 04 期。郭玉富、张根生《也谈中日二十一条交涉与袁世凯帝制的关系》,《云南民族大学学报》2006 年第 06 期。李永春:《中日“二十一条”交涉与袁世凯政府的新闻策略》,《江西社会科学》2006 年 09 期。李永春:《“二十一条”交涉期间的政府外交与社会舆论》,《求索》2007 年第 09 期。周晨:《中日“二十一条”交涉期间的国民外交》(2007 年学位论文)。曹俊:《袁世凯与中日“二十一条”交涉》(2011 年学位论文),等等。著作有李斌:《拒日图存——中国对日二十一条交涉及其影响》,社会科学文献出版社 2018 年版。在一些论著中涉及二十一条评价的较多，网上介绍、评论更多。日文论文主要有久保田文次:《袁世凱の帝制計畫よ二十一力条要求》,日本女子大学《史艸》第 20 卷，1979 年。熊达云:《对華 21 箇条要求の交涉における有賀長雄について》,山梨学院大学《社会科学研究》第 29 号，2009 年。以及奈良冈聪智:《加藤高明よ二十一力条要求——第五号をめぐつて》,收入小林道彦、中西寛編著:《歷史の桎梏を越之て:20 世紀日中関係，への新視点》,東京都千倉書房 2010 年版。奈良冈聪智:《第一次世界大戦初期における日本の外交世論——参戦よ二十一力要求をあぐつて》,《法学論叢》174 卷 5, 6 号，2014 年，等等。

② 日本参謀本部:《日清戦史》,日本东京:村田书店 1978 年版，第 11 页。

抵制“二十一条”时，比较强调他担心威胁其实现“东北王”目标和“为求取袁世凯的欢心”[①]，而忽视他关注国家和维护桑梓的一面。这就不利于揭示日本对外扩张产生的远因和提出灭亡中国“二十一条”的近因，不利于总结张作霖抵制“二十一条”的经验教训。本文对一些中外资料进行梳理，做些探索，尚祈方家赐教。

一、日本萌发于16世纪觊觎、侵略、“平定”中国思想是提出“二十一条”的远因

论者探讨日本提出“二十一条”的远因时间从19世纪中叶以后开始，其实早在16世纪已萌发侵略中国思想，相差近三个世纪。

早在16世纪日本的封建统治者就策划侵犯中国领土。1577年，丰臣秀吉即萌发了“平定中国”的思想，声称要亲自率军“席卷明朝四百余州，以为皇国之版图”[②]。15年后，丰臣秀吉派兵入侵朝鲜之时，扬言要占领北京，并“贡圣上（天皇）御用”[③]。进入江户时代后，并河天民提出“大日本国之威光，应及于唐土（中国）……则可变成了大大日本国也”[④]。佐藤信渊也宣称：日本“乃天地间最初成立之国，为世界各国之根本”，日本要先吞并满洲（即中国东北），继而将中国全部领土划入日本版图，并最终“合并世界各国”[⑤]。他甚至建议天皇亲征中国，

① ［日］园田龟一著，胡玉峥译：《怪杰张作霖》，辽宁大学历史系1981年版，内部参考资料，第45页。

② 日本参謀本部：《日清戦史》，村田书店1978年版，第11页。

③ 《丰臣太阁御书事》，《新订大日本历史集成》卷3，第1184—1185页。转引自戚其章：《甲午战争史》，人民出版社1990年版，第181—182页。

④ ［日］水野明：《日本侵略中国思想的检证》，见戚其章、王如绘主编：《甲午战争与近代中国和世界》，人民出版社1995年版，第270—271页。

⑤ ［日］井上清著，许久高等译：《日本帝国主义的形成》，人民出版社1984年版，第2页。

"取南京应天府，定为假皇宫"[①]。德川幕府末年，日本长州的改革派藩士领导者吉田松阴曾赤裸裸地说："现在要加紧进行军备，一旦军舰大炮稍微充实，……北则割据满洲的领土，南则占领台湾。"[②] 明治维新之后，随着日本资本主义的急剧发展，在"武国"方针指导下，统治集团对外侵略扩张的野心更加膨胀。1868年2月8日（庆应四年一月十五日）明治天皇便在《外交布告》中宣称："外国之事，先帝多年宸忧。……大力充实兵备，使国威光耀海外万国，以对答祖宗先帝之神灵。天下列藩以至士民，皆当奉戴斯旨。"[③] 3月21日，又以天皇的名义对在京都诸侯（藩主）下达敕谕："朕虽不肖，然欲继述列圣之余业、先帝之遗意，内以安抚列藩万姓，外使国威光耀海外。……朕欲凌驾万里波涛，身当苦难，誓振国威于海外，以对祖宗先帝之神灵。"[④] 这"大力充实兵备""凌驾万里波涛""誓振国威于海外"等等，已成为日本政府对外侵略扩张的"大陆政策"设想。据《田中首相致宫内大臣一木喜德请代奏明积极政策函》披露："欲征服支那（即中国），必先征服满蒙；如欲征服世界，必先征服支那。倘支那完全可被我国征服，其他如小中亚细亚及印度南洋等异服之民族，必畏我敬我而降于我，使世界知东亚为我国之东亚，永不敢向我侵犯，此乃明治大帝之遗策。"其具体侵略步骤为：第一期征服台湾，第二期征服朝鲜，第三期征服满蒙（即中国东北和内蒙古），第四期征服中国内地，第五期征服世界[⑤]，

① ［日］水野明：《日本侵略中国思想的检证》，见《甲午战争与近代中国和世界》，人民出版社1995年版，第272页。

② ［日］古川萬大郎：《近代日本的大陸政策》，东京书籍1991年版，第49页。

③ 日本外务省调查部编：《日本外交文書》第1卷1册，外务省调查部1936年版，第227—228页。

④ 日本外务省调查部编：《日本外交文書》第1卷1册，外务省调查部1936年版，第465页。

⑤《田中義一奏折》，见日本歷史學研究會：《太平洋戦争史》第1卷，附録资料，日本东洋经济新报社昭和二十八年（1953年）版，第250—257页。

以达到“开拓万里波涛”“布国威于四方”[①] 的目的。

“二十一条”是日本承续上述不光彩衣钵的记录，也就是日本炮制并强加在中国头上的“二十一条”的远因。

二、20 世纪 20 年代初，日本乘第一次世界大战之机，急欲扩大侵华权益，是提出“二十一条”的近因

19 世纪末 20 世纪初，出现了列强瓜分中国的局面。日本首先于 1894—1895 年挑起中日甲午战争，霸占台湾 50 年，1897 年法国强迫中国同意海南岛不割让他国，德俄两国分别占领胶州湾、旅顺口和大连湾。1898 年英国控制中国长江流域并租借九龙，法国强租广州湾。此时几乎全部国土被划分为各列强的势力范围。1904—1905 年日本在中国土地上发动日俄战争。

日俄战争后，日本加紧实施独霸中国的战略。首先，日本强制中国接受《关于满洲事宜与清国缔约之件》，规定：非经日本同意，不得将土地或其一部割让与别国，或允诺其占领。要求中国开放东三省 14 个城市为外国人商工业及侨寓之地；[②] 其次，大肆向南满地区扩张，诸如强行设置关东都督府、成立南满洲铁道株式会社，制造铁路、矿物和间岛等“悬案”；再次，扩展势力范围、策动“满蒙独立”。1914 年德奥两国结成同盟国后，向英法俄三国结成的协约国开战，第一次世界大战爆发。

此时，国际形势的剧变，给日本在亚洲的侵略扩张提供了可乘之机。其中第一次世界大战爆发，成为日本国内军方和“黑龙会”等右翼势力竭力鼓吹乘西方列强无暇东顾之机扩大在华权益。这就是日本提出“二十一条”近因的肇始。

---

① 《天皇御笔信》（1867 年）、《億兆安撫之宸翰》（1868 年），日本历史學研究會編：《日本史史料》［4］近代，岩波书店 1997 年版，第 83 页。

② 房广顺：《二十一条》，载关捷主编：《日本对华侵略与殖民统治》上，社会科学出版社 2006 年版，第 206 页。

为达到扩大在华权益之目的，日本对德宣战后，一面令第十八师团于9月开始先后占领山东龙口、平度、胶州火车站、潍县、青州和济南火车站，一面勾结英国参将班纳狄斯敦从四面向德军盘踞的青岛发起攻击，11月7日德军投降。日军肆无忌惮的行动，引起中国参政院、参议院梁启超、蔡锷等要员敦促袁世凯采取行动，袁世凯置若罔闻。直到德军投降，袁世凯才照会日、英两国，声明取消中立区，要求日军撤退。日本却拒绝袁世凯要求，迟迟不撤兵。

其实，日本正在策划更大的阴谋。

除在华日军肆意在山东从事侵华行动外，日本国内也兴起侵华舆论。一是日本参谋本部第二部部长福田雅太郎炮制了进一步扩大在华权益的《日中协约案纲要》提交外务省，竟无视中国的领土统一完整，公然要求“中国承认南满洲与内蒙古自治”①。十分明显，这是一个野心勃勃的夺取中国政治、经济、军事、防卫等主权、变中国为殖民地的计划。

另一是陆军省次官大岛健一于1914年8月24日提出了《欧战的归趋与我国对华政策》的建议案。建议日本要抓住时机，为全面侵略中国奠定基础。还公然宣称：中国是“黯于世界大势”的“愚昧无知，妄自尊大，不知醒觉”的腐败政府，“必须恩威兼施、宽严并济，始可制御”。以达到既定最终目标：“以满蒙之地归并于我帝国，以我国逐年增长之过剩人口移植于该地”，进而奠定南进的基础。② 日本军国主义的侵华野心暴露无遗。同时，陆相冈市之助亦提出《日支交涉事项觉书》（备忘录），不仅提出延长关东州租借期限、租借间岛，还要求永久持有南满洲铁道及安奉铁道、取得南满洲、内蒙古地方土地所有权及居住之自由、矿山采掘、铁道敷设等权利③。

---

① 《日本外交文书》大正三年（1914），第二册，第903页。

② 《大岛陆军次官意见书》，见《日本外交文書》大正三年（1914），第二册，第903—909页。

③ ［日］臼井勝美：《日本と中國——大正時代》，原书房1972年版，第56页。

大岛及冈市之助等之见的重点以满蒙为中心。这些要求与其后日本向袁世凯提出的“二十一条”颇相契合，尤其有关满蒙条款及有关整个中国之条款部分，几乎全以陆军意见为蓝本，说明陆军在“二十一条”要求之构成上具有相当影响力。

一个《纲要》，一个《政策》，一个《觉书》，核心只有一个：灭亡中国，使中国成为日本“与西欧各国相抗衡”的伙伴，遂之再为逐次南下创造条件。至此，日本国内已形成一股强大的侵华浊流。

同时，日本国内还有一股民间右翼势力迅速膨胀。早在1900年成立的右翼团体——以黑龙江取名的“黑龙会”是最典型的一个。它对内联系军部、财界、政客中的扩张主义分子，培植意欲充满扩张思维的“大陆浪人”；对外策划侵华阴谋。

“黑龙会”认为日本霸占中国的唯一办法是在政治上、经济上掌握对中国的优越地位和实权，使中国不得不依赖日本。为此，“黑龙会”拟定了针对中国的十个方面的《协约私案》草案。

《协约私案》草案有十条内容：①中国发生内乱或与外国宣战之际，日本应派军队支援；②中国承认日本在南满洲及内蒙古之特殊权利，并将该地区之统治权委诸日本；③日本在占领胶州湾后，应享有从前德国所享有之一切权利，青岛交还中国后，辟为国际贸易港埠；④中国将福建省沿海之主要港口租借予日本，以为日本海军之根据地，同时将该省境内之铁路敷设权及矿山开采权让与日本；⑤中国委日本承担陆军改革与军队训练等一切有关事宜；⑥为保持武器统一，中国采用日本兵器，并选定某枢要地点筹建兵工厂；⑦中国完全委托日本承担海军建设与编练事宜；⑧中国应委托日本从事财政整理与税制改革，日本选派财政专家为中国政府之最高顾问；⑨中国聘请日本教育专家为教育顾问，并在各地设立日语学校；⑩中国向外国借款、租赁土地、割让领土以及与其他外国宣战或议和，均须事先征得日本之同意。[①] 十分明显，《协约私案》的实质，就是由“日本承担保卫中国国防安全与维持和平秩序之责”，让中国把外交权、防务权和对内管辖权拱手让给日本。这可能就是论者所说：这十条是“二十一条”要求之雏形。[②] 当日军占领青岛后，日本外相加藤高明认为时机来临，立即指示政务局长小池张造、陆军及黑龙会等对华政策的构想进行综合整理，起草了《“二十一条”要求大纲》。1915 年 1 月 18 日，日本政府令驻华公使日置益向袁世凯提出“二十一条”。

日置益威胁袁世凯说，一不得泄露内容，二如不立即答应，必将招致严重后果。[③] 在日本高压下，5 月 9 日袁氏政府屈服，接受除第五条外的全部条款。

三、张作霖抵制“二十一条”的原因

“二十一条”内容之广泛、全面，几乎汇集了 1840 年鸦片战争以来各列强的不平等要求，且超过了各条约对中国主权的侵犯。因而灭亡中国的“二十一条”的消息传出后，海内外的中国各阶层、各民族无不极其愤慨，迅速掀起了声势浩大的抗议浪潮。上海、北京、天津、兰州等地成立对日同志会、劝用国货会、救国储金团等抗日团体，举行集会，示威游行，上书政府，要求取消“二十一条”；另外上海、北京、烟台、汉口、昆明、福州、厦门等大中城市的各阶层民众举行罢工、罢市、罢课；同时上海、汉口、长沙、益阳、宝庆等城市掀起轰轰烈烈的抵制日货、使用国货活动。海外华侨和留学生对袁氏接受“二十一条”

① 《日本外交文书》大正三年（1914），第二册，第 937—938 页。

② ［日］初瀬龍平：《内田良平研究》，九州大學出版會 1980 年版，第 180—181 页。

③ 《日置益致加藤外相电：一月十八日袁大總统ニ我提案ヲ手交濟ノ件》（1915 年 1 月 19 日），《日本外交文書》大正四年（1915），第三册上卷，第 113—115 页。

感到莫大耻辱，奋起展开抗议活动。一些留日学生集会、游行，声讨日本侵略，还有的留学生筹备回国进行斗争；在日本大阪、神户、横滨，伊朗、菲律宾、美国、英国等许多华人进行募捐或发表声明、发传单、致电北京的大总统和外交部。

中国东北地区是日本急于侵略的地区，加上全国各地及海外华人抵制“二十一条”的行动，更激起了东三省人民的抗日斗争。吉林各校学生走上街头，讲演发传单。有的学生断指，血书“竭力救国”；有的成立了救国储金分会，工商学各界积极捐赠；吉林、长春等地，抵制日货运动空前炽烈。奉天省城群众时而向日商和仍与日商交易之华商“接匿名函件”加以警告，有的向日商延寿堂药店投掷炸弹，“城里各日商颇抱不安”①。盖平县“排斥日货之传说，殊属骇人听闻”②。岫岩县的抵制日货成“日泻千里之势”③，群众还“于街巷墙壁间张贴插画成告白”④，揭露日本之侵略野心，号召民众抵制日货⑤。黑龙江哈尔滨、齐齐哈尔等城市也掀起抵制日货的运动。东北的留日学生，在东京召开反对“二十一条”大会，会后派代表返回原籍，向地方当局请愿，要求维护国权。

国内外中国人反对“二十一条”的斗争，以及其对中国主权的侵犯、利益的劫夺，促使时任二十七师师长张作霖同其他省份的都督和武人一样，对提出“二十一条”的日本表示强烈不满。张作霖致电大总统袁世凯声称：“中日交涉丝毫不可让步，如交涉破裂，愿率全师进行决战，驱逐日寇，否则一死殉

① 《盛京时报》1915年6月22日。

② 《盛京时报》1915年4月21日。

③ 《盛京时报》1915年7月9日。

④ 《盛京时报》1915年7月9日。

⑤ 吉林师大历史系等：《近代东北人民革命运动史》，吉林人民出版社1960年版，第276页。

国。”[①] 张作霖何以如此慷慨激昂地表态，其初衷和感情确实比较复杂。有的认为日本要吞并满蒙与张作霖要当“东北王”大相径庭，张作霖虽为中将师长，却不以此为满足，他的第一目标是取得奉天省的最高统治权。而且当时他以为已接近了这一目标。如果全面实施“二十一条”，张作霖的政治目标很难实现，弄不好，他可能只落得个傀儡角色。还有的认为张作霖以强硬主张的姿态发表通电，是为了“努力求取袁世凯的欢心”[②]。当时张作霖虽想借日本之力当皇帝，却也感到“二十一条”太过苛刻，一面向美、英、俄、法等国公使求助干涉或抑制日本，[③] 另一方面动员国内社会舆论，以便作为拒绝交涉的借口。[④] 还有的认为张作霖反对“二十一条”，是对袁世凯命张锡銮兼任东三省筹边使，“对日友好稳重态度”和受到压抑而不满，主张对日决战，以向张锡銮示威。[⑤]

以上三种看法主要是从张作霖个人私利角度考察的，这对我们认识张作霖有启示。但是，考察一个政治人物对“二十一条”的态度，不仅要关注他的个人私利，还应从更广阔的视角看他是否对国家民族、东北桑梓的利益有所关注和维护。

因此，看张作霖抵制行为，应从为国家、为东北桑梓和为个人三个目的进行考察。

袁氏签署“二十一条”后，张锡銮奉北京政府之命召集众将领探询对日办法。张锡銮首先抛出己见：不能激烈排日，应

---

① ［日］都築七郎：《陰謀與夢想》，第215頁。转引自车维汉、朱虹、王秀华：《奉系对外关系》，辽海出版社2000年版，第42页。

② ［日］园田龟一著，胡玉峥译：《怪杰张作霖》，辽宁大学历史系1981年版，内部参考资料，第45页。

③ 吴天威：《日本的“二十一条”要求和新发现的孙文〈日中盟约〉》，《日本侵华研究》，1991年第6期。

④ ［日］园田龟一著，胡玉峥译：《怪杰张作霖》，辽宁大学历史系1981年版，内部参考资料，第45页。

⑤ 车维汉、朱虹、王秀华：《奉系对外关系》，辽海出版社2000年版，第42—44页。

“对日友好稳重”，与会者多随声附和，拟以此为基调电复北京政府。唯“张作霖独排众议，表示强烈反对并拒绝军官会议的决议，也不参加主和派的行列”①。十分明显，张作霖的行动是坚决反对趋炎附势、妥协退让的做法，显示出他目光深邃、关注大局的精神状态。因而对张作霖的言行，既不宜简单说成是“向张锡銮示威”，也不应轻易归结为“他的政治抱负不仅仅在奉天，而且要过问国家的政治”②。

在“二十一条”签订的附属《关于南满洲及东部内蒙古之条约》中所列《关于旅大南满安奉期限之换文》《关于东部内蒙古开埠事项之换文》《关于南满洲开矿事项之换文》等八个换文，对东北地区权益的攫取范围太广了，不仅侵害东北政治、经济、治安利益，也危及东三省广大同胞的切身利益。对此无论从东北之完整与安宁，还是从桑梓百姓之生存，张作霖都是要反对的。涉及具体问题时，许多学者把目光投向所谓“南满洲”的区域、土地商租权和设立领事馆三个问题上，这无疑是重点问题。对此，王秀华、王海晨的论文《张作霖与“中日二十一条”交涉》公开发表在《社会科学辑刊》《历史研究》上③，他们均使用1985年台湾“中研院”近代史所李毓澍等主编《中日关系史料——二十一条交涉》和2001年中国社科院近代史所黄纪莲的《中日“二十一条”交涉史料全编（1915—1923）》资料，对以上三个问题论述得比较清晰，此不赘述。

但“二十一条”所附关于南满洲日人进入护照注册、入居辽西十县和增设领事及警所等问题并未引起研究者注意。本文仅就被忽视的、又是张作霖所关注的几个问题加以概述。

---

① ［日］园田龟一著、胡玉峥译：《怪杰张作霖》，辽宁大学历史系1981年版，内部参考资料，第43—44页。

② 车维汉、朱虹、王秀华：《奉系对外关系》，辽海出版社2000年版，第44页。

③ 王秀华和王海晨：《张作霖与“中日二十一条”交涉》分别刊于1995年第4期《社会科学辑刊》、2002年第2期《历史研究》。

（一）护照注册问题。1915年，中国已有护照注册章程、护照注册办理细则，后“将旧定章程字样改为规则二字”[①]。同年7月14日，日本日置益任驻华特命全权公使时，命驻奉天代理总领事向奉天官宪将公布之护照注册规则，提出要求：“须将该规则于公布前，先期与帝国领事接洽协议为是。”对此，地方官认为“奉中央训令，该规则乃中国官宪内部之规则，公布前勿庸与日本国领事接洽协议。”驻奉领事又称“该规则中之规定，关系帝国臣民之权利地位不少，纵令该规则为贵国官宪内部之规则，而其实行之结果难免直接影响于帝国臣民之权利、地位等项，是以当公布之时，须与帝国方面协议，自不待言。再者，该规则将来能按照我国希望加以修正，自无疑义，否则我国政府不能承认”[②]。1915年9月27日奉天特派员马廷亮向外交部咨询奉天所属三十一县区域及护照注册规则“可否照会日本国驻奉各领事?”[③] 28日外交部回答：“统一奉属区域纯属内政，无须照会日领。”[④] 虽已获明确答复，但仍出现一些具体问题，诸如日本游历者或居住营业者超过三十一县区却认为仍属南满范围内，[⑤] 日本领事声称：对到中国内地各处游历者所需“执照由日本领事官发给，……如查无执照或有不法情事，就近交领事官惩办，沿途

① 903《收奉天特派员马廷亮电》（1915年12月20日），李毓澍、林明德：《中日关系史料：二十一条交涉》，台湾“中央研究院”近代史研究所民国七十四年（1985）年版，第763页。

② 969《收日本馆函》（1916年7月14日），李毓澍、林明德：《中日关系史料：二十一条交涉》，台湾“中央研究院”近代史研究所民国七十四年（1985）年版，第879—880页。

③ 790《收奉天特派员马廷亮电》（1915年9月27日），《中日关系史料：二十一条交涉》，台湾“中央研究院”近代史研究所民国七十四（1985）年版，第671页。

④ 793《发奉天特派员马廷亮电》（1915年9月28日），《中日关系史料：二十一条交涉》，第672页。

⑤ 810《收奉天特派员马廷亮函》（1915年10月4日），《中日关系史料：二十一条交涉》，第686页。

止可拘禁，不可凌虐等因。”① 时任奉天省长张作霖、特派员马廷亮于翌年夏电外交部，提出：“查关于护照注册事，去年十月间曾经部函特派员，嘱与日领先期接洽在案。此项规则既为限制日人而设，若不双方接洽清楚，将来日人不肯遵行规则，必致无效，希转饬特派员与日领接洽，免生枝节。”② 这是张作霖等权衡利弊的结果。

（二）南满外辽西十县等日人入居问题。为澄清南满县区范围，防止日本恣意扩大范围而随意前往，张作霖于1916年8月3日咨外交总长，首先指出开原等三十一县属于南满，辽西之新民、黑山、台安、锦县、锦西、北镇、兴城、绥中、义县、盐山十县不属南满。其次认为日本人超越南满而“相率前往”上述辽西十县居住，有违前议，“凡遇日人入境，自应仍照内地游历章程”，请求外交部“迅向日使提出讨论，坚持原定意见，从速解决，俾辽西等县不致混入南满”③。对此，张作霖于同年8月4日再致外交总长：“否则事不明认，而势成默许，旷日持久，而为患益滋，权利之损失必愈钜也。……管见所窥，用当芻献。是否可采，尚待荩筹，早日定议，得所遵循，实纫公谊。”④ 张作霖意图十分明显，是为防止日本无休止地向南满以外更多地区的渗透。

（三）增设领事、警所问题。张作霖对日使以“共同审判保护杂居为词”，增设领事持抵制态度，认为“日人照约杂居，复由我国充分保护，本无设领之必要”，并进而指出日本有得寸进

---

① 810-1附件一《照抄日领事所发游历执照》，《中日关系史料：二十一条交涉》，第687页。

② 972《奉天省长张作霖、特派员马廷亮立电》（1916年7月15日），《中日关系史料：二十一条交涉》，台湾“中央研究院”近代史研究所1985年版，第881页。

③ 982《收奉天省长张作霖咨》（1916年8月3日），《中日关系史料：二十一条交涉》，第908页。

④ 985《收奉天省长张作霖函》（1916年8月4日），《中日关系史料：二十一条交涉》，第915页。

尺之可能，“今日既以诉讼杂居为增设领事之理由，他日又将以增设领事为共同审判、设置警察之理由。辗转相循，必至法权、警权均落外人之手”①。他还警惕日使要在警署以外，任意设置警所之野心，指出设置警所之危害：“若再容其多设警察分所，将来遇事过问，不特破坏杂居条例，且于地方行政权亦有妨碍，为患更钜。”建议外交部“所有馆外添设警察派出所一层，先行声明严禁，以杜后累，而免纷争。”②

从处理以上问题的主张，可看出张作霖维护东北地方利益，防止日本不断扩大、巩固在东北权益是尽力的。因此过分强调或只认为张作霖抵制“二十一条”是为了当“东北王”，未免有些片面。

【责任编辑：薛志刚】

[作者：关　伟　大连民族大学　副教授
关　捷　大连民族大学　教授　大连　116600]

① 986《收奉天智军张作霖电》（1916年8月4日），《中日关系史料：二十一条交涉》，第915页。

② 995《收奉天省长张作霖咨》（1916年9月1日），《中日关系史料：二十一条交涉》，第927页。

奉天北大营的建立、革命与兵变述略[①]

石 岩

摘 要：20世纪初，晚清政府为了维护自己的封建统治，决定实施新政。编练“新军”是清政府“新政”的主要内容，而恰恰这支新军成为清政府的掘墓人。1907年，第一任东三省总督徐世昌为了稳定局势、维持东北治安，决定扩编军队，整治防务，在奉天（今沈阳）选址建立了北大营。北大营新军在同盟会辽东支部民主革命思想的宣传与影响下，积极准备推翻清朝的统治，在奉天掀起了一场轰轰烈烈的革命运动。奉天北大营也成为辛亥革命在东北地区的策源地。尽管革命最终被封建反动势力所镇压，但北大营士兵却发动了一次震惊奉天省城的兵变，给反动势力以极大的震慑。

关键词：奉天北大营 辛亥革命 北大营兵变

20世纪初年，在义和团运动和八国联军入侵北京的双重冲击下，受到沉重打击的清王朝，为了进一步维护自己的封建统治，决定改弦更张，实行变法。从1901年到1905年，清政府连

① 本文是2018年沈阳市哲学社会科学专项课题“沈阳抗战史料收集、整理与研究”阶段性研究成果（项目编号：18ZX010）。

续颁布了一系列“新政”上谕，编练“新军”是清政府“新政”的主要内容之一。但令清政府想不到的是，这支新军恰恰成为清朝统治的掘墓人。1907年，第一任东三省总督徐世昌为了稳定局势、维持东北治安，决定扩编军队，整治防务，在奉天选址建立了北大营。北大营新军在民主革命思想的影响下，积极准备推翻清朝的统治，在奉天掀起了一场轰轰烈烈的革命运动。

一、清末新政与东北行省的设立为奉天北大营的建立提供了契机

八国联军的入侵给中国造成了巨大的创伤，灾难过后的中国满目疮痍、哀鸿遍野。为了进一步维护自己的封建统治，在加紧投靠帝国主义的同时，清政府决定“变通政治、力图自强”，实行“新政”。1901年1月29日，当慈禧太后还流亡西安的时候，就颁布了“变法上谕”，要求各地方督抚大员参酌中西政要，就中国社会的各项改革提出建议，条陈朝廷，以备采纳。4月21日，清政府于北京成立督办政务处，作为办理“新政”的中枢机构。

在军事上，1901年，清政府下谕全国各省裁汰旧军，按照西方国家的营制编练“常备军”。采用洋操训练，使用洋枪洋炮。1902年，下诏推广北洋、湖北编练新军经验。1903年12月4日，清政府在北京设立总理练兵处，任命庆亲王奕劻为总理大臣，袁世凯为会办大臣，铁良为帮办大臣。练兵处下设军政、军令、军学三司，负责考察、督练全国新军，统一制定有关规章法令。各省相应设置督练公所，负责练兵事务。1906年11月6日，清政府实施中央官制改革，将兵部改为陆军部。1907年，陆军部制定了全国编练“新军”36镇的庞大计划，但直至清朝覆亡，只编成14镇和18个混成协又4标及禁卫军1镇，约16万人。由于“新军”军官多选用国内外军事学校毕业生，对士兵也要求具有某些文化知识，从而为革命知识分子的活动提供了条件，

最终使“新军”成为一支反清力量。

与此同时，为了加强大清“龙兴之地”的防务，清政府于1907年4月在东北正式设立行省，改盛京将军为东三省总督，兼管三省将军事务、奉天巡抚事，随时分驻三省行台。东三省总督因总管大清龙兴之地，被视为疆臣之首。第一任东三省总督徐世昌一到任，就开始锐意改革，谋划新政，着手扩编军队、整治防务、惩治腐败、更新吏治、兴办实业，还大力招贤，尤其重用具有真才实学的留学归国人才，以图保疆护边，振兴东北。

当时东北地区的新军主要有：独立第一标，驻锦州，标统为朱庆澜；独立第二标，驻奉天，标统于心斋。此外，奉天还有驻军46营，分别为1905年赵尔巽编练的奉军马、步40营，新安军4营，盛军2营。徐世昌到奉天赴任时，还将关内建制齐备的三支新军调驻东北，包括陆军第三镇和第一、第二两个混成协。第三镇驻长春城，统制曹锟，下辖第五协、第六协和马标。第五协驻昌图城，协统卢永祥；第六协驻长春一带，协统陈文运；马标驻长春城，协统张国泰。所调陆军第一混成协是由陆军第五、六镇抽编而成，驻新民县，协统王化东；所调陆军第二混成协主要负责奉天防务。这支队伍由陆军第二、四镇抽编而成，包括步兵第三标和第四标计6营，骑兵1营，炮兵1营，工程兵1队，辎重1队，军乐团1队，当时的协统为王汝贤，这支队伍于1907年夏分批由关内进驻奉天。

徐世昌到任后，将奉军46营重新改编为巡防队，按奉天省地势分为中、前、左、右、后五路，称为奉天五路巡防队。同时，将第一混成协和原驻东北的两个独立标扩编为第20镇，司令部驻在奉天省城小南关洋桉胡同，第一任统制陈宧。下辖第39、40两个协。其中第39协协统伍祥祯统辖步兵两个标，第77标驻奉天省城西大洼子，第78标驻锦州东大营；第40协协统潘矩盈，驻新民县，下辖第79标和80标。此外，徐世昌还着手创办军事学校——东三省讲武堂，培训军事人员。

为了解决军队住宿问题，徐世昌下令在奉天大北关外旺官屯东南，喇嘛园子以北，购买6户地主的12平方华里土地，修建军营。

到1908年5月末，兵营建设基本完工。北大营的营垣呈正方形，每边长约3000米，四周有2米高的土围子，土围子上面可行人。在土围子的两侧，挖有1米深、3米宽的壕沟。土围子四周的中间，都有卡子门，设有岗哨。营垣中部为操场，东西北三面兼有鳞次栉比的营房。兵营建成后，第二混成协驻扎于此，因地处城北，故名“北大营”，成为保卫奉天的北面藩篱。

二、资产阶级民主革命思想在新军中的传播促使北大营成为酝酿革命的策源地

1905年8月20日，孙中山领导的中国第一个全国性的资产阶级政党中国同盟会在日本东京正式成立，提出了“驱除鞑虏，恢复中华，创立民国，平均地权”的十六字纲领。

同盟会成立后，孙中山便派同盟会员到辽宁地区进行革命活动。在营口、辽西、铁岭、安东（今丹东）等地，都留下了革命党人活动的踪迹。而此时的奉天，积弊未除、腐败更甚。经办官吏假新政之名，行掠夺之实的现象到处可见。“新政”的推行，使捐税层出倍增，官吏贪污腐败、中饱私囊，加之天灾连年不断，人民负担越来越重。这些都为革命党人的活动以及民主革命思想的传播提供了条件。

1907年，同盟会领导人之一的宋教仁和白愈桓、吴昆等人秘密来到安东，组织成立了同盟会辽东支部。同盟会辽东支部成立后，积极开展革命宣传活动，不断壮大支部队伍。同盟会会员徐镜心、钱公来、韩果、赵忠鹄、刘艺舟等人潜伏在奉天省各地，利用新闻、戏剧等合法手段，在教育、文化、新闻、艺术等社会各界，特别是在青年学生和新军中进行宣传鼓动工作，传播民主主义革命思想，揭露清政府的腐败统治，发动群众反对日本霸占东北路矿权利和开展抵制日货运动，号召各界起来推翻清王

朝，建立民主共和国。由于革命思想的广泛传播，参加革命活动的青年也就越来越多了。

1909年2月，徐世昌内调，锡良成为第二任东三省总督。是年夏，锡良成立东三省讲武堂附设学兵营，同盟会会员刘骥、商震、李培基、张揆一、程起陆、刘升之等进入学兵营，一边学习，一边从事革命活动。

由于训练新军的教官多是由具有近代先进文化知识的军官担任，使得讲武堂学员的思想较为活跃，更易接受新的思想和理念。革命党人充分利用这一特点，设法打入讲武堂和新军内部，对学员和士兵开展政治思想工作，发展革命力量。因此东三省新军中容纳了一批革命人物。如营口标学堂教习孙谏生、东三省陆军讲武堂学兵营队官彭家珍等，他们在新军中撒下了革命的种子。到1910年底，同盟会辽东支部已经发展到100多人，联系的群众达35000余人。

1910年秋，革命党人张榕回到了奉天，肩负起孙中山先生交付的革命重托，在沈阳和大连联络革命党人和关外武装力量，计划在清军秋操时率军经锦州入关袭击清兵，直捣北京。张榕回到奉天后，与张根仁、柳大年等人在沈阳各界进行革命活动。而此时，蓝天蔚接替王汝贤职务，任新军第二混成协统领，驻扎奉天北大营。蓝天蔚的到来，给张榕提供了助力。两个人实际上担负起关外革命的重任，北大营也成为当时革命的策源地。

1911年10月10日，武昌的新军工程第八营首先发难，打响了摧毁清王朝武装起义的第一枪，各地新军纷纷响应。武昌起义的消息传到东北，革命党人欣喜若狂，奔走相告。为配合南方的革命形势，辽东支部的革命党人立即行动起来，积极进行革命鼓动和组织军事力量。

11月6日，省城的同盟会骨干分子，如张榕、徐镜心、左雨农、陈干、商震等人集合在蓝天蔚的驻地北大营协统部进行秘密谋划，大家共同推举蓝天蔚为关外革命军讨虏大都督，作为关外革命军政府的领导人，张榕为奉天省都督兼总司令。在武昌起义的革命浪潮以排山倒海之势向前发展时，他们计划于中旬利用省咨议局开会之机，成立保安会，以不流血的方式驱逐东三省总督赵尔巽，宣布奉天独立。不料，蓝天蔚部下的营官李鹤祥偷听了秘密会议内容之后，立即密告东三省总督赵尔巽。赵尔巽立即纠集袁金铠等人策划镇压革命党人的办法。赵尔巽委任张作霖为全省营务处主办，令其凭借手中的兵力，镇压革命党人。

11月12日，按革命党人原计划，在奉天省咨议局召开奉天各界和各自治团体大会，蓝天蔚布置他的部下从北大营开进城内，准备大部分兵力进城后，占据总督署及重要库房。然而此时接到密报的赵尔巽已经急调张作霖进驻奉天镇压革命，张作霖在会场内外密布武装人员，用武力威慑革命党人。在场的大半是教育界人士，很多是青年学生，看见这种情形纷纷退出会场。这时会场门口已有人把守，许出不许进。赵尔巽趁势宣布成立奉天国民保安会，自任保安会长，要求全省义士们各安生业、静观时局演变。选举吴景濂、伍祥祯为副会长。保安会下设外交部、军政部、财政部、内政部、执法部、教育部、劝业部、交通部八部。另设参谋部，为保安会的监督机关。参谋总长袁金铠，参谋副长为蒋方震和张榕。军政部长聂汝清，副部长张作霖。革命党人筹划的保安会领导权被赵尔巽篡夺，奉天国民保安会的实权，仍被清政府官吏和地方军阀所控制，成为反动势力镇压革命党人的工具。张榕坚决退出了保安会。

三、深受压迫的北大营士兵在民主革命精神的激发下发动兵变

奉天革命失败后，1911年11月14日，清政府撤销了蓝天蔚的协统职务。蓝天蔚潜往大连，继续革命。1912年1月1日，孙中山在南京组织临时政府，宣誓就任临时大总统，宣布中华民国建立。2月12日，清帝退位。2月14日，南北议和，孙中山辞去临时大总统职务，袁世凯上台。袁世凯窃取辛亥革命的胜利果

实后与赵尔巽、张作霖一伙迅速合流。3 月，东三省顺理成章地过渡到袁世凯的北洋政府治下。赵尔巽摇身一变，成为民国的显贵，继续掌握奉天省的军政大权。屠杀革命党人的刽子手张作霖一伙，成为民国正规军，逐渐在东北显露头角。造就民国的革命党人，非但在政权中不占一席之地，反而遭到变相镇压。有的被反动势力杀害，有的被赶往外地。北大营的第二混成协完全由赵尔巽掌控，赵提升其亲信第 30 标标统聂汝清代理协统，提升告密的李鹤祥为标统，这支拥有革命希望的新军从此成为保境安民的工具。

蓝天蔚被逼出走后，第二混成协的官兵们愤愤不平。虽然革命失败了，但民主革命精神已然深入他们的内心。加之继任协统聂汝清克扣军饷，军营中怨声载道。1912 年 6 月 19 日农历五月初五端午节，晚八点钟，驻奉天第二混成协陆军第三标二、三两营兵丁开始兵变，四标士兵也随之兵变。他们撬开武器库抢得枪支弹药，蜂拥出营。赵尔巽闻讯后，大惊失色，立即命令中前两路巡防营统领张作霖和先锋队统领吴庆桐在城外截击。

中前两路巡防营统领张作霖接到命令后，急调前路步一、步八两营分守大北门，前路步二、中路步二两营分守小北门，前路步九、中路步十两营由小东边门内作散兵队形，向西堵击，前路步六营由小西关附城向东截击，中路步一营以两哨分守造币厂、两哨分守军械局，并调前路马一、马二两营入城分布要隘，严防内应。

与此同时，先锋队统领吴庆桐急饬令每营留守一哨防守营盘，特派第二营前往小东门、小西门、大北门、小北门四处抢护，派第四营分赴大东门、大西门、大南门、小南门严防，另饬令第一、第三两营管带各率所部迅赴北关堵截，又令左路第四营左哨防护公署。

奉天省城警务局也加派警务防守，在各区往来巡逻，预防土匪乘机抢掠，并派警卫队于奉天省公署及各衙署加意防卫。同时，拨出部分警力前赴军械局监狱分途保护。

变兵兵分三路，直扑大北边门。一路由大什字街向东直扑造币厂及军械局等处；一路直扑大北门，向官银号、四平街等处推进；一路在火神庙各银行一带分头焚掠。

在大北门，变兵在城闉处遇到第三标前任标统李际春及先锋队统领吴庆桐的劝慰，但始终不听，遽尔开枪，将李际春的马击毙，蜂拥而入。这时，前路巡防营步一营管带依钦保、步八营管带芬车贺带队赶到，急督队开枪猛击，严闭城门，登城俯射。双方对击良久，变兵被击退，向北撤退。在小北关，遇到先锋队第一、第三两营的拦截。第一营击毙变兵1名，生擒变兵李彦仲。第三营生擒变兵刘泰臣等5名。变兵开始分股折向小西关，该处洋商萃集。在小西关，变兵又遭到奉天省城警务局第五区警兵的阻击，被迫退却。

奔赴小东关的变兵，在小东边门附近受到前路巡防营步九营管带于文甲、中路巡防营步十营管带张麟书所率弁兵的堵击。变兵几次进攻，都未成功。奔赴造币厂的变兵，遇到中路步一营管带杨遇春所率两哨士兵的埋伏，被迫撤退；小北门一路，也有数十名变兵，被前路步二营管带李振声、中路步二营管带鲍德山督队击退。

是夜，阴雨连绵，双方对峙良久，火光冲天，枪声隆隆，彻夜不绝。变兵因仓促起事，最终寡不敌众，被弹压下去。这次兵变，双方互有伤亡。张作霖所部奉天前路巡防营步一营正兵李万才、步八营正兵王岐山、步九营什兵赵文有受伤，正兵金万山、高锡九阵亡。吴庆桐所部先锋队第一营前哨三棚正兵曲荣豊阵亡，“年二十五岁，奉天省东平县人，在省城大北关街生医院后面与陆军叛兵接仗，自左额角打入，由右耳后透出，枪子伤一处，登时殒命”①。第四营前哨三棚正兵广芝，“年二十三岁，奉

① 奉天行省公署档：《奉天行省公署为呈报陆军第二混成协兵变情形筹办后的报告事》之《先锋队吴统领呈报勘办变兵防御情形并转领子母给恤由》。辽宁省档案馆藏：档案号JC010-01-001512

天省奉天府人，在省城大北门外与陆军叛兵接仗。左脚踝由左透右，枪子伤一处”。第三营左哨四棚正兵耿希孔，“年三十一岁，河南省内黄县人，与陆军叛兵接仗，前鼻根受枪子，伤一处”①。

等到雨止天明，变兵分路逃窜。巡防营、先锋队和奉天省城警务局都分赴城内各城门、关卡，严查稽拿变兵。奉天省城警务局督饬消防队前往大北关一带，剪断火线，扑灭余烬，并派侦探队分途侦缉。同时，令各区晓谕商民照常开市，毋庸惊恐，并切实查检各伙房、旅店，以防窝留变兵。

20日晨，张作霖获悉该变兵分为两股：一股80余名，向城东北窜去；一股50余名，在城东30里赵家沟盘踞。于是，张作霖一面下令全城搜捕变兵，一面飞调前路马一、马二两营管带官各带三哨，分途探剿，并调中路步十营管带官张麟书带队赴该处搜缉余党。马二营管带汤玉麟带马队向赵家沟先发。下午2点钟，抵达赵家沟，从三面进剿变兵，双方对峙长达两个小时，枪弹如雨。这时，张麟书督部队也赶到了，两面夹攻，击毙变兵20余名。其余变兵分头溃散，逃入村后土山丛树中，弃械潜伏。汤玉麟和张麟书率部分头搜缉，又击毙变兵十余名。此役，前哨正兵苏廷喜小腹中弹，由右胁透出，登时殒命，中哨哨官刘香九的马被击毙。

当晚，汤玉麟和张麟书率部住宿穆家屯，探悉向东北方向逃窜的变兵正驻扎在距省城45里的彭楼子。21日早3点钟，汤玉麟带马队飞往剿捕，5点钟到达彭楼子。当时变兵正在该处小学堂院内饭毕点名，双行排立。突然看见前来搜捕的部队，马上开枪射击。汤玉麟率部从三面猛进。左哨正兵李润生中弹阵亡，前哨正兵张庆峰左腿受伤严重，左哨正兵秦海亭的马被击毙。双方对击达3小时之久。张麟书带队从后面掩至，挥兵直上。变兵腹

① 奉天行省公署档：《奉天行省公署为呈报陆军第二混成协兵变情形筹办后的报告事》之《先锋队吴统领呈报勘办变兵防御情形并转领子母给恤由》。辽宁省档案馆藏：档案号JC010-01-001512

背受敌，跳墙逃跑。

经过19日、20日、21日的三次围捕，变兵被击毙117人。19日晚，前路步九营将三标三营右队变兵李群堂、备补兵胡青，四标一营伙夫李云才3人缉获；20日，中路步二营在大北关拘获三标一营督队官王永福以及正兵李国安、沈泰富等5人；前路马一营在蔺家坟拘获四标二营右队司务长王恩成、护兵吕振标、正目桃恩荣、正兵李顺成、瓦匠甄永利；先锋队第二营拿获变兵耿文升，第四营盘获变兵李新祺、吕天平2人，搜出银圆票9400元。21日，中路步十营在赵家沟东二洼屯地方擒获三标三营后队四棚正兵赵玉林、七棚正兵金连兴，此二人各随身携带29式枪一支；前路马二营在彭楼子地方擒获变兵祝庆永、马德胜、王改成、台运山、刘新贵、魏更云6名。此外，汤玉麟所部缴获干粮袋11个，黄单军衣42件，肩牌15副，军帽13顶，龙旗1面。

经询问，赵玉林、金连兴供称：19日夜间，随众叛出，并未抢得财物，天明后意图远遁，不料在赵家沟击散被获。瓦匠甄永利供认当夜持枪随同抢掠，比及天明，弃枪回营。赵玉林、金连兴及瓦匠甄永利一并绑赴营前处决。李群堂、胡青、李云才3人于20日晚被绑赴营前处决。马德胜、王改成、台运山、刘新贵4人也被绑赴营前处决。祝庆永、魏更云2名交模范监狱羁押。计前后处决变兵9名，瓦匠1名，开释共10名。此外，奉天省警务局警卫、侦探两队捕获趁乱抢劫犯以及窝藏变兵犯辛景方、辛景耀、高三、张连福、韩福、李永吉、田玉昌、谢廷喜、王高明等人，并起获枪弹赃物甚多。

为了以儆效尤，处置这些变兵依然使用已经废止的斩刑，并将头颅悬挂于大北门示众，情状十分惨烈。此次兵变，“商家被抢被烧损失财产惟大北关为最，小东关次之，小北关又次之”，“被灾之户，银行一家，银号一家，票庄三家，钱行七家，金店四家，当铺二家，丝房十九家，药行十二家，烧锅酒局六家，杂货行七十七家，隶工会者二十八家”①。“估计价值为数约在九十七万一千二百六十元六角八分五厘，商民被乱受伤者，男妇共二十名口，死者共八名口。”②

张作霖在镇压北大营兵变中立了头功。他不但受到赵尔巽的特别嘉奖，而且得到袁世凯的赏识。驻奉天省城的唯一一支陆军第二混成协的力量被大大削弱，随后被调往关内。张作霖部成为奉天省实力最强的部队，不久即被编为陆军第二十七师，由地方武装变身为正统军队，驻进了北大营，从此北大营成了张作霖奉军的最大据点。

奉天北大营是清末“新政”的产物，也是辛亥革命在东北地区的策源地。在这里，奉天的革命党人与反动势力展开了殊死较量。尽管由于封建势力的顽固与强大、资产阶级革命派的软弱与妥协，奉天革命党人的革命最终失败，但奉天革命党人苦心孤诣、促进共和的功绩是不可磨灭的。之后的北大营兵变，虽然事发仓促，准备不足，但无疑也是革命党人民主革命理想的一种另类倾诉与表达，给封建反动势力以一定的震慑。

【责任编辑：薛志刚】

［**作者**：石　岩　沈阳博物院（沈阳故宫博物院）副研究馆员　沈阳　110044］

① 奉天行省公署档：《奉天行省公署为商务总会呈报各关被兵变抢劫损失情形事》，辽宁省档案馆藏：档案号 JC010-01-001514

② 奉天行省公署档：《奉天行省公署为呈报陆军第二混成协兵变情形筹办后的报告事》，辽宁省档案馆藏：档案号 JC010-01-001512

溥仪改造期间第一次接受西方记者采访史事考

王平鲁

摘　要：溥仪在被中国政府关押改造期间，于1956年8月初，接受了英国路透社记者漆德卫的采访，这是他改造期间，第一次接受外国记者采访。从目前公开的资料看，中国方面对此有一些记载。为了完整地了解漆德卫这位西方记者当年采访溥仪的始末，笔者把漆德卫晚年编撰的一本自传性回忆录——《我踩了毛泽东的脚趾（Mao's Toe）》（2009，英文版），以及当年刊登漆德卫报道的部分中英文报刊，漆德卫对溥仪的相关报道和记录、回忆综合出来，作为今天我们考察分析那段特定历史时期的参考资料。

关键词：溥仪　战犯改造　漆德卫　英国路透社

一、漆德卫的简历

漆德卫（David Allan Chipp）是英国路透社著名的资深记者，他生前在英国和国际新闻界非常有名望，与美国《纽约时报》

的著名记者索尔兹伯里（《长征——前所未闻的故事》的作者）齐名。他从1956年起作为路透社的特派记者，在北京居住了近3年，他的中国名字漆德卫，是周恩来总理根据他英文名字的发音而起的，十分上口好记。他在中国期间，就用这个名字与中国人交往，赴各处采访，他的名片上一直印着这三个字，并把这个名字解释为“刷着油漆的道德卫士”，令听者记忆深刻。

漆德卫（1927—2008年），出生在伦敦的基尤（Kew），早年在澳大利亚上过基隆文法学校，与传媒大亨默多克是同级校友，那时就被校长认为应该去当记者。17岁那年，他乘坐商船回到英国，加入了英国陆军米德萨克斯营（Middlesex Regiment），1947年复员后，赴剑桥大学读书，取得了历史学学士学位，没有考上研究生。

1950年，漆德卫考入路透社当了一名体育记者，路透社的高薪使他十分兴奋和尽职。两年后，他被派驻东南亚，在仰光开办了战后的路透社记者站。1954年，漆德卫在泰国遇到了从日内瓦回国途经曼谷的中国总理周恩来，就在周恩来会见缅甸总理吴努的时候，漆德卫利用采访的间隙，向周恩来发问，询问能否给他去中国的签证，周恩来当即表示：“我们将研究一下。”1955年采访万隆会议时，漆德卫又一次找到周恩来，索要签证。最后，路透社战胜了美国同行，取得了签证，1956年3月，漆德卫来到了向往已久的北京，这一年，他29岁。

当时正值新中国成立不久，西方世界都对这个神秘的东方大国充满好奇，大量的西方记者都聚集在香港，通过收听电台和阅读报纸来了解中国大陆，而漆德卫就是他们远在北京的“消息树”。

漆德卫到北京后，在一次招待会上遇到周恩来。当周恩来过来和他聊天时，他明显感到周围人们投来羡慕的目光。当得知他还没有得体的中文名字时，周恩来马上在一张纸上写下了“漆德卫”三个字，从此以后，漆德卫就把这个名字印到了自己的名片上。他被周恩来的个人魅力所折服，认为周恩来是他所仅见的各国领导人中唯一喜欢记者并愿与记者聊天的政治家与外交家。

当时的漆德卫几乎见到了中国所有的国家领导人，但他一次绝无仅有的举动，使他更加出名，成为中国人口中那个“踩了毛主席的脚趾逃走的英国人”。那是1956年10月7日，在中国和尼泊尔友好条约签订仪式上，漆德卫为了给刘少奇让路，后退时踩到了毛泽东主席的脚趾，他转过身来，惊讶地看到是毛主席，而出乎他意料的是，毛主席看到漆德卫窘迫的样子后，大笑起来，漆德卫急忙伸出手来，想起了几句中文，说：“你好，毛主席。我是David Chipp。我是路透社记者。”毛主席热情地紧握住漆德卫的手，和他说了几句话。漆德卫虽然没听懂，但猜是在问他在中国生活得怎么样。漆德卫自嘲说：“毫无疑问，这是自二十年前延安窑洞游击队时代以来，外国人和毛泽东之间最非正式的邂逅。”

在驻北京的近3年时间内，他向西方报道了中国的变化，也采访过末代皇帝溥仪。在结束了驻京记者生涯之后，他又先后6次到中国访问，目睹了中国翻天覆地的变化。2007年，他还应邀到北京参加了庆祝新华社和路透社合作50周年的活动。

二、采访溥仪之前

作为当时中国大陆唯一的一位西方长驻记者，漆德卫一个人住在北京崇文门的新侨饭店，这让他觉得非常“孤独”。漆德卫一生未婚，但他善于结交朋友，他的孤独感来自采访困难，他说“那时要搞到新闻真的很难。普通的中国人友好但是谨慎，都不愿说太多”。于是，翻阅中文报纸、在北京街头闲逛就成为漆德卫抓新闻最主要的方式。

漆德卫在香港的同行当年介绍说，一般来说，中国的通信设备很差，比苏联的原始得多。但是漆德卫的电讯决不会受到故意积压或干涉，不管这篇电讯吹毛求疵到什么程度，对外国报纸消息并不进行检查——这是在所有的“铁幕”国家中绝无仅有的事。

为了便于采访，漆德卫聘了一位比他大了20多岁的口语翻译，姓蒋，这位蒋先生看着很虚弱，但却身材轻捷，态度优雅，很有韧劲，就算生病也不休息。蒋先生从1924年起就给英国领事馆做过口译雇员，经历过1937年12月的南京大屠杀，对日本人极其厌恶。这次被漆德卫聘用后，蒋先生就连续给路透社干了11年，中间一天也没有休息过，一直干到1967年。

漆德卫和他的关系很融洽，蒋先生能从漆德卫那里得到最新版的007小说看，他则建议漆德卫读中国古典名著，鼓励漆德卫购买当时已经93岁的齐白石的作品，漆德卫说，后来证明，这是一笔回报丰厚的投资。

1956年7月21日，当漆德卫来到他的办公室时，发现蒋先生处于极度兴奋状态中，他告诉漆德卫说，《人民日报》头版刊登了我国最高人民法院特别军事法庭审判28名日本战犯的消息，其中有溥仪出庭作证的报道，这是有关溥仪多年来的第一个消息。有那么一阵儿，对溥仪这个名字漆德卫根本没反应过来，过一会儿漆德卫才想起来他是中国的最后一个皇帝。

听到这个消息，漆德卫首先想起的是溥仪作为儿皇帝和"满洲国""执政"及"皇帝"的过去，想起了溥仪曾经的英国教师庄士敦，更想到了他的本国同行，30年代著名的英国年轻记者和旅行作家彼得·弗莱明（007小说作者彼得·伊恩的哥哥），1934年时曾经采访过溥仪。漆德卫还记得，彼得·弗莱明在他的《独行中国》一书中，描写溥仪是个衣冠楚楚的傀儡，"一个双手保养精细，有着迷人微笑的人，戴着墨镜，身穿燕尾服，内套白色马甲"。

听完蒋先生介绍的溥仪作为证人现身的报道，漆德卫意识到这条消息的新闻性和重要性，因为这是自1946年8月溥仪在日本东京远东军事法庭上作证以后，西方世界第一次得知溥仪的消息。漆德卫立即动手写了一份采访溥仪的申请，以往他写过不少类似的采访申请，一般都能在没有预告的情况下，得到一次采访的机会或者是一张新闻简报。

在提出采访溥仪申请一个星期之后，外交部新闻司的一个高级官员陈辉（音译），在一次午饭后，问漆德卫想不想去东北，采访那里的工业建设成就。漆德卫说，那不是他的采访计划表中的优先选项。陈辉暗示他说："我认为这对你来说将是值得的，你应该早去而不是晚去。我想我们可以向你保证，你会有一个有趣的旅行。"由此漆德卫就飞到了沈阳，在当地国际旅行社的带领下，开始了哈尔滨、鞍山、长春的火车之旅，做起了经济报道。

到抚顺这天是1956年8月9日。清晨一早起，漆德卫就去参观著名的西露天煤矿大坑。吃午饭时，漆德卫的向导和翻译于亚伦（著名电影演员于蓝的哥哥）突然对他说："今天下午我们去采访溥仪。"漆德卫累了长长的一上午，状态不是很好，也没有什么准备，甚至想不起来有关末代皇帝的什么事情。就这样，二人乘车前往位于浑河以北的抚顺战犯监狱，没有丝毫耽误。不过漆德卫对监狱警卫和管教人员的冷峻态度和职业精神，似乎既反感又敬佩，回忆说"他们的目光像冰冷的卡钳，像一台台能卡碎我睾丸的粉碎机。他们在日常工作中，无论在思想上和智力上，都是无所不能的"。

三、短暂的采访

采访的地点，是在监狱的接待室。有一些简单的家具，墙上悬挂着一幅巨大的毛泽东画像。当漆德卫在等待的时候，被告知可能是20年来第一个见到溥仪的英国人。

下面是漆德卫在《我踩了毛泽东的脚趾》一书中对见到溥仪之后的描述，这应该源自他当年的采访笔记，因为综合看当年外刊的各种报道，这个回忆相对全面一些。

溥仪，不断地眨着在高度近视镜后面的眼睛，起初看起来神情紧张。但他的握手是有力的，尽管他在整个采访过程中从来没有放松过，但他偶尔的微笑还是迷人的。这一事实并不奇怪，因为毫无疑问，他对我是个什么人没有真正的理解，可能认为我是他改造过程中恢复智力的一个试验品。他中等稍高的身材，看起来很健康，似乎营养良好。依我看来，他那时50出头，但有时看起来显老。3位监狱管教员中，有一个人在溥仪通过翻译讲话时，记了笔记。溥仪也许聪明地承认了他懂英语，我对他的有些反应有很深刻的印象，他是明白我在说什么的。

溥仪开始显然有所准备，先声明说，他在过去如同“一个恶魔”，而现在才是作为一个真正的人而存在。他正在学习马克思主义和毛泽东著作。这些学习，占了他一天中的大部分时间，这意味着他现在有了全新的人生观。他在开始学习时缓慢而充满疑虑，但在认清自己的罪恶之后，重获了信心。

我问他关于日本投降后发生了什么事，他给了我所发生事情的第一手解释。1945年，他在奉天机场与日本高级官员试图逃向东京，当他们等待时，被一名俄罗斯将军质问。“我不敢公开表明我不想去日本，因为担心他们会杀了我。我曾为他们服务14年，知道太多关于他们的记录和残酷。但我设法向苏联将军发出信号，说我想留在中国。”他被正式逮捕，并被带到了苏联。他生病的妻子，一个吸毒成瘾者，被留下，死在了监狱里。

溥仪的直接随从人员被视为普通囚犯，但是他作为一个前“国家首脑”，苏联人给了他一些权利，而斯大林也下令给他以优待。共产党掌握全中国以后，1950年他被交还给同胞，然后像其他战犯一样被对待。他说，“这是非常正确的，我不应该被视为前皇帝，因为我是一个叛国者，帮助日本推行他们的侵略政策”。他和14个人共住一间监舍，每天他们帮他洗衣服。据说直到他死那天，他还是不知道如何照顾自己。在他生命的最后时光里，他的最后一任妻子在政府分配给他的小公寓里，履行义务，照顾这位曾经在紫禁城里有过成群奴仆的人。

他冗长地讲述他的罪行，并说他应该被严惩。“但是我对我受到的宽大处理感到惊讶。”他认为自己在11年里没有被起诉是不公正的。这时，管教员难得地插了一次话，介绍说溥仪那位住在距此不远地方的第二个妻子曾被允许来看望他。

可以理解的是，他回避了我几个直接的问题。快要结束时，我问他是否还记得把打好板球奥秘告诉给他的导师庄士敦，他几乎很快就理解了我的英语提问，但只是勉强地——也可能是忧郁地——笑了笑，但是没有回答。

在访谈结束时，他起身，轻轻地向我和他的管理员鞠躬，静静地离开了房间。曾几何时，我们是要在他离开之前叩头三拜的。我相信，我是在场者中唯一一位对他略怀敬畏之心的人。对其他人来说，他只不过是一个囚犯而已。但我意识到这个人是中国历史的一部分。当然，当我告诉我的中国朋友我和他们旧日皇帝的这次遭遇时，他们都很好奇，并相当嫉妒。①

对比一下中国方面的记载，可知漆德卫当年询问得相当详细。原战犯管理所管教刘家常和作家铁汉公布的二人对话简记是：

问：你回到中国后，政府是以过去的皇帝来对待你，还是以一般的犯人来对待你呢？

答：政府是以一般犯人来对待，但是，在衣、食、住方面都很好，都很自由。我常想，每天吃的饭，就像住在旅馆里一样。

问：你知不知道政府将在什么时候对你做出处理？会怎样处理？

答：我的罪行是严重的，理应受到政府的严惩，但结果不是这样，政府对我太宽大了。至于如何处理，就不是我所能答复的问题。

问：这么长的时间政府对你既没有审问又没有处理，你是否感到不合理呢？

答：我们的问题和日本战犯的处理是一回事情，所以必须等待首先对日本战犯做出处理。我罪行严重，由苏联回国便应立即

① 《Mao's Toe》2009年剑桥大学自印本。

受到严厉惩处，可是直到现在仍受到祖国温暖的待遇，我实在感激。

问：政府已经知道你和大臣们都是傀儡，实权是掌握在日本人手里，那么你为什么还要求严惩呢？

答：虽然日本人操纵实权，但我的罪行也很严重。比如我在天津时曾给南次郎写信，向他说明我有意复辟清朝，所以后来日本人才不找别人，单单把我拉出来当了伪满皇帝，这就是无言的回答。伪满成立之初，我曾和本庄繁签订密约，为了个人地位而出卖了东北人民的利益。又如关东军司令官梅津美治郎回国前向我辞行，我主动提出建议：日本正在南进，因此应该和苏联携手，以固北方。同时多多制造飞机，掌握制空权。总之，日本要一个，我就拿一百个。

问：你看过马列主义和毛泽东的著作吗？

答：看过，并且我很愿意看。

问：你们学习有没有人讲课？

答：没有！我们是自己看书。

问：你们常开批评会吗？

答：有时讨论如何改进学习。

问：你有什么喜好吗？

答：我喜爱打网球。

问：你们有烟卷抽吗？

答：有！其他日用品什么也不缺。

问：假如你被政府释放，准备做什么？

答：我过去对中国人民犯下了滔天大罪，受到人民的严厉惩处本属理所当然。假如我能获释，将作为一个普通的劳动者，尽全力贡献于祖国的建设事业。

二者对比，可知漆德卫当年的提问还是很有技巧的，他不是很相信溥仪已经在自觉地认识罪行和错误，在进行改造。另一位当事人、溥仪的管教李福生更回忆说：“这位记者见到溥仪后，便用挑拨性的口吻，直接问溥仪：‘中国政府关押你这么长时间，对你既没有审问，又没有处理，你是否感到合理？’溥仪沉静地回答说：‘我的罪行是极为严重的，可是到现在政府也没有杀我的头。我的心中只有感谢！……’”① 刘家常、铁汉认为，漆德卫这位英国记者问得十分巧妙，但都被溥仪一一巧妙回答过去。所以他写了访问记《“洗脑”皇帝的悲剧》，是想抵消溥仪改造成功在世界上将产生深远政治影响，将其污蔑为被中共“洗脑”的“悲剧”。②

四、采访余声

漆德卫的回忆中，还有没有写全的部分。根据中方人员的回忆，他给溥仪进行了拍照。战犯管理所管教员姜禹成回忆说，当那个中午，他接到管教科的通知，说有一位英国记者马上要来采访溥仪时，他马上来到监室，叫醒了正在午睡中的溥仪和同屋的其他战犯，让他们到外边操场集合。溥仪的动作慢，他边往外走边穿衣服，等走出房门时，衣服也没有完全穿好。当他走到离操场还有10多米远时，不料被迎面走来的英国记者用相机拍了照，这位记者还拍摄了一些其他景物，摄完后他走到溥仪面前。管教人员告诉溥仪，这位是英国记者。这时，英国记者同翻译说了几句话，翻译便对溥仪说：“他问你在这里好吗？你身体和生活都好吗？”溥仪说：“我在这里相当的好，生活很有规律。每天上午学习，下午娱乐活动，每周看一次电影。一日三餐吃的是大米白面，平时两菜一汤，菜里都有肉，每周三、六晚饭改善生活，四菜一汤，星期日吃饺子或包子，并有卫生所和病房的医生为我们战犯看病……”

---

① 李福生：《改造伪满“皇帝”溥仪琐记》，抚顺市政协文史委员会编：《震撼世界的奇迹——改造伪满“皇帝”溥仪暨日本战犯纪实》，中国文史出版社1990年版，第97页。

② 刘家常、铁汉：《日伪蒋战犯改造纪实——中国抚顺战犯管理所的奇迹》，春风文艺出版社1993年版，第281—283页。

采访结束后，姜禹成到孙明斋所长办公室，把英国记者拍照的事向他作了汇报，孙所长表示："按规定是不准拍照的。"随后孙所长来到会客室，见到了漆德卫，对他说"按中国政府规定是不准对战犯拍照的"，并让他把拍摄的胶卷留下来。漆德卫听后很不高兴地说："中国政府既然能允许我来采访，又为何不允许我拍照呢？我拍照的目的是为了拿回英国去进行宣传，因为有许多英国人听说溥仪没被处死大都不相信，我拍的这张片子拿回去给他们看看，这有什么不好呢？"孙所长听了记者的这番话，觉得有些道理，后来经过请示上级同意，便让记者把胶卷带走了。[①] 而漆德卫的这几张照片，后来就在新加坡的报纸上刊出，反倒是不见于英美的报刊，成为反映溥仪改造期间精神面貌十分罕见的资料。

这次既在意料之中又在意料之外的采访，使漆德卫获得了采访末代皇帝溥仪的独家消息，他在回忆录中说自己只写了500字左右的报道，但还是产生了轰动效应。实际上根据现在查实的资料看，漆德卫的报道翻译成中文，最短的一篇也有700多字，长的有1200多字。作为西方驻中国大陆的唯一一名记者，他的路透社通稿分别以《记起溥仪》《溥仪讲述失踪后的故事》等标题，先后在英美各大报刊登出，在他原来工作过的东南亚地区，新加坡、香港的报刊也用中英文进行了报道，新加坡的报纸还登出了漆德卫拍摄的溥仪狱中照片。这些报道在向外界介绍溥仪狱中监禁生活、学习的同时，相对客观地描述了中国共产党人改造溥仪的现象与效果，第一次向全世界传递和展示了中国历史上最后一位皇帝正在改造自己的信息。

当时的西方世界对新中国的声音和报道，并不给予足够的重视，但是他们又十分希望得到中国大陆的消息，这些一点不奇怪。一些西方记者，哪怕像漆德卫这样与共产党人有过一些接触

① 姜禹成：《看管伪满战犯时的几件事》，《改造战犯纪实》，中国文史出版社2000年版，第334—335页。

的记者，也对中国大陆有很多成见，甚至是误解。对此，中国政府有着清醒的认识。当时的外交部新闻司司长龚澎认为，就对外宣传而言，外国记者的报道比我们的稿件要更有说服力。我们当时的政策是，对兄弟国家和党报的记者给予大力支持，对西方记者也尽量提供方便，争取他们能够做出公正而客观的报道，即使面对那些质疑的目光，我们也决不能失去信心。漆德卫的这次采访，正是基于这种指导方针而获得了机会。这种实事求是、敢于面对外界审视的态度和做法，直接的后果就是，让更多的世人把他们好奇、审视的目光聚焦到红色中国，不断看到它的变化，接受它的影响。

【责任编辑：薛志刚】

［**作者：**王平鲁　抚顺市社会科学院　研究员　抚顺　113006］

论“天津方式”在解放战争中的历史地位和重要影响

王　悦

摘　要：天津的迅速攻克，给了傅作义沉重打击，使其失去了与解放军谈判的讨价还价的筹码，也使他进一步认识到解放军的攻击力之强，从而加速了北平和平解放的进程。通过对中共七届二中全会提出的解决国民党残余力量的“天津方式”的分析，说明“天津方式”是中国共产党解决国民党残余部队的主要方式。

关键词：天津战役　天津方式　解放战争

天津战役是中国人民解放战争中一次重要的攻坚战，是促使北平和平解放和解放全华北的关键，在军事、政治等方面产生了重要的历史作用和影响，创造了在党的七届二中全会上被毛泽东称为解决国民党残余军事集团三种方式之一的“天津方式”，为解放战争史书写了辉煌篇章。

一、制定符合城市特点的作战方针，创造攻坚作战典范

天津为华北第二大城市，解放战争后期人口200万，面积150平方公里。这里河流纵横，地形复杂，北运河、永定河、大清河、子牙河、南运河汇经海河而入海。国民党军接收天津后，在侵华日军原有工事的基础上，又耗费巨款，抓夫数万，构筑城防工事。共筑有大碉堡380座，小碉堡数以千计。城郊数里内的村庄大部夷平，造成一片无人区。环市挖有一条宽10米、深3米的护城河。护城河内侧筑有高墙，墙上有铁丝网、电网和碉堡。市区主要街道路口和高大建筑物，均筑有火力点与核心工事相连。敌人在工事部署图上写着“固若金汤”。警备司令陈长捷自诩：“大天津堡垒化。”蒋介石对天津城防工事也很称赞。守敌为天津警备司令部、第62军（欠1个师）、第86军等部10个师，连同非正规军共13万余人，分为西北、东和西南3个守备区。敌人固守天津，对其支撑北平、保持海上通道，具有重要意义。

天津前线解放军总部按照毛泽东主席的新决定，调集东北野战军20多万人参加总攻，由刘亚楼将军担任司令员，以迅速攻克天津作为警告，来迫使傅作义接受和平解决北平问题。元月初，刘亚楼在杨柳青召集参加总攻天津的各纵队的指挥员开会，对天津的敌情、地形等问题进行详细研究，以求在战斗中不出差错，达到迅速歼灭敌人的目的。这时，中共天津地下党，早已为会议提供了有关天津守军的各方面的情况报告，对天津城防每一座碉堡的位置、形状、守备兵力多少，都有详细的说明。报告说：“天津市南北长二十五华里，东西宽十多华里，是个长方形，各种高楼大厦都在南部，一般平房在中部，市郊开阔，南部多水网。陈长捷把强的部队放在中部和北部，弱的部队放在南部，其防御特点是：北部兵力强，南部工事

强，中部皆平常。”

根据天津南北长、东西狭的特点，加强东西两面攻击力量，就可把守军拦腰斩断，既能打乱敌人防御体系，自己的兵力又能自由向两翼扩展，避免壅塞。因此，会议确定攻打天津的部署是：首先实施东西对进，拦腰斩断敌人的防御体系。然后，再用先南后北的打法，实行先分割后围歼，“先吃肉后啃骨头”的方针，来逐一歼灭天津守敌。

中央军委原拟先打塘沽，后打天津。担任攻击塘沽作战任务的东北野战军第 7、第 2、第 9 纵队领导现地勘查后，认为这一地区为水网地带，兵力不易展开，而且国民党军塘沽防区指挥部已搬上军舰，很难全歼。后经负责指挥攻塘作战的第 7 纵队领导，向平津前线司令部建议推迟攻击。刘亚楼到现地勘查后，赞同这个建议；同时又发现平津敌人有突围征候，因此林彪、刘亚楼向中央军委建议，缓攻塘沽，改打天津。中央军委采纳了这一建议。围攻天津的部队是东北野战军第 1、第 2、第 7、第 8、第 9 纵队和特种兵部队的大部及第 6、第 12 纵队各 1 个师，共 22 个师、34 万人，配备有山炮、野炮、榴炮等大口径火炮 538 门，坦克、装甲车 46 辆。另以第 12 纵队主力位于军粮城，监视塘沽之敌。刘亚楼为前线总指挥。

攻城部队于 1949 年 1 月 2 日达成合围，3 日至 12 日在扫清外围据点的同时，认真进行了攻城准备。护城河是突破城防的一大障碍，各部队针对这个难题，普遍开展了“想办法运动”。在人民群众的支援下，指战员们创造了芦苇桥、活页桥、翻梯桥等多种渡河器材。部队学习了城市攻坚战术，反复进行步、炮、坦协同演练。深入进行了政治动员和遵守城市政策纪律的教育。中共天津地下组织发动工人、学生护厂护校，并派人冒着生命危险给攻津部队送出了天津敌军的工事图等重要情报。

总攻开始前，平津前线司令部致函天津警备司令官陈长捷等，督促他们仿效长春郑洞国将军，命令守军自动放下武器，但遭到他们的拒绝。因此，决定14日攻击天津。林彪、聂荣臻向中央军委报告："战斗开始后，至多30个小时可全部解决。"

1月14日10时，对天津发起总攻击。西面由第1纵队司令员李天佑、政治委员梁必业指挥第1、第2两个纵队及第6纵队1个师，共9个师，为第一主攻方向。东面由第7纵队司令员邓华、政治委员吴富善指挥第7、第8纵队，共8个师，为第二主攻方向。南面第9纵队并附属第12纵队1个师，实施助攻。北面第2、第8纵队各一部及东北野战军总部警卫团，实施佯攻。总攻开始后，数百门大炮一齐轰击，摧毁了敌人的大部分火力点，突击部队克服护城河障碍，在9个地段上先后突破城防。部队在炮火坦克掩护下，从三个方向勇猛冲向市区，展开激烈巷战，连续打退敌人的多次反冲击。第1纵队向金汤桥、海光寺、中原公司突击；第2纵队向忠庙大街、金汤桥突击；第7纵队向南车站、东车站突击；第8纵队向金汤桥、金刚桥、北营门突击；第9纵队向耀华中学突击。攻津部队面对守敌抵抗，采取击弱留强的打法，巧妙迂回，大胆穿插，将敌分割成数块，各个歼灭。15日晨，东西对进部队在市中心金汤桥会师。8时，攻破市区最坚固的支撑点海光寺。10时，攻入敌核心工事天津警备司令部，第1纵队第1师第1团6连冲进指挥所，生俘陈长捷。至15时，战斗胜利结束，共用29小时，守敌全部被歼。攻克天津后，塘沽守军第17兵团、第87军等5个师，惧怕被歼，于1月17日乘船由海上逃窜。第12纵队占领塘沽。天津作战是解放战争中最大的城市攻坚战之一，也是人民解放军步兵、炮兵、装甲兵、工程兵等诸兵种一次精彩的协同作战。攻津部队不仅具有无坚不摧的战斗力，而且在执行城市政策纪律方面做到了缴获归公，原封不动，堪称楷模。刘亚楼、谭政向中央军委作了部队认真执行城市政策纪律的专题报告。中央军委向各中央局和各野战军作了通报，指出："所有攻击天津各部队，凡战斗英雄、纪律良好者，应予通令嘉奖，并向我军致庆贺。"

二、"天津方式"对国民党残余军事集团具有强大的震慑力，促成"北平方式"

天津是我军攻克的又一特大城市，此后，北平就直接暴露于我军的威胁之下。天津战役的迅速胜利，及时地教训了傅作义，也狠狠地教训了其他国民党残存力量。天津战役的胜利，有力地推动了争取北平和平解放的谈判过程。当人民解放军包围了平、津，兵临城下的时候，傅作义也曾派出代表与我军进行谈判。但是，那时他认为自己还有力量，还想较量一下。一方面北平和谈在进行中，傅作义内心意在和平解放，但又存在诸多客观困难和主观杂念。另一方面，傅作义又对自身和部属的前途充满担忧，和谈条件也超出共产党的要求。他仍根据经验，试图凭借天津坚固的城防来坚守获得更多的谈判条件。华北国民党军将领普遍估计，天津最少可以坚守3个月之久。反倒是天津守城的国民党中央军将领早已无抵抗之心，认为最多抵抗一个星期。然而，1949年1月14日10点，东野对天津发动总攻，次日5时，东西主攻部队会师金汤桥。15时全歼天津守敌，俘获陈长捷，仅用29个小时解放天津。天津解放，塘沽之敌南逃。此时林彪又电令一个主力纵队分别插入北平南部的南苑机场，切断了国民党空中撤离的通道。另一个纵队攻克国民党后勤重镇丰台，不但缴获了大量物资，还打消了守军可能从丰台沿平汉线逃窜的可能。此时在整个华北，北平彻底成为一座孤城。令人震撼的"天津方式"终于迫使傅作义放弃以抵抗提高和谈价码的幻想。1949年1月21日，共产党和傅作义达成《关于和平解决北平问题的协议》。次日，北平国民党部队残余2个兵团、8个军、25个师共25万部队开始陆续撤出城外，听候改编。1月31日，解放军首先从西直门进驻北平。2月3日，解放军举行入城式。古都北平终于以和平的方式解放。

天津战役的胜利，给企图固守北平的傅作义及其他各地残留的国民党军队提出了有力的警告。一切不明大义、不愿服从人民意志、企图负隅顽抗的敌人只能有天津战役的下场，天津的迅速攻克，给了傅作义沉重打击，使其失去了与解放军谈判的讨价还价的筹码，也使他进一步认识到解放军的攻击力之强，从而加速了北平和平解放的进程。

三、“天津方式”产生的深远政治影响

1. 创造军事与政治结合方式

中国古代著名军事学家孙子主张“不战而屈人之兵”。不战而屈人之兵，是解决战争问题的最好方式。天津解放前夕，为保护200余万人民的生命财产安全和工商业免遭战火破坏，人民解放军曾向国民党守军发出和平解决的倡议。1月6日，林彪、罗荣桓给天津守敌陈长捷、林伟俦、刘云瀚3人写了一封劝降信，希望3人能效仿长春郑洞国将军，命令守军自动放下武器，并派人与攻津部队进行和谈。接到劝降信后，1月8日下午，在陈长捷的允许下，天津参议会4名和谈代表出城和谈，1月10日，刘亚楼会见了和谈代表，并提出了和平解决天津问题、天津守敌自动放下武器、确保自动放下武器的官兵生命财产安全、顽抗到底加重处罚四条意见，并限期答复，11日上午，4位和谈代表返城。就在同日上午，刘亚楼向天津守军发出了放下武器的最后通牒，遭到陈长捷的拒绝。11日下午5时，4名和谈代表二次出城，12日下午2点返城后，便再也没有出城。陈长捷只是将和谈作为拖延华北战事进展、协助傅作义与平津前线司令部进行周旋讨论的一种手段。正如陈长捷后来所回忆的那样：“当天津战事日趋紧急时，傅总部参谋长李世杰频传傅作义指示：坚守就有办法，体会为很含蓄的命意。我一本军阀混战习惯，以能顽强相拒就是用来讨价出售的本钱。”“军阀的想法就是有部队有武器才是本钱，妄想在人民跟前私图出路。”① 既然陈长捷缺乏和

① 平津战役纪念馆：《平津战役纪实》，天津人民出版社1999年版，第114页。

谈诚意，刘亚楼“先礼”无果，只有采取“后兵”了。毛泽东为此及时作出“天津既有单独谈判，即可单独处理”的指示，只是在陈长捷等拒绝和平解决的前提下，才迫不得已发动总攻击。因此，我军和平解放天津的努力，则对傅作义借天津问题拖延时间的企图是一个不小的触动，使我军在政治上抢占头筹，在一定意义上提前展示出和平解决平津问题的方式，为北平和其他国民党军队指出了可供选择的两条道路。傅作义在我军强大的军事压力与政治攻势下，被迫接受中国共产党提出的八项和平条件，使北平获得和平解放。

天津方式就是“用战斗去解决敌人，例如解决天津的敌人那样，仍然是我们首先必须注意和必须准备的，人民解放军的全体指挥员、战斗员，绝对不可以稍微松懈自己的战斗意志，任何松懈战斗意志的思想和轻敌的思想，都是错误的”①。三大战役后，解放战争进入向全国大进军的阶段。人民解放军对于继续顽抗的敌人，以“天津方式”坚决歼灭之，1949 年 3 月，我军百万雄师已兵临长江北岸，彻底消灭企图凭借长江天险做垂死挣扎的国民党军事集团，已经是指日可待的事情了。但人民解放军还是希望给国民党政府机会，能实现和平渡江，解放江南人民。1949 年 4 月 1 日，南京政府以张治中为首的和平谈判代表团到达北平，同以周恩来为首的中国共产党代表团进行谈判，经过半个月谈判，谈判双方拟定了国内和平协定。但是，和平协定却遭到南京国民党政府的拒绝。在这种情况下，遵照中央军委的命令，4 月 20 日，人民解放军发起渡江战役，21 日，中共中央主席毛泽东与中国人民解放军总司令朱德发布了“向全国进军的命令”，23 日，人民解放军渡过长江一举解放了南京，占领了总统府。“天津方式”“北平方式”“绥远方式”三种方式的结合使用，大大加快了解放战争的进程。“天津方式”促进了“北平方式”和“绥远方式”的产生，其军事手段与政治瓦解的双重震撼力，是

① 《毛泽东选集》第 4 卷，人民出版社 1991 年版，第 1424 页。

导致解放战争后期军事、政治走向发生重大变化的根本原因。此后的战略追击阶段，国民党军以控制城市和交通要道为中心的战略防线，在人民解放军军事与政治攻势的相互影响下，完全处于土崩瓦解的局面，兵不血刃地实现“屈人之兵而非战也，拔人之城而非攻也”的最终目标。与此同时，天津攻坚战所创造的作战原则、战术思想等成功经验，为人民解放军随后进行的城市作战发挥了重要作用。中央军委为此通报全军认真借鉴天津攻坚战经验。在此后的太原、上海、兰州、广州等城市战斗中，人民解放军吸收采纳天津攻坚战经验，充分发挥密切协同优势及火力、爆破、突击的整体威力，机动灵活实施穿插分割。这种战术后来又成功运用到抗美援朝战争中，为人民解放军战史书写了重要篇章。

2. 产生强烈社会反响

天津战役取得了辉煌战果，在中外军事史上都留下了浓墨重彩的一笔。天津解放前夕，天津社会各阶层人民通过各种方式，开展了呼吁和平运动，反对国民党当局不顾人民生命财产安全，决意毁坏城市的倒行逆施行为。南开大学、北洋大学等高等院校教授，联名上书要求维护文化经济事业，将驻学校的军队撤出，以免“遭受炮火之虞”。其间，天津市参议会派出代表与我军谈判的情况，引起社会各界广泛关注，天津《大公报》《益世报》《民国日报》等报刊，均在头版位置报道了整个过程；美联社、路透社、法新社等外国新闻机构，也竞相报道了4名代表回城后发表书面声明的消息。同时，社会各界对我军提出的和平解决天津问题的4项条件表示理解和欢迎，强烈要求国民党当局响应人民解放军的和平呼吁，尽快谈判解决天津问题。

为配合人民解放军的军事、政治攻势，天津广大工人、学生、市民、工商业者、知识分子以及社会各界人士，在中共地下组织的号召与影响下，纷纷开展护厂、护校和破坏敌人军工生产等形式多样的斗争；广大民族工商业者、大学教授开展了反南迁斗争；许多工人冒着炮火保护机器设备；南开大学学生在天津解放当日就开出了宣传车；许多市民不怕危险，主动为我军带路，指引方向。此外，地下党组织还印发了《中国人民解放军宣言》《平津前线司令部约法八章》以及《告国民党官兵书》，通过各种渠道广为传播，对稳定民心、瓦解敌军的士气发挥了重要作用。人民解放军在天津模范遵守城市纪律的行为，赢得天津人民的衷心拥护和爱戴，从而扩大了我党在国统区的影响。天津战役中，东北野战军以多兵种熟练、密切的协同作战，英勇善战的气概以及严格执行党的城市政策和纪律、秋毫无犯的人民军队崇高形象而载入史册。

天津的解放在国统区产生了强烈反响。国民党最高军政当局认为继北平和谈开始后，又有“天津呼吁和平”，给本已紧张的局势更添“烦扰”。1949 年 1 月 7 日，蒋介石亲自致电李烛尘等工商业首脑，强调谈判应以其《元旦文告》为要旨，不得轻易妥协；13 日，华北 7 省市参议会议长联名致电蒋介石、傅作义，呼吁立即停战，“一切问题以政治方式解决”。在此期间，上海《大公报》等国统区新闻媒体也纷纷发表评论，呼吁国民党当局能够与中共尽早举行和平谈判。由此充分反映出国统区人民渴望和平的愿望。

自 1948 年下半年以来，以蒋介石为首的国民党反动政府，日暮途穷，四面楚歌，各条战线纷纷瓦解，特别是辽沈、淮海、平津三大战役的开展，人民解放军在北起松花江、南抵长江的广大领土上，前后经过 142 天的连续作战，消灭了美帝国主义武装的国民党军队 173 个师，共 154 万多人。三大战役的胜利，给了国民党的反动统治以毁灭性的打击。经过三大战役，蒋介石赖以发动内战的主力部队基本上被歼灭了。国民党反动政府无论在政治上或在经济上，都已经临近崩溃的绝境。中国人民解放战争就要在全国范围内获得最后胜利。许多友好国家、政党及新闻媒介，都纷纷发表谈话和评论，高度评价平津战役取得的重大胜利。为庆祝中国人民的胜利，欧洲各国共产党和人民进行集会庆祝；德国统一社会党、奥共向中共发来贺电祝贺我军胜利；非劳工领袖赫兰德兹热情洋溢地赞扬我军的伟大胜利。1949年2月14日，欧洲共产党情报局机关刊物《争取持久和平与人民民主》发表题为《中国民主的胜利》，该文称："最近三个月来，中国人民解放军获得了辉煌的胜利！解放了巨大的工业和文化中心——天津、北平，直逼南京，并歼灭了蒋军一百多万官兵。""以英勇的共产党为首的中国人民的光辉胜利，不但打破了奴役中国与把中国变成作为侵略之用的战略基地的美国计划，而且对一切殖民地人民的解放斗争给了强有力的推动。"①

综上所述，敌人不肯在谈判桌上解决问题，就用大炮来解决，这就是著名的"天津方式"。天津的解放及"天津方式"的产生，对国民党军事集团的打击具有相当威力，并由此产生了"北平方式"和"绥远方式"。天津战役为人民解放军随后进行的城市作战发挥了重要作用，成为人民解放军城市战经典之作。

【责任编辑：薛志刚】

[作者：王　悦　天津市平津战役纪念馆　副研究馆员　天津　300131]

① 《晋绥日报》1949年2月16日。

传承与启示
——再议《实业计划》与孙中山的经济现代化思想

高萍萍

摘　要：《实业计划》是孙中山以“国际共同发展中国”为核心思想，于1918年左右写就的一部布局中国未来赶超西方、实现自强的“短小而精悍”的巨作。作为孙中山发展中国经济、改善民生最重要的战略指导蓝本，它首先深刻反映了孙中山经济思想的特质：超越时代的开放性；立足国情重视交通的发展；着眼民生的百姓情结；深受工业革命思想熏陶的印记。其次，它以广阔的国际视野和极具预见性的前瞻思维带给我们许多珍贵的现实意义和时代价值，如它反映的创新精神、分区域发展经济的理念、合作共赢的国际战略思维等，对我们现在进行“一带一路”等建设仍有重要启示。

关键词：实业计划　孙中山　经济思想　特质　意义

孙中山是一位知行合一的伟大的革命者和建设理论家。他一生中屡战屡败、屡败屡战，总是在不断地奋斗，同时也不断地总结。他的许多著作都是在革命实践中看书、总结、比较得来的。他曾说他一生足以引以为豪的“三民主义”思想来源有三个方面：“有因袭吾国固有之思想者，有规抚欧洲之学说事迹者，有吾所独见而创获者。”① 即是说他的“三民主义”政治思想既继承了中国古代的民本思想精华，又吸收了西方资产阶级的民主思想，再加上自己的创新创造。他的经济思想同样具有这些方面的特质：一是结合自己国家的国情，重视交通、重视百姓；二是受到西方国家当时代表先进生产力的思想的熏陶；三是他创造性的发挥超越了时代。尤其表现在1918—1919年左右他撰写的关于中国未来经济建设的重要著作《实业计划》中。今天我们重新阅读他的文字，传承他的思想，汲取他的理念，从中仍能发现不少的现实意义与价值，得到不一般的启示。

一、《实业计划》反映的孙中山经济现代化思想的特质

《实业计划》是为实现中国的繁荣富强而绘制的蓝图，“是近代中国国家领导人第一次对发展中国实业做出的全面、系统的规划性著作”。正如孙中山所说，他是要为中国的实业定“大方针”，为国家之经济定“大政策”②。全书书写了33个部门、141个方面又24个点的“六大计划”，即北部港口、铁路建设，中东部港口、内河建设，南部港口和西南铁路建设，全国铁路系统，关系民生的衣食住行各工业，关系制造业的采矿计划等。系统、全面而具体地勾勒出一幅目标明确、重点突出、匠心独具的经济

① 孙中山：《中国革命史》（1923年），《孙中山全集》第7卷，中华书局2006年版，第60页。

② 孙中山著、林家有整理：《建国方略》，中华书局2011年版，第93页。

社会建设蓝图，表达了孙中山对中国现实问题的深刻思考和致力于民富国强的一生理想追求。纵观《实业计划》的主要构想和具体策略，孙中山发展中国的经济现代化思想具有以下几个方面的显著特质。

（一）开放性。《实业计划》最初用英文写就，原名 *The International Development of China*，意（译）为“国际共同开发中国”，1919 年 3 月 7 日上海《民国日报》最早发表了中译文，后来《实业计划》被孙中山编为《建国方略》之二“物质建设”，于 1922 年由上海民智书局正式出版。由其最初的英文名字即可知，这是一个与过去清朝政府实行闭关锁国政策完全不同的发展实业的方案。

民国之前，清朝统治集团长期执行“闭关自守”政策，这种政策建立在落后的经济基础之上。孙中山说：“闭关自守乃是满洲人自私自利的结果，并不能代表大多数中国人民的意志。”[①]这种坐井观天，“拘迂自囿”“犹孤人之处于荒岛”的做法，易于产生夜郎自大、固步自封的思想。而辛亥革命以后，民主共和制创立，孙中山认为门户开放条件成熟，应想到“国际互助之意”，“取人之长，以补己之短”，倘若“人人都有国家思想，同心协力，保全领土，拥护主权，外国人进来，毫无妨害，有何不可？”[②] 因此，他在《实业计划》中主动把中国置于世界之整体当中，希望完全打破与世隔绝、一统天下的孤岛状态。

不仅在交通上，孙中山设计了三大商港，提出北部的北方大港与西北铁路系统相连接，从秦皇岛，穿蒙古，连西伯利亚大铁道，中部的东方大港与中路铁路系统衔接，起扬子江口，越新疆，与西亚、欧洲大陆相接，南部的南方大港，自南海，经西藏，绕天山，与印度次大陆相通，而且，在国内的实际建设中，他主张吸收外国资本与采纳外国的先进技术，引进国外人才，以

① 孙中山：《讨满檄文》，1895 年 10 月 26 日。

② 《孙中山全集》第 2 卷，中华书局 1982 年版，第 532 页。

解决发展实业的资金和技术力量问题。吸收外国资本，是因为国内筹资之路不通，清朝政府留下的烂摊子无法支撑新的国家经济建设。还在担任铁路督办时，孙中山就设想了吸收外资的多种办法，其中，他认为借款自办与批给洋人包办的两种办法比较好。他同时也指出，利用外资的原则是“发展之权，操之在我则存，操之在人则亡”①。广罗各国之实业人才，则是由于当时的中国教育事业落后，缺乏一支为工业化建设所必需的科技队伍，因此，孙中山提出“用外国资本及专门家发达工业以图全国民之福利”②。

孙中山一生游历广泛，交友众多，眼界与“朋友圈”都超乎常人，在《实业计划》的附录中，还收有美国驻京公使芮恩、美国商务总长刘飞尔、美国名士安得生及意大利陆军大臣嘉域利亚与之往来的复函，一方面表明孙中山为发展中国寻求各国友人支持的不懈努力，另一方面也清楚地表明世界友人对此计划的看法。美国公使芮恩说：“先生欲整顿中国，因而利用一最适时宜办法，以国际共同发展实业计划。高言伟论，当为道贺。……若奋其能力以成此事业，将来中外人民日相亲密，使将来之发展得与世界之发展共同提携，此为最可喜者也。”③

（二）重国情。孙中山的《实业计划》既是一个总览全局、全面发展的综合实业振兴计划，也是一个突出重点、主次分明的系统实业发展规划。能够制定出这样一个宏大且相对合理的方案，究其根本，一方面是因为孙中山博览群书，眼观世界，对国家建设的各个方面较为精通，另一方面应是基于他对中国的国情有较深的了解，进行过长期的考察和思考。

从《实业计划》的“六大计划”中，不难看出，交通运输

---

① 《孙中山全集》第6卷，中华书局1985年版，第252页。

② 沈寂：《浅谈孙中山的“实业计划”》，《安徽大学学报》（哲学社会科学版），1982年第4期。

③ 孙中山著、林家有整理：《建国方略》，中华书局2011年版，第238—239页。

业是该计划的重点和先导行业。铁路又是交通业的重中之重。列宁说："铁路是资本主义工业的最主要的部门即煤炭和钢铁工业的总结，是世界贸易发展与资产阶级民主文明的总结和最显著的指标。"① 孙中山也认为，铁路为"交通之母"，"国家之贫富，可以铁道之多寡定之，地方之苦乐，可以铁道之远近计之"②，甚至中国的国防，若发生战争，要迅速灵活地调动中国军队、转运军需，也非迅速修建铁路不可。

孙中山主张建设中央，扩张西北、东北、东南、西南、高原等6大铁路系统，以形成10万英里铁路网，组成联系全国的铁路运输系统；主张在中国北部、中部、南部依次分别开辟3个具有世界水平的大海港，4个二等港，9个三等港及15个渔业港，组成海运体系；主张以3大海港和6大铁路系统为基础，改良长江、整治黄河、疏浚和开掘运河等，组成内河运输体系；主张修筑遍及全国的100万英里公路网，组成公路运输体系。孙中山将发展交通与开发能源连带起来，通过交通发展带动能源开发，同时又通过能源开发促进交通事业。孙中山曾说："予之计划，首先注重于铁路、道路之建筑；运河、水道之修治；商港、市街之建设。盖此皆为实业之利器，非先有此种交通屯集之利器，则虽全具发展实业之要素，而亦无由发展也。其次则注重于移民垦荒、冶铁、炼钢，盖农矿二业，实为其他种种事业之母也……"③

孙中山之所以首先重视交通事业的发展，一个重要的原因还是因为从19世纪中叶起，帝国主义就通过加紧掠夺殖民地半殖民地国家的交通线，为他们实行政治军事控制、商品倾销、原料掠夺、实力范围的划分铺平道路。在中国近代史上，帝国主义几

① 《帝国主义是资本主义的最高阶段》，《列宁全集》第22卷，人民出版社1958年版，第182页。

② 《在上海与〈民立报〉记者的谈话》，《孙中山全集》第2卷，中华书局1982年版，第383页。

③ 《总理全集》第1卷，上海书店出版社1990年版，第1016页。

次进行攫取路权的行径，围绕路权的斗争，实则是关系到中国“生死存亡”的斗争。孙中山对此高度重视和警惕。

《实业计划》有关发展交通事业的部分，占全部计划的三分之二，即6大计划中有4大计划即第一至第四计划，都在论述交通的建设。除去空中领域1个方面未有涉及，孙中山发展交通的方案包括二重陆路和三重水路两个部分，即陆路包括铁路和公路两个部分，水路包括外部商港和内河运输两个部分，内河又分运河和一般水道两个部分。这就好比在中国的大地上织上一层密密麻麻的蛛网，这层蛛网既起到贯通中国“全身”生命血液的作用，又起到保护中国路权不被他国占有，有利国防的作用。在这个纵横交错的交通网络中，中国的东西南北，在政治、经济、军事、文化上紧密联系起来。商业上实现“货畅其流”，国防上实现基本的路权自主，蒋介石曾认为《实业计划》就是一个很好的“国防计划”。

（三）着眼民生。《实业计划》阐述了建立全国各地四通八达、高度统一、有机连贯的交通运输系统，也涉及开发煤、铁、铜、石油及各种特种金属矿藏，建立钢铁冶炼、采矿机械、造船、制车、建材等工业，和探测地质，因地制宜发展农业，实现农业机械化与鼓励农民移民垦荒。另外，还有一大计划是发展满足人民物质和文化生活需要的粮食、服装、居室、印刷等工业。学习、运用当时世界先进的科技手段改造中国，从而使中国社会从各方面由传统走向现代，是孙中山的愿景，他制订《实业计划》的根本目的在于实现国家的富强和人民的幸福。

孙中山说：“建设之首要在民生。故对于全国人民之食衣住行四大需要，政府当与人民协力：共谋农业之发展，以足民食；共谋织造之发展，以裕民衣；建筑大计划之各式屋舍，以乐民居；修治道路、运河，以利民行。”① 孙中山说：“要解决民生问

① 孙中山：《国民政府建国大纲》（1924年1月23日），孙中山著、林家有整理：《建国方略》，中华书局2011年版，第321页。

题，一定要发达资本，振兴实业。”[①] 在《实业计划》中，他对人民的吃饭、穿衣、居住、走路问题等都做了详细规划。在“吃饭”问题上，他从食物的生产、贮藏、运输及制造、保存、分配与输出各个方面进行了详细阐述；在“穿衣”问题上，他根据衣服的主要原料分为蚕丝工业、麻工业、棉工业、毛工业、皮工业等论述；在“居住”问题上，他仔细规划了建筑材料的生产运输、屋宇的建筑、家具的制造、水与燃料等家用物的供给等方面。可见，通过这一计划，孙中山不仅是要使中国尽快走上工业化的道路，而且“要把振兴实业作为解决民生问题的手段”，把“满足广大人民食衣住行的需要”作为实现国家经济现代化的最终目的[②]。

（四）顺应潮流。从《实业计划》的主要内容和谋篇布局可以看出，孙中山对中国经济发展的目标是“以工立国，发展生产力，实现工业化”[③]。这是因为自18世纪60年代以来，以机器取代人力，以大规模工厂化生产取代个体工场手工生产的生产与科技革命已广泛在欧洲大陆开展，19世纪传播到北美地区，并席卷除中国等少数国家外的广大国家，自19世纪下半叶至20世纪初，人类又开始从蒸汽时代进入电气时代，两次工业革命给西方国家带去飞速发展的生产力和高度发达的物质文明，而这一切都被走在时代前列的孙中山耳闻目染。他已准确判断出西方各国已进入“第二次工业革命”，在长期的海外生活和见闻中，孙中山感到“物质发舒，百年锐于千载”[④]，而中国“至今尚用手工为生产，未入工业革命之第一步”[⑤]，因此，要改变中国贫穷落后

① 《孙中山选集》（下卷），人民出版社1956年版，第902页。

② 陈宏明：《孙中山〈实业计划〉中的工业布局思想及其现实意义》，《贵州财经学院学报》，2011年第5期。

③ 刘云虹：《论孙中山的经济现代化构想——〈实业计划〉评析》，《民国档案》，1997年第3期。

④ 《孙中山全集》第1卷，中华书局1981年版，第288页。

⑤ 孙中山著，林家有整理：《建国方略》，中华书局2011年版，第96页。

的状况，“非振兴实业不能救贫”①。早在1879年，13岁的孙中山随母亲前往檀香山求学时，他就说过“始见轮舟之奇，沧海之阔，自是有慕西学之心，穷天地之想”②，此时“废手工采机器”，大力发展机器大工业，实现工业化，不仅是向西方学习的兴国之图，也是向当时的先进生产力学习的救亡之急。孙中山改变中国落后面貌的强烈愿望在此也可见一斑。

自近代以来，从“师夷长技以制夷”的魏源到提出全面发展资本主义的经济纲领的洪仁玕，从“劝工强国”的陈炽到主张“定为工国”的康有为，在探索国家出路的过程中，中国的知识分子都将发展大工业、摆脱传统小农经济的生产方式、促进社会进步视为实现民族独立、国家富强的重要途径。孙中山《实业计划》所包含的经济现代化思想也是对前人工业化思想的继承与发展，它的可贵之处是，实施工业化已不再是一个口号，“而是一个经过考察、论证、有详细规划的奋斗目标”，并且有一定的可操作性。20世纪30年代初，近代中国相对稳定，一大批中国工程师曾自发组成一个学术团体，名为“中国工程师学会”，他们发起成立了“总理（中山先生）实业计划实施委员会”，内设13个组，包括铁路、公路、航业、电信、商港、水利、矿业、垦殖等，他们以科学的眼光，立足中国的实际，准备以前所未有的才干和勇气，为祖国的发展而奋斗。这一计划被长久持续的抗日战争所打破，但在1940年，在该工程学会在成都举行的年会上，其董事会又提出实施实业计划的6条执行办法，会后成立“国父实业计划研究会”，又网罗了一批专家组成十多个专门小组。自1941年3月，该研究会开始工作，由工程学会50名会员，工程专家86人，农林专家24人，职员15人，对中国实业建设的55个项目，进行了长达1年半的研究，研究报告被综合成16条提要性的纲领，称为“工业建设纲领”，后来由政府公

① 《孙中山全集》第2卷，中华书局1982年版，第339页。
② 《孙中山全集》第1卷，中华书局1981年版，第47页。

布，又有“工业建设纲领实施原则”91条，也由政府公布。[①] 孙中山所提出的“实业计划”蓝图，被当年的工程师所接力，从一个侧面证实它的意义与价值。

二、《实业计划》反映的孙中山经济现代化思想的现实意义与价值

孙中山的《实业计划》对中国经济建设的理论和实践的影响都是巨大的。理论层面，它阐述了中国如何摆脱封建小农经济的束缚和外国资本主义剥削，发展国民经济和实现国家工业化的原则、方法和步骤，是一本指导性的著作。实践层面，过去的尝试与我们今天所取得的成就，无不证明它的积极意义。《实业计划》规划的强国梦想，曾被当时的外国记者视为“空想”，然而，经过半个多世纪的酝酿，进入21世纪，该计划描绘的高原铁路等设想业经实现，青藏铁路已通车十多年，川藏铁路进入攻坚阶段，“西藏铁路建设的成就，实现了孙中山先生的强国梦想，体现了我们国家的强大国力”，“中国的现代化建设取得了很大成就，远超中山先生当初的设想”。一方面，百余年来，我国基础设施建设、人民生活水平、国际地位等都有了巨大飞跃；另一方面，孙中山当年提出的全民富裕、国家东中西部均衡发展等目标，至今还未全部实现。《实业计划》中透出的孙中山先生追求真理、与时俱进的优秀品质，敢于创新、不畏艰难的探索精神，以及他看待问题时个别对待又统筹兼顾的方法，树立宏大历史观，把握世界发展大势的角度，都仍十分值得我们学习和借鉴。

（一）创新精神。孙中山的思想总是独树一帜的，他的经济思想尤其具有创新性。例如，他在考虑全国修建106条铁路时，将六大铁路系统各自与相应的城镇、港口、公路、内河水系相

① 钟少华：《三十至四十年代对“孙中山实业计划”的专题研究》，《北京社会科学》，1986年第4期。

连，形成多层次配套、立体交叉的交通运输网络。这样，他超脱了前人。以大规模海港建设作为连接铁路的龙头，并且突破只考虑局部利益、局部价值狭隘，从经济建设的全方位上去考虑交通领先、铁路建设先行的重要意义。他的这些创造性提法都超出了前人。中国近代的一些名人，如李鸿章、刘坤一、左宗棠、刘铭传、张之洞等也重视铁路建设，但他们都没有提出类似孙中山的主张，“孙中山是从经济建设的各个方面综合考虑交通建设、铁路建设与社会多方面关系的第一人”①。

再如，孙中山说：中国发展实业有必要学习西方国家的先进经验，“但其进行之方，将随西方文明之旧路径而行乎？然此之旧路径，不啻如哥伦布初由欧至美之海程。……中国如一后至之人，可依西方已辟之路径而行之，此所以吾等从大西洋西向而行，皆预知其彼岸为美洲新大陆而非印度矣。经济界之趋势，亦如是也”②。他虽然倡导学习西方，但不走西方的旧式道路，不照搬西式理论，而是另辟蹊径，探寻发展中国资本主义的新路。可以说，按照孙中山的想法，中国将沿着与西方“相似”的资本主义方向前进，但发展资本主义的具体路径则未必完全与西方相同。孙中山的《实业计划》所阐述的中国发展经济的原则、步骤与方法无不反映了他理论创新能力的高度与深度。

（二）区域理念。孙中山的《实业计划》前四部分基本是按区域编制的，虽然他没有完全划分出北方、东方、南方、西方与中部，但他已考虑到国民经济的发展需要各地区、各部门的平衡与协调发展。他根据每一区域的资源、人口、交通及经济状况，制定出该区域的经济发展计划，例如，直隶（今河北）、山西煤铁矿源丰富，就在此地设立制铁炼钢工厂，满足铁路、商港和附近城市建筑的需要；内蒙古、新疆地广人稀却资源丰富，孙中山

① 郭绪印、胡海英：《孙中山〈实业计划〉的首创性和超前性》，《上海师范大学学报》（哲学社会科学版），2009年第4期。

② 《孙中山全集》第6卷，中华书局1985年版，第397—398页。

就提出将东部无地贫民移居边疆，由国家贷给土地、资本等进行西部开发，从而促进内地华北全面发展；中东部水网密集，所以他提出整治扬子江和改良运河等；南部广州等地开埠较早，商贸盛行，所以他提出建设沿海商埠及渔业港，等等。

孙中山的《实业计划》是“首次以划分经济区域的方法对国家经济发展进行规划”①，是对西方经济学理论结合中国国情的一次运用。他对三大港口（在直隶的北方大港，在杭州湾的东方大港，在广州的南方大港）的选址、经济功能的定位，以及以三大港为中国经济发展的龙头，以三大水系（黄河、长江和珠江）和六大铁路系统为纽带发展3大经济区域的思想，“无不契合了现代区域经济学中的优区位开发和点轴开发理论”。孙中山不仅提出以划分区域的方式来发展国民经济，体现现代区域分工，同时也强调不同层次区域之间的经济合作，这包括：国内各地区的经济合作，各区内部的经济协作和分工，以及国际间的区域经济合作。

20世纪80年代以来，我们在改革开放的过程中，“逐步形成的环渤海经济区、长三角经济区和珠三角经济区，其基本模式及其发挥的功能与机制与孙中山的构想十分吻合”。改革开放的伟大实践显示出区域经济的优越性，同时也证明了区域内不同经济水平地区协调发展，不但能解决中国中西部地区经济发展不平衡的问题，而且可以因地制宜，互补优劣，形成良性的发展机制。这就是孙中山区域经济思想的伟大意义所在。

（三）国际思维。孙中山继承和发展近代以来中国利用外资的思想，突破地域和行业的局限，将利用外资推广到国民经济的一切领域，打破狭隘的视野，将中国经济放在世界经济发展的全局中来考虑，反映了他对建立国际经济合作的殷

① 刘世红：《从〈实业计划〉看孙中山区域经济思想的特质》，《广东社会科学》，2007年第5期。

殷期盼和实现平等互惠的良好愿望。他看待问题站位高远，每次都是以国际的眼光来思考中国问题，形成“国际共同开发中国”的《实业计划》也是基于当时他对国际时事的考察与迅速反应。

《实业计划》的撰写正值欧美各国列强为争夺世界霸权、重新瓜分殖民地的第一次世界大战结束之际，孙中山认为这是“天与之机”，可以充分利用各列强所建而已废弃的战争工厂和机器，来开发我国的自然资源，发展我国的工业。否则，“倘我失此不图，则三五年后，欧美工业悉复原状，则其发达必十倍于前，而商战起矣。吾中国之手工之工业，必不能与彼之新机械大规模之工业竞争，如此则我工商之失败必将见于十年之内矣”①。

孙中山希望中国将来能与欧美并驾齐驱，同时，他也十分热爱和平，主张国家间的经济活动以互助互利为原则，既反对军事战争，也反对恶性贸易竞争，提出各国应互相为用，他说：不要竞争，要互助，“夫物质文明之标的，非私人之利益，乃公共之利益。而其最直接之途径，不在竞争，而在互助”；因此，孙中山所主张的西方国家与中国进行的经济合作是一种合作互赢、平等互惠的和谐发展模式。这在20世纪初的中国真可谓是高瞻远瞩。

虽然孙中山希望可以永远消除国际间战争的美好愿望不大可能实现，但在当时的情况下，也反映出他对发展中国经济需要和谐稳定的国际环境的热切期盼，同时代表了中国人民对和平的热爱。在当今世界政治经济格局深度调整的情况下，国家领导人于2015年适时提出“一带一路”建设倡议，这是一项主动“寻求对外开放新格局、经济外交新突破、地区合作新模式、全球治理改革新尝试”的重大战略举措，究其实质，仍然是在经济全球化的新形势下如何发展中国的问题。《实业计划》与“一带一路”

① 《孙中山全集》第6卷，中华书局1985年版，第225页。

倡议都提倡和平发展、互利共赢，可以说有着相同的价值归属。孙中山的“世界大同”的理想，在今天看来，正是为我们中华民族伟大复兴的中国梦增添了崇高的世界主义情怀。

【责任编辑：薛志刚】

［作者：高萍萍　南京抗日航空烈士纪念馆　南京　210042］

辽宁妈祖文化与21世纪海上丝绸之路深度融合研究

秦 岭

摘 要： 妈祖文化是集中华民族优秀传统文化和海洋文化精华的集大成者，妈祖是世界和平女神，是海上丝绸之路的使者。辽宁妈祖文化资源积淀丰厚，在21世纪海上丝绸之路发展战略中，应扬长避短、敢于区域融通，促进整个东北地区的文旅及经济社会发展，激活社会生产力，唤醒整个区域的振兴与发展。本文在田野调查的基础上旨在给出策略建议。

关键词： 妈祖文化 辽宁 海上丝绸之路

在新时代，"21世纪海上丝绸之路"（The Maritime Silk Road in the 21st Century）建设的战略构想与前景是由中国国家主席习近平2013年10月3日在印尼国会发表重要演讲时首先提出的。习近平指出："东南亚地区自古以来就是'海上丝绸之路'的重要枢纽，中国愿同东盟国家加强海上合作，使用好中国政府设立的中国—东盟海上合作基金，发展好海洋合作伙伴关系。共同建设21世纪'海上丝绸之路'"。①

① 中国国家主席习近平：《携手建设中国东盟命运共同体——在印度尼西亚国会的演讲》，《人民日报》，2013年10月4日。

2015年3月28日，国家发展改革委、外交部、商务部联合发布了《推动共建丝绸之路经济带和21世纪海上丝绸之路的愿景与行动》，即为了推进实施“一带一路”重大倡议，让古丝绸之路焕发新的生机活力，以新的形式使亚欧非各国联系更加紧密，互利合作迈向新的历史高度。21世纪海上丝绸之路的建设应是经贸、人文、金融、安全、政治五位一体综合性的。自古以来，海上丝绸之路沿岸港口附近分布着大量的妈祖宫庙遗址，它们满足着航海者的精神需求，“海上丝绸之路”也成了妈祖文化传播线路；妈祖宫庙遗存也证明着“海上丝绸之路”遗迹，是“海上丝绸之路”历史的见证。“海上丝绸之路”与妈祖文化的有机融合，相互依存，促进了文化交流、经贸共赢与世界和平。梁启超先生曾题撰楹联赞妈祖功德：“向四海显神通，千秋不朽；历数朝受封典，万古留芳。”① 妈祖文化所蕴含的东方海洋文明基因，与21世纪海洋精神相契合。

一、辽宁妈祖文化资源丰厚，助推融入海上丝绸之路

妈祖文化传入辽宁已有六七百年的历史，元代传入，明代得到发展，清代进入全盛期。妈祖文化在辽宁几经起落，仍然是广大沿海地区人民最笃信的神灵。辽宁妈祖文化虽在北方，但是妈祖文化的有机组成部分，最近逐渐引起学界关注，具有明显的后发优势。在新时代迎来21世纪海上丝绸之路发展战略，也有学者在不断研究和呼吁：辽宁作为东北唯一沿海省份，更应该利用区位和地理优势，带动东北与环渤海经济带、我国东南沿海、东南亚、东北亚及与非洲、欧洲、美洲的连通与交流。辽宁妈祖信俗由祭祀仪式、民间习俗和故事传说三大系列组成。2007年大连地区的海神娘娘祭典、2009年丹东大孤山天后宫海神娘娘

① 1900年，梁启超与孙中山到台湾策划“惠州起义”，敬拜妈祖庙时为其题撰楹联。

(妈祖) 祭祀巡游成功申报为省级非物质文化遗产保护项目，大连旅顺、庄河、普兰店等地申报的放海灯、庄河海神娘娘传说成为市级非物质文化遗产保护项目。

1. 大连妈祖信仰始于六七百年前，为东北妈祖文化重镇，沿海民众自发在正月十三放海灯祭拜妈祖

大连位于中国东北辽东半岛最南端，西北濒临渤海，东南面向黄海，海域辽阔，管辖海域总面积达2.3万多平方千米，超过陆地面积近1倍。海岸线绵长，长约1906千米，约占辽宁省海岸线总长度的73%，有大、小岛屿226个。大海孕育了大连的海洋经济、海洋文化、海洋资源。在非物质文化遗产普查中发现，大连妈祖信仰具有明显的地域特征：现存东北妈祖信仰最早文字记载的“天妃庙记”碑；曾有北方沿海数量最多的天后宫；仪式本土化，现有规模最大的妈祖祭拜方式——放海灯。大连地区的妈祖信仰既有本土祈祷、祭神的民俗民风，又有南方“祭妈祖”声势浩大、众人参与的特点。[①] 根据旅顺博物馆藏天妃庙记残碑所记：永乐三年，孟善巡边至旅顺口，倡议重修庙宇，于永乐四年（1406年）二月兴工，到永乐五年八月竣工。于永乐六年四月立碑纪事。见其“岁久倾塌，不堪瞻仰”，遂倡议重修庙宇。“天妃圣母海道敕封之灵神也，克庇于人，食民之祭，往昔然矣。”明初的旅顺口已经成为辽东重要的军事重镇，凡海运粮饷至旅顺者，无不先至天妃庙以祭拜妈祖佑护之德。[②] 由此可以推出大连地区的妈祖信仰至少已有六七百年历史。

大连地区漫长的海岸线，到处都有海神娘娘的庙宇祠堂。鼎盛时期，大连境内的天后宫数量曾居北方沿海之首。1923年出版的关东厅临时土地调查部撰写的《关东州事情》（下卷）第五编“貔子窝管内，院寺”一节统计，天后宫4座，娘娘庙8座。当时的貔子窝包括今天普兰店皮口，长海县的大、小岛屿。由此

① 秦岭：《大连地区的妈祖信仰》，《戏剧丛刊》2009年第1期。

② 曲传麟：《旅顺“天妃庙记”碑》，《大连文物》1998年第2期。

可窥见大连地区妈祖香火盛极一时。建于明清两代的天后宫更是规模数量都超乎其前：复州娘娘宫相传是闽商带着老家的石材建造的；建于乾隆年间的金州天后宫又称山东会馆，占地6000余平方米；庄河青堆子镇天后宫建于清乾隆八年（1743年），是当地商船海上遇难得救后兴建，南距黄海仅1公里；1908年建造的大连天后宫位于大连市内日本殖民统治下的中国人最大居住区，酬神娱人的庙会凝聚了中国人的信心，庙宇也是另一种传承中华民族文化的殿堂。大连是一个近代历史非常独特的城市，1905年至1945年40年间遭受日本的殖民统治。公开出版的各种资料中曾有若干对天后宫的记载和记录。中国人的民间的妈祖信仰与日本佛教各宗及东、西本愿寺，神道教一起出现在历史的记录中。更早还有心一和尚抗击俄国侵略者的故事在大连旅顺地区流传，他不屈不挠的精神激励着人们对侵略者的殊死抗争。日本人对大连地区中国人的信仰和思想进行钳制，套上精神枷锁，妄图把中国人全部“皇民化”。在庄河王家岛，乾隆年间就有关于妈祖的民间传说流传，从未中断，已有四五百年的传承。在20世纪初期早已成为民族心理及民族文化积淀的河床，深沉厚重到不会被侵略文化轻易改变。

大连沿海地区的海灯节正是以妈祖信仰为依托而衍生出来的民间自发形成的节日。正月十三日落时分，大连沿海各地及所有海岛的渔民家家把扎好的“彩船”“彩灯”扛在肩上，来到人山人海的海边，自发给海神娘娘送船灯，祭大海，祈求娘娘保佑，赐予平安和丰收。放海灯在大连地区已有400多年的历史，渔民们制作造型各异的船形海灯，既寄托了渔家人心中美好的愿望，也凝聚了他们的勤劳智慧。随着生活水平的提高以及现代化生活方式的影响，渔民为海灯节增添了新的内容：正月十三抢零点，为海神娘娘上头炷香；披红，放烟火等。大连的妈祖信仰还表现在对渔民及沿海人民日常生活的深刻影响：农历三月二十三，妈祖诞辰，天后宫举办庙会，主要是酬神娱人。渔民每次出海都要举行隆重的祭祀仪式，主要有：挂旗、杀猪、焚香烧纸。渔民每逢农历初一、十五都要焚香烧纸，平日也要叩拜。渔民出海捕鱼称“装网”。旧时，渔民每次出海都要举行隆重的祭祀仪式，主要有挂旗、杀猪、焚香烧纸。旗挂在桅杆顶上，称作“门旗”。旗上书写“天后圣母，顺风相送”八个大字。清咸丰年间随天津商船传入大连小平岛地区的闹海秧歌被渔民称为“四大海”。渔民将鱼龟虾蟹等扎成模型，然后人钻进去，模拟水族动物姿态舞蹈，向海神娘娘祈求一个风调雨顺的丰收年。大连庄河青堆子镇保留着完整的天后宫。海神娘娘的传说在大连地区广泛流传，版本略有不同，但表达的都是人们对妈祖的敬仰和爱戴。

2. 丹东大孤山天后宫存有古代船模

位于黄海之滨的丹东也是妈祖传入较早的地区。始建于清乾隆二十八年（1763年）的大孤山天后宫是辽东半岛最重要的天后宫之一，因其规模庞大，结构宏伟，建筑水平高，内存有古代船模，并有左宗棠题匾“永庆安澜”而闻名遐迩。当年的大孤山“商贾荟萃，木排众多，贸易往来频繁”，这些都是妈祖文化得以在当地流传发展的条件和保障。每年农历四月十八举办的大孤山庙会使妈祖文化在该地区得以传播与发展。庙会由来已久，据《孤山镇志》记载：“早在宋代，大孤山一带就有庙会之举，庙会集会地址在下庙戏楼广场，规模鼎盛时期是在清代的乾隆年间。”丹东妈祖祭典是辽宁省级非物质文化遗产保护项目。祭典仪式由请神、巡游、海祭三部分组成。丹东大孤山庙会和孤山故事也被列入非遗，一并保护。2008年5月22日上午，由东港市妈祖文化交流协会主办的大孤山天后宫妈祖祭典活动隆重举办，近20万人观看了此次祭典活动。2018年3月23日，纪念妈祖诞辰1058周年祭祀典礼活动，在东港举行。

3. 牛庄天妃庙、营口天后宫见证着古代“海上丝绸之路”商贸发达

营口是近代兴起的港口城市，是东北地区最早开埠的对外港口。清雍正初年，营口商贸十分发达，闽、浙等地客商大批拥向

营口。营口天后宫，全称为天后行宫，因该庙坐落在埠内西部，建筑面积宽阔，俗称“西大庙”。该庙建于清雍正四年（1726年），由闽、浙商人与本地士绅联合集资，在龙王庙旧址的基础上修建起来的。“舳舻云集，日以千计”，正是营口港早期繁华的景象。每年四月二十八日的庙会吸引各地的善男信女蜂拥而至，祈拜神灵，护佑众生，庙会连续三日。庙中碑文是研究营口历史的重要资料。明正统八年（1443年）的《辽东志》海州卫山川地理图中，牛庄驿附近有三座天妃庙，皆沿河而建。

4. 丹顶鹤故乡盘锦在红海滩新建天后宫

盘锦以红海滩风景区、芦苇荡、丹顶鹤的故乡形成的辽河口文化著称，二界沟的元神崇拜和古鱼雁传说由来已久。近年在红海滩码头新建一座天后宫，由木质构件营建，以木桩为基础，屋顶、墙壁、梁柱、檩椽、门窗、栏杆等紧密组装成一体，连宫前庭院、四周过道皆由木板铺成，别有一番神风神韵。宫内供奉海神娘娘，塑像由檀香木雕成，仪态端庄宁静。东西墙壁彩绘妈祖故事。天后宫屹立于水上平台，临水而居，守望着渤海湾，护卫着渔民平安归来。

5. 锦州天后宫保存最完整

锦州天后宫是东北目前保存最完整也是最有名气的天后宫，又称天后行宫，俗称娘娘宫、妈祖庙，坐落于锦州市老城北街广济寺古建筑群西路，为全国重点文物保护单位，现在是该市博物馆。该宫尚存文物有：嘉庆十年（1805年）江浙福建众商捐献铜钟一口（下款为“姑苏甘天受铸造”）、乾隆二十八年《永久千秋》匾、《安澜海神天妃碑》、嘉庆六年《光景常新》匾、嘉庆七年《天后宫捐修费碑记》、嘉庆九年《天后宫碑记》等碑刻。如今天后宫已从福建湄洲祖庙分灵过来，供南来北往的游人瞻仰，让世人发扬妈祖“扶危济困，助人为乐”和“弘仁普济护国护民”的优良传统。2003年2月，锦州天后宫的首次妈祖祭祀大典举行。祭祀典礼由69人表演半个小时完成，妈祖祭祀习俗已列为锦州市级非遗项目。

6.“关外第一城”兴城在清朝作为通商口岸的繁荣

兴城天后宫遗存表明葫芦岛地区妈祖文化的传播。据1926年版《兴城县志》记载：在兴城海口山上距县城东南十二里有座天后宫。据寺内现存铸铁大钟上的铭文记载：“道光二十三年重修。”又经清光绪二十三年维修。遗址正殿中尚存两幅各10平方米的彩色壁画，以“天后宫”为中心，庙前面有两家大栈店，靠南一家是“兴隆海栈”，靠北一家是“茂成海店”，帆船林立，人来人往，壁画内容印证兴城海滨作为通商口岸兴旺发达繁荣昌盛的景象。为祈求幸福，当时的渔民还在天后宫周围栽种了柏树、杏树、榆树，寓意“百姓富裕”。1987年因常年风雨剥蚀，天后宫神像损毁，殿宇倾颓，在兴城海滨择址复建。其遗址也由沈阳军区某疗养院进行了保护性挖掘、重建，在原址重修山门，清理出了通向正殿的部分道路，殿宇基础、钟楼、古树得以保护，又新栽植了很多树木。

7. 远及内陆城市，辽阳最早有妈祖传说，沈阳、桓仁都有天后宫

明代的辽阳，流传着妈祖传说。正德年间的安徽商人“夹重资商于辽阳”，把海神传说和信仰带到辽东半岛的腹地。清乾隆时期，奉天已发展成一个重要的南北通衢的大商埠。据《奉天通志》记载：“天后宫在地载关山（小北关）三皇庙西，清乾隆年建。为闽江会馆。”又据《沈阳市志》(卷十六宗教）记载：“首都宫观天后宫，创建于清乾隆四十七（1782）年，位于大东区小北街，创建人为闽人（具体为福建旅沈商人陈应龙），住持周宗岐，其用途为伙居道，居此住用。”沈阳天后宫占地达20多亩，闽江会馆每年在妈祖诞辰都举办庙会。后来毁于大火。2017年沈阳天后宫重修完成，妈祖文化得以延续。本溪地区的桓仁天后宫，庙内所立《天后宫碑记》和该县地方志办公室编写的当代史书《桓仁史话》有记载。由于县令的爱好，莆仙戏由水路从江南传入桓仁地区。

二、辽宁妈祖文化是东北融入海上丝绸之路的引擎

辽宁妈祖文化作为我国和世界妈祖文化的有机组成部分，多年“藏在深闺人未识”，虽然积淀丰厚，但是由于历史原因几经沉浮，民俗事象在流传中发生了一定的变化，加之承载妈祖文化的物质载体天妃庙、天后宫悉数被毁，史料留存较少，文化知识界研究不够，政府保护不足，只余民间自发祭拜和纪念行为，导致对妈祖文化资源认识不足、开发利用没有创新，更未深度融入国家发展战略。妈祖文化应作为强劲而有力引擎，带动东北融入21世纪海上丝绸路。

1. 辽宁妈祖文化为散在的资源，尚未形成凝聚力

辽宁并未代表东北形成优势，也未形成环渤黄海的文化融通，孤悬在外，并未形成合力。因海而生的信仰，因海而生的习俗，并没有因海连接起来。大连作为辽宁妈祖文化的代表城市，至今没有把妈祖信俗与其他海洋文化深度融合起来。大连目前拥有与海洋相关的非物质文化遗产项目有：国家级项目金州龙舞，清兵带来的军队娱人酬神传统，舞龙时一定要到海边，意味着龙王出海，人间降龙伏虎，一切平安顺遂；国家级项目长海号子，在靠全船渔工合力喊号子才能手动升起千斤重巨帆的时代，号子曾是响彻大海与天空之间最美妙的音响，当捕鱼演变成机械化生产时，早已不用出海号子，会喊这种号子的人也越来越少，正面临着失传的局面，所以我们应当做好这种非物质文化遗产项目的传承工作；辽宁沿海七八个城市的妈祖资源也未整合，都在单打独斗，与湄洲岛祖庙的联系也是分头进行。如：大连湾柳树屯曾有天后宫，被毁多年后，原道观玄仙宫于2009年5月被正式批复宗教场所并更名大连妈祖庙。于福建湄洲妈祖祖庭祭祀朝拜迎请妈祖落座大连妈祖庙，并于2011年4月25日（农历三月二十三日），即妈祖诞辰之日，隆重举行妈祖及众神像开光圣典吉祥大法会。

2. 辽宁妈祖文化亟待研究、挖掘、开发和保护

辽宁妈祖研究力量不足，尚未形成队伍；成果较少，目前只有几篇硕士研究生论文和高校学者文章，对辽宁妈祖研究不系统不深入；尚未对全省妈祖文化资源进行全面普查，基础数据和历史资料不完善；争取设立妈祖文化交流机构，积极参入全球妈祖文化研究朋友圈，挖掘利用妈祖信俗作为人类文化遗产的福祉。由于历史原因，辽宁妈祖宫庙被毁严重，虽然近年来沿海乡镇新塑妈祖像、新修天后宫，但是缺乏历史感和仪式感，也缺乏民间大众的认同感；节庆多为民众自发，政府没有因势利导；多为信众的俗信、习惯，并未上升到文化理论层面；游客寥寥，体验感缺乏。

三、对策与建议：辽宁妈祖文化与海上丝绸之路的融合

辽宁妈祖文化资源积淀丰厚，应敢于区域融通，跨文化交流，从环渤海地区到东南沿海直至东南亚再到妈祖文化的世界分布区域，深度融入并促进整个东北地区的文旅及经济社会发展，激活社会生产力，为唤醒整个区域的振兴与发展做出积极贡献。

（一）要跨区域合作，实现文化融通：深度融入东北、环渤海、东南沿海妈祖文化圈

融入妈祖文化圈。天津天后宫作为北方妈祖祖庙首先伸出橄榄枝，积极寻求合作，策划妈祖信俗申遗十周年活动，联合台湾、天津、大连、福建湄洲岛、澳门两岸五地做十周年系列活动，由天后文化传播交流中心、天津市天后妈祖文化发展基金会主办，旨在搭建海内妈祖文化交流平台、打造“一带一路”妈祖文化地标、建立“大爱妈祖”公益项目，将完成一系列活动。此项合作要报国台办审批，正在运作中。又如，湄洲岛妈祖祖庙联谊国内和海外的妈祖庙一起做庙会，通过理事会的联合，共同

举办活动，妈祖祖庙就变成了国际性的祖庙。[1] 辽宁所有的天后宫庙要一起加入，会吸引除本地之外的更多信众来旅游观光。南方妈祖文化以闽南文化、客家文化为地域特征，而北方妈祖文化以后发优势的崭新面孔出现，有很多未开发的空白领域。南北妈祖文化融合也将成为文旅项目的一大亮点。

创建妈祖文化品牌。妈祖信仰的最根本点是妈祖的精神内涵，如热爱劳动、关心邻里乡亲、佑助民众等，这些事迹体现了中华民族的传统美德，而且形成一股巨大的精神力量，同时也体现了大连妈祖信仰的核心。因此有关妈祖文化旅游，不仅要有好的高品位的旅游产品，更要有具有文化创意的大连妈祖文化节。大连妈祖文化节，以正月十三的放海灯活动为核心内容，再融入一些群众喜闻乐见的游艺项目，更多融入一些民俗性的活动，使大连妈祖文化节成为全国知名的节日庆典。

创新妈祖文旅项目。与妈祖息息相关的妈祖传说、民间故事，即使在大连，因为区域不同也会有微妙的差别，用长海的胶辽古话、用庄河的方言、用大连的烟台腔都有不同的效果。妈祖传说在辽西、辽东、辽南各不相同，差异很大，但是妈祖文化的精髓高度一致。世界各地共有367种不同的传说版本，可以邀请在一起举办“妈祖故事大会”。

（二）连通世界，以妈祖文化为媒，吸引世界眼光

妈祖文化遍及全球范围，有华人的地方就有妈祖。中国沿海城市、东北亚、日本、韩国、东南亚、新加坡、泰国、菲律宾妈祖文化游构建成体系。庙宇朝拜，保护信众力量。创新文旅项目，增加妈祖文化论坛国际交流研讨、妈祖文化展览等项目策划；增强观光体验，如举办“妈祖护佑　全球帆船接力赛”、世界海神大会等。澳门妈祖文化旅游节于2001年创办，是澳门特区政府确定的重大节庆活动，旨在促进澳门旅游业和

---

① 乌丙安、胡玉福：《“俗信”概念的确立与“妈祖信俗”申遗》，《文化遗产》2018年第2期。

社会文化事业的发展，加强澳门与内地、香港、台湾及海外的经贸、旅游和文化交流合作。自创办以来，每年都有一个省份参加。2011年，辽澳合办妈祖文化旅游节，辽宁代表团第一次大规模赴澳门举行文化、旅游、经贸交流活动。这是非常好的尝试和开始。

（三）开发妈祖文化海洋产品。产品要突出妈祖文化内涵与相关海洋产品的内在关联性，适当推出以妈祖品牌为主的海产品、水产品，在开发海洋滨海旅游产品时，妈祖音乐、舞蹈、民俗活动的文艺表演可以融入这些产品项目，深入挖掘21世纪海上丝绸之路沿线国家的妈祖与海洋有关的故事传说，制作系列海洋影视文化作品。海洋博物馆、海洋文化主题公园、海洋文化节、海洋生态文明教育基地等建设可以将妈祖文化相关的海洋创意产品纳入规划。①

（四）利用沿海各地已有节庆，增加妈祖文化文旅项目，给予节庆灵魂来提升游客体验

辽宁沿海城市的节庆多数与海洋息息相关，有的已经具有广泛影响，但是亟须融入新时代新内容。兴城海会是兴城每年举办一次的大型娱乐活动，有海上体育竞赛、民间文艺演出、地方风味食品、商品交易等活动，吸引着大量的国内外游人。兴城海会是为了纪念1966年7月16日毛泽东同志以73岁高龄畅游长江的壮举，每到7月16日全城出动，万人空巷，自发到海滨集会，举行游泳比赛，整个海滨呈现一片沸腾喧闹的景象。从1987年开始兴城七月海会逐渐发展为旅游观光、经贸洽谈、文艺演出等多项内容为一体的节日盛会。

（五）渔家文化与妈祖文化相融

伴随着海洋的生产和生活，产生了许多渔民特有的民间习俗，鲜活地反映了沿海居民日常的所念、忌、讲、传、唱、吃、

---

① 帅志强、曾伟：《妈祖文化产业发展的意义、机遇及策略》，《东南学术》2011年第3期。

住、行的特别风情。除了民间常见的节庆，沿海居民还有自己的特殊习俗，驶船习俗代代相袭，民谣、渔家谚语、劳动号子、民间故事口耳相传，饮食习俗年深日久。这些凝聚着劳动人民汗水、情感和智慧的习俗，口耳相传、世代相袭。獐子岛渔民节从1999年开始举办，利用每年夏季休渔在8月8—9日举办内容以贴近渔家生活、反映渔村风俗为主的各项活动，开展水上游艇竞赛、海上垂钓、商贸洽谈、参观水下养殖等，开幕式的文艺表演、广场晚会、烟火晚会成为夏季渔岛嘉年华。

【责任编辑：薛志刚】

［**作者**：秦　岭　大连艺术学校　副校长　大连　116023］

试论拜上帝教与民间秘密教门的共性

王　宇

摘　要：拜上帝教虽然来源于基督教，但是又融会了大量民间秘密教门的因素。在宗教理论上，拜上帝教的皇上帝与民间秘密教门的无生老母并无什么不同；拜上帝教的教主洪秀全与民间秘密教门的多数教主，通过血缘与崇拜对象建立联系，为教权神授和教权世袭制造依据；拜上帝教与民间秘密教门都宣扬“世界末日”的劫变观念和只有加入本教才能免劫的救世思想；拜上帝教与民间秘密教门都运用具有迷信色彩的谶语箴言和人神沟媾的巫术；拜上帝教的“小天堂”“地上天国”与民间秘密教门的“白阳世界”，是建立在人间而非天上。在宗教仪式上，拜上帝教移植了民间秘密教门的宗教仪式。拜上帝教与民间秘密教门存在的共性，说明了拜上帝教实质仍旧是民间秘密教门。

关键词：拜上帝教　民间秘密教门　共性

拜上帝教虽然具有基督教的某些因素，但是从宗教理论到宗教仪式，拜上帝教与民间秘密教门（也称民间秘密宗教、民间宗教、民间教门、秘密教门、秘密宗教等）表现出了极大的共性。所以说，拜上帝教终究未脱民间秘密教门的本色，实质上是带有基督教色彩的民间秘密教门，可以说就是一个“秘密洋教门”①。

一、拜上帝教与民间秘密教门的宗教理论

拜上帝教的皇上帝与民间秘密教门的无生老母，二者除了名称和性别外并无什么不同。无生老母是人类的创造者，也是世界的创造者，更是整个宇宙的主宰。无生老母被描绘成一位慈祥可亲的老婆婆，并产生了完整的无生老母创世造人的神话故事。民间秘密教门认为：人的肉体来源于父母，灵魂来源于无生老母。无生老母把宇宙剖析为日月星辰及万物之后，不经阴阳交合，产生伏羲、女娲，二人匹配夫妻，生下“九十六亿皇胎儿女”。而在拜上帝教里，皇上帝同样是人类的创造者，也是世界的创造者，更是整个宇宙的主宰。洪秀全在《太平天日》里说：“凡间人谁非朕所生所养？谁非食朕食，衣朕衣？谁非享朕福？天地万物，皆朕造成，一切衣食皆朕赐降。”② 在《原道救世歌》中，洪秀全按照传统的血亲观念解释了上帝与世人之间的关系，一面宣传孝亲意识，表示“父兮生我母鞠我，长育劬劳无能名”，一面宣称世人灵魂均来自上帝，强调“普天之下皆兄弟，灵魂同是自天来”③。在《原道觉世训》中，洪秀全宣扬“予想夫天下凡间，人民虽众，总为皇上帝所化所生，生于皇上帝，长亦皇上帝，一衣一食并赖皇上帝。皇上帝天下凡间大共之父也，死生祸福由其主宰，服食器用皆其造成。仰观夫天，一切日月星辰雷雨风云莫非皇上帝之灵妙；俯察夫地，一切山原川泽飞潜动植莫非

① 秦宝琦：《中国地下社会·晚清秘密社会卷》第2卷，学苑出版社2005年版，第82页。

② 《中国近代史资料丛刊》编委会：《太平天国》（二），上海书店出版社2000年版，第633页。

③ 夏春涛：《天国的陨落：太平天国宗教再研究》，中国人民大学出版社2006年版，第46页。

皇上帝之功能"①。

拜上帝教的教主洪秀全与民间秘密教门的多数教主一样通过与崇拜对象建立血缘关系，混淆人神两个世界，以此证明教权神授，并为教权世袭制造依据。明朝末叶的弘阳教创教人韩太湖宣称自己是无生老母的小儿子，是无生老母在人间的唯一代言人。而拜上帝教的创教人洪秀全以1837年的"丁酉异梦"为依据，宣称自己是皇上帝次子、耶稣胞弟，是奉天承运的真命天子，"天王是上帝亲子，天兄胞弟，为天下万国太平其主，是天父上主皇上帝所立，暨救世主天兄耶稣所立"②，通过与皇上帝虚拟的血缘关系使洪秀全神圣化了。民间秘密教门多数教派的教权依照血缘关系世代相传，其子孙后代被看作是创教人的转世或化身同样具有神性。罗教的罗氏家族统治无为教三个多世纪，传承达十代；黄天教李氏家族统治两个多世纪，传承七代；老官斋姚氏家族传承代数不清，统治该教门达三个多世纪；八卦教的刘氏家族、部姓家族、王姓家族等大都承袭教权五至十代不等，统治教门一二百年至三四百年不等。③ 同样，洪秀全的儿子洪天贵福，是耶稣的继子、皇上帝的孙子，并且以后世代也都是皇上帝的后裔。早在1851年，洪天贵福就被洪秀全"封立幼主"④。1858年，洪天贵福被洪秀全宣布为耶稣和洪秀全的共同继承人，"朕立幼主继耶稣，双承哥朕坐天都，幼主一半耶稣主，一半朕子迓天庥，代代幼主上帝子，双承哥朕一统书"⑤。这样洪秀全从血统上肯定了洪家天下，洪秀全的家天下就等同于皇上帝的家天下了。1864年6月6日，洪天贵福继位登极，这样洪天贵福既是太平天国的幼天王，更是拜上帝教的神圣教主。

---

① 龚书铎：《中国通史参考资料近代部分上册》，中华书局1985年版，第160页。

② 太平天国历史博物馆：《太平天国文书汇编》，中华书局1979年版，第299页。

③ 马西沙、韩秉方：《中国民间宗教史》（上），中国社会科学出版社2004年版，第208页。

④ 太平天国历史博物馆：《太平天国文书汇编》，第552页。

⑤ 太平天国历史博物馆：《太平天国文书汇编》，第44页。

拜上帝教与民间秘密教门都对广大民众进行恐吓，宣扬“世界末日”的劫变观念，并且“世界末日”即将发生，之后，指明出路，宣扬救世思想，加入本教可以避劫升天，反之则在劫难逃。“惟其教门有诸神护佑，教主是神佛的化身，凡皈依者得免急难。”① 民间秘密教门认为：“现世”乃是释迦牟尼佛掌教的红阳劫期，现在的世界已经到了红阳劫期的末期，是一个充满灾难、动乱不已的“劫变世界”，人的命运被不可知的力量所摆布，无时无刻不处在令人恐怖的环境中。白阳劫期掌教的弥勒佛已经降临尘世，所以民间秘密教门的多数教主，往往以“弥勒佛”托生自许，宣称自己是降临人间的救世主，只有跟随弥勒佛在人间的化身民间秘密教门的教主，才能顺利进入白阳劫期，这样人们才能永享万世太平，才能获得永恒的幸福。这对苦难深重的劳动群众有巨大的感召力，吸引他们加入到民间秘密教门中来。拜上帝教也是如此。金田起事前夕，洪秀全预言“人将瘟疫，宜信者则得救”②。不久，洪秀全又预言“有田无人耕，有屋无人住”③。洪秀全宣称自己是奉皇上帝之命下凡“斩邪留正”，是降临人间的救世主，以此突出他至高无上的至尊地位。洪秀全强调中国自上帝真道失传迄今的历史一团漆黑，但“乱极则治，暗极则光”，只要世人循行上帝之真道，便可以度过劫难，“行见天下一家，共享太平”④。洪秀全在《原道觉世训》中也说：“敬拜皇上帝，则为皇上帝子女，生前皇上帝看顾，死后魂升天堂，永远在天上享福，何等快活威风。溺信各邪神，则变成妖徒鬼卒，生前惹鬼缠，死后被鬼捉，永远在地狱受苦，何等羞辱愁烦。孰得孰失，请自思之。天下凡间我们兄弟姊妹，可不醒哉！若终不

---

① 陈振江、程啸：《义和团文献辑注与研究》，天津人民出版社1985年版，第211页。

② 《中国近代史资料丛刊》编委会：《太平天国》（二），上海书店出版社2000年版，第689页。

③ 《中国近代史资料丛刊》编委会：《太平天国》（二），第689页。

④ 夏春涛：《天国的陨落：太平天国宗教再研究》，第47页。

醒，则真生贱矣，真鬼迷矣，真有福不知享矣！明明千年万万载在天上永远快活威风，如此大福都不愿享，情愿大犯天条，与魔鬼同犯反天之罪，致惹皇上帝义怒，罚落十八重地狱受永苦，深可悯哉!"① 李秀成自述洪秀全入广西图谋起事时说："世人肯拜上帝者，无灾无难，不拜上帝者，蛇虎伤人，敬上帝者不得拜别神，拜别神者有罪。故世人拜过上帝之后，具不敢拜别神。为世民者具是怕死之人，云蛇虎咬人，何人不怕？故而从之。"② 而后又有"信实耶稣终有福，叛逆上帝终有哭"，"遵圣诫，拜真神，撒手时天堂易上，泥世俗，信魔鬼，尽头处地狱难逃"③，以及"今仰蒙天父皇上帝暨救世主天兄基督大开恩，亲命天王下凡救世，又命东王及列王为之辅翼，以天情真道化醒世人，俾天下万世脱尽凡情，共享天福，此正真道一大转机也"④。

拜上帝教与民间秘密教门都运用谶语箴言和人神沟媾的巫术蒙骗广大民众，表现出了二者本身所固有的迷信色彩。在民间秘密教门中，谶语箴言，大行其道、历久不衰。如元朝末年红巾军首领韩山童以白莲教为纽带，宣传"弥勒降生、明王出世"，借以鼓动劳苦大众造反。处于封建统治下的农民，单纯在政治上和经济上遭受压迫和剥削，还不足以使他们起来反抗。因为中国传统社会的农民都是有神论者，迷信心理非常严重，不敢轻易反叛"真龙天子"。只有当在精神上撕下封建皇帝的神圣外衣，用所谓"旧皇气数已尽，神移新主"的办法，才能打消其心中的疑惧，走上血与火的战场。⑤ 拜上帝教也像民间秘密教门那样，宣传中国传统社会农民所信奉的天道天命观，并制造谶语箴言。洪秀全从传教授徒的单纯宗教活动，转化为以皇上帝的意志为号

---

① 龚书铎：《中国通史参考资料近代部分上册》，第163页。

② 太平天国历史博物馆：《太平天国文书汇编》，第481页。

③《中国近代史资料丛刊》编委会：《太平天国》（二），第689—690页。

④《中国近代史资料丛刊》编委会：《太平天国》（一），第355页。

⑤ 马西沙、韩秉方：《中国民间宗教史》（上），中国社会科学出版社2004年版，第400页。

召，密谋策划、准备造反时期，拜上帝教的领导者们制造新谶隐示。据《洪秀全来历》记载，他们编造了一首童谶："三八二一，禾乃玉食，人坐一土，作尔民极。"① 这四句话连起来的意思就是：洪秀全当作你们的君王。为洪秀全做皇帝造势，一时广西风传洪秀全是太平天子，要再复汉人江山。所谓人神沟媾的巫术，就是指神灵附在某人身上，借他之口说出神灵的旨意，来处理尘世间的一些问题。人神沟媾的巫术历来被民间秘密教门所习用，在民间秘密教门中是屡见不鲜的。如清朝末年义和团运动中，普遍存在的神灵附体的现象。拜上帝教重大的宗教活动——天父天兄下凡，便是直接脱胎于广西浔州地区所流行的降僮巫术，② 是从民间秘密教门的人神沟媾的巫术演变而来的。拜上帝教的领导者们将这种人神沟媾的巫术充作教法工具，作为神权统治的工具，并加以滥用，使拜上帝教没有绝对的教主，最后被杨秀清作为争夺"皇帝"之位的手段，最终导致了"天京内讧"的爆发，使太平天国农民战争由盛转衰，与这种迷信行为的恶性发展不无关系。

拜上帝教的"小天堂""地上天国"与民间秘密教门的"白阳世界"，是极为相似的，都是建立在真实的人间而非虚幻的天上。拜上帝教与民间秘密教门的最高理想，就是要在人间创建一个政教合一的封建神权王国。民间秘密教门认为，无生老母把宇宙创造出来直到最终的毁灭，要经历三个劫期：即燃灯佛掌教的青阳劫期，释迦牟尼佛掌教的红阳劫期，弥勒佛掌教的白阳劫期，这就是"天盘三副"说。燃灯佛只度回二亿儿女，释迦牟尼佛也只度回二亿儿女，还剩下九十二亿儿女，须由弥勒佛一次度完。鉴于燃灯佛、释迦牟尼佛的效率不高，无生老母决定改变方式，不再把儿女度回云城（天宫），而是把云城（天宫）直接降临人间。"现世"乃是红阳劫期之末，弥勒佛已经降临尘世，

① 《中国近代史资料丛刊》编委会：《太平天国》（二），第689页。

② 夏春涛：《天国的陨落：太平天国宗教再研究》，第444页。

并把云城（天宫）带到尘世，要在人间建立一个理想的人间天国——“白阳世界”。由于民间秘密教门的造反活动都是以失败而告终，“白阳世界”还只停留在朦胧的幻想之中，没有成为现实。拜上帝教也径直把天堂挪到了人间，并认为天堂有大小两种：大天堂在天上，小天堂在地上，小天堂就是太平天国。1851年8月，洪秀全第一次提出了“小天堂”的概念，并进一步解释说：“神国在天是上帝大天堂，天上三十三天是也；神国在地是上帝小天堂，天朝是也。天上大天堂是灵魂归荣上帝享福之天堂，凡间小天堂是肉身归荣上帝荣光之天堂。”① 之后，洪秀全又进一步解释说：“天国是总天上地下而言，天上有天国，地下有天国，天上地下同是神父天国，勿误认单指天上天国，故天兄预诏云：‘天国迩来。’盖天国来在凡间，今日天父天兄下凡，创开天国是也。”② 拜上帝教达到了民间秘密教门所能取得的最辉煌的成就，实现了“小天堂”、“地上天国”之梦，在人间建立了太平天国。

二、拜上帝教与民间秘密教门的宗教仪式

拜上帝教与民间秘密教门的宗教仪式大体一致，没有根本性的区别。拜上帝教创立之初，洪秀全关于基督教的宗教仪式并不清楚，其开始时沿用中国古老的拜神方式，“毁去家里偶像之时，只以纸书上帝之名以代之，甚至用香烛纸帛以拜上帝。但过数月后，彼知此是错误，即除去之”③。洪秀全在1847年第二次入广西后，拜上帝教的宗教仪式逐渐形成一套完整的仪式。在瑞典籍传教士韩山文所记的《太平天国起义记》中有明确的记载：广

① 《太平天国续编》第1册，274页。转引自夏春涛：《天国的陨落：太平天国宗教再研究》，第102页。

② 《钦定前遗诏圣书批解》，见金毓黻等编：《太平天国史料》，第77页。转引自牟安世：《太平天国》，第82页。

③ 《中国近代史资料丛刊》编委会：《太平天国》（六），第858页。

西教徒叙集礼拜时，男女分座。先唱一首赞美上帝之诗。毕，则由主任人宣讲上帝之仁慈，或耶稣之救赎大恩，及劝诫人悔改罪恶，勿拜偶像，真心崇事上帝。凡有人皈依教道而愿意入会为教徒者，即施以洗礼，不问其预备或学道日期之长短也。洗礼仪式如下：在神台上置明灯二盏，清茶三杯，大概所以适于中国人之观感也。有一张忏悔状，上写各求洗礼者之姓名，至行礼时，由各人朗声诵读，乃以火焚化使达上帝神鉴。乃问求洗礼者“愿不拜邪神否？愿不行恶事否？愿恪守天条否？”各人悔罪立愿毕，即下跪。主任人于是由一大盆清水中取水一杯灌于每个受洗者顶上，且灌且喃：“洗净从前罪恶，除旧生新。”行礼毕，新教徒起立，将清茶饮了，并以盆中水自洗心胸，所以表示洗净内心也。彼等又常到河中自行沐浴，同时认罪祈祷求上帝赦宥。已受洗礼之教徒即领受各种祈祷文，于早晚及进膳时念之。此种祈祷文虽稍有增减，大半载于今南京刊印之天条书中。遇有喜庆日期，如婚姻、新年，或丧葬之时，则以兽类作牲品献祭；祭毕，与祭者同食之。①

拜上帝教与基督教的宗教仪式差别甚大，韩山文对此评论说：“诸如此类及其他仪式，殊不合于基督徒对上帝之纯洁礼拜，或为洪秀全所创，或为彼所认许，无论其出于误会真理，或出于沿用中国人长久之习俗，洪氏以为难于一时骤废，吾人则深望其能渐次改正也。”② 拜上帝教与民间秘密教门的宗教仪式相比较，就不难看出拜上帝教宗教仪式尤见民间秘密教门之拜神习俗。洪秀全拒绝中国传统习俗，但是他无法剔除民间秘密教门的影响，拜上帝教的宗教仪式又回到民间秘密教门中去了。“明灯二盏”是摩尼教灭灯诵咒的再现。“清茶三杯”是取自清水教在神前供清水三杯，清茶门教供清茶两盅，清茶门红阳教供清水一杯，长生教只用一支蜡烛、一盏清水为仪式。忏悔状“以火焚化使达上

① 《中国近代史资料丛刊》编委会：《太平天国》（六），第858—859页。

② 《中国近代史资料丛刊》编委会：《太平天国》（六），第859页。

帝神鉴"、喜庆日期或丧葬"以兽类作牲品献祭；祭毕，与祭者同食之"，显然就是民间秘密教门中的巫术和祭神仪式。民间秘密教门对于新入教者都会问"愿不拜邪神否？愿不行恶事否？愿恪守天条否？"这样的问题。所以说，从宗教仪式上看，拜上帝教更接近于民间秘密教门。

综上所述，拜上帝教的民间秘密教门因素是"主流"①。从宗教理论到宗教仪式上看拜上帝教与民间秘密教门，只是拜上帝教带有外来的基督教色彩罢了，这标志着在西方基督教的渗透下，近代民间宗教所发生的新与旧的代谢②。拜上帝教与民间秘密教门所具有的共性体现出二者实质上没有差别，拜上帝教仍旧是中国传统社会的民间秘密教门。

【责任编辑：薛志刚】

［作者：王 宇 侵华日军第七三一部队罪证陈列馆 馆员 哈尔滨 150060］

① 夏春涛：《天国的陨落：太平天国宗教再研究》，第49页。
② 夏春涛：《天国的陨落：太平天国宗教再研究》，第444页。

编后记

《大连近代史研究》由大连市近代史研究所、旅顺日俄监狱旧址博物馆联合编辑，辽宁人民出版社出版。目前《大连近代史研究》已连续出版16卷，第17卷正面向国内外征集稿件，细则如下：

一、稿件要求

1.来稿要求主题明确、立意深刻、结构严谨、文字精练。

2.来稿字数在3000~6000字为宜。作者名字标在文章题目下方，作者单位标在文章结尾。注释统一为页下注，每页重新编号，注释序号与文中指示序号相一致，一律用阿拉伯数字加圆圈标注：①、②……。每条注释独立成自然段。

注释编写格式：序号 主要责任者：文献题名，出版者，出版年，起止页码。

3.稿件中文主题名不超过20个汉字，副题名前须有破折号并且不超过25个汉字。题名要简明、确切，能够表达文章的中心思想、概括文章的主要内容。

4.来稿请附相关的内容摘要和关键词。内容摘要在稿件正文之前，以100~300字为宜，简介主题范围、目的方法、内容梗概、创新之处、主要结论。摘要慎用长句，只分1个自然段落。摘要之后须有关键词，由3~8个反映论文主题内容、并用空格隔开的词或词组所组成。

5.来稿请注明作者真实姓名、工作单位、业务职称、邮政编码、详细联系地址和电话，便于采用后发放稿费及样刊。

6.投稿方式：作者可将稿件用电子邮件发送至编辑部信箱。截稿日期为每年3月30日。

7.来稿严禁抄袭，文责自负；严禁一稿多投，如有他投请提前联系本编辑部；恕不退稿，请作者自留底稿；来稿一经采用，即付薄酬。凡是投稿均视为已同意本编辑部有删改稿件的权利。

二、参考选题

1.中日关系史研究
2.中日甲午战争史研究
3.日俄战争史研究
4.中共大连地方组织史研究
5.监狱史研究
6.殖民统治史研究
7.“满铁”史研究
8.关东军研究
9.历史方志文化研究
10.近代历史人物研究
11.中外文化比较研究
12.其他专题研究

三、特别说明

为适应信息化建设需要，扩大本刊及作者知识信息交流渠道，本刊已被《中国学术期刊网络出版总库》及CNKI（中国知网）系列数据库收录，其作者著作权使用费与本刊稿酬一次性给付。免费提供作者文章引用统计分析资料。如作者不同意文章被收录，请在来稿时向本刊说明，本刊将做适当处理。

四、联系方式

通信地址:大连市旅顺口区向阳街139号
邮政编码:116041
联 系 人:关国磊　李　雪
联系电话:0411—86614409　　0411—86610675
电子信箱:dljdsyj@163.com

《大连近代史研究》编辑部
2019年11月